U0633691

《世界文明大系》
编 委 会

主　编　汝　信

副主编　陈筠泉　陈启能　倪培耕

编　委　于　沛　马振铎　白　烨　叶渭渠

艾周昌　刘文鹏　汤重南　郝名玮

姚介厚　姜　芃　徐世澄　徐远和

黄心川　钱满素　秦惠彬　潘　光

世 界 文 明 大 系

总主编 汝信

加拿大文明

CANADIAN
CIVILIZATION

姜芃 主编

中国社会科学出版社

图书在版编目（CIP）数据

加拿大文明/姜芃主编. —北京：中国社会科学出版社，
2001.12（2004.3重印）

（世界文明大系）

ISBN 7-5004-3226-6

Ⅰ．加…　Ⅱ．姜…　Ⅲ．加拿大—文化史　Ⅳ．K711.03

中国版本图书馆 CIP 数据核字（2001）第 089411 号

出版发行	中国社会科学出版社		
社　　址	北京鼓楼西大街甲 158 号	邮　编	100720
电　　话	010—84029453	传　真	010—84017153
网　　址	http://www.csspw.cn		
经　　销	新华书店		
印刷装订	1201 印刷厂		
版　　次	2001 年 12 月第 1 版	印　次	2004 年 3 月第 2 次印刷
开　　本	850×1168 毫米　1/32		
印　　张	15.125	插　页	6
字　　数	372 千字	印　数	5001—9000 册
定　　价	29.00 元		

凡购买中国社会科学出版社图书，如有质量问题请与本社发行部联系调换

版权所有　侵权必究

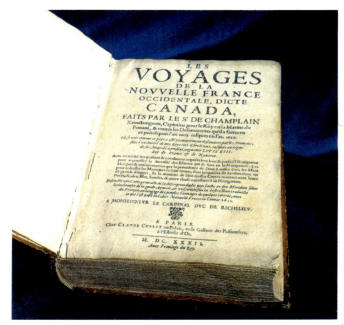

1 萨米埃尔·德·尚普兰口述《新法兰西西部旅行记》，
1632年，巴黎出版

2 加拿大铁路大干线蒙特利尔火车站草图，1905年

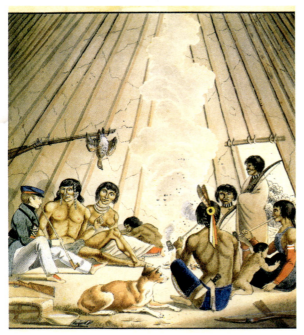

3 《在印第安人帐蓬里》
作于 1824 年

4 加拿大首次发行的纪念中国十二生肖的银币和邮票

5　风景如画的加拿大(新斯科舍)

6　渥太华的国会山，建于1859~1865年；左下角建筑为夏托·劳里埃大饭店

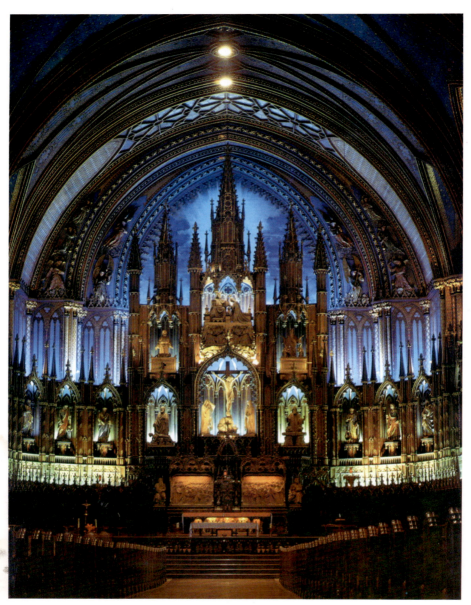

7　蒙特利尔的圣母大教堂，建于 1823 年~1829 年

8　多伦多的唐人街

9　北极地区爱斯基摩人的狗拉雪撬

10　太平洋岸边西北印第安人设计的图腾柱

11　太平洋岸边西北印第安人设计的房前图腾镶板

12 每年 7 月卡尔加里牛仔节上印第安人的盛装游行

总　序

　　近一个时期以来，有关"文明"问题的研究越来越受到国内外学术界的关注。尤其是冷战结束之后，世界格局和国际形势发生了急剧变化，两大集团军事对峙的局面宣告终结，虽然世界仍不太平，但和平与发展已成为当前世界发展的主题。与此同时，尽管经济全球化的趋势在加速进行，世界政治却日益向多极化的方向发展，社会文化的多元化发展也呈现出丰富多彩的局面。正是在这种情况下，不少国家的学者开始更加重视文化战略的研究，他们认为文明和文化的因素将在 21 世纪的世界发展进程中发挥越来越重要的作用。

　　我国自改革开放以来，学术界也几度掀起"文化热"，特别是各个人文学科的学者都从不同的角度参与了有关文化问题的讨论。这说明文化问题及其在我国新时期发展战略中的地位和意义，已被人们所认识并日益受到重视。然而，总起来看，我们还缺乏对文明和文化问题的总体研究，没有把这种研究与世界格局和国际形势的变化结合起来，对国外有关文明问题研究状况和发展趋势也缺乏深入的分析。一般地说，我们对世界文明问题的研究还是比较薄弱的，迄今还没有我们中国人自己系统地、较全面地研究和论述世界文明的发生和发展的著作。我们认为，加强这方面的研究，用马克思主义的观点去探讨世界文明发展的规律和特点，在弘扬中华文明优秀传统的同时充分吸收和借鉴世界文明的一切积极成果，制定一套既能积极推动我国文明建设，又能有效地应付外来文明挑战的发展战略，已成为当前一项紧迫的任务。为此，中国社会科学院专门成立了"世界文明研究"课题组，组织院内外有关专家学者分专题进行研究，目前出版的这套多卷本著作便是这几年来辛勤劳作的成果。

这里需要说明一下本书中所使用的"文明"概念的内涵。"文明"（civilization）一词来源于拉丁文 civis，而 civis 不仅是指罗马的公民身份，而且也含有比当时外国人或蛮族的原始生活状态优越的意思，所以后来有人用"文明"一词来指与原始社会，即"野蛮"阶段相区别的较高的人类历史发展阶段。但这个术语到 18 世纪才在欧洲被用于正式文献中，直至 20 世纪方在人文学科各领域中被广泛使用，而且它不仅用来指历史发展阶段，也被用于一定的空间范围，即用以表明"地域性文明"。应该指出，人们对"文明"的理论也如同对"文化"的解释一样各不相同，有许多种定义，迄无共识。我们的研究课题的主要目的不在于探讨哪一种定义更加合适，而在于具体研究世界文明本身。在本书中我们基本上采取目前国际上比较通行的看法，即把"文明"理解为广泛意义上的"文化"，更具体地说，是指占有一定空间的（即地域性的）社会历史组合体，包括精神文明和物质文明两方面，即人们有目的的活动方式及其成果的总和。

我们认为，研究世界文明必须坚持以马克思主义唯物史观为指导。世界上各个文明都是特定的人群在不同的具体历史条件下的活动的产物，都有其自身发生和发展的演变过程，都有其自身的特点和优缺点，在不同的历史时期起着不同的历史作用。历史上的一切文明成就都是对全人类文明作出的宝贵贡献，都应得到充分承认和尊重。没有哪一种文明可以自诩为天生优越，高人一等，那种以自我为中心（如所谓"西欧中心论"的观点），总是以自己的文明的价值观和标准去衡量别的文明，甚至横加干涉，这显然是文化霸权的表现，而且也是不可能实现的幻想。我们也不能同意美国亨廷顿教授提出来的关于"文明的冲突"的理论。亨廷顿的理论以文明作为未来世界之间关系的基础和冲突的主要根源，而对政治、经济、思想等因素显然有所忽视，即使在谈到文明时，亨廷顿也过多地重视其"冲突"的一面，而对文明之间的交流、融合的倾向注意不够。从世界文明发展的整个过程来看，各个不同文明之间的矛盾和碰撞虽然是经常发生的现象，但并不一定会发展成不可调和的冲突。恰恰相反，各个不同文明之间的和平共存、相互影响、相互渗透乃至交融互变，才是世界文明发展的常态现象和主流。在世界即将进入 21 世纪的社会变革时代，我们更应致力于促进不同文明的和平共存、相互交流和共同发展，彼此取长补短，使我们这个世界更加绚丽多彩。

鉴于以上考虑，本课题组把世界文明分成以下这些专题进行研究，即：一、古代西亚北非文明；二、印度文明；三、伊斯兰文明；四、儒家文明；五、犹太文明；六、西欧文明；七、斯拉夫文明；八、非洲黑人文明；九、日本文明；十、美国文明；十一、拉丁美洲文明。应该说明，这样的划分只是相对的，而且并未把世界文明包举无遗，有许多问题尚待进一步研究。我们只是打算从探讨以上这些主要的文明入手，求得从总体上把握世界文明的发展过程，并对各个文明的主要特征有宏观的了解。

本课题得到国家社会科学基金和中国社会科学院重点研究课题基金的资助，全书在中国社会科学出版社的大力支持下得以出版，特此志谢。

有关世界文明的研究在我国还起步不久，本书中疏漏甚至错误之处，尚希学术界同仁和广大读者不吝指正。

本 卷 撰 稿 人

姜 芃　　第一章　第二章　第三章
章士嵘　第四章　第五章
王 晸　　序言　第六章　第八章
刘艺工　第七章
高鉴国　第九章
郭继德　第十章一、二
王宜文　第十章三

目　　录

下编　加拿大文明的特色

CONTENTS

PART II
THE CHARACTELISTICS OF CANADIAN CIVILIZATION

序　言

　　文明是广泛意义上的文化，包括精神文明和物质文明两个方面，即一定地域的社会历史组合体中人们有目的的活动方式及其成果的总和。加拿大文明则是生活在加拿大这片土地上的各民族群体和人们有目的的生活方式及一切积极成果的总和。我们之所以把加拿大文明从北美文明中分离出来，单独加以论述，就是因为它与其渊源最深的英、美两大文化都有鲜明的差别，显示了它独有的特色。

　　加拿大文明起源于原生的北美土著文化，后来衍生了法、英北美殖民地文化，建国后注重探索和发展自身特色，逐渐形成直到今天的以双语多元文化为特色的加拿大现代文化。现代加拿大的议会制度、法律、意识形态和道德准则主要是建立在英国传统之上。不列颠民族自击败法兰西民族之后，一直是这个国家占统治地位的民族，英语一直是加拿大的官方语言，也是使用人数最多、应用范围最广的语言，所以在现代加拿大文明发展过程中英国传统的影响是显而易见的，是任何一个民族群体所不能比拟的。然而加拿大不是英国，加拿大就是加拿大。英国的影响最显著地表现在从 1763 年英国开始统治加拿大到 1867 年自治领成立的这一段历史时期。加拿大自治领的成立标志着她政治上的成熟。后来随着英国的衰弱，美国的强大，加拿大的成长，特别是由于移民的大量涌入造成的人口结构变化和不列颠人的相对比例不断减小，英国的影响也越来越小。从起源上讲，加拿大文明有土著文明的成分，有法兰西文明的成分，有美国和各大移民群体的影响。这些都和英国传统不同。加拿大政治上的联邦制，双语制，教育上的分省管理制，教育发展的模式和课程设置，对不同文化的宽容态度，利用法律保护少数民族权利，体育项目的发展（比如重美式足球而轻英式足球），以及在国际事务中较为中立的态度，等等，都与英国传统大相径庭。这些特点都是加拿大自身发展的结果。

美国是加拿大惟一的陆上邻国，美、加之间有着世界上最长的边界线。美国在全球各地区有着无孔不入的影响力，对近邻加拿大来说，抵御美国的影响几乎是不可能的，再说两国也的确有许多相似之处。然而，加拿大不是美国，加拿大就是加拿大。尽管美、加两国有诸多的共同之处，但两国在建国时所走的是相反的路。美国独立战争时，加拿大成了忠于英王的效忠派大本营，这决定了加拿大与美国从根本上的不同。美国在独立战争后脱离英国独立，而加拿大直至今日一直是英联邦成员，英王仍然是加拿大的最高政治权威。

加拿大原是法国的殖民地，法国在加拿大建立殖民地的目的是遏制英国在北美的扩张。法国在殖民策略上缺乏长远打算，采取保守主义政策并限制移民，所以在后来与英国的竞争中处于劣势，使加拿大成了以不列颠和法兰西两大民族为主体的英国殖民地。英国在加拿大的存在是针对新兴的美国。这些历史发展都导致了美、加两国文化的不同。美国是按《独立宣言》所体现的社会契约建立起来的；美国人由一个共同的理想和目标凝聚在一起。他们自以为有一种拯救其他民族命运的责任（manifest destiny），在本国内部实行民主，而对其他弱小国家却指手画脚，干涉内政，推行侵略政策。与美国人的观点相比，由于加拿大不是社会契约的产物，所以加拿大人不存在强求一致的压力。加拿大从来没有侵略的意图，在国外也没有军事基地。多年来，加拿大人不像美国人那样以"拯救其他民族"为己任，而是一心关注自己国内的发展和人民的福利事业。与美国人把个人权利看得至高无上的观点相比，加拿大人更崇尚法律、秩序和民族群体权利。她对本国持不同政见者的态度比美国更加宽容。

在国际事务中，加拿大一直保持了与美国截然不同的不扩张、不侵略、温和的、独立自主的形象。作为强大美国的邻国和北约的成员国，加拿大在有些问题上不得不与美国保持一致，以致许多加拿大人也认为加拿大有"美国卫星国"之嫌，但是大多数加拿大人对美国行使霸权的行为是极为反感的。加拿大对美国的霸道行径是有所抵制的并保持了独立行事的形象。比如在中美关系解冻前两年，美国仍在遏制中国的时候，加拿大特鲁多政府却率先和我国建立了外交关系。在美国渔船进入加拿大领海非法捕鱼问题上，加拿大实行了强硬的政策。在北约空军轰炸中国驻前南联盟使馆事件上，克雷蒂安总理冒着激怒美国的危险，公开申明加拿大军人没有参加那次空袭事件并首先道歉。

加拿大不是英国，也不是美国，加拿大就是加拿大。建国后大约 140 年中，加拿大一直走着自己的特殊道路，默默地探索强国富民、公正平等的新途径。加拿大的大发展主要开始于第二次世界大战末期。当时西方盟军进攻纳粹德国时，希特勒骇人听闻的种族灭绝行为的证据被公诸于世，引起全世界震惊。希特勒的"亚利安种族优越论"受到西方世界的关注和谴责。加拿大这时开始对本国国内的种族歧视政策、行为和观念进行认真、深刻的反思。在 1948 年加拿大签署了联合国的国际人权宣言之后，逐步修改和取缔歧视性政策和法规，在十几年时间内完全废除了移民政策中的种族歧视成分，实现了以打分制为基础的平等移民政策。1971 年加拿大成了世界上第一个以多元文化政策为国策的国家，双语框架内的多元文化主义成了加拿大不同于世界上任何一个国家的最鲜明的特点。加拿大的多元文化政策不仅加强了国内的民族平等，促进了民族和谐和共同繁荣，同时也为加拿大从世界许多国家吸引来了无数各行各业有专长的优秀人才。

加拿大与任何一个国家都不同，加拿大就是加拿大。她的另一大特点是"地大物博，人口不多"。这个拥有997万平方公里广袤国土的国度，经过100多年的移民，在1977年人口才首次突破3000万。而有些专家经研究认为，加拿大的资源在理论上可以富富裕裕地养活十几亿人。可见她是一个年轻、发达又充满无限潜力的国家。加拿大利用她的雄厚的资源优势，平等的移民政策，先进的经济发展战略和独立自主的外交政策，迅速地实现了经济腾飞，成为后起的工业发达国家，为世界各国的发展树立了一个样板。这个样板也是和平、稳定、高速、持续发展的样板。从1763年英国控制加拿大开始，加拿大土地上只发生过三次小规模的军事行动，一次是1812年击退美国的边境进犯，还有就是1867年和1885年两次镇压里埃尔领导的梅蒂人起义。除此以外，加拿大本土上从未发生过战乱，一直进行着和平建设。虽然建国只有100多年时间，其经济发展的速度与成就却令人刮目相看。特别是第二次世界大战后，加拿大的经济以空前规模发展，从50年代到80年代以持续的、空前的规模增长，并从1976年开始跻身于世界七大工业强国之列。加拿大1994年的经济增长率达到4.1%，雄踞西方发达国家之首。从1991年到1995年，实际国内生产总值平均增长率2.45%，在工业七强中仅次于美国。1996年加拿大国民生产总值为5599亿美元，人均20000多美元，成为世界上最富裕的国家之一。加拿大的经济成功具有很大的独特性。广袤无垠的土地、森林、河流和海域是其经济持续发展的必要条件；用移民政策吸引全球人才，特别是技术移民和商业、投资移民，给国内经济发展注入了相当大的活力。然而重视对外贸易与加强吸引外资和积极对外投资都是国民经济持续增长、人民生活不断改善的强大推动力，也是支持加拿大国际竞争力并使其在激烈的国际竞争中立于不败之地的擎天柱。

　　大多数工业化国家的经济发展是以破坏全球环境为代价的。而加拿大却长期坚持发展与环保并行的可持续发展战略。在这方面，加拿大也为全球的可持续发展树立了意义深远的榜样。她利用环保法律和法规的有效措施，长期以来为保护人类的生存环境做出杰出的贡献。建立自然保护区是一项有效的环保措施，加拿大在保护区管理方面可以提供许多先进的经验。加拿大于 1885 年就在落基山脉建立了第一个国家公园——班芙（Banff）国家公园，这仅晚于世界上第一个国家公园——美国的黄石国家公园 13 年。此后数十年里，又建立了许多国家公园和数百个大大小小的自然保护区。1930 年颁布的《国家公园法》禁止在公园中发展工业。70 年代公布了《国家公园系统规划》，为国家公园的发展制定了长期目标。加拿大的自然保护区系统被公认为世界领先。它采用分级管理制，即国家级、省级、地区级和地方级方式，明确责任，层层负责。同时她积极参加国际环保公约，比如世界遗产公约、拉母萨尔（Ramsar）公约等，构成完善的环保区系统。

　　在自然环境保护区的管理方面，加拿大也向全世界提供了宝贵经验。第一，是法律与政策管理，比如 1973 年的《野生动植物法》，1982 年修订的《迁徙鸟类公约法》，1974 年和 1988 年修订了原先的《国家公园法》，1989 年颁布的《濒临灭绝物种法》。这些法律、政策的建立都大大地维护了人类的生存环境。第二，是在自然保护区的建立过程中在进行鉴别、选择、可行性评价及协议谈判法律程序等方面都达到了相当高的规范化。另外，在管理机制上建立国家公园管理中心，与企业、学术界和非政府机构建立伙伴关系，资金运转采取营业式资金结构，在监测与评价上进行长期监控，数据库使用地理信息系统分析等综合管理手段。

　　此外，加拿大在林业管理上实施《工程师法》，即经考试合格并注册的林业工程师代表政府监督企业的林业活动，方法上运用航空图片、人造地球卫星遥感、信息图文处理等现代化手段进行资源监测。在森林病虫害防治上主要实施生物防治，"以虫克虫"，不施或少施化学药物。加拿大还在科研、教育和国际合作方面加大力度，为环保服务。加拿大用法律法规对人类生态环境的保护不仅仅反映在直接的环境、动物和森林的保护法和严格的科学管理上，海关对国际游客入境的管理也考虑到了环保的要求。从国外入境游客携带的违禁物品包括动物、植物、水果、蔬菜和土壤以及部分动物制品，以防异国的传染病菌对加拿大动植物造成损害。限量物品包括香烟，每人只可带两条。

只有法律、法规、政策和先进的科学管理是远远不够的。没有公民的有意识的行动和合作，环境就不可能得到保护。在提高公民的环境意识方面，教育在加拿大发挥着很大的作用。环保不仅是大学的课程，也是中、小学的必要教学内容，还是成人教育的一项主要内容。这对普及环保知识，提高环保意识的作用是无可估量的。正是由于这些措施，今天人们才会在加拿大看到河流里游着野鸭和潜鸟（common loons），草坪上到处跑着松鼠，海滩上空成群的海鸥，高速公路两侧自由奔跑的野鹿和山羊，甚至野鸟能停到游人手上觅食，到处呈现一派人与禽畜和平相处，共享大自然的和谐景象。人们有时会看到，当麋鹿或野羊穿越公路时，司机会刹车，行人会驻足，静等动物走过。温哥华海边捕蟹人会把直径小于 6 寸的小蟹自觉再放回大海。各城市都有无家可归猫狗收容所，各家报纸都有抗议活体宰杀海豹的呼声，公共建筑物都有禁止吸烟的警告。这一切都表明在普及和提高环保意识上，教育的巨大作用。

全民的环保意识和对环保的参与还表现在垃圾回收的管理上。各省在具体操作上稍有不同，但基本上是相同的。第一个特点是每周有一个"垃圾日"，只有垃圾日的前一天各家各户才能把包装好的垃圾放到门口的道边，等待垃圾车运走。垃圾分为可回收和不可回收两类，前者一律分类放在统一的蓝塑料筐里，后者一律装进黑色大塑料袋。第二个特点是每年有两个特殊垃圾日，叫大垃圾日。一个在入冬前，一个在春天。在这两个大垃圾日，各户可以把"大垃圾"即废旧家具、大电器、自行车、汽车胎等放到道边，等待回收车或供生活贫困的人挑拣。这些措施对环保的意义不可低估。正是这些先进的环保措施，加拿大才能按联合国的人文发展指数在世界上名列前茅，多次被联合国评为世界上最适合人类居住的地方。多伦多、蒙特利尔、温哥华在最适合人类居住的城市排名榜上列前十名之内，近年来卡尔加利市也开始跻身前十名。

发展和完善高福利社会是加拿大文明的又一大特色。加拿大人对他们的国家的福利制度是非常自豪的。一个完善的、合理的福利制度，即社会保障体系，不仅体现了一个国家人民的价值取向，即用什么样的再分配制度来弥补他们分配制度上的不足；而且体现了某种程度的社会公正。加拿大的福利制度在维护其本身的社会制度，促进社会发展，缓和社会矛盾和不平等方面都起到了积极作用，为全世界提供了宝贵的经验。加拿大福利制度有三个特点。第一，联邦和省两级政府共同负担大部分福利制度的开支。第二，福利制度不仅是实现国民收入的再分配的手段，也是调整富裕与贫穷地区、发达与落后地区的经济不平衡的重要手段。第三，福利制度的核心是收入保险政策，当前加拿大福利国家的结构性转移就是从消极收入保险转为积极的就业创造。

加拿大优厚的福利在世界上是首屈一指的。最主要的有：中小学生免学费，小学生免书本费，15岁以下学生免费校车接送；18岁以下少年儿童和65岁以上老人免费医疗；失业者可领一年失业保险金，数目相当他（她）最近从事的工作的工资的60％；新移民的英（法）语培训补助费；难民生活补贴；离婚后的单亲家庭补贴；"未婚妈妈"及婴儿补贴。90年代初之前还有全民免费医疗，后因经济不景气而改成医疗保险制；还有残疾人补贴，大学生贷款，等等。对实在找不到工作的人还有保障最低生活费用的福利补贴。这些福利中最值得注意的是老年保障制度。它的特点是立法先行，以法为据。因为加拿大人均寿命较高，人口老龄化成为一大社会问题。联邦政府自 60 年代中期陆续颁布和实施涉及老年人社会保障的法令和措施。比如 1967 年的《确保收入补助法》，1975 年实施的《配偶津贴法》，和 1996 年国会通过的《加拿大养老金计划》。它的另一个特点是多级体制，多重保障。经费来源和项目管理多极化，有的由联邦政府负担，有的由各省负担，有的由市一级负担。此外，在社会上还活跃着各种为老年福利服务的社会团体和志愿者组织。在这方面，教会和慈善机构起了很大作用，比如救世军（Salvation Army）、免费餐馆（kitchen soup）和免费食品库（food bank）都为帮助穷人和孤寡老人提供服务。轻罪犯人在服刑时，可以选择坐牢，也可以选择提供社会服务或给免费食品库捐款换取自由。

加拿大高福利制度和它的税务制度的支持是分不开的。个人所得累进税制把所得税分为四等：年薪 6450 加元以下者免所得税，年薪分别在 58000 加元以下者，100000 加元以下者和 100000 加元以上者分别按个人年收入的 17％、29％和 33％缴纳所得税。商品和服务税（GST）不包括儿童服装和未加工食品。这些措施保障了低收入阶层和多子女家庭的基本生活。所得税的工资来源预扣制，对偷税漏税的严密监督和严厉惩罚，严禁用现金支付工资，对逃税者用计算机自动进行利滚利追加等措施都有效地保障了税源，防止了腐败，支持了社会福利制度，促进了社会的平等和公正。

在目前全球范围内经济一体化与文化多元化的大趋势下，跨国界、跨民族、跨文化的经济交往和民族交融日益频繁。在这种情况下，如何使社会、民族、文化背景不同的人们和谐地相处，平等地交流成为一个大问题。而恰恰在这方面，加拿大文明为世界各国树立了一个多样化与和谐相统一（diversity in harmony）的较为完美的典范。这个意义是极其深远的。加拿大从制定第一部宪法起就注意到了这个国家多样化的基本国情。政体上的联邦制，教育上的分省管理制，语言上的双语制，民族自治政策、多元文化政策，遗产、语言政策，宗教方面教派林立，自然资源各省管理，这些都是出于对这多样化的尊重和保护。

与多样化特点相关的一个特点是：加拿大在保护个人权利的同时更重视群体权利。如前文所述，这与极度推崇个人权利的美国不同。加拿大多样化是以群体为基本单位。新的1982年宪法《加拿大权利与自由宪章》中除个人基本权利外，主要内容涵盖了各种群体权利，比如土著民族权利、建国民族的官方语言权利、少数民族的文化权利、各群体的语言权利、妇女平等权利，等等。

与美国推崇个人主义相比，加拿大更重视的是社会秩序和民族和谐。文化多样化和民族和谐的统一是通过双语框架内的多元文化政策来实现的。就民族政策而言，加拿大和美国走过相同的路，后来又选择了不同的路。迄今为止北美大陆曾出现过三种民族政策或三种思潮，即盎格鲁化思想（Angloconformity）、"熔炉"思想（melting-pot）和多元文化思想（也称为"马赛克"Mosaic或"色拉碗"Salad Bowl）。

在第二次世界大战结束前，盎格鲁化思想在美国和加拿大占绝对统治地位。这种思想主张对所有非盎格鲁民族的人和全体移民实行同化政策，强迫他们放弃自己的文化和语言而尊崇盎格鲁文化和英语。这个时期，特别是二三十年代之前，没有人对盎格鲁文化是人类文明的顶点、所有人都应努力遵循它并向它靠拢这种看法提出质疑。在大英帝国仍处于高峰状态的时候，盎格鲁白人优越论被看做是天经地义的观念。在他们统治的国家里，对潜在移民的选择也是按照与他们民族特点和肤色相差远近来决定的。在同化政策下，来自英国的移民被看成最理想的移民；其次，是来自西欧和北欧的移民；因为他们的文化传统与盎格鲁文化最相似，因此也最易于同化。然后是中欧和东欧的移民，再排下去是南欧移民。排在这些欧洲移民之后才轮到亚洲移民，比如中国人、日本人、印度人等。最不受欢迎的是黑人。盎格鲁同化论和种族歧视就像一对亲兄弟或一个铜板的两面。在同化论占上风时，种族歧视曾风靡一时，民族和谐是不可能的。美国和加拿大都经历过盎格鲁同化时期。

随着移民人数不断增加，势力不断壮大，同化政策越来越不奏效。许多移民群体不愿意被同化，抵制同化政策，躲进自己的社区与主流社会隔离，比如唐人街、小意大利、小东京，等等。在许多情况下，种族歧视行为阻止他们同化。对某些民族来说，完全同化是不可能的。囿于对同化政策失败的反思，从20年代起，北美出现了另一种不同的思潮，即"熔炉"思想。这种观点的提倡者预见到盎格鲁文化与移民文化相融合的可能性。他们把同化看做一种长期的、缓慢的过程，从文化融合中看到一定的优势。和同化论相比，"熔炉"论对移民群体在一定程度上给予保护，为维护他们的文化提供了一定的依据。但从本质上讲，熔炉论仍是同化政策的变种，只是一种较为温和的同化而已。在熔炉政策下，文化融合结果表现出的显性特征仍然是主流民族的主流文化。随着社会的发展和进步，美国和加拿大都放弃了先前的盎格鲁同化政策；美国采纳了熔炉政策，而在加拿大，尽管也出现过熔炉思想的呼声，但是她跳过了熔炉思想的阶段，在社会公正的更高的层次上直接采纳了多元文化思想。

第二次世界大战期间一系列事件的发展，比如希特勒的种族主义暴行，少数民族在反法西斯战争中的贡献，新难民的涌入，第二三代新移民的成长，等等，都使种族偏见和歧视越来越不得人心。随着人口变化及其他社会变化，大多数人越来越接受一种新的思想——多元文化思想。战后涌入的新难民中的许多知识分子和在北美出生的移民后代都感到主流社会对他们有排斥态度。和其他移民不同，他们有知识、懂英语，能量很大，开始对各级政府施加压力，要求对文化多元化给予更多的承认。有人提出参议员中应有少数民族的名额，学校的教学课程中应有少数民族语言和文化内容。60年代这种文化多元化呼声日益高涨，与魁北克法兰西民族主义相呼应，造成很大的声势。加拿大建国时，非英语非法语少数民族人口只占全国总人口的8％；到1961年时这个比例已高达26％。加拿大出版的非英文非法文的报纸已有200多种。几大少数民族由于聚居的优势，已具有相当大的政治影响力。在这种形势下，加拿大抛弃了移民法中的种族主义成分，采纳了打分制。经过双语多元文化委员会的调查，加拿大联邦政府在1969年通过了《官方语言法》。在1971年又颁布了多元文化政策，确立了双语框架内的多元文化主义这样一个基本国策，对加拿大各民族维护自己的语言和文化的权利给予肯定和支持。这些权利在1982年的新宪法《加拿大权利和自由宪章》及1988年的《多元文化法案》中进一步明确规定下来。这样，加拿大成为世界上第一个官方的多元文化国家，为后工业化时代多民族国家如何解决民族冲突，保护民族文化，保护少数民族权利，反对种族歧视，如何取得民族和谐诸方面树立了一个意义深远的榜样。尽管人们对多 元文化社会的未来还有种种忧虑，但这仍是加拿大文明发展史上最光辉的一页。

　　加拿大文明发展的另一特点是重视教育和科教兴国。重视教育的首要标志是教育投资。在1977年时，加拿大对教育的投资高达国民生产总值的8.4％。虽然这个百分比后来有所下降，但加拿大一直保持着世界上最重视教育的国家的形象。他们在1988年的教育支出占国民生产总值的7.7％，比其他主要工业化国家都高。教育开支一直是联邦政府最大的开支之一和最重要的投资。早在

1965 年，加拿大理事会就明确指出："教育不是支出，而是投资。"加拿大在办教育方面摸索出了她独特的路子，向世界各国提供了许多经验，特别是如何在多民族社会里提供平等受教育机会方面，在教育管理方面和教育科学研究方面都有丰富的先进经验。从制定第一部宪法起，加拿大就注意到了上加拿大和下加拿大的文化差别，明确规定教育的管理由各省负责，联邦政府不设教育部，这样就保证了各地的教育充分适应各地具体情况和特殊要求。这种权力下放措施鼓励了各地区的创新精神，因而加拿大创造了独具特色的教育形式。起源于魁北克，后来普及全国，现在受到世界关注的沉浸式教育就是一例。沉浸式教育被认为是双语教育最有效的方式。除此以外，印第安人管理印第安教育，法兰西人管理法兰西教育也是加拿大的创造。这种措施有效地保障了宪法规定的土著人的教育权利和法兰西民族的官方语言权利。最近，随着努纳维因纽特自治区的成立，因纽特人的教育也由因纽特人管理。加拿大的学校也有一定的特点，比如几乎没有私立的正规大学，因为大学的组建必须经过省议会并从省政府得到经费支持，这一点和美国私立大学林立的现象极为不同。大学董事会的构成也和美国不同。专科学院多样化，中学采取学分制，没有统一的考试制度。由于加拿大是多民族、两种官方语言、多元文化的社会，她的教育在发展语言教育方面很突出。多年来加拿大人开办了双语教育、沉浸式语言教育、土著语言教育、第二第三语言教育、ESL教育以及移民遗产语言教育，积累了丰富的经验。语言教育方面的科学研究非常发达。著名的安大略教育科学研究所就设有专门的现代语言研究中心，语言研究卓有成效。

作为世界上第一个多元文化国家，加拿大在发展多元文化教育方面的经验特别值得大书特书。多元文化教育是加拿大的治国之本。不论是对学校教育、社会教育还是对家庭教育来说，多元文化教育均是加拿大国家教育的主旨。多元文化教育调整和缓和了民族矛盾，加强了跨文化的理解和宽容，保证了社会稳定；而且也为加拿大建立良好的国际关系铺平了道路。它也为世界各国避免民族纷争、缓和民族矛盾提供了一种有效的途径。多元文化教育首先是一种新的教育思想。它主张在多民族社会里，所有人，不论民族、文化、宗教、肤色和政治见解如何，都应得到平等的教育机会，平等的对待和平等的竞争机会。多元文化教育也是一种教育过程，它主张教学内容中应有少数民族的相关内容，教学中应尊重少数民族学生的传统学习风格，各民族学生都应有机会学习官方语言的同时也学习本民族语言文化，各种学校活动应反映多民族传统，教学过程中应始终贯彻反偏见、反歧视和跨文化理解。对在职教师进行多元文化培训，在师范教育中加强进行多元文化知识的学习。多元文化教育不仅如此，还是一场广泛的教育改革运动。多元文化教育不应只在多民族学校里实行，在全白人学校也应实行，应为转变所有人的思想服务，培养适应多元文化世界的新型公民。加拿大在多元文化教育改革和探索方面也走在世界的前列。

加拿大是西方七大工业强国中最年轻的国家，其市场经济的形成和发展不过300年的历史，但其经济发展成就却举世瞩目。而其经济发展的成就是和科技兴国战略分不开的。目前，加拿大的核能技术、计算机信息技术等高科技发展均领先于全世界。加拿大在科学领域的成就也可以从诺贝尔奖金得主的人数上反映出来。加拿大至少产生过八位诺贝尔奖金得主，他们分别获得过诺贝尔化学奖两项，生理/医学奖两项，文学奖一项，物理学奖一项和和平奖一项。笔者在写此稿的同时从电视上获悉：2000年的诺贝尔化学奖又一次授予了一位加拿大科学家。

加拿大的民俗风情和传统节日活动也富有多民族、多元文化特色。这些都给加拿大文明增添了不少绚丽的色彩。最具特色的节日是多元文化节，它汇聚了加拿大100多个民族的文化传统。华人的文化传统在多元文化节期间得到充分的表现。此外，还有加勒比海节、莎士比亚戏剧节、枫糖节、西部牛仔节、万圣节等。除了这些大型节日外，各地还有地区性节日活动，比如土著人、法兰西人、犹太人的特殊节日等。这些节日除了有保留和发扬多元文化传统的作用外，还加强了各民族的理解，促进了文化融合和民族团结。

加拿大文明发展表现了如此多的特色，向全世界提供了如此宝贵的经验，但在其发展过程中也产生了各种问题，比如魁北克分裂问题、土著人的土地权益问题、残留在人们心目中的种族歧视问题、日益严重的家庭崩溃问题，等等，这些都是加拿大人必须面对的。总的来说，瑕不掩瑜。加拿大文明发展给全世界提供了一个榜样。

上　编

加拿大文明的发展历程

1 《围杀野牛》 印第安人用树枝做成 V 字形的围栏,把牛赶到 V 字形的顶端,并设下埋伏,击杀野牛

第 一 章

自然地理条件和早期居民

一、自然地理条件和生态环境

加拿大位于北美洲北半部,国土面积997.061万平方公里,仅次于俄罗斯,是世界上第二大的国家。加拿大国土面积的92%为陆地,8%为内陆江湖,水系十分丰富。加拿大南邻美国,北为北冰洋,东北部隔巴芬湾与格陵兰岛相望,西北部与美国的阿拉斯加接壤。整个加拿大处于从西经52°到141°、北纬41°到83°之间的广袤土地上。

加拿大地形大致可以分为六个地区。(一)东南部山地,位于圣劳伦斯河的东南部,系美国东部阿巴拉契亚山脉向东北的延伸部分,为低山和丘陵,海拔500米至600米左右,最高1200多米。这一地区也称大西洋沿海地区,包括大西洋沿岸的四省,即新斯科舍、新不伦瑞克、爱德华王子岛和纽芬兰岛。(二)圣劳伦斯河谷地区,包括圣劳伦斯河沿岸及安大略湖沿岸地区,为美国中部高平原的一部分。圣劳伦斯河从安大略湖流出,经安大略省,至魁北克出海,流入圣劳伦斯湾,长达900英里,在西北的地盾和东南的阿巴拉契亚山脉之间形成了一条狭长的圣劳伦斯谷地。这里土地肥沃,资源丰富,人口稠密,是加拿大文明的发源地。圣劳伦斯谷地包括魁北克省南部和位于大湖区的南安大略宽广的三角洲。(三)加拿大高地。在地质构造上属于加拿大地盾,即坚硬的岩石组成的板块,它环绕着哈得逊湾,东部为加拿大地盾的凸出部分，成为拉布拉多高原，平均海拔 500 米至 600 米，最高点 1676 米；中部为加拿大地盾的陷落部分，成为哈得逊湾和哈得逊湾沿岸平原，西部至大熊湖、大奴湖、阿萨巴斯卡湖、温尼伯湖一线，是加拿大地盾的西部和南部，地形上是一片湖泊成群的高平原，统称加拿大高平原，是北美中部平原的一部分。南部与美国交界处有著名的五大湖。地盾区跨魁北克省、安大略省、马尼托巴省进入西北地区，一直延伸到北冰洋。地盾区内有丘陵、苔原、茂密的森林、肥沃的土地，也有由于冰川融化所形成的纵横交错的湖泊与河流，在地层深处有丰富的矿产资源。长期以来，地盾始终是一个自然障碍，它给交通的开辟造成很大困难。（四）西中部大平原区，位于大熊湖、大奴湖、阿萨巴斯卡湖、温尼伯湖一线以西直至科迪勒拉山麓，在地形上为一片山麓高原，因其牧草丰美又称大草原，涵盖了马尼托巴省、萨斯喀彻温省和阿尔伯塔三个省。在这一地区，有许多地方适于农耕。在阿尔伯塔和萨斯喀彻温的南部交界处是一片干燥地带，这里适于放牧，畜牧业很发达。（五）加拿大最西部是科迪勒拉地区，包括东部落基山脉、西部喀斯喀特山脉和海岸山脉以及两山脉之间的山间高原三部分，是加拿大最高的地区，许多山峰在 4000 米以上，最高峰洛根峰高达 6046 米。这几条山脉宽 400 公里，从美国的北部经不列颠哥伦比亚省，伸向育空地区。许多高山终年积雪，山区交通极为不便。在这里，沿太平洋海岸有海岸平原。弗雷泽河三角洲有加拿大第三大城市温哥华，在温哥华岛有美丽的城市维多利亚。最后，是北极群岛区，这一地区是加拿大地盾的一部分，由于大陆沉降而形成。这是世界上最大的群岛，大小岛屿数以千计，其中最大的是巴芬岛，其次为维多利亚岛、埃尔斯米尔岛和邦克斯岛等。本地区处于北极圈内，天寒地冻，年平均温度南部为摄氏零下 6 度，北部为零下 20 度，最低可达零下 60 度。

　　加拿大是一个淡水资源非常丰富的国家。全国河流纵横，湖泊星罗棋布，淡水覆盖面达78万平方公里，约占国土总面积的7.6％。举世闻名的大湖区，即苏必利尔湖、密执安湖、休伦湖、伊利湖、安大略湖，处于美国和加拿大交界之处，除了密执安湖完全在美国境内，其他四湖均属两国共有，湖面的36％在加拿大境内，64％在美国境内。加拿大拥有92600多平方公里湖面。五大湖储水量相当于地球上淡水总量的1/4。加拿大境内的其他大小湖泊多得难以胜数。其中大熊湖、大奴湖的面积都超过了五大湖中的湖泊。此外，还有温尼伯湖、阿瑟巴斯卡湖、赖因迪尔湖、纳帕克图利克湖、温尼伯戈西斯湖和马尼托巴湖，等等。这些湖都在北部和东部，西南部草原上很少有大湖，所以农业用水较困难，主要靠地下水灌溉。

　　加拿大河流众多，其中长达一千公里以上的就有16条。按河的流向，可以分为4大水系，即哈得逊湾水系、北冰洋水系、大西洋水系和太平洋水系。哈得逊湾水系是加拿大最大的水系，流域面积369.5万多平方公里。由许多河流从西面、南面和东面流入哈得逊湾，这一水系中最大的河流是纳尔逊河，长2600公里。北冰洋水系位于加拿大西北部，流域面积359万平方公里，其主要河流为马更些河，从源头的芬利河到北冰洋入海长达4240公里，是加拿大最长的河流。它流经阿瑟巴斯卡湖、大奴湖和大熊湖。大西洋水系主要指圣劳伦斯河和其支流渥太华河，圣劳伦斯河全长3000公里，把五大湖的湖水排入大西洋，其流量之大在北美仅次于美国的密西西比河。圣劳伦斯河是五大湖的咽喉，它使大西洋的运输可以直达五大湖周围地区。太平洋水系中最大的河流为育空河、哥伦比亚河和弗雷泽河。

　　由于加拿大地处北半球高纬度地带，全国约有1/5的地区在北极圈内，所以有将近一半的面积是冻土。冬天长，从11月到次年3月；夏天短，从6月到8月。加拿大国土辽阔，各地气候差异较大。太平洋沿岸夏天凉爽少雨，冬季温和多阴雨，温哥华及周围地区是加拿大冬天最温暖的地区。这是由于加拿大西海岸受日本海暖流的影响，又受沿岸山脉的阻挡，暖流在西坡凝集成雨。由于雨量充沛，这里到处是茂盛的植物，终年郁郁葱葱。树木中最负盛名的是道格拉斯杉树，树径宽 4—5 米，高达 90 米以上，树干长且直，非常挺拔。在落基山脉东侧的大草原属大陆性气候，因为山脉阻住了西来的暖湿气流，这里冬季长而寒冷，夏季短而炎热，最高气温可达摄氏 40 多度，雨水偏少。五大湖周围地区冬夏皆凉，气候温和，雨水充沛，农作物生长期长，是重要的农作区。大西洋沿岸夏天气候温和，冬季却相当寒冷。降水量也相当充沛。哈得逊湾沿岸及北冰洋里的岛群属极地气候，只有冬夏，没有春秋。夏天只有两三个月，冬季长达九、十个月。这里是加拿大最冷的地区，也是降水量最少的地区，全年平均降水为 150～400 毫米。

　　加拿大地大物博，物产丰富。地盾地区南部是林区，云杉、五针松等树木终年常绿，林木茂盛。圣劳伦斯河谷地区土地肥沃，雨水充足，是重要的农区，盛产水果、蔬菜、肉类和乳制品等。大西洋和太平洋沿岸水产丰富，盛产鳕鱼、鲑鱼，是世界有名的大渔场。大草原地下蕴含有丰富的矿产，特别是铀、钾、石油和天然气等蕴藏量极为丰富。北极地区则有十几种哺乳类动物，它们为加拿大早期欧洲人的毛皮贸易和现在生活在这里的爱斯基摩人提供了狩猎对象。

二、加拿大史前文化的分布及变迁

　　50 年前，人们认为大约在公元前 2000 年以前才有人类来到北美。现在，根据加拿大的考古发现，大约在公元前 1 万年以前在北美的许多地区就有人类出现。有一种说法认为，大约在公元前 12000 年以前，通过亚洲与北美相接的陆地桥，即白令海峡，第一批移民来到北美，他们在阿拉斯加和育空地区的非冻土地带落下脚来。此时，这些亚洲的狩猎民族正处于石器工具时代，有各种石制的工具和武器发掘出来可以证实这一点。大约到公元前 1 万年左右，阿拉斯加和育空地区的自然环境恶化，第一批亚洲移民的子孙越过洛朗蒂德（Laurentide）与科蒂勒拉山脉之间一片正在融化的冰原向南面扩展，渐渐分布于新大陆的中心地带。到这时，他们大约已经发展到使用尖头投掷石器和其他一些物品，考古学家把这一阶段称为凹槽尖石器文化（Fluted Point）。这种文化迅速地在西半球可以居住的地区扩展开来，并在不同的地区随环境的不同发生着一些变化。大约到公元前 8000 年左右，又有一批来自阿拉斯加和育空地区、使用薄刀片状石器的居民向南扩展，并在不列颠哥伦比亚的北部和沿太平洋的北美大部分地区定居下来。几千年以后，最后这批来自亚洲的移民中最重要的一支，发展成因纽特人和阿留申群岛土著居民的祖先。

到公元前 9000 年，凹槽尖石器文化在北美的大部分地区扩展开来，其派生的文化在南美也建立起来。此时，由于自然环境的变化和存在充足的野兽，包括巨象、乳齿象和其他大型哺乳动物，使这种文化发展得非常迅速。这种文化遗址在以前是冰冻湖的湖边经常被发现。在新斯科舍，发现了这时期的遗址。遗址显示，北美驯鹿在冰冻的森林苔原被拦截，这一方面说明了当时特殊的自然环境；另一方面也说明了生产和生活是以小家庭为单位的。这类遗址在安大略和蒙大拿也发现过。

在育空地区和阿拉斯加，处于旧石器和中石器时代的薄刀片状石器都曾被发现，它们的年代分别是公元前 1 万年和公元前 9000 年。但是，其他地方同期的遗址却没有发现这种石器。因此有人推测，凹槽尖石器文化和早期薄刀片状石器文化可能拥有共同的祖先。

在公元 8000 年到 4000 年的早期，在美洲东部，从凹槽尖石器文化分衍出两支主要的文化：一支是出现在平原地区的移动

(Plano)文化；另一支是出现在东部森林地带的早期和中期古代文化。与凹槽尖石器文化一样，移动文化的居民是大型野兽的狩猎者。他们使用一些与祖先同样的工具，此外，已出现一些新工具，如石斧等也开始应用。在加拿大，移动文化的遗址非常丰富，从中央高原到不列颠哥伦比亚，再到西北边疆都发现了这类遗址。早期古代文化是出现在圣劳伦斯河谷和大西洋沿岸的一种文化，它标志着从早期石制工具技术向较高一级的转变。这一文化最有特点的工具是在原来 V 字形尖锐石器的后端增加了较深的槽，以便装上木柄，可以想象，这时出现了矛状的抛掷石器。在大西洋沿岸，那里的居民使用带绳索的鱼叉来捕捉海里的大型动物，如海象和鲸鱼等。从新英格兰到俄亥俄河谷，包括上圣劳伦斯河谷和安大略南部，那里的原始人广泛使用 V 字形投掷尖状石器。这一时期，加拿大还存在其他一些原始文化。在马尼托巴的东南部和西北地区的基韦廷，在移动文化的基础上发展出地盾古代文化，这一文化向东发展，占据了几乎所有的加拿大地盾区。根据遗址考证，人们推断，北美驯鹿和鱼是这些原始居民的主要食物，他们使用的石制工具包括碎石切削器、石刀、尖枪和 V 形投掷尖物等。他们所穿的想必是特意缝制的衣服。在次北极的河、湖中，使用雪地鞋，开始驾驶树皮独木舟。

科蒂勒拉文化是公元前 8000 年以后出现在不列颠哥伦比亚南部的原始文化。人们使用叶状投掷尖物、石刀、简单的切削器、圆形石块和核状工具，猎物主要是三文鱼等。

海岸薄刀片状文化是这一时期出现在不列颠哥伦比亚中部和北部海岸的原始文化。当地人们是从南部扩展来的，借助于水上工具，在公元前 5000 年他们到达夏洛特女王岛。他们的生产和生活状况与科蒂勒拉文化相近，而且两种文化产生了交汇。此外，这一时期还有北部内地文化和大奴湖北部的阿卡斯塔文化等。

到公元前 4000 年以后，自然环境变化的节奏开始放慢，人类居住的环境也相对固定下来。海平面与现在的水平基本相近，哈得逊湾以西生长植物的地区比现在更往北。公元前 2000 年以后，气候变得更冷也更湿润，森林带比现在往南大约 300 公里。在这一时期，加拿大原有的几种原始文化继续发展。

海岸古代文化是在早期古代文化的基础上发展起来的。此时，人们向纽芬兰和圣劳伦斯河谷上游推进。沿着拉布拉多海岸，一百多米长的长形房屋建立起来，各种石器、切削木头的石斧及半圆形的刀状物都已经使用。此时开始出现精致的骨器：用骨钉固定成的鱼叉、骨针等。在公元前 1500 年左右，大概是受早期古因纽特人的驱使，海岸古代原始人向拉布拉多南岸转移。地盾古代原始人从魁北克内地向拉布拉多中部海岸和圣劳伦斯海湾北岸渗透。

劳伦斯古代文化是与海岸古代文化相交融的文化。人们主要以捕猎大型野兽为生，附带着也吃硬壳果类、小动物和鱼。

地盾古代文化在这时期继续向东，在魁北克次北极广大地区扩展。这种原始人除了使用以前的工具以外，大约在公元前 1500 年左右开始用黑硅岩矿石制造工具。大约在公元前 4000 年，天然的铜块和金块开始在大湖区的交换中使用。在基韦廷地区，地盾古代人是以家庭方式居住的。他们的房子中有石头垒成的火炕，房屋的地面是在半地下，而且房屋四周，用较重的石头固定住盖房的材料，使之坚固。

中央平原的原始人依赖野牛为生，他们靠精心策划的社会组织进行围猎。野牛群被大批的人赶向悬崖峭壁摔死或驱赶进准备好的栅栏中围歼。这些人住在帐篷中，帐篷用石头围起来。到公元前 3000 年，这部分原始人在数量上有较大增加，居住也更加集中。其影响扩展到马更些河谷以北，向东扩展到大湖区。他们除了使用投掷尖器、切削器、石刀和薄圆石器以外，这时已使用狗拉雪橇。此时出现了一种用碎石子嵌在地上的轮状图形，这是中央平原古人的祛病符咒。这种图形持续了几千年，说明原始人中已流传着一种明确信仰。在墓葬中发现了石器、鹰爪、大湖区的天然铜以及大西洋沿岸的贝壳项链等，这说明当时已有一定的交换。

这一时期，除以上几种原始人之外，还有早期奈斯凯朴人（Nesikep，住在不列颠哥伦比亚南部）、早期西北沿海人、北部内地薄刀片状石器人、北部古人和早期古因纽特人等。

公元前1000年至公元500年，加拿大各地的原始人在原有基础上继续发展，此时大部分原始人都掌握了使用弓箭的技术。

从500年到16世纪欧洲人到来这1000年的时间，是考古资料最丰富的时期。此时，人口有很大增加，所以考古学家有可能把史前文化与历史资料结合起来进行综合考察，写出较为详细的历史。总而言之，在欧洲人到来时，加拿大原始人已经在这片土地上繁衍生息了几千年，他们共有12种语族，包括更多的语言。农业在安大略南部、圣劳伦斯河谷以至魁北克都成为经常性的生产活动。

三、北部森林狩猎印第安人

北方的森林是广阔的，从拉布拉多绵延3000多英里的海岸向西扩展，一直到马更些河下游和育空地区。在这片广阔的森林地带，居民的语言尽管有着不同的口音，却主要说两种语言，一种是阿萨巴斯卡语，主要分布在丘吉尔河西北；另一种是阿尔贡金语，分布在丘吉尔河东南。尽管他们彼此不能相互懂得对方的语言，但却面临同样的生存环境，过着大致相同的生活。他们以猎取大、小野兽为生，狩猎工具包括弓、削尖的石箭、尖状石头长矛、陷阱和罗网等。当野兽掉进陷阱或被罗网逮住之后，猎人们就用长矛或弓箭把猎物射死。在河中，他们用鱼钩和鱼线捕鱼，也用小网和栅栏拦住较浅的整个河道来捕鱼。据18世纪欧洲人的记载，印第安人用这些工具捕猎，效率很高。

在印第安人中，男、女工作有分工。狩猎用的大部分武器是男人制造，女人制作生活用品，包括石刀、木制或骨制的削刮器、石头刻刀、骨针和木制的或树皮的器皿。18世纪，泥制的陶器质量很差，不能在火上烧煮，所以当时的印第安人吃熟食主要靠石头器皿来煮或烤，或用棍子叉起食品在火上烤。

女人也负责做衣服。她们通常用各种兽皮缝制长袍或长衬衣，并用豪猪的硬刺、野兽的尾巴等作为装饰。在长袍里面，男人穿兽皮做的马裤，女人穿裙裤。冬天在长袍外面罩一件暖和厚重的大外套。这种大外套一般可以穿很多年。在马更些河谷，外套一般是用兔皮做成。印第安人在床上铺着兽皮，通常是鹿皮或熊皮。印第安人的房屋用树干架成锥子形，上面再盖上鹿皮和树皮。每间屋子可住15个人以上。

印第安人的树皮独木舟轻便而易于修理，所以不但为印第安人所使用，也为后来的欧洲人所使用。它在陆地上易于搬运，可以跨过两条河流之间的陆地，也适于在湍急的河水中航行。正是由于这种独木舟轻便而有效，欧洲人很快就深入了北美大陆，进行探险。北部印第安人传统的独木舟体积小，只适于载两个成年人和一到两个小孩，货物也装载得很少，只能运250磅到300磅。

在冬天，印第安人的交通工具是雪地鞋、狗拉雪橇和一种偏长的雪橇，在可能的条件下，他们总是沿着冰冻河流的下风头一线行走，以避开坎坷的地面和风的阻力。由于猎人们通常只能喂养一两条狗，所以狗拉雪橇一般也只有一两条狗为动力。在这种情况下，每当迁移狩猎地时，雪橇的运输力是不够的，人们，特别是妇女要用背来背沉重的物品。正是由于这种迁徙方式，决定了他们不能积累很多生活用品。

北美印第安人生活的社会是小规模的，他们的日常接触也在近亲的范围内。冬天狩猎的组织规模最小，通常由几个近亲家庭所组成。这样的劳动规模可以保证冬天的狩猎安全和有效。冬天最基本的猎物是麋鹿和北美驯鹿，它们都不是群居动物，所以只要两三个人或四五个人就能很容易地捕获。此外，血缘家族也为生存和生活提供了方便，当一个家庭的男性家长生病或死亡时，其他同族的男性成员可以抚养他的子女长大。

北部印第安人的婚姻很简单，当需要结合时，只需征得父母的同意即可。印第安人的贫富不是以财产来衡量，最富有的男人是能力最强的猎手，女人的嫁妆则是健康的身体和心甘情愿地协助丈夫料理家务。当他们性情不合不愿再在一起生活时，只要举行一个和结婚一样简单的仪式就可以分手。印第安人中未婚夫妇和已婚夫妇并没有明显界限，贞洁也不被看成是基本的道德标准。此外，在非常友好的朋友之间，还互相交换妻子过夜，这被看成是一种最牢固的友谊。有些家庭的男主人或女主人死后，他们的子女有时认父母生前的好友为父母，就像基督教徒认教父或教母一样。

印第安人的政治组织非常简单，他们的领袖是自然形成的。首先，他必须是最好的猎手，已婚，并能言善辩，这样的人就能做冬天的领袖。在夏天，由于群居的人数多一些，就从诸多冬天的领袖中选出最受尊敬的一位做领袖。但是，领袖没有特权，家族中一切事务均由集体决定。当意见不一致时，领袖不能强制，只能说服大家，直至意见取得一致。在对外事务中，领袖以全族人的名义与外族交涉谈判，因此，领袖的口才非常重要。

印第安人面临最困难的问题是间断性的食物短缺。这种短缺一方面是由于森林大火烧光了森林和野兽；另一方面也由于动物数量的自然波动，即动物数量的自然增多和减少，或动物的迁徙。一般地说，这种食物短缺是地方性的和短时期的，为应付这种局面，北方森林印第安人逐渐形成了解决问题的办法。在家族内部，血缘相近的家庭在彼此需要的时候互相帮助，这种帮助也不必立刻回报。这种分享食物的传统被看成是一种责任；相反，贮存个人物品则被看成是不正当的行为。人们都有帮助别人的愿望，期望领袖们能慷慨对待其他家族。在这种环境下，谁要获得高位不是靠积累财富，而是靠给予别人，才能得到大家的尊重。在不同的部落之间，通过交换也可以解决食物短缺。如，北方森林印第安人就与相邻的住在安大略南部的易洛魁人实行交换。此外，部落之间在食物短缺时也允许彼此到对方的领地上狩猎。一般情况下，森林印第安人内部不进行交换，因为他们的食物始终比较有限。

　　林地印第安人拥有宗教信仰。个人的信仰是通过幻想来实现的；集体的信仰则通过宗教节日或仪式，例如敲鼓等方式，来寻求美好的愿望或达到某种精神境界。他们相信有一种主宰生命的神——曼尼托（Manito，即大神）的存在。印第安人认为，曼尼托无所不在，他们分为不同的等级，是超脱于人的生命历程而独立存在的，并把所有其他生命置于他们的安排和照料之下。每一个曼尼托有着不同的关照物和指令，如一个曼尼托主宰野牛，另一个主宰鹿。这些下级曼尼托要对一个最大的曼尼托负责。出于这种考虑，印第安人尽可能不去说或做任何触犯曼尼托的事。当人们要杀死野兽时，他们总是要说一些话或做一些事，表示对曼尼托的感谢，并祈求允许他们杀死这只野兽。巫师是人与神之间的桥梁，他们被认为有特殊的能力能与精神世界对话。在说阿尔贡金语的印第安人中有一种仪式：巫师坐在一种特制的可以摇动的帐篷中与精神世界对话。在奥吉布瓦人（印第安人中一支）中，巫师作为精神世界的领袖，组成一个神圣的治病驱魔团体，这是林地印第安人中最重要的宗教组织。它的存在关系着整个部落的健康和生存。

四、易洛魁人

　　在不同地区，土著居民的发展相差很大。在加拿大东部，有两支印第安人住在那里。一支是易洛魁人，他们住在现在的安大略省南部和圣劳伦斯河谷周围地区，以农业为生。易洛魁人的社会很大，几千人住在一起，生产能力较强，发展很快，他们虽然在较小的生存范围内活动，却养育了较多的人口，并逐渐形成了较为复杂的政治组织。易洛魁语有几种不同的方言，说不同方言的易洛魁人形成了几种不同的有时甚至是相互充满敌意的部族，如"五部落"或称"易洛魁联盟"。这 5 个部落是斯纳卡（Seneca）、卡尤嘎（Cayuga）、奥内达（Oneida）、昂昂达嘎（Onondaga）和摩豪克（Mohawk）。此外还有休伦、伊利和纳特拉尔人（the Neutral）等。这些部落之间有血缘关系，相互进行贸易，但也相互竞争，有时还发展成战争。北部易洛魁人与林地印第安人中的阿尔贡金人进行贸易，他们用多余的粮食换取猎物和猎物制品，尽管数量不大，但是却建立起交易的路线和方法。这对于当时的商品流通和信息的交换都起了重要作用，而且为以后欧洲人到来进行皮毛贸易和深入内地奠定了基础。

　　易洛魁人不像林地印第安人那样到处流动，而是有着固定的住所。他们精心搭盖房屋，集村落而居。以休伦人为例，他们食物的 75% 是农产品，有玉米、豆类、南瓜和向日葵等，其余 25% 用鱼和兽类做补充。易洛魁人的村落建在田地附近，每个村落可以居住 2000 多人。他们已经知道土地休耕，当附近所有土地的地力耗尽时，他们就会找寻新的村落地址和新的耕地。清理土地对于只具有低下生产力的易洛魁人来说是一项艰苦的工作。据一位早期到来的欧洲人记载：清理土地时，印第安人"一般由男人们在从地面 2～3 英尺的高度把树砍倒，然后打掉树干上的所有枝权,再把剩余的部分用火烧,以便把树烧死,最后把树根挖出、移走。在这之后,由妇女清理树坑之间的土地,再在地面上以一步的间距挖成一个个的圆坑,在每一个坑里,种9～10粒玉米种子。这些种子是他们事先选好、分类并用水浸泡过几天的。一般来说,他们下种的数量很多,足够他们收获出二年到三年的口粮。他们所以生产出这么多的口粮,是为了防止遇上灾荒,也为了向其他部族进行交换,换取他们作为衣服的皮毛和其他生活物品。在开荒以后的几年中,他们会继续利用这些坑进行耕种。在耕种时,只需要用小木铲重新清理一下坑里的松土,种上玉米种子。木铲的形状像耳朵,在'耳朵'的一端有一个把儿。树坑之外的土地不耕种,那里的杂草被清除,在一簇簇的玉米秸秆之间留下有规律的横竖交错的小路"。

除了农业之外,易洛魁人也捕鱼,鱼类是他们获取动物蛋白的惟一来源。捕鱼一般是成年男性的工作。休伦人住在现在的安大略西姆科(Simcoe)县,他们从事渔业的时间一般在秋天,用大约一个月的时间到乔治湾去捕正在产卵的鲱鱼。斯塔达科他人住在现在的魁北克城一带,他们从圣劳伦斯湾中捕鲭鱼、海豹、海鳗和海豚。与其他的易洛魁人不同,这一族人与大海有着息息相关的联系,在播种和收获之间,他们经常远航到加斯佩半岛和贝尔岛海峡去进行捕鱼和采集其他食物的活动,在进行这种远征冒险时,通常是男女老少一齐出动。

对于易洛魁人来说,打猎取得的食物很有限,但是野兽的皮毛是贵重的,它是缝制衣服的主要材料。相对讲,由于易洛魁人人口稠密,所以兽皮总是短缺。为了解决穿衣问题,打猎的人被迫要到很远的地方找寻狩猎机会,而且他们的人数也很多。以休伦人为例,在秋天和晚冬进行打猎的队伍有几百人之多,他们要到离家很远的地方去打猎。在这个季节,白尾鹿聚集成群,休伦人就利用这个机会建起半英里长9英尺高的V字形围鹿栅栏,用大批人力把鹿群驱赶进围栏，再歼灭。这种方法比较有效，每次都能获得相当多的数量。在晚冬狩猎时节，有少量妇女会随同男子去打猎，她们的任务是宰杀捕获的鹿，并把毛皮剥下收拾好。一般情况下，鹿被捕获之后，鹿肉立刻被吃光，有时也有剩余，他们就把鹿肉熏制、晒干带回村庄。冬天，易洛魁人把玉米晒干吊在屋顶上，把鱼晒干或熏好放在树皮做的容器内贮存。

易洛魁人住的房子与森林狩猎印第安人住的房子很不同。如，休伦人住的房子有90～100英尺长，25～30英尺宽，四壁用树干插进土里，前后两边树干的上端向中间倾斜，并在屋子中央一线用绳子系在一起。在树干搭成房架以后，上面盖上杉树皮。房子两侧有贮存木柴的地方，房子里面靠墙建起高台，屋子中间有贮物架捆在柱子上方，上面放器皿、衣服和其他物品。屋子中间的下方是一排20英尺长的床，上面铺着兽皮。许多这样的房子聚集成一个村落，休伦人的村落用木桩围起来，以防他人的进入。可以设想，这样一个村落可以居住很多人，房子的使用期也比较长。

休伦人的独木舟比林地印第安人的要先进。这种独木舟体积大，可以乘坐五六个人，休伦人用它在较为深的河流和波涛汹涌的乔治湾中航行，从事贸易和捕鱼，有时也用它与周围的部落进行战争。当时，休伦人主要与北方的林地印第安人进行贸易。他们用多余的粮食、烟草和渔网换取皮毛、肉类和冬天的衣服。

休伦人乐于交易还有其他原因，这就是他们比阿尔贡金人更加富有。对于个人来说，收集财产是不被鼓励的，但作为以血缘关系组成的集体，积累财产可以使他们保持和提高社会地位，定居的生活为积累财产提供了可能性。财产的积累首先要依靠剩余，有了剩余才可能去进行交换。通过交换，可以获得新的财产，然后，易洛魁人把这部分财产分配给部落的一般成员，由他们使用或进行积累。从事交换的人拥有一种特权，他们一般是男性，这种进行交换的关系和路线要么是他们发现和建立起来的，要么是他们从父亲那里继承的，别人不能随便进行交换。因此，这些人有可能比别人拥有更多的财产。这种交换的特权也并不总是世袭，有时也会把这种交换关系转给其他家族。

与阿尔贡金人和讲阿萨巴斯卡语的林地印第安人的核心家庭相比，休伦人的社会更复杂，也具有更高的社会组织。在每一个长房子中，居住着一个扩大的家庭，这是母系社会：由一位女性和她女儿们的家庭，或者一组姐妹们的家庭所组成。子嗣的延续在女性一边，新的家庭也居住在女方的房子里。

休伦人的政治组织是围绕着家族组织起来的。许多这种扩大的家庭住在一个村庄里，他们都是一个共同母系祖先的后代，这些共同的后代组成一个家族（Clan）。依据村庄的大小，有时是几个家族住在一个村子里；有时是一个村庄只有一个家族。每一个家族都有一个部落家族的名称，如：熊、鹰、龟等。一般来说，属于一个家族的许多扩大的家庭总是乐于住在一起，所以有的村庄很大。也有的家族住在不同的村庄却享有一个共同的家族名称，他们之间是亲戚关系。家族内部是禁止通婚的。

每一个家族有两位领袖，一位负责民事，另一位负责军事。在这两位领袖中，负责民事的更重要，因为日常生活的各个方面都由他来处理。军事首领只有在战时才有任务。在战时，军事首领的责任是组织进攻的军队与自己的宿敌进行战争。一般来说，这些军队是由上次战争中受到打击的男性家庭成员组成，他们寻找报仇的机会向敌对的村庄发动进攻。在易洛魁人中间，大大小小的战争总是连续不断，但是死的人数却相对很少。战争中，妇女和儿童被抓做俘虏，有时胜利的一方折磨敌对方面的男人，却把俘获的妇女和儿童去向敌对方面交换自己被掳去的成员。一般来说，在欧洲人到来之前，以歼灭整个村庄为目的的战争从来没有发生过。

易洛魁人的每一个村庄都有一个议事会（council），议事会由各家族的民事领袖所组成，负责全村的日常事务。在议事会成员中有一位是全村的代言人，负责与其他村庄进行交涉和协调。但是，所有议事会成员是平等的，他们不必服从其他成员的决定。村庄的行政事务要经过议事会讨论，大家取得一致意见才能决定。在村里，具有聪明才智和受尊敬的老人也参加议事会的讨论。

每一个休伦村庄从属于一个部落，由 5 个不同的部落组成休伦联盟。每一个部落控制着休伦疆域的一部分领土，部落议事会由每个村庄的民事领袖共同组成，负责整个部落的行政事务。与村庄议事会一样，部落议事会成员的权力是平等的，他们中有一人为部落的发言人。每个部落议事会有一些世袭的责任，如保护本部落的商路畅通，负责村庄之间和部落之间的事务等。在部落之上的议事会是部落联盟，它由相关部落议事会的所有成员所组成。拿休伦部落联盟来说，它的宗旨是使联盟中所有部落和平友好相处，保持共同的商业和军事利益。显而易见，完成这样的任务并非易事。但是，在 17 世纪早期，管理着拥有 25000 人口的休伦联盟在这方面却是非常成功的，可见这些政治组织发挥了重要作用。

在休伦人的生活中有一些公共节日，也有一些私人庆典。最大的庆典是部落联盟一年一度的集会和联盟议事会上任时的庆典。庆祝的方式是跳舞、游戏和举行宴会。

休伦人最重要的节日是死人节，它在村庄迁移新址的时候举行，往往会持续 10 天，届时要把死去祖先的骨头迁往新的住地。在举行这种仪式时要通知其他部落的人参加，来的人越多，他们会觉得脸上越光彩，也会使死者更好的超度。节日举行时，人们要载歌载舞先庆祝几天，然后在新的村庄附近挖一个大坑，大坑周围和上方搭起许多木架，当迁徙时，死去祖先的骨头装在口袋里放在木架上。待坑整理好，要先铺上兽皮，兽皮之上要放殉葬品，如战斧、水壶、珠子、项链等，要铺满厚厚的一层。在这之后，由首领们站在木架上把祖先的骨头倒在殉葬品上，尸骨上面再铺一层兽皮，兽皮上再盖上树皮和土，最后用大木头压好。在这些事做完之后，他们会继续跳舞，而且脸上带着满意的笑容，相信自己祖先的灵魂已得到妥善的安置，也相信这样做会保佑他们平安和富有。

休伦人的庆典除了其本身的意义之外，还有其他方面的作用。举行这种仪式，一方面说明他们尊敬祖先；另一方面，通过这种仪式，也可以使相同部落的人认识到自己拥有共同的祖先，应该互相团结。此外，通过邀请相邻部落的人来参加庆典，也可以扩大相互的接触并加强部落联盟内部的联系。

休伦人信奉天神，认为它是万物的主宰，既控制着天气，也在人们需要时提供帮助。比天神小一点的神是奥齐（Oki），他影响人类的活动。所有的易洛魁人都信奉神，他们祈求神在经济活动和战争中帮助他们，也希望神能帮助他们战胜疾病。他们认为人会得病有三种原因：一是自然原因，二是巫术，第三则是人们心灵的愿望没有实现。为此，他们转向巫师，请他们治愈社会，以解决这些问题。由于梦被看做灵魂的语言，所以，巫师在给病人看病时对梦给以极大的关注。他们采取适当的仪式和举动，往往能有效地对待一些共同的精神的和情绪上的毛病。一般来说，这常常是某种心理治疗的方法，有时是针对个人，有时则针对一批人。总之，目的是使人们乐天安命，并对未来抱以美好祝愿。

五、平原上的野牛狩猎者

平原印第安人生活在马尼托巴、萨斯喀彻温和阿尔伯塔等地的草原地区。他们的生活与加拿大其他地方的印第安人极为不同，在长期的狩猎生涯中，他们形成了一种巨大的军事力量。

这一地区自古以来就有成千上万的野牛，野牛的繁殖排挤了其他大型动物在这一地区的繁衍。每年冬天和夏天，大批的野牛群按照习惯的路线在一定的地域范围出没，形成自己的活动规律。只是在秋天偶尔发生草原大火，毁坏了冬天的饲料场，或者是由于天气极为反常，使野牛不能在露天的草原出没时，这种有规律的活动路线才会改变。因此，野牛有规律的行踪使平原印第安人的狩猎相对容易。他们在长期的狩猎中，也渐渐发明了一些有效的狩猎方法。

在冬天和夏天，平原印第安人采取不同的方法对付野牛群。夏天，最有效的方法是向悬崖驱赶野牛。这样做需要大批人力，成年男子的力量是不够的，往往包括妇女和老人。人们在一个陡然下降的地形处，修成Ｖ字形的障碍，然后把野牛从敞开的一端向尖端驱赶。这种障碍有时是用树枝扎成栅栏，有时用石头垒起。其作用一方面阻止野牛向其他方向逃窜；另一方面也是保护猎人不受伤害。选择围杀野牛的地点要有一定的落差，当野牛被驱赶到Ｖ字形的顶端时，摔下去要足以使狂奔的野牛摔残或摔死。在驱赶野牛的过程中，大部分猎人在野牛后面把野牛向Ｖ字形的顶部，即悬崖处驱赶，在障碍的两侧，要埋伏下一些人大喊大叫，逼迫野牛向预定地点奔跑，有时也故意在围杀地点准备一些饲料，诱导野牛进入埋伏。这种方法很有效，在草原地区使用这种方法也很普遍。根据考古发现，这种捕杀野牛的场所在许多地区都有。由于野牛群的活动有一定的时间，也有一定的路线，所以可以设想，这种Ｖ字形的设施修成之后绝不是使用一次，而且可以加固和完善，并在以后不断的使用。这种方法在平原印第安人中已经沿用了几千年。

平原印第安人也用围歼的方法捕杀野牛。据17世纪哈得逊湾公司一个欧洲人的记述，他看见印第安人把一群野牛包围起来，然后逐渐缩小包围圈，最后向野牛射击，使有的野牛倒下，其余的逃散。应该指出的是，在欧洲人到来之后，平原印第安人经过交换获得火枪，他们有时骑马追击野牛群，并用枪向野牛射击。这可以看成是两种文明交汇之后产生的一种新狩猎方式。由于野牛是成群的大规模行动，所以捕杀野牛也是上百人的有组织的行动，这就形成了一种军事化的狩猎方式。

冬天，猎人们利用天气寒冷，野牛群想寻找庇护场所的心理，在野牛群经常出没的地方修建一些牛棚，牛棚里准备好干草和饲料。牛棚的栅栏有4英尺高，用结实的桦木桩制成，上面用较细一些的桦树枝编结，做成又结实又厚的围栏。在打猎的时候，有经验的猎人披上牛皮，把头部也用牛的毛发和牛角伪装起来，然后，学着牛的姿态靠近野牛群，并发出牛的吼叫声。猎人们反复地做这些动作，引诱野牛群向牛栏靠近，最后把野牛群引进牛栏的入口，再关起门来。这种围猎方式非常有效，但是，它需要猎人既具有娴熟的技巧，又要有足够的勇气，因为一旦惊吓了野牛，就有被踩死的危险。

野牛捕获以后，由老人们宰杀，妇女们剥皮、分割和整理牛肉。在夏天，有很大一部分牛肉要贮存起来，以备冬天食用。妇女们先把牛肉晒干，砸成粉末，然后把牛油在火上炼出来装在生牛皮做的容器中晾凉，再把干牛肉末和牛油搅在一起做成干牛肉饼。在吃这种牛肉饼时，平原印第安人一般要搭配一些野果，这样吃起来味道鲜美，营养也丰富。

除了野牛之外，平原印第安人也捕捉其他动物。首先是红鹿，这种动物体大，重量有1100磅以上。它们活动在树林与草原的交界处。印第安人在冬天捕不到野牛时就捕捉红鹿，他们喜欢这种鹿肉的美味，也用鹿皮做衣服。除此之外，狼、海狸和各种水鸟也是大受欢迎的猎物。海狸皮是很好的毛皮，印第安人用它做冬天的衣服。在早春和秋天，印第安人也捕鱼。如阿斯尼伯恩人（Assiniboine）和克里人在春天的河流上筑上捕鱼的栅栏，可以捕到大量的鲟鱼，他们把栅栏修在红河和阿斯尼伯恩河等主要河流的狭窄之处，当鲟鱼群从大湖区逆流而上产卵时，很容易就会被捕获。这种鲟鱼重 90 公斤以上，对于印第安人来说是量大味美的食物。但是，生活在阿尔伯塔南部的黑脚印第安人（据说因为他们穿的鞋为黑色而得名）不用这种方法捕鱼。他们只是乘独木舟沿河捕鱼。自然，用这种方式捕鱼数量要少得多。

除肉类和鱼之外，平原印第安人也吃蔬菜和水果。在这里有草原的野萝卜和各种浆果，特别是萨斯卡通浆果。野萝卜和萨斯卡通浆果都是产量很大的，它们在采集之后都可以晾干以备冬天食用。通过交换，生活在马尼托巴南部的阿斯尼伯恩人和克里人还可以得到野稻谷。野稻谷产于西北地区，到红河以东就没有了。平原印第安人向密苏里河谷上游的曼丹（Mandan）人换晒干了的野稻谷。曼丹人也是狩猎的印第安民族，但是，由于他们生产了多余的粮食，所以经常与周围其他民族进行交换。

野牛除了向平原印第安人提供大量的牛肉之外，也提供一些生活用品。妇女们用柔软的牛皮做衣服，男人用带毛发的牛皮制装，牛筋还可以做弓绳。牛胃最有用，可以做器皿和壶，平原印第安人把牛胃装满雪吊在火上熏，可以在寒冷的冬天喝到温水。在冰雪融化之后，他们又可以把牛胃装满水盖上一个塞子当做壶，带着它去打猎。

平原印第安人妇女会用牛皮做衣服，也会把牛皮染上颜色。但是，与曼丹妇女相比，她们则显得逊色。曼丹妇女的牛皮手工艺是远近闻名的。随着野稻谷的流通，绘制过的皮革、野牛皮袍子和各种毛皮手工艺制品沿着商路，也从曼丹源源不断地流向加拿大草原地区。而草原地区未加绘制的皮革、皮袍子和干货则向南运到曼丹印第安人部落。

在交通工具方面，尽管阿斯尼伯恩人和克里人是后来者，他们却较为先进，使用树皮做的独木舟。大部分平原印第安人使用牛皮舟，这种船是卵形的，用木棍做成支架，再用牛皮包起来。这种船不能远距离航行，只能过河使用，过河时，人们钻进卵形舟中，一点儿也不舒服。平原印第安人通用的兽力是狗，一个狗拉的雪橇一般可以载 75 磅货物。

平原印第安人的社会以家庭为基础，婚姻实行一夫多妻制。居高位的男子可以有几个妻子，这些妻子通常是姐妹。冬天的村庄一般有 100～400 人，他们分散住在一片片的小树林中。在冬天，印第安人非常艰难，有时大雪几乎把帐篷掩埋。村庄的事务由首领和长者议事会负责，大事由全体成员协商讨论后决定，虽然有时也实行强制，但出现矛盾时主要靠说服取得一致意见。夏天的情况有所不同。在夏天，他们住在像休伦人一样大的帐篷中。由于一个村庄有许多帐篷，所以夏天的营地能有上千人。这样多的人住在一起，一方面是夏天的狩猎方式需要大批人力；另一方面也由于在夏天，部落之间经常发生战争，这样大批的人居住在一起，有助于人力的调动。部落的领导层由男性组成，部落议事会成员都是男性长者，他们的任务是管理村庄内部事务、计划和组织大型的狩猎活动以及确保村庄的安全，防止外部落的袭击。除部落议事会之外还有一位首领，负责召集部落议事会的召开，并主持日常事务。在这样的领导体制下，平原印第安人把部落建成了以男性为主的军事化社会。

平原印第安人的社会是男性社会，在这里，男性具有权威。为了追求权力和高位，男性之间展开了激烈的竞争。一旦某人取得高位，他就对下属实行强制性的管理。追求高位的表现是追求财富，只有具备了一定财富的人才能成为有地位的男人。在欧洲人到来之前，平原印第安人比阔的方式是看谁的帐篷更漂亮。漂亮的帐篷要用 10～12 张野牛皮建成，最好的帐篷要有许多美丽的装饰，这样，男人就依赖妇女做各种手工艺品进行装饰。在欧洲人到来之后，枪和马被引进平原印第安人社会，这使狩猎相对容易了许多，所以那些最能打猎的男性就需要更多的妇女为他做更多的手工艺品，这样也就加速了一夫多妻制的流行。

一夫多妻制流行的另一个原因是男性的数量相对要少。除了财富之外，在战争中表现勇敢是男性地位升迁的另一重要因素。在17世纪初，马和火枪开始在平原印第安人中使用，这在部落战争中起了很大作用。首先，马的使用使战争涉及的地域范围扩大，因而使战争的规模扩大；其次，火枪的使用使杀伤力大大增强，因而使男性的死亡率大大增长。这就为一夫多妻制的发展准备了另一个条件。

平原印第安人崇拜太阳，认为太阳是"伟大神灵"（Great Spirit）的主要体现。一年一度的太阳舞仪式是他们宗教生活中的大事。这种仪式通常在7月或8月举行。在一次捕杀野牛的狩猎之后，人们要精心准备这次大的盛典。这种仪式要持续3天，人们不断地跳舞，宴会上要消耗大量的肉，特别是野牛犊和牛舌头，此时，巫师们也要施展他们的法术。平原印第安人的太阳舞节日与易洛魁人的死人节一样，是一年一度最大的庆典。它在盛夏举行的意思是使每一个家庭一年的狩猎活动有一个新的起点。

六、西海岸的渔民与商人

在加拿大土著居民中，西海岸的印第安各部落最具有经商天赋。在这里，风景优美，食物充足，交通便利，各部落的文化也非常丰富。这里的主要食物是马哈鱼，流通的主要商品也是马哈鱼。这里的马哈鱼有5个品种，而且产量丰富，它们生活在靠海的几条河流的下游。除马哈鱼外，沿西海岸还有海豚、海豹、海獭、大比目鱼和鲸鱼。在这5种马哈鱼中，红马哈鱼要到大河的上游去产卵，所以游的距离较远。这就使海岸印第安人有可能捕获大量的马哈鱼。

捕捉马哈鱼的方法有很多，在环境允许的情况下，网捞和在河道上设鱼梁（即树枝编成的栅栏）是最有效的方法。此外，坐在窄窄的独木舟上，用长柄的鱼钩钓鱼或用浸入水中的鱼网兜鱼也是很有效的方法。在鱼打上来之后，由妇女们进行加工，一般来说，人们要把大量的鱼熏制或晾成干鱼，留待冬天食用。

1793 年，有位欧洲人来到太平洋岸边，他亲眼看到印第安人妇女加工马哈鱼，并把这一过程记录下来。他说，他看到了 4 堆马哈鱼等待加工，而每一堆鱼的数量都在 300 条到 400 条之间。由此，我们可以想象海岸印第安人捕鱼的数量之多，规模之大。他还说，这 4 堆鱼由 16 名妇女来清洗和加工。她们首先把鱼头割下来放在锅里煮，然后把鱼身子的中段从鱼骨的两侧割下肉来，剩下来的部分大约占鱼整个身体的 1/3，再把鱼肠子掏出，带鱼骨头的这部分被放在火上烤熟为当时食用，其余的部分更加小心地烘干，贮备起来为以后食用。在烤鱼的时候，他们还用容器把流下的鱼油接住，鱼子也被小心翼翼地取下，做成可口的食品。海岸印第安人根据鱼的不同特点，采取不同的处理方法。如红马哈鱼的油多，他们就做熏鱼。另一种马哈鱼查姆（Chum）的油少，他们就晾干。一旦鱼被处理好，就放在松木做的容器中，存在地窖里。这样既可以防止被其他动物吃掉，也可以保持较低的温度。

细齿鲑鱼是一种含油脂极丰富的小马哈鱼。它的鱼油不但可以食用，也可以照明。纳斯河（Nass）是盛产这种马哈鱼的场所。海岸印第安人发现了细齿鲑鱼的妙用，他们不但掌握了从鱼中炼油的方法，而且还能把鱼油装好，运往很远的内陆地区。运输油脂的路线有时是崎岖的山路，有时是危险不安全的路，但印第安人却能安全、不泄漏的把油脂送出。这条运油的路线被称为油脂小径，远近闻名。

太平洋沿岸气候潮湿，浓密的树林中动物不多。在靠内陆的地区狩猎条件比较好。在斯基纳（Skeena）河的中上游，基特克森人（Gitksan，讲西姆山语 Tsimshian）和巴宾人（Babine，讲阿萨巴斯卡语）除了捕鱼之外，还用一部分时间打猎，他们打山羊、熊和海狸，并把这些兽肉作为庆典仪式上的佳肴，此外，山羊毛和羊角也是他们喜爱的东西。

在落基山以西地区盛产各式各样的浆果，特别是黑果，味道鲜美，极受印第安人的喜爱。海岸印第安妇女用这种黑果制成果饼，与内地印第安人进行交换，非常受内地印第安人的欢迎。黑果饼制作的过程是这样的：先把黑果晾晒干，然后压碎，再把它放在杉木盒子中，把烧红的石头投入盒子，使压碎渗水的黑果煮烂。准备一些美洲观音莲或美莓果的叶子，把它们弄熟，摆在晾晒用的杉木架子上，把煮烂的黑果酱倒在叶子上铺平，再用小火不断的烤，直到把果饼烤干。烤干的黑果饼被卷成卷儿，再用一根根木棍从卷儿的中央穿过，把棍子架起来继续晾晒，直到大量的黑果饼都做成之后，取下、切碎，装入杉木盒子中就可以运到远方去交换了。海岸印第安人把留给自己用的黑果饼继续挂在架子上晾晒，随吃随拿。

海岸印第安人的木工手艺很好，这突出地表现在他们建的房子上。他们的房子是用杉木造的，房子大，结构复杂，是加拿大所有印第安人中建造最好的房子。这种房子与易洛魁人的长房子相似，适合多个家庭居住。在一个村庄里，往往有四五个建在空中的房子和六七个建在地上的房子，除此之外，还有一些其他的小房子和小窝棚，这些小房子是用做厨房或整理马哈鱼用的。建在空中的房子是用几根粗壮的柱子插进地里，然后把横木牢牢地固定在柱子上，再在横木上铺地板，盖房子。这种房子一般离地面有 12 英尺高，100 英尺或 120 英尺长，40 英尺宽。房子之所以建在空中，可能是防潮。在房子的中央，摆放着 4～5 个火炉，其目的一是为了取暖，二是为了烤制鱼肉。可以设想，这些有火炉的房子是直接建在地上的，不可能用木板铺地，因为没有任何材料说到海岸印第安人发明了任何绝热材料，可以使放在木地板上

的火炉能与木地板隔绝而不发生火灾。长房子里面的两侧是床铺，
每隔 7 英尺左右用厚厚的杉木板隔开，这是每个小家庭的活动空
间。床前是大约 3 英尺宽的木地板，使室内活动更加舒适。房梁
上整齐地挂着晾干或熏制的鱼肉；房顶的两头留有一定的空隙用
以透光、冒烟。房屋的内壁还有一些绘制的人物头像，这似乎与
宗教崇拜有关。

　　由于捕鱼和贸易的需求，与其他印第安人相比，海岸印第安
人建造了体积最大、性能最好、装饰得也最漂亮的船。他们把巨
大的杉树伐倒，中间挖空，可以做成长 35 英尺到 70 英尺的独木
舟。可以想象，在当时没有金属工具的情况下，做这些工作是何
等的艰难。独木舟分两种，战船是窄一些的，速度很快；商船比
较宽，速度相对慢一些。最大的船可以载 70 个人和一些货物，并
可以沿海岸航行大约几百英里。他们把船涂成黑色，上面有各种
各样白色的鱼的图案，有些船的船头和船尾的上檐，还镶嵌上海
獭的牙齿，非常好看。

　　海岸印第安人的服装比其他印第安人也更加先进。除了皮制
的各种服装之外，他们与阿拉斯加南部的印第安人特林基特人一
样，已学会了纺织。他们中的西姆山人用野山羊毛织成毯子或斗
篷，但是，由于原料的相对短缺和复杂费时的工艺，所以这种毛
织品只能供给那些社会地位高、有影响的印第安人享用。普通人
只能穿用黄杉树皮纤维织成的服装。在雨天，他们穿着上面有一
个洞，可以把头钻出来的圆锥形的服装，并戴杉树皮做的帽子；在
冬天则穿海獭皮和其他兽皮缝制的斗篷和手套。他们房屋中最好
的家具是用可以压弯变形的木材做成的木箱，其用途既可以放东
西又可以当座椅。

　　与易洛魁人一样，西海岸印第安人的经济和社会组织也是基
于血缘关系的宗族组织。但是，他们是以村庄为单位独立活动的，
并没有一个部落组织把各个村庄联合起来。有时候，为了战斗和

其他方面的需要，相邻的村庄联合起来统一行动，但这纯粹是一种自愿的行动，这些村庄之间没有血缘关系做基础，这种联合也不是固定不变。一般来说，每个村庄包括一个或几个家系，每个大房子住一个家族，每个家族包括几个相关的家庭。此时，西海岸印第安人已开始从母系社会向父系社会过渡。在西海岸的北部仍是母系社会，在西海岸南部已进入父系社会，在中部则二者皆有。家族首领，也就是每一座房子的首领掌握着经济活动的各种权力，如渔场或打猎的范围是属于他们的，不允许外人靠近。家族首领非常小心的维护着自己的权力范围。他们也管理内部的经济活动，如打鱼、狩猎。据一位欧洲人的观察，在西海岸某地的村民中，家族首领不允许自己的一部分家人去捕捉海狸，这大概由于海狸在这一带匮乏。这件事显示了家族首领在经济生活中的地位和作用。

这里不但经济发达，已进入父系社会，而且，与其他地区印第安人相比，还有一个更显著的社会特征就是等级制的出现。这里的印第安人形成三个等级，第一等级是贵族，首领必须从这一等级中产生；第二等级是平民，平民是绝大多数；第三等级是奴隶，他们是战争中的俘虏或俘虏的后代。人们的社会地位代代相传，父辈的社会地位决定了子女的社会地位，也决定了子女的名号。与地位和名号相联系的是权力的界定和装饰的区分，如在装饰上佩戴某种象征性的饰物等。在一定的条件下，社会地位也允许改变。地位的改变是公开的，这就是闻名于整个北美印第安人社会的炫财冬宴。举行这种宴会完全出于自愿，谁想改变身份，谁就可以主动举行这种仪式。在炫财冬宴上，主人自愿地向他邀请的客人们赠送大量财产，客人们有时也回赠一些。由馈赠财产的多少来决定主人新的社会地位的等级和序列。一般来说，在这种炫财冬宴上，借助血亲的帮助，请的客人很多，每一个客人都会得到主人的馈赠，客人们在接受主人礼品的同时，也接受了主人

新的社会地位和名号。这种炫财冬宴是海岸印第安人一代又一代
延续社会地位和名号的一种仪式。此外，海岸印第安人狂热地聚
敛财富，通过贸易，他们获得财富；通过炫财冬宴，他们把财富
进行再分配，这种再分配是在本村之内，或是本家族之内进行的。
有时，邻村遇到不幸，如遇到饥荒或自然灾害，有的富人也举行
炫财冬宴，借此向邻村提供帮助。在 19 世纪欧洲移民到来之后，
印第安人还经常举行炫财冬宴。有时一些土著首领为了相互竞争
社会地位，不惜馈赠或是毁损大量的财富。此时，炫财冬宴已发
展成为"炫财冬宴战争"。特别是在欧洲人到来之后，印第安人经
过与欧洲人进行交易，在靠近贸易中心的地区，印第安人很容易
就积聚了不少的财富。这些财富包括印第安人的弓箭、兽皮，也
包括欧洲来的小刀、饰品等。炫耀的双方剑拔弩张，争相斗富，气
氛非常紧张。

　　海岸印第安人的宗教生活主要在冬天进行。在夸扣特尔人
（Kwakiutl，海岸印第安人中的一个部族）眼中，冬天是敬神的季
节，其他季节则是世俗的。这些宗教活动体现为各种各样的仪式，
这些仪式由各种各样的宗教团体举行。在海岸印第安人中，宗教
团体很多，仅夸扣特尔人中就有 18 个宗教团体。这些团体都有很
强的等级特征，一个团体的成员要有同样的性别和社会地位，每
个团体都有一个神圣的祖先崇拜，其成员小心地捍卫着崇拜物的
神圣性，企求神的保护。同社会地位一样，这种宗教上的地位也
是世袭的，后代们在一定的年龄参加父母的宗教组织进行活动。在
冬天的宗教活动中，由宗教团体的首领主持仪式，如穿各种服装，
戴着各种木刻的面具跳舞，这种舞蹈很具有戏剧色彩。通过这类
仪式，宗教团体的新成员被介绍加入这个团体。当某个团体举行
仪式时，全村的人都被邀请去观看表演，因此，在一定程度上，宗
教活动也是娱乐活动。

　　除了宗教崇拜以外，海岸印第安人在日常生活习惯上也有一

些禁忌和迷信，表现出他们对精神世界的重视和敬畏。马哈鱼是他们动物食品的惟一来源，所以，他们对马哈鱼特别尊敬。除了马哈鱼之外，他们认为其他动物是不洁净的，他们不但自己不吃这些动物，也不让自己的狗吃。有位欧洲人，他把自己吃过的肉骨头丢在地上，海岸印第安人的一条狗叼起骨头啃起来，他的主人看见后立即打这条狗，让他吐出来。另一位欧洲人把吃剩的鹿的骨头扔到河里，一位印第安人看见了，害怕玷污了河水，会触犯马哈鱼的神灵，立即跳到河里把骨头捡出来，用火把骨头烧掉，还彻底地洗了自己的手。当欧洲人想乘印第安人的独木舟旅行时，他们拒绝了欧洲人，因为欧洲人带着鹿肉。他们认为把鹿肉放在独木舟上，会被河里的马哈鱼闻到气味，鱼就会舍弃他们，使他们挨饿。因此，他们不让欧洲人乘船。当欧洲人处理了鹿肉，他们很高兴的接纳欧洲人乘船。

在海岸印第安人中，文化、艺术与精神信仰是紧密相连的。无论是船头的木雕、房屋前的图腾柱、房屋墙上的壁画、劳动工具上的装饰，还是跳舞的面具，等等，都有一定的意义。一种图形代表一种神灵，这既是宗教信仰，也是文学和传说，又是一种艺术装饰。如1878年，一位欧洲人在不列颠哥伦比亚女王夏洛特群岛的斯基德盖特·英莱特的海达部落（Haida Tribe，Skidegate Inlet Queen Charlotte Islands），拍下一个印第安人村落的照片。在那里一共有25座房子，其中有几座无人居住，但是，门前的图腾柱就有53个之多，可见图腾崇拜在海岸印第安人生活中的重要。这些图腾柱很高，要比房屋高出三倍之多。图腾柱是由各种各样的动物的头形组成，有鹰，有鸟，也有牛、马等。每个动物都代表某个家族的纹饰，也是他们信奉的祖先。有些图腾柱非常高大，把许多不同的动物和人在柱上顺次组合，这些组合往往说明了某个家族的历史和传说。根据这些传说，这些家族又形成了自己特有的风俗习惯。因此，各色各样的图腾柱是了解海岸印第安人文化的重要依据。

七、北极猎人

　　北极的土著居民是因纽特人。他们大约在4000年以前从西伯利亚跨越白令海峡来到北美大陆，以后，他们在北极地区岛屿的沿岸和加拿大树木生长线以北的地区定居下来。这里气候寒冷，冬天长，黑夜也长，没有树木，所以因纽特人面临严峻的生存考验。在这种艰苦的条件下，因纽特人渐渐掌握了熟练和高超的狩猎技巧，并把这种技巧世代相传。因纽特人在孩子很小的时候就训练他们如何准确记住野兽在地面上留下的微小痕迹，从这些痕迹看他们是渴了还是累了，是在攻击其他野兽还是疲于奔命，还告诉他们在何种天气下野兽如何反应，等等。徒步跟踪野兽的足迹通常需要几个小时才能追上，因此需要充沛的体力。欧洲人没有在北极地区活动，所以因纽特人也不可能交换到火器来射杀野兽，猎人们只能用长矛、标枪、弓箭，这就需要在非常近的距离攻击。这些严峻的生存条件使因纽特人发展起强壮的身体、机警的头脑和熟练的狩猎技巧。

　　生存永远是因纽特人所面临的首要问题，他们经常面临饥饿的威胁。所以对北极人来说生活是残酷的，当有人不能为集体的生存做出贡献反而成为累赘时，就有可能被杀掉，这些人包括老人、残疾人和婴儿。由于抚育孩子的最大愿望是长大后成为猎手，所以女婴比男婴更易于被杀。有时为了保持人口平衡，也会杀掉女婴。

　　北极地区气候严寒，猎物随着季节的变化有自己的活动周期。因纽特人为了生存必须根据猎物的活动周期来进行狩猎，所以他们的生活必须季节性地迁移。春天，冰雪融化，因纽特人不能再在冰上露营，必须转移到内陆宿营地。每年春天，向北部冻土带流动的驯鹿数量非常大，他们有固定的路线，因此，站在驯鹿的必经之路，可以在一个星期的时间里看到驯鹿日夜不断的通过。在这时，因纽特人可以比较容易地用弓箭射杀驯鹿。夏天是捕鲸季节，尤其在 7、8 月份，每到这时，因纽特人就把帐篷建在海边，出海去捕鲸。秋天，驯鹿向南迁徙，因纽特人大量射杀驯鹿，并把驯鹿肉存放在地下冰层储藏，以备冬天食用。在晚秋和整个冬天，因纽特人把帐篷建在海边的冰雪之上。他们从这里出发，有时走很远去寻找海豹和海象。他们捕捉最多的是海豹，多年来，因纽特人掌握了海豹的习性。冬天，在有海豹的地方，在冰冻的海面上有许多小洞，海豹通过这些小洞进行呼吸。海豹一般可以在水下潜 20 分钟，20 分钟后它们有规律地来到吸气孔进行呼吸，这样，吸气孔不会被封冻上。因纽特人在捕捉海豹时，在吸气孔放一个浮标，当海豹到来时，水的涌动会使浮标颤动，他们就可以用鱼叉向海豹袭击。

在北极的中部和东部，因纽特人在冬天用冰雪搭成雪屋。这种雪屋是用骨制或木质的刀把冻硬的雪切成砖形，再搭成圆顶的屋子。雪屋有两种，一种是为了到附近狩猎时临时居住，因此屋子较小，有 5 英尺高，直径是 7 英尺；另一种是长期居住，屋子要大一些，有 10 英尺到 12 英尺高，直径 12 英尺到 15 英尺，这样的屋子一般住两个或两个以上的家庭。雪屋的入口处是一条几米长的走廊，它可以防御刺骨的寒风直接吹入屋内。在圆屋顶的下方，有一块活动的雪砖，用于通风换气。雪屋内面积的一半是雪台，上面铺着兽皮，作为床铺。另一半是厨房，用于做饭和烧水。雪屋盖在冰上，特别是那些冰层与下面的海面有空隙的冰上，因为这层隔离空间可以使冰层稍微温暖一些。

在马更些三角洲的西部和拉布拉多半岛的南岸，在很久以前曾经是树木丛生的地带，由于气候的变化，使木质结构的地表罩上了一层冰。这里，冬天的露营地是几家住在一起，每家住一座房子，几座房子围起来，中间有一块露天的土地。夏天，因纽特人住在帐篷里，帐篷有锥形的，也有圆顶的，帐篷上盖着海豹皮或鹿皮。除住房之外，一群因纽特人还经常盖一座大雪屋，作为集体举行活动的场所。

因纽特人的衣着和其他生活用品也来源于猎物。鹿皮可以用来做大衣和裤子。一个男人冬季的大衣由四块鹿皮组成，冬季过膝的皮裤由两块鹿皮组成。为了保暖，冬季的衣服是双层的，鹿的内层皮做里，外层皮做面。驯鹿头颅的硬皮是做靴底的理想材料，肚皮下面的细皮可以做成柔软的袜子。鹿角可以做成弓箭和工具，鹿筋可以当线使用。此外，其他皮，如海豹皮，甚至鸟皮也可以做成衣服。因纽特人还把多块兽皮缝合起来盖帐篷。他们把动物的脂肪炼成油，盛在盆状岩石中来照明或取暖。此外，他们还用兽骨、鸟骨做成各种小装饰品和玩具。

因纽特人的运输工具分水上和陆地两种。水上用船，也有两种，一种是单人船，用木架支撑，再用兽皮包上。这种小船灵活方便，适于单人驾驶追捕猎物。猎人可以驾着这种小船在大块儿的浮冰周围划行，或是驾着小船冲向正在游过湖水或河流的驯鹿。另一种是平底船，也是木架结构兽皮包的船，这种船比前一种大，可以乘 10 个人和装载 4 吨以上的货物，它用来运输和追捕大的海上哺乳动物，也用来拖运帐篷。兽皮船有很多优点，它不但体轻，而且在充满浮冰的水面上航行，可以防止被冰刺破。在遇到白鲸和海象时，由于体轻，人们也可以轻而易举地将皮舟拖上浮冰，防止这些动物所带来的伤害。在魁北克北部，有时因纽特人用狗来做船的动力，当他们沿河逆流而上时，船中由两个人掌舵驾船，其余的人在岸上赶着一群狗拖着船向前走。

陆地的交通工具是狗拉雪橇。在北极漫长的冬天里，到处是冰天雪地，雪橇是最适合的交通工具。雪橇由木头和骨头做成，为了便于滑动，雪橇的底部安装了鹿角，有时鹿角的下面还装上一块冰。拉雪橇的狗的数量不等，有时多些，有时只有两只，依情况而定。

因纽特人的社会以小家庭为基础，即父亲、母亲、孩子以及祖父母。但是，在北极恶劣的自然条件下，小家庭在获得食物方面的能力是非常有限的，许多狩猎活动都需要很多人的通力合作。冬天，在冰冻的水面上观察海豹的吸气孔，捕捉海豹需要多人的合作；春天，在河水中追击受伤的驯鹿，也需要多人的合作；所以，通常是一些有血缘关系的家庭生活在一起。

捕猎海豹是有趣的，这需要猎人们与海豹斗智斗勇。在冬天，住在北极东部及中部的猎人们用冰上的吸气孔来捉海豹，他们先用狗嗅出海豹的吸气孔在什么地方，然后把许多吸气孔封住，迫使海豹到猎人守候的吸气孔来呼吸，猎人身披一张驯鹿皮守在洞口，为了挡风，在洞口的上风头还修一堵冰雪墙。海豹没有其他洞口可以呼吸，都到猎人们设防的洞口来，所以很容易就可以捕到海豹。春天，海豹爬出水面，猎人中有人披上海豹皮，混入海豹群中，模仿海豹的动作，把海豹引入猎人们的埋伏。

捕鲸需要许多人的通力合作。捕捉大个儿的鲸鱼需要鱼叉，在北极的东部和中部常见的是一种白色的小鲸鱼，这种鲸鱼暮春在冰海的沿岸出现，一般情况下在海湾的浅水中活动。猎人们根据白鲸的这一特点，或者设下圈套将其捕捉，或者用长矛来捕杀整群的鲸鱼。在秋天湍急的河水中，还有一种北极红点鲑鱼，这种鱼数量很多，每年秋天游向大海。因纽特人往往在河道上筑成一道至二道石头垒成的障碍，拦住红点鲑鱼的归路。

因纽特人的社会组织是在经济生活的基础上建立的。在捕鱼和其他集体活动中，那些最有能力和最富有经验的人充当领导。在捕鲸时，一般由村庄的首领来进行组织，但他的权力一般说来也仅限于此。在魁北克北部，拥有平底捕鲸船的人也是捕鲸活动的组织者，有时，这种权力也可以继承，但参与合作的都是有血缘关系的男性。除此之外，在家庭之上，没有其他的领导。

因纽特社会是以男性为主体的社会。劳动中的合作关系是在男性中建立的，合作者共同分享资源、财富，有时也共同拥有妻子，他们之间相互保护，相互支持。他们重视婚姻。据一位欧洲人在1821年的记载，在北极西部的卡瑞布（Caribou）因纽特人中，谁家的女婴刚一出生，就会有别人家的少年自己找上门来，表明自己将要娶这个女婴为妻。一旦请求被允许，双方就要订一个婚约，在适当的年龄，女孩就会被送到男方的家里去生活。除了这种婚姻方式，在因纽特社会，共妻也是被允许的。有许多方式，包括正式的和非正式的，都可以使共妻的事实存在。在分配集体狩猎和捕鱼的收获方面，因纽特人有一定之规。此外，还有一些仪式，这些都满足了在资源匮乏的情况下在集体中进行食物分配的需求。

因纽特人举行各种庆典和活动，为此，他们建成了专门的场所来举行庆典。最经常的一种庆典是鼓舞盛宴。这种舞蹈由成年男性表演，他们敲着一个大手鼓载歌载舞，歌曲是叙说个人生活的，可能是个人的经历，也可能是个人的感受，有时还是对别人的讽刺。此外，因纽特人还举行游戏和体育运动。这些活动有时是在鼓舞盛宴中间举行，有时是单独举行。在体育比赛中，他们最感兴趣的项目是摔交和拳击，他们认为这种比赛是显示力量的方式。

因纽特人具有宗教信仰。他们认为任何事物都有灵魂和精神，因此为了不触犯动物的神灵，在狩猎和捕鱼之前，他们要举行仪式，在狩猎之后，他们也有各种禁忌。巫师被看成神和人之间的中介。但是与印第安其他分支不同，神职人员并没有组成什么团体，也没有像加拿大其他土著人的如死人节、太阳舞、冬季舞会等那样精心设计和举行的宗教仪式。

　　以上，我们简要地介绍了加拿大最早的居民，即土著印第安人和因纽特人的情况，他们的来源，他们在北美大陆的分布及其变迁，并着重介绍了 5 个印第安人分支的生存方式、社会状况及精神文化方面的特点。总而言之，加拿大自古以来就是一个移民国家，在这片土地上曾发现古生物的化石，却从来没有发现有人种在这里发生和进化。加拿大的土著居民来源于亚洲，他们经过白令海峡来到北美，并向南面和东面扩展，在以后的漫长岁月中，他们渐渐遍布整个北美大陆。

　　印第安人的文明是在移动中形成的。由于各地的地理环境不同，气候不同，自然界所提供的物质条件不同，印第安人依据自己征服自然的能力在各地渐渐形成不同的生活方式和文化。同时，加拿大从来就不是一个封闭的国度，在早期印第安人时代，各个分支部族就通过商业交换相互往来，他们交换着商品，也交流着文化。但是，尽管各地的印第安人有着各自物质和文化上的差异，却也有着共同的特征，这一方面是他们相互融合的结果；另一方面是由于这一阶段，所有印第安人的文明都是与土地紧密联系在一起的，无论是物质生存条件，还是精神世界的信仰，都是直接来源于自然。这是一种非常低下的、从总体上说仅能维持生存的生产力。然而，正是这种生产力却为欧洲人的到来，为进一步开发这片广袤的土地创造了前提条件。欧洲人是在印第安人的帮助下才在这片土地上站住脚，并生存下来，他们利用印第安人创造的物质条件与西方的商品进行交换，并建立起殖民地。殖民地的建立，一方面使北美的物产和财富源源不断的流向欧洲，从而加速了西方的资本主义发展；另一方面，它吸纳了西方大量的多余人口，缓解了爱尔兰、英国等地的经济困难。正是在这样的基础上，西方文明在北美才一点点的发展起来。从这个意义上说，印第安人时代在北美、甚至欧洲的历史发展中，都应该占有重要的一席之地。

2　《约瑟夫·布兰特》 布兰特是北美印第安人莫霍克族领袖,军事
首领;又是有文化的基督教传教士和效忠派,美国独立战争时
曾帮助英国作战

第 二 章

新法兰西时期的加拿大

一、欧洲人对加拿大的发现及新法兰西的建立

　　欧洲人在北美土地上的入侵是由几个国家进行的，它们主要发生在 4 个地区：法国人在圣劳伦斯河流域站住了脚；英国人在北美南部的大西洋沿岸，即所谓北美 13 个州建立了殖民地，他们还在北美北部的哈得逊湾和詹姆斯湾进行毛皮贸易活动；西班牙在墨西哥北部和美洲的西南部从事奴隶贸易；西班牙、英国、俄国，以后还有美国在西部海岸进行争夺。尽管这些国家的占领方式各有不同，但是，在很短的时间内，很快就形成了欧洲人对北美大陆的占领。

　　对加拿大最早的探险发生在 15 世纪末，它是由约翰·卡布（John Cabot）在 1497 年进行的。他驾船来到纽芬兰，对这里进行了探险。但是，有关他的记载并不多。在欧洲人对加拿大的探险中，较早也有较为丰富记载的是法国探险家、布列塔尼海员雅克·卡蒂埃。他在 1534 年、1535 年至 1536 年两次对加拿大进行了探险。1610 年，亨利·哈得逊（Henry Hudson）到达哈得逊湾，并由此开始了对哈得逊湾和詹姆斯湾的探险。对西海岸的探险要晚得多，比东海岸差不多要晚 3 个世纪。1774 年，西班牙人朱安·佩里（Juan Perez）从加利福尼亚出发，航行到夏洛特女王群岛，对这一带进行了考察。

　　卡蒂埃第一次航行的路线是沿拉布拉多半岛的南岸，然后向

西南航行，经过纽芬兰岛的西岸、马德莱娜群岛和爱德华王子岛的西端，来到新不伦瑞克省的朱拉米希湾沿岸。然后，他们又向沙勒尔湾地区进发，在那里，他们遇见了一大批密克马克人（Micmac）。他们送给这些印第安人小刀、玻璃珠和其他一些小的铁制品，受到印第安人的热烈欢迎。他们还把一顶红帽子送给印第安人的首领，取得印第安人的好感。随后，他们又向北来到圣劳伦斯河口的加斯佩地区，在那里，他们遇到了大约 300 人左右的斯塔答科纳人（Stadacona），这些人以捕捞鲱鱼为生。卡蒂埃等人送给他们小刀、玻璃珠、梳子等物品，这些印第安人非常高兴。据卡蒂埃等人的观察，这些土著人非常穷，除了独木舟和鱼网之外，每个印第安人的全部物品加起来不值 5 个苏。在印第安人迁徙的过程中，他们在夜晚把独木舟翻过来，就睡在独木舟下面的地上。尽管如此，印第安人对这片领土属于他们却非常明确。当卡蒂埃一伙竖立起一个高 30 英尺的木制十字架，并在上面写上"法国国王万岁"的时候，印第安人马上意识到这威胁到他们的领土主权。印第安首领向卡蒂埃一伙宣布，那里的领土是属于他们的。在北美期间，卡蒂埃与土著人的关系很好，他得到了土著人的帮助。在离开北美回国之前，他想带两个土著人回法国，以此向法王证明他的探险经历。他看中了道纳科纳（Donnacona）部落首领的两个儿子。卡蒂埃许诺第二年夏天他还会再到这里来，并把他的儿子们送回来。他的要求获得了允许。

　　1535 年，卡蒂埃第二次来到北美，他再一次拜访了居住在今魁北克城附近的斯塔答科纳人，并把道纳科纳部落首领的两个儿子交还给他们的父亲。由于卡蒂埃实现了自己的诺言，增加了印第安人对他的信任。随后，他顺利地沿圣劳伦斯河向内陆进发，来到位于现在蒙特利尔地区的用木桩围起来的城镇霍歇拉嘎（Hochelaga）。卡蒂埃在这里探险的目的，是想寻找通往太平洋的水路，完成环绕地球的航行，但是，通过用手势与当地人交谈，他得知圣劳伦斯河的上游是几个大湖和一个叫萨哥内（Saguenay）的陆地，在那里盛产黄金、白银和铜。虽然这一消息使卡蒂埃一行兴奋不已，他们很想立即到那里去，但时遇冬季，北美的气候异常寒冷，他们不得不在霍歇拉嘎与当地土著人一起过冬。许多人在这种恶劣的条件下生病以至死亡，总之，法国人在这里度过了一个非常可怕的冬天。春天刚一来临，卡蒂埃一行已无意继续向圣劳伦斯河上游进发，他们立即打点行装返回法国。

1541 年，在黄金梦的驱使下，卡蒂埃得到法国国王的支持，装备了一个 5 条船的船队，又一次来到北美。这一次，他接受法国国王的使命要在加拿大建立殖民地。法王命令他"通过友好的手段甚至武力控制这一片外国的土地"。但是，由于船队的虚弱以及印第安人对欧洲人的入侵早有准备，他们进行了顽强的反抗，使这一次冒险在 1543 年结束。临行前，卡蒂埃收集了两船他认为含金的矿石。但是，回到法国以后，被当做宝贝的这两船矿石经过化验，并不含金、银、铜，而只是一些黄硫铁矿和石英。卡蒂埃的第三次航行使法国人大失所望。

尽管如此，卡蒂埃对加拿大的三次航行使他获得对东部海岸、圣劳伦斯湾以及圣劳伦斯河谷的许多地理知识。他记载下他的航行，他的所见所闻，记载了 16 世纪印第安人的生活状况，这为后人研究加拿大的历史提供了宝贵的文字资料。他的探险，具有浓厚的殖民主义色彩。在对加拿大的资源进行考察之后，他写道，在加拿大的河流和海里，有各种鱼和鲸鱼；在加斯佩地区有高质量的木材；新不伦瑞克沿海地区和圣劳伦斯河谷是潜在的农业区；皮毛的产量在加拿大也很丰富，等等。这些信息的记载，显然是从欧洲殖民主义者的利益出发，在以后的殖民过程中，无论是欧洲的统治者，还是开发商，都从中获得了极大的动力。总之，卡蒂埃的探险为在加拿大进行殖民开发奠定了基础。由于他是较早对加拿大探险的欧洲人，所以加拿大东部的许多地名是由他命名的，甚至加拿大的国名也由于他而得到。在一次与易洛魁人的交谈中，易洛魁人使用了"加拿大"（Canada）一词来说明一个村庄，但是，卡蒂埃却误认为这一名词是指加拿大整个地区，并把这一名词带回了欧洲。从此，加拿大也就成为欧洲人心目中和欧洲人地图上加拿大国家的名字，并且一直流传下来。

1543 年以后，由于法国与西班牙的战争再起，也由于卡蒂埃第三次对加拿大探险所造成的失望，法王暂时打消了在北美殖民的计划。

16 世纪后半期，欧洲的经济环境使毛皮业迅速发展起来，并成为重要的工业部门。毛皮帽子，特别是海狸皮帽成为自 16 世纪到 19 世纪中期欧洲的时尚。很快，西欧的海狸就被捕杀灭绝，帽商们转向北美去寻求更加廉价的毛皮。但是，由于从加拿大到欧洲的远距离运输和海上的风险，毛皮价格居高不下。在这种情况下，一方面为了保证充足的毛皮供应；另一方面也为了使毛皮的价格保持在对某些巨商有利的程度，于是出现了对毛皮业的垄断。1588 年，法国国王把对加拿大毛皮业的垄断权授予雅克·诺埃尔（Jacques Noel），但是，马上遭到其他毛皮商人激烈的反对，国王只好把授予的垄断权收回。随后，又有一些人通过激烈的竞争获得了垄断权，但也只能在其他人的竞争与反对下维持很短的时间。

与欧洲的毛皮需求相适应，欧洲的毛皮商迅速向北美内地渗透。16 世纪上半期，他们用一些新的土著人更需要的物品，如，铁斧、铜壶、衣服和装饰品来换取毛皮。这些物品的实用价值很快被当地土著人所认识，他们对得到这些物品的兴趣骤然提高，结果进一步促进了毛皮与这些物品的交换。到 1550 年代，欧洲的这些物品已经在加拿大东部使用阿尔贡金语的整个易洛魁人中普遍出现。在休伦湖和密西根湖地区，16 世纪中期，那里的土著人恐怕还从来没有见过欧洲人，可是这些东西却已经流传到他们的手中。据那一时期的考古发现，在 16 世纪的坟墓中已经普遍有珠子、铜器和铁器被埋葬。

　　毛皮业的迅速发展在加拿大引起剧烈的竞争，随之也出现了垄断。欧洲人在某些地区建立起有规律的商业活动，一些专门从事毛皮贸易的土著商人和中间人也随之出现，他们掌握了从欧洲人的商栈到供应毛皮的遥远内地之间的一切毛皮业务。像其他地方的商人一样，他们也根据供求关系随时提高毛皮的价格，还严密地控制毛皮贸易的商路，不允许任何人插手这方面的业务。其他人要从事这方面的业务要经过他们的特许，一般是课以沉重的特许税。在这一时期，欧洲人与印第安人都想控制毛皮贸易。欧洲人想通过取代中间商而降低毛皮的价格，但是，他们屡屡遭到失败。当毛皮贸易的商路不断向北美大陆内部延伸时，运输与贮存毛皮的成本都不断增加，这就使欧洲人获取毛皮必须付出高额代价。为了获得较便宜的毛皮，商路不断向大陆内部延伸，印第安人也不遗余力地捕捉和猎杀动物，以至于在许多地区出产毛皮的动物不复存在。反过来，这种情况又进一步使商路推向大陆深处。

　　在印第安人中，最早从事毛皮贸易的是魁北克地区的蒙塔格尼人。他们居住在萨格奈河（Saguenay）附近。16 世纪中期，毛皮贸易开始在这里出现，到 16 世纪末，萨格奈河下游已成为主要的毛皮贸易中心，欧洲各国的商船定期在这里停泊。蒙塔格尼人是经商的能手，他们控制了北部和西部从拉克·圣-让（Lac St-Jeam）到拉克·米斯塔西那（Lac Mistassina）河和渥太华河上游大片地区的捕捉海狸和交易毛皮的业务。他们也学会了利用欧洲商人相互竞争不断地抬高毛皮的价格。到 17 世纪初，许多法国商人抱怨说，蒙塔格尼人已经把毛皮的价格抬高到欧洲的毛皮商已很难获利的地步。

　　正是部分地出于这种原因，1608 年，由探险家和制图人萨米埃尔·尚普兰领导的一批法国人在今天的魁北克城一带建立了一个商栈。他沿着圣劳伦斯河谷向西南方向深入，开展那一地区的毛皮贸易，希望获得较便宜的毛皮。他对这一地区的毛皮贸易实行垄断，因为只有垄断才能获得较高的收入，而这种收入正是建立殖民地的物质保证。亨利四世时期，法国国王开始颁发授予贸易垄断权的特许状，获得特许状的人可以获得海外某个地区的贸易和管理的特权，并同时向这里移民和进行经济方面的开发。

尚普兰是作为法国商人格拉维·迪·蓬（Gravé Du Pont）的同伴来到加拿大的。他是法国西南部城镇布鲁阿日（Brouage）人，当时 23 岁，既没有官衔也没有财富，只是在制图方面受过一些专门训练。1603 年，他随格拉维·迪·蓬来到圣劳伦斯河的蒙特利尔岛，1604 年至 1607 年他又参加了在斯泰-克鲁瓦岛和芬迪湾皇家港的三年移民项目。但是，皇家港的移民计划很快就被放弃。随后，他领导了在圣劳伦斯河的移民工作。在阿尔贡金语中，"魁北克"一词的含义是"河流最窄的地方"，在这里，移民可以控制对内地毛皮贸易的垄断。他抓住这一有利地势，很快就发展起来。而此时，在圣劳伦斯湾原本很发达的捕鱼和捕鲸业却暂时衰落了。1608 年 7 月，尚普兰和他的同伴在金刚石海角附近扎下营寨，金刚石海角是位于圣劳伦斯河沿岸的一块巨大岩石，它高高的地势可以控制这一地区，在军事上非常重要。随后，他们建了一些设防工事和住宅，他们称之为"魁北克的住所"。冬天来临，魁北克的气候异常寒冷，加之营养不良，很多人患了坏血病，尚普兰一伙 28 人中有 20 人死去。但是，正是这伙人在北美大陆建立了法国第一个永久性的殖民点，这个殖民点成为日后新法兰西发展的基础。第二年春天，为了进一步扩大殖民点，尚普兰进行了艰苦的外交和军事活动。

自 1500 年以来，圣劳伦斯河谷就是一个充满争斗的地区。欧洲来的渔民和商人把船停泊在圣劳伦斯湾，与土著人交换毛皮。土著人中有两股势力，一股是五部落同盟，也称易洛魁同盟，它是具有 3 万人口以农耕和贸易为生的社会，分布在莫霍克（Moh-awk）河谷、芬格湖（Finger）地区，也就是今天的纽约州一带。与五部落同盟有联系的一些小部落也居住在圣劳伦斯河以南的地区。土著中的另一股势力是休伦同盟，他们住在休伦湖的乔治亚湾，也就是圣劳伦斯河以北。休伦同盟大约有 2 万人，他们与易洛魁人同属一种语言，是易洛魁人中的一支，也是从事农业的社会。但是，长期以来这两股势力敌对着，争斗着。休伦人与易洛魁人的争斗几乎使圣劳伦斯河的贸易关闭。在这种情况下，休伦人开始寻找其他的商路与法国人进行贸易。在萨格奈河口，有一个蒙塔格尼人的村庄塔多萨克（Tadoussac），在尚普兰到来之前，这里已成为土著与法国人交易毛皮的中心。尚普兰为了扩大殖民地和加强殖民地的力量，进而控制整个毛皮贸易，他希望能获得一部分土著人的支持。休伦人喜欢法国人的商品，希望更多的得到它。但是在这之前，法国人的船只能在夏天才停泊在圣劳伦斯河与他们进行贸易，所以休伦人也希望能看到一个永久性的欧洲人的据点。在这种情况下，双方一拍即合，尚普兰决定与休伦人联合起来，并借助他们的力量建立起法国人的殖民据点。他率领法国人参加了蒙塔格尼人对易洛魁人的战争。

1609 年春天，在尚普兰的殖民点——"魁北克的住所"，三支土著人的队伍：魁北克东部和北部的蒙塔格尼人、渥太华河附近的阿尔贡金人和乔治亚湾附近的休伦人与尚普兰领导的法国人结成政治性的同盟。他们先进行了几天结盟庆典活动，随后就开始向易洛魁人发起进攻。他们沿圣劳伦斯河和黎赛留河而上，来到尚普兰湖。在 1609 年 7 月，他们遭遇到易洛魁部队，并在那里与易洛魁人展开战斗。法国人的火器在战争中起了决定性的作用。战争结果，尚普兰与休伦人的同盟取胜。从此，尚普兰在圣劳伦斯河流域建立了永久和稳固的贸易。在以后的 6 年中，尚普兰又几次对易洛魁人作战，却没有再取得如此全面的胜利。不久，荷兰人在哈得逊河建立了另一条商路，为五部落同盟的毛皮贸易开辟了另一个市场，于是双方暂时休战，各自进行各自的贸易。以后，以"魁北克住所"为中心的圣劳伦斯河的毛皮贸易兴盛起来。

在各土著部落中，最富于经商的是休伦同盟，尽管与法国人结盟的还有蒙塔格尼人和阿尔贡金人，但是，毛皮贸易却没有在他们的领地上展开。休伦人也是土著人中最强大的，他们很快与法国人结成了亲密的伙伴。1615年，尚普兰得到休伦人的允许，与一伙休伦人从蒙特利尔出发，沿渥太华河而上，经过尼皮辛湖（Nipissing Lake）到达休伦湖，这次旅行历时一个月。那年夏天，在一次与易洛魁人的战斗中，尚普兰负了伤，整个冬天，他都与休伦人住在一起。这时，他考察了大湖区及周围水域的地理，根据他自己的亲身考察，也根据当时久住在那里的某些法国人的介绍，如最重要的有艾蒂安·布律莱（Etienne Brulé），在1632年，尚普兰编纂了一张地图。一个世纪以来，虽然欧洲商人和渔民不断与北美印第安人接触，但是，他们的足迹从来也没有超越蒙特利尔。尚普兰由于与休伦人结盟，有机会深入内地，直至苏必利尔湖那样远的地区。在他的地图上，他记录了所发现的一切，这在加拿大制图史上是一项伟大的杰作。此时，尚普兰已不再是一个地方性的毛皮贸易公司的代理人，他得到法国国王的支持。从1612年起，尚普兰获得法王授予的新法兰西的总督头衔。1618年，他上交给法王路易十三一份关于向加拿大殖民的计划。计划中他要以魁北克为中心，建立一个新法兰西殖民地。在这个殖民地，他要教化土著人成为天主教徒，还要在这里发展渔业、矿产业、林业和农业，并继续进行毛皮贸易。他的计划宏伟，甚至还指出通过这片殖民地的大湖区，可以打开通往东方的道路。

然而，新法兰西的殖民扩展是缓慢的。1615年，第一批教士到达新法兰西。1617年，新法兰西的第一个农民、法国人路易·艾贝尔（Louis Hébert）和他的妻子及三个子女到达新法兰西。

1620 年，他们的一个女儿又生下了一个孩子，这说明艾贝尔一家从此在新法兰西这片土地上生息繁衍。但是，殖民的进程很慢，直到 1627 年，新法兰西的人口还不到 100 人，妇女的数量更少得可怜。这些新落户的人的生活主要不是靠农业，而依然靠从事毛皮贸易。土著人提供毛皮，法国来的船只提供运输，他们从事一些中间活动。就在那一年，法国首相黎赛留组织了一个"百人公司"从事向新法兰西殖民的任务。百人公司由 100 家私人公司或贵族所组成，他们也和以前的商人一样从事垄断性的毛皮贸易，但是，他们具有一些政府色彩，更富有，也与王室有着较多的联系。1628 年，他们从法国组织了 400 人到魁北克去，但是途中遭到英国海盗大卫·柯克的袭击。那年夏天，大卫·柯克控制了圣劳伦斯河的贸易，迫使百人公司的船队返回法国。1629 年，柯克一伙人又占据了尚普兰的移民据点，把他们驱除出魁北克。

　　1632 年，经过外交谈判，法国恢复了对新法兰西的主权，尚普兰等人又回到加拿大。然而，新法兰西的毛皮收入已大大减少，甚至资力雄厚的百人公司也几乎破产。不久，百人公司在圣劳伦斯河魁北克的上游开辟了一个新的商栈，使毛皮贸易重新活跃起来，以后这个商栈发展成新的城镇即三河镇。与此同时，在魁北克，农业开始了，还修了一条街道，教堂也扩建了。新法兰西的人口发展到 400 人。总之，在 17 世纪 30 年代，新法兰西得到了壮大。但是，尚普兰却在 1635 年去世。由于他在加拿大为法国建立了第一个永久性的殖民地，是新法兰西的创建者，所以，在加拿大历史上，他被尊称为"新法兰西之父"。

二、百人公司统治下的新法兰西

　　尚普兰去世以后，法国国王任命一个军事贵族查理·于奥尔·德·蒙莫涅（Charles Huault de Montmagny）为总督，从法国来到加拿大。此时，百人公司也接管了行政事务。

新法兰西的发展是与整个新大陆一致的，这时糖和烟草在新大陆出现，渔业和各种贸易也发展起来，这吸引了成千上万的人移居新大陆。在百人公司统治下，大约有 3000 人移民新法兰西，一些家庭获得土地，并得到永久居住权。新法兰西的一些社会机构也建立起来。然而，毛皮贸易获利最丰，仍然是商业方面的惟一吸引力。此时，土著人的公司是主要的，只雇佣了少量的法国工人。在新法兰西很少有人从事农业，男性仍然是居民的主要部分。

在新法兰西建立的过程中，宗教起了重要作用。在法国本土，天主教的势力非常强大，许多教士有着极虔诚的宗教信仰。他们主动要求到新法兰西传播天主教，其主要目的甚至不是为少数法国商人服务，而是为了转变和教化那里的土著居民。1615 年，一批传教士抱着这样的雄心来到加拿大。他们不满足于定居魁北克，而是不辞千辛万苦，乘独木舟沿渥太华河深入内地，来到休伦人居住的地区布教。

在某种意义上，可以说正是宗教的力量使蒙特利尔城建立起来。1642 年，在一位士兵保罗·肖美代·梅松纳夫（Paul de Chomedey de Maisonneuve）和一位能干的修女让娜·芒斯（Jeanne Mance）的领导下，一群笃信宗教的人深信自己肩负着神圣的使命，要在北美的荒原上建一座宗教城市。他们试图说服土著人与法国人生活在一起，使他们在生活习惯、工作方式以及服装和外表上都转变成法国人。然而，土著人对蒙特利尔城创建者的苦心并不感兴趣，倒是经济推动了城市的发展。10 年以后，他们的梦想彻底失败，蒙特利尔成为法国移民定居的商业城市。

耶稣会士选择了另外一种传教策略。为了使土著人转变和归化天主教，他们宁愿生活在土著人中间，学习他们的语言，研究他们的社会。1634 年，神父让·布雷伯（Jean de Brébeuf）率领

3 人一行的传教使团到休伦人的居住地传教，在几年之内，发展成一个阵容强大的耶稣会社区。社区中包括传教士、同教会的教友、仆人和士兵等，共有五十多个法国人。1639 年，另一位神父热罗姆·拉勒芒（Jérome Lalemant）在乔治亚湾附近开始建立一个更加强大的传教使团——圣·玛丽修道院。这里包括一个小礼拜堂、一个医院、养动物的畜舍、为法国和休伦人的修女所住的房舍。它在北美印第安人中为欧洲人传播宗教开辟了一个场所。

这些耶稣会士要么是神学家，要么是自然科学家。他们都怀着极虔诚的信念，克服了生活中难以想象的困难，他们掌握了土著人的语言，了解了土著人的社会生活，给后人留下了许多宝贵的记述。但是，尽管他们付出了巨大的努力，却还是不能被休伦人所理解，休伦人不但不愿意归顺他们的宗教，而且许多人公开表示对他们的敌意。其中的原因是，一方面，休伦人不愿改变自己的社会传统；另一方面，欧洲的传教士无意识地传播了现代社会的疾病。在 17 世纪 30 年代，他们把天花和麻疹传给了土著人，有几千人因此丧失了生命。到 40 年代，休伦人几乎比以前减少了一半。尽管如此，由于得到法国王室和新法兰西当局的支持，耶稣会士却始终住在休伦人中间。由于休伦人是海狸皮的主要提供者和运输者，所以欧洲人与休伦人一直进行着某种形式的合作。

尚普兰时期，由于他加盟休伦人的同盟与易洛魁人打仗，并战胜易洛魁人，使双方曾获得一度的和平。到 17 世纪 40 年代，在主要土著民族之间的长期敌对状况始终存在，加之欧洲人的介入，欧洲商品的吸引以及欧洲先进武器的使用，使土著之间的战争进一步升级。1645 年至 1655 年，最强大的易洛魁五部落同盟派遣自己最精锐的部队进行了一场范围广泛的战争，结果打败了易洛魁的所有竞争者。在 10 年的时间里，休伦、珀顿（Petun）、纳特拉尔（Neutral）、伊利（Eric）等人口至少在 10000 人以上的部族纷纷瓦解。结果，在这些战争之后，毛皮的供应成了问题，扎根于圣劳伦斯河谷之内的法国小社会的存在也成了问题。

1648 年，易洛魁人侵入了休伦人的领地。由于传染病使休伦的许多人口丧失；由于易洛魁人的侵入，休伦部落陷入瓦解之中，内部的意见也更加不一致。为寻求解救，一些人参加了天主教组织，许多休伦人第一次接受了洗礼；另外一些人却责备法国人给他们带来了传染病和内部的纷争。由于不能组织有效的反击，1649 年，休伦的地盘被易洛魁人占领。一些天主教教士死去，耶稣会士的事业到此完结，一度非常强大的休伦部落也不复存在。许多休伦人被杀，还有大批的人到处流散，也有一些人加入了胜利者易洛魁人的队伍。五部落同盟在打败休伦人之后，继续向其他宿敌进攻，他们所到之处，无论是传教事业还是商业全部被摧毁。法国殖民者已不像尚普兰与休伦结盟时那样锐意进取，他们在强大的易洛魁人面前无所作为，成为一个单纯的旁观者，眼睁睁地看着易洛魁人一个接一个地把土著部族消灭。最后，易洛魁人的锋芒指向了圣劳伦斯河谷的法国殖民地。

1660 年和 1661 年，易洛魁人向新法兰西的各殖民点进攻。他们曾围困了蒙特利尔，劫掠了魁北克附近的奥尔良岛，并沿河而下直至塔杜萨克。由于惧怕，新法兰西的农民不敢耕作，农业凋敝；工人有不少也返回了法国，毛皮贸易受到严重影响，不再盈利。但是，尽管法国人小心翼翼，还是大约有 200 人死于易洛魁人之手。总的来说，易洛魁战争虽然对新法兰西有伤害，却没有威胁到它的存在。在休伦人失去毛皮贸易中间人的地位之后，阿尔贡金人取代了他们的地位。不久，法国人就准备自己直接到狩猎者手中去收购毛皮了。

易洛魁战争没有摧毁殖民地，却使百人公司的统治归于失败。首先，百人公司遇到极度的财政困难，以后，它又无力抵抗易洛魁人的进犯而陷入崩溃之中。在法国国内，太阳王路易十四在他25 岁时，即 1663 年，从他的顾问们的阴影下解脱出来亲自执政，大权独揽，殖民地也直接划入他的管理范围。新法兰西从一个商业公司的统治而变为由王权直接统治，甚至类似于法国的一个行省。以后，新法兰西按照法王的意愿进行了治理。

三、新法兰西的扩展

从 1663 年至 1763 年这 100 年间，新法兰西是在法国国王的统治之下。在这一时期，殖民地的事务归海军大臣管理，无论是路易十四，还是路易十五以及历届海军大臣，都对殖民地的事务给予极大关注。

法王统治新法兰西后使殖民地的地位有所加强，第一个成果是结束了对易洛魁人的战争。为了保卫殖民地，路易十四于 1665 年把卡瑞格南（Carignan）军团派往新法兰西。这是一个有着一千多人的精锐部队。在到达殖民地之后，它对易洛魁部族的居住区进行了进犯，虽然没有取得重创，却迫使易洛魁人与新法兰西以及与它结盟的土著人缔结了和平。1667 年，双方签订了和平协定，这给新法兰西带来 20 年的和平时期。在这 20 年间，新法兰西得到较快的发展。

17 世纪 60 年代，到新法兰西移民的绝大部分是年轻的士兵和男工，因此，殖民地男性公民比女性高出一倍以上。为了保证殖民地男女的人口平衡，并在新法兰西大量繁殖人口，法国国王制定了往新法兰西输送年轻女性的计划，这些被输送的年轻女性被称为"国王的女儿"。从 1663 年至 1673 年的 10 年间，大约有 775 名妇女被送往新法兰西。借助于政府的帮助，她们中 90% 以上的人在到达后的几个星期或几个月内就找到了丈夫，开始了在殖民地的新生活。到 70 年代中期，殖民地的女性公民比 60 年代增长了一倍。

从 80 年代开始，无论是男性还是女性的大规模移民都结束了。这时，殖民地的人口发展到 10000 以上。以后，虽然还有少量的士兵、劳工，或者妇女来到新法兰西定居，但是，以后新法兰西的人口繁衍主要是依靠此时已经定居的这 10000 多人的自然繁殖。从这些人中，繁衍出加拿大说法语人口的绝大部分。

新法兰西的人口大部分来自法国西部，诺曼底是提供移民的主要地区，与之邻近的佩尔什（Perche）地区也有许多人来到新法兰西，当时曾两次在那里征兵。1663 年，这两个地方的移民占到移民总数的 1/3。但是，当拉罗舍尔（La Rochelle）代替了诺曼底的鲁昂作为出发的港口之后，来自南方的移民增多了。在 17 世纪，一半以上的人口来自卢瓦尔河地区。不过，无论是来自北方还是南方，他们大多是大西洋沿岸的居民。作为"国王的女儿"，移民新法兰西的女性移民的来源就不同了。她们不是来自农村，而大部分来自巴黎。此外，有一些士兵也来自巴黎。这样，移民的成分有一半来自城市。城市是商业中心，也是手工业中心，所以这个时期的移民有一半原是从事商业和手工业的，此外，1/3 以上的移民识一些字。但是，尽管如此，在新法兰西这个农业社会，有着城市背景的移民也很快就融入农业的乡村社会中去了，并没有对那里的城市建设做出应有的贡献。

据人口学家估计，从 1663 年至 1673 年的 100 年间，新法兰西的人口出生率在大部分时间高达 55%～65% 之间，而每年的死亡率仅在 25%～30% 之间。这样，当时新法兰西的人口自然增长率是 30%～35%。按照这样的自然增长率发展，如果以 1861 年的 10000 人为基数的话，人口学家估计，几乎不必增加新移民，以后新法兰西的人口就可以自然而然地增长和发展起来。

从自然环境和物质情况来看，新法兰西与法国本土相比要相对富裕。因此，婴儿的存活率要高，3/4 以上的婴儿都可以活到成年。此外，新法兰西的妇女一般早婚，一半以上的妇女在 20 岁以下就结婚。而且，结婚以后只要有能力抚养，马上就生孩子。政府鼓励多生孩子，一般家庭都有 7～8 个孩子，有一半以上的家庭有 10 个或 10 个以上的孩子。妇女结婚以后，如果丈夫去世，一般很快就会再嫁。总之，以上诸多原因都使新法兰西的人口迅速、稳定地增长起来。

新法兰西典型的生活方式是自给自足的小农经济。农民们远离市场，因此，只生产他们生活所需要的东西。面包是主食，小麦就成了主要的农作物，此外，还种植少量的玉米、燕麦、大麦和烟草。每家都有一个菜园，也养一些家禽、家畜，以供应蔬菜、蛋类和肉。一般来说，新法兰西的农民比欧洲当时的农民和城市贫民生活要好些。但是，儿童们不愿接受更多的教育，他们长大以后也会像他们的父母一样在不远的地方去经营一个农场。因此，新法兰西的生活是单调和缺乏变化的。

新法兰西继承了法国本土的领主制度。在法国中世纪，所有的土地都归国王所有，国王又把土地分封给领主，领主不但占有土地，也占有臣民，正所谓没有不是领主的土地。在 17 世纪的新法兰西，在名义上殖民地的所有土地归法国国王所有，与法国本土一样，国王又把土地授予领主。拥有领主所有权的人要对法国国王或授予他领主所有权的人效忠，但是，他不必付租金。拥有平民身份的人就是佃户，他们要对租赁的土地付租金，在租赁期间，他们也负有一定的义务，如必须去领主的磨房磨面，或者在把土地出租时要向领主付款。一般来说，一个领主有十几个平民，而每一个平民最多只租种一个农场。

教会是最大的领主持有地的主人。一方面，教会的土地是国王授予的；另一方面，教士中许多人有钱有技术，他们可以不断扩大自己的地产。如蒙特利尔岛的絮尔皮森修道会，凭借自己的财富和与上层社会的联系，经营着并不断扩张自己的领主持有地。到 19 世纪，这个修道会在蒙特利尔有很大的地产。此外，教士个人也可以成为领主持有地的所有者。如拉瓦尔大学的创建者弗朗索瓦·拉瓦尔主教，他是一个贵族，他在魁北克附近的奥尔良岛占有很大的领主持有地。

由于新法兰西的贵族稀少，法王有时也会让普通人晋升为领主贵族。如查理·勒·穆瓦纳（Charles Le Moyne），他本是一个小客栈老板的儿子。1641 年，他在 14 岁时作为进驻休伦部落耶稣会士的侍从人员来到新法兰西，以后，在毛皮贸易中积攒了一些钱。由于他在反对易洛魁人的战斗中表现勇敢，作为奖赏他得到蒙特利尔附近的一块领主持有地，以后他渐渐地上升为蒙特利尔地区的重要人物，再后来法国国王授予他贵族称号。1685 年他去世时，他给拥有 14 名成员的家庭留下了很多财产，以后，他的子女中也有人成了非常出色的人物。除战争中表现勇敢之外，商业上的成功也可以获得贵族称号。总之，领主持有地的多少是那个时代人们成功的标志，换句话说，社会地位是与领主持有地的多少紧密相连的。在这一点上，新法兰西继承了法国中世纪的传统，然而这仅仅是一种陈旧的观念。

在实际上，与法国本土不同，领主制度并没有给领主地持有者带来多少实惠，领主从持有地上获得的利益是微小的，租金的收入很低。领主持有地也没有吸引许多佃户，佃户们常常从一个领主的门下转到另一个领主的门下，他们对自己侍奉的领主并没有表现出多少忠诚。在某种意义上可以说法国中世纪那种半人身依附性的领主制从来就没有在新法兰西存在过。

与易洛魁的战争结束以后，新法兰西的毛皮贸易重新建立起来。在战争中取胜的土著人获得进行毛皮贸易的有利条件。1664 年，在哈得逊湾从事毛皮贸易的优势地位从荷兰人转到英国人的手中，在哈得逊湾提供毛皮的垄断权也为易洛魁五部落同盟所独占。然而，五部落同盟不满足仅在这一地区的控制权，他们还想控制内地更广大的地区。此外，阿尔贡金人的几个团伙抓住时机也成了中间人。于是，在五部落同盟和阿尔贡金人之间展开了激烈的竞争。这一时期，法国人也不再在蒙特利尔坐享其成了。他们开始深入内地去收集皮毛，成了名副其实的"在树林里奔跑的人"（Coureur de bois），亦称皮货商。

　　自1660年起，新法兰西继尚普兰之后进一步向内地探险和开发，为了进行毛皮贸易，神职人员和商人进一步扩展了新法兰西的疆域。但是，在地理知识方面，他们的探险并没有超出尚普兰的发现。在这些探险家中，梅达尔·舒阿·格罗塞耶尔（Médard Chouart Des Groseilliers）和他的妹夫皮埃尔-埃斯普里·拉迪松（Pierre-Esprit Radisson）是西进方面的两个代表。格罗塞耶尔年轻时是进驻休伦人部落传教使团耶稣会的工作人员，这期间他学会了土著人的语言并与许多休伦同盟的人建立了联系。1654年，他独自一人进行了第一次西进，并同时从事收集皮毛的工作，成了第一批"在树林里奔跑的人"。1659年，他与拉迪松开始做又一次长距离的探险，到1663年，他们到过苏必利尔湖的沿岸地区或许还要远，直至詹姆斯湾。在那里，他们见到了当地的印第安克里人。当时，克里人向渥太华和奥吉布瓦人提供毛皮。从克里人那里，他们了解到最好的毛皮产地是在苏必利尔湖以北，那是一片冰冻的海洋。由此，这两个法国人断定，这就是那个叫亨利·哈得逊的人去过的地方，哈得逊在1611年遭到他同伙的反对被抛弃并死在那里。得知这些情况以后，这兄弟俩想到应该把毛皮贸易深入到这一地区，而且，也许可以通过水路直接把船开到那里，这样就可以省去陆路运输的一些代价，使毛皮的成本更低一些。

　　他们首先把自己的想法告诉法国政府，希望这一计划能被采纳。但是，时机不对，1663年，让-巴普蒂斯·柯尔伯出任宰相，负责殖民地的事务。他反对向西部扩张，认为殖民地的根基应该建立在农业发展的基础上，他不愿意已经定居的人们再去冒险。格罗塞耶尔和拉迪松并不灰心，他们又去波士顿，最后，跑到英国，终于他们得到英王查理二世朝廷的支持，与英王最贴近的一批大臣觉得这一计划可行。英王的弟弟，约克公爵詹姆斯（James）和他的侄子、王子鲁伯特（Rupert）都愿意出资赞助。经过一番不太顺利的准备之后，1668 年 6 月 5 日，两艘探险船终于从泰晤士河起航。这两艘船一个是伊格莱特号（Eaglet），另一个是诺萨克号（Nonsuch），都是 44 吨以下的小船。拉迪松为首的伊格莱特号在中途被迫返航；格罗塞耶尔为首的诺萨克号在 9 月 29 日到达詹姆斯湾的南部。船员们在那里度过了冬天，并与克里人进行了成功的毛皮交易。随后，诺萨克号载着一整船最好的冬天的海狸皮成功地返回英国。一下子舆论哗然，各种印刷品争相报道这一消息。英国的投资者们纷纷投资于哈得逊湾的毛皮业。1669 年，另一艘船由拉迪松率领开赴哈得逊湾。随后不断有船到那里去，并在那里建立了永久性的毛皮贸易基地。1670 年 5 月 2 日，查理二世批准哈得逊湾公司成立，这个冒险公司不但获得了哈得逊湾流域的毛皮贸易的垄断权，而且，它还获得了流入哈得逊湾所有水域的殖民权。这是一片非常广袤的土地，包括今天的魁北克省北部、安大略北部、整个马尼托巴、萨斯喀彻温的大部分、阿尔伯塔南部和西北地区的一部分。为了纪念王子鲁伯特的功劳，英国把这一片广大的地区称为鲁伯特地区。这片土地的面积比英国的 15 倍、法国的 5 倍还要大。具有讽刺意味的是，作为英国在北美最成功的殖民地之一的这片土地，竟是由两个法国人发现和促成的。在这之后，哈得逊湾公司在这一地区建立了许多商栈，完全控制了这一地区的毛皮贸易。

哈得逊湾探险的成功，极大地刺激了新法兰西的毛皮商，探险活动也在其他地区展开。皮货商的足迹遍及密西西比、大湖区、尼亚加拉瀑布上游和墨西哥湾等地。从事这些探险活动的有些是私人，也有些是在官方的支持下。所有的探险都与毛皮贸易有关，在寻找毛皮资源动机的驱使下，他们进行探险，在毛皮贸易中获得的利润又支持他们进行新的探险，毛皮贸易的商路不断向内地深入。此时，探险家又获得新的称呼，即旅行者（Voyageurs），他们与土著人建立了经常的联系。新商路的开辟改变了一些交换方式，殖民地政府也只好承认这种事实，发给许可证。尽管哈得逊湾公司的贸易相当成功，但是，蒙特利尔却依然非常兴旺，超过哈得逊湾，甚至纽约，始终是北美最繁荣的毛皮贸易中心。有时，蒙特利尔的商人带着交换毛皮的商品，乘独木舟到大湖区去收集毛皮，所有与毛皮交换的商品由蒙特利尔的商人提供，毛皮最终也集中到这里。

随着法国、英国以及土著毛皮商人不断向西部扩展毛皮贸易，易洛魁人认为现存的和平协议已成为反对他们自己的手段，损害了他们的利益，因此到 17 世纪 80 年代，战争又起。易洛魁人的首要攻击目标是大湖区周围与法国人结盟的土著民族。但是，他们的打击并没有关闭通向蒙特利尔的商路，相反却使五部落同盟丧失了对安大略南部地区的控制。易洛魁人和其他土著人在打仗时各召集千人以上的队伍，双方都使用欧洲的毛瑟枪以及他们自己的战斧和弓箭，战争从苏·圣玛丽（Sault Ste. Marie）向南打到伊利湖，结果是易洛魁人被迫从他们占有的安大略湖南部地区撤出。到 1700 年，米西索加（Mississauga）部落从休伦湖的北岸迁到了安大略的南部。

1689 年，英王威廉三世和法王路易十四相互宣战，新法兰西与易洛魁人的战争也发展到一个新的阶段。易洛魁人从纽约英国殖民地抽出一支精锐的后备力量开到新法兰西人口密集的地区，对法国人展开了攻势。1689 年 8 月 5 日黎明，在蒙特利尔以西的拉欣（Lachine），1500 名易洛魁士兵袭击了这里的法国居民。他们焚烧了 80 座房子中的 50 座，杀死了 24 名居民，并绑走大约 90 名俘虏。不久，他们又对新法兰西农业地区进行了袭击。在几年之内，他们杀死居民和家畜，焚烧了房屋和庄稼，使新法兰西每个社区不得不加强设防。1691 年，有一百多名居民被杀死。1692

年，在易洛魁人对凡尔谢尔（Verchère）的一次袭击中出现了一名
女英雄，一个领主的 14 岁的女儿玛丽·马德莱娜·雅莱和他家的
佃户们英勇抵抗，直到蒙特利尔的救兵到来，这个故事在当时传
为佳话，给殖民地人民以精神鼓舞。

　　1690 年，由威廉·菲普斯（William Phips）爵士率领的由三
十多条军舰组成的舰队从新英格兰出发，来到魁北克，企图给魁
北克以重创。但是，当他们到达魁北克之后，发现这个城镇的设
防非常坚固，于是很快就撤退了。在那段时间，英国和法国军队
之间经常发生冲突，双方有时这方进攻，对方防卫；有时则相反。
为争夺哈得逊湾的控制权，双方也在易洛魁人的土地上作战，但
是，哪一方都没有取得绝对的成功。1697 年，英、法之间缔结了
和约，不久，易洛魁人也开始寻求结束战争。

　　易洛魁人的后方从来没有受到战争的重创，但是，传染病削
减了他们的人口。他们从战争中惟一获得的利益就是与英国人的
结盟，并能得到来自纽约的供给。战争使他们疲惫不堪。为摆脱
困境，他们开始与法国人谈判。1701 年，谈判取得显著成果，易
洛魁人的五部落同盟与新法兰西缔结了全面的和约，他们承诺在
英、法争夺北美殖民地的战争中保持中立。然而，易洛魁人并没
有战败，尽管他们受到欧洲传染病的侵袭，他们还将作为一支独
立的力量存在下去。

　　1703 年至 1725 年，菲利普·里戈·沃德勒伊（Philippe de
Rigaud de Vaudreuil）任法兰西总督。他任总督之际恰逢西班牙王
位继承战刚开始，由于路易十四的野心，使欧洲各国联合起来共
同反对法国。因此，新法兰西也不能逃脱战争的厄运。英、法之
间在北美进行了激烈的争夺。1697 年的和平协议使哈得逊湾的一
部分土地归属法国，一部分归属英国。在大西洋沿岸，1706 年和
1709 年，英、法在纽芬兰岛发生冲突，法国一度占领了以前由英
国人控制的纽芬兰。1710 年，新英格兰军队占领了阿卡迪亚。1711

年，英国试图攻占魁北克城，但遭到失败。

1713年，西班牙王位继承战结束。新法兰西也开始进入一段新的和平时期。由于法国在欧洲战场上的劣势，战后缔结的乌特勒支协议使法国在北美的殖民地做出让步。根据协议，法国在纽芬兰的所有殖民点必须让给英国；英国正式获得阿卡迪亚；法国从哈得逊湾所占领的所有哨所中撤出，英国正式占领哈得逊湾及其水域。除此之外，法国甚至承认英国对易洛魁联盟土地的占有权。然而，英、法之间的交易并没有得到易洛魁人的承认，乌特勒支协议也改变不了他们的地位，他们仍旧住在自己原来居住的地方，甚至比原来更增强了自己的力量。在英、法战争期间，塔斯卡罗拉（Tuscarora）部落向北迁移，成为易洛魁同盟的一部分，五部落同盟变成了六部落同盟。根据协议，新法兰西也获得一些补偿。虽然纽芬兰归英国所有，但是，居住在岛上的法国渔民仍然有权在岛的北岸捕鱼和晾晒海产品；法国正式得到了布雷顿角和圣·让岛（Ile St-Jean），即后来的爱德华王子岛。总之，尽管新法兰西失去了许多，但是，协议换来几十年的和平时期，这对于新法兰西的发展尤为重要。

到1700年，新法兰西获得较大的发展，大约有15000人居住在魁北克城、蒙特利尔和三河镇。在这三个城市之间，是一个接一个连成一片的农场。借助于土著人的帮助，法国商人和探险家的足迹已到达大草原地区，但圣劳伦斯河以北的广大地区仍然没有欧洲人居住。在新法兰西发展的同时，英国的殖民地新英格兰、纽约、弗吉尼亚和其他殖民地也从大西洋沿岸向西北扩展，这必然会形成一种潜在的危机。

1713年以后，纽芬兰的各港口更加稳固下来，英国人在那里定居的人数也发展起来。战争期间，纽芬兰的港口以及与欧洲的海上联系都受到威胁，这种威胁迫使渔民从季节性居住变成永久的定居者。到18世纪中期，纽芬兰已有7500名定居者，其中包括妇女和儿童，他们形成了永久性的社区，其数量大大超过欧洲流动的渔民（即夏季从欧洲来这里打鱼的人）。纽芬兰的居民都居住在东岸的港口，这里的气候和自然条件不可能进行农业生产，甚至连树木都很难生长，居民的食物和生活用品依靠从国外进口。居民们捕捞鳕鱼、三文鱼和海豹，把它们运往南欧和加勒比地区。虽然纽芬兰一直没有官方的殖民机构，圣·约翰斯开始发展成一个商业港口。

迫于乌特勒支协议的规定，法国人从纽芬兰南岸撤到布雷顿角岛，这个岛改名为皇家岛。为了设立一个权力中心，1713年，法国在东岸的路易斯堡建立了一个权力机构和一支守卫部队。从此，路易斯堡成为这个岛的首府，并发展成新法兰西的重要城镇。路易斯堡以渔业为主，与欧洲的商业往来极其频繁。这里的商人把鳕鱼运到欧洲及加勒比的法属诸岛，如圣多明各和马丁尼克岛；从加勒比地区运回糖、咖啡和浪姆酒；从法国运回纺织品、食物及工业制品。他们把这些商品运到新法兰西换食品，也把这些商品运往新英格兰殖民地去换船、建筑材料和牲畜。尽管法国政府不情愿与竞争对手进行贸易，但与新英格兰的贸易对法国殖民地是重要的，所以始终不曾间断。此外，路易斯堡的商人也与同样处于英国控制下的阿卡迪亚人进行贸易。

虽然阿卡迪亚在1710年落到英国人手中，但是，18世纪初的和平环境却使它很快地发展起来。1700年，这里的人口还不到两千人，1740年就发展到一万人以上。这里土地肥沃，堤坝成功地阻挡了海潮的袭击，农业经常获得丰收。阿卡迪亚人虽然处于英国的统治之下，他们却巧妙地能在新法兰西政府和英国人之间保持一种独立的中立姿态，这为自己的生存和发展获得了时机。

在18世纪，法国的商栈继续向北美中部地区扩展。1701年，法国政府向北美的英国殖民地挑战，授权在大湖区的底特律和路易斯安娜建立新的殖民地，法国试图建立一个从圣劳伦斯河开始，经过大湖区，沿密西西比河而下直到墨西哥湾的大新法兰西殖民地，限制英国殖民主义者向阿巴拉契亚山脉以东的沿海地区发展，与此同时，法国还试图向西和向北扩张，以至于对哈得逊湾公司形成一个包围圈，甚至最终还想打开一条通往太平洋的通道。战争不是扩张的惟一途径，经济渗透有时更有效。这个大力扩张的计划必然需要重新振兴毛皮贸易。此时，除了海狸皮帽以外，欧洲人用其他毛皮做皮衣，如麋、鹿、熊、貂皮等。这样，新法兰西的毛皮贸易就以前所未有的规模再一次发展起来。与这种发展相适应，在向西扩展的道路上出现了许多军事基地、商栈、特使和向土著人布道的传教使团，他们的足迹越过马尼托巴湖到达了落基山脉脚下。到18世纪二三十年代，不少法国人在底特律、伊利诺伊地区安了家。有人娶了土著人做妻子，一些从事毛皮贸易的"旅行者"也放弃从商开始进行农业生产。

四、新法兰西的城镇和乡村

在新法兰西，商业中心先于农场而出现。1663年，有1/3以上的人口居住在城镇。但是，以后随着人口的增长，农业不断发展，到新法兰西末期，只有1/5多一点的人口居住在城镇。新法兰西社会是农业社会，蒙特利尔和魁北克比起乡村来，发展要慢得多，在18世纪，路易斯堡却迅速发展起来。

新法兰西的城市人口虽然少，但生活方式却相对奢华。有人说，在新法兰西社会后期，生活在魁北克就像生活在巴黎一样。当时魁北克是新法兰西的首都，1715年，大约有人口2500人，到1750年，大约有6000多人。魁北克是新法兰西最古老也是最庄严的城市，人们说它就像意大利的山城。魁北克城坐落于一块巨大的悬崖之上，圣劳伦斯河从这里缓缓流过，宽阔的河面在这里一下子变窄，魁北克城居高临下，扼住通往加拿大内地的通路。在巨大岩石的顶部，耸立着雄伟的建筑。在这里有总督的府邸圣路易宫和总督府，有天主教大教堂，有神学院和修道院，也有类似于法国巴黎的主宫医院(Hotel-Dieu hospital)。军官和行政长官是城市的上层，教士和修女们也很有地位。在河岸码头上，各式的货船在这里停泊，所有运往新法兰西的货物都在这里卸货。商人和小贩们聚集在码头和店铺里接洽生意，打扮漂亮的淑女在社交场合争奇斗艳。魁北克城的设计别具匠心，街道用石头垒起的防火墙把繁华的街市隔开，以备不测，俨然是雄伟的城墙。街道上，居民的住宅也模仿巴黎的式样。总之，18 世纪中期的魁北克城是一派繁荣的商业景象，置身于这个城市，使人感到强烈的法国气息。

蒙特利尔当时是第二大城市，有 4000 人，无论从规模和地位上都不能与魁北克城相比。作为毛皮贸易的中心，它具有边城的氛围：毛皮贩子、士兵和土著商人经常在这里聚集。这里的建筑虽然不像魁北克城那样给人留下深刻印象，但是，绝大部分建筑都是石头砌成的，这可能是由于 1721 年和 1734 年发生了两场大火，大火之后很少有人再建木头房子。当时新法兰西的城市没有排水设施、没有石头铺成的街道，也没有公共照明设施，但是，商业气氛很浓。除商业之外，是政府机构和教会势力。新法兰西的一切工业品都是法国生产的，所以新法兰西的城市里没有工业，也没有工人就业的机会。

大多数贵族都有领地，但他们从领地上得到的收入甚微，他们的收入主要依靠在军队的任职。在新法兰西时代的后期，大约有 200 名到 300 名军官在任职。军官阶层是一个越来越世袭、越来越具有裙带关系的集团，子承父业，侄从叔业，相互间攀亲嫁娶，盘根错节。在军队中任职既可以得到社会地位，也可以获得生计。这是由于在 17 世纪，军队中的职位从来不是闲差或是装饰，那是一个战争频仍的年代，正是这些军官们领导了反对英国殖民地的战争、与土著的战争以及争夺哈得逊湾商栈的斗争。在 18 世纪，他们修建和驻守边疆的军事设施、与土著人进行外交斡旋或是战争、向西部探险并保护了毛皮贸易的畅通。因此，即使在和平时期，他们的任务也是较重的。尽管他们的生活标准远远高于普通居民，但军事贵族并不富有。他们除了在军队中供职之外，还从事着各种形式的商业，或者是投资，有时，他们凭借着领主地位或是商栈的统领地位向下属征税，有的军官甚至克扣应发给士兵的军饷和供应品。当然，军官的商业收益非常有限。

对军官和行政官员来说，工资是极重要的。他们的级别和工资依赖总督对他们的提升和恩宠。因此，为了邀宠，围绕总督的权力，在魁北克建立了一个酷似凡尔赛的小朝廷，甚至在蒙特利尔和路易斯堡，围绕着最高领导也形成了上层社会的生活方式：舞会、晚宴、赌博和各种精心设计的庆典，竭尽优雅和奢华之能事。能参与这种上层社会的活动对于殖民地的官员来说是重要的，这是他们晋升的重要手段。妇女在这种场合往往发挥重要作用，她们一般受的教育比男人要多一些，当她们的丈夫或儿子在边远地区服役时，她们在上层社会往来穿梭，经常会对家人的晋升起重要作用。

殖民地的贵族也像法国巴黎的贵族一样，奢华、炫耀、争奇斗富，往往负债累累。他们比住宅、比吃穿、比时尚、比仆人、马车，等等，他们极少对知识、文学发生兴趣。在教育子女方面，让男孩习武，女孩学礼仪风度。在一生挥霍之后，不少军事贵族在沉重的债务负担压迫下死去。为摆脱这种困境，也有不少贵族与商人联姻。

在一定意义上，城市僧侣是贵族的一个分支。从百人公司统治时期开始，教士就发挥着重要作用，有耶稣会士、稣尔比斯会士、乌尔苏拉会的修女及其他宗教团体。他们在殖民地建立初期，就开始在城镇和乡村传教，那时，许多教士不辞辛苦，深入到边远贫苦的乡村。但是，到18世纪初，教士越来越往城市集中，当时虽然70%的人口居住在乡村，教士中的80%却居住在城镇。神职人员中有许多出身贵族，受过较好教育，而且几乎全部来自法国。到18世纪中期，在魁北克建立了神学院，培养了一支主教辖区的教士队伍。这样，新法兰西4/5的教区神职人员都是本地培养的。但是，他们中的大多数具有城市背景，不愿意长期生活在乡村。所以，乡村的教士必须巡行在几个教区分散地主持圣事。开办学校和医院的修女团体在各地有所不同，有些文化程度较高，专为社会上层服务；有些则更加平民化，如马格瑞特·布尔热瓦(Marguerite Bourgeoys)。她早年移民到蒙特利尔，并开办了第一所学校。她所建立的修女团体蒙特利尔"我们的姐妹修道会"(Sisters of the Congrégation de Notre Dame de Montréal)就属于平民化的团体，这个修女会的宗旨是对社会各个阶层的女孩进行教育。

城市的上层是贵族，但城市更是商业中心，也养育着一大批商人。各城市的商业有所不同：蒙特利尔是毛皮贸易、魁北克是进出口贸易、路易斯堡是渔业和运输业。在18世纪的新法兰西，许多商品都由海外提供：浪姆酒、蜜糖和咖啡由法属加勒比殖民地供给，奢侈的纺织品和服装、珠宝、葡萄酒、烈性酒以及书籍和艺术品由法国本土供应。在当时，法国港口城市的商人常常派一个儿子押一船货物到魁北克城，所以，在魁北克经常有法国商人居住。在魁北克之外，很少有法国或其他地区的商人落户，他们的资产大部分投到投机和冒险生意中去。商业活动在当时是家庭行为，一些较小的商业，往往是开夫妻店。即使大商人的企业，在丈夫去世之后，他们的遗孀也能继续经营好多年。商人的生活水平高于一般居民，而且殷实程度也在贵族之上。为了谋求社会地位，也为了生意上的方便，他们往往与贵族联姻或合伙做生意。

新法兰西商人的实力及活动规模受到殖民地经济条件的限

制。毛皮贸易主要控制在法国的西印度公司（Compagnie des Indes Occidentales）手中，它垄断了毛皮的买卖和运输。横跨大西洋的运输是城市之间的贸易，它被垄断在魁北克城几家大商人手中。这些商人有时也开店，供应城市居民一些舶来的商品，但当时殖民地大多数居民还过着自给自足的乡村生活，对外来商品的需求十分有限。尽管如此，新法兰西的商人积极地开发着殖民地，由于受到法国本土大商人的控制，他们的活动空间极为有限。

新法兰西城市中的劳动人民经营着各种行业，有泥瓦匠、木匠、细木家具木匠和铁匠，也有屠宰商、面包师、小旅店老板，等等。此外，还有为社会上层服务的各种职业：假发制作商、裁缝、成衣店老板等。18 世纪，新法兰西也出现了一些工业，如 30 年代在三河市附近建起了圣·莫里斯铸造厂，生产出取暖炉、犁头等铁器，也有制陶手工工场和其他一些手工业。最重要的工业是魁北克城的造船厂，吸收了许多木匠和铜匠在这里做工。总的来讲，殖民地的工业多属于家庭手工业，男性家长是师傅，家里其他成员，包括妻子、女儿等都是帮工，学徒一般由外城市手艺人的儿子来担当。

在城市中，富人和穷人的居住地区没有严格的区分。贵族和商人都有佣人或帮工。佣人有男也有女，女佣人多是加拿大出生。家内佣人也有奴隶，这种状况从尚普兰时代就开始了。奴隶的来源有些来自加勒比海地区殖民地的种植园，有些是新法兰西军队俘虏的土著人。但是，奴隶劳动从来也没有发展成像美国南部种植园那样大的规模，他们只是作为家内奴隶。在加拿大，有些奴隶允许结婚，也有少数获得了自由。但总的来说，奴隶的生活是艰难的，生命也很短暂。如马蒂厄·莱维雷（Mathieu Léveillé）是魁北克的一名奴隶，他的职业是刽子手，他一直病了十几年，才三十出头就死去了。

士兵也是城镇中的穷人，他们在法国本土入伍，驻守新法兰

西的城镇。和平年代，他们有时受雇做工，有时会寻找机会在新
法兰西退伍落户。但是，在新法兰西，军队的训练和纪律都不严
格，他们常常偷盗和酗酒，在军人驻扎集中的地方，犯罪率往往
较高。

城市和乡村是相互依存的。在新法兰西，城市靠乡村提供食
物，一些人不断地往来于城、乡之间，有些乡下人到城里去学徒，
乡村的毛皮商与城里的大商人也经常发生联系。新法兰西的城市
和乡村有明显的不同，特别是在结婚年龄和出生率方面：城镇人
结婚较晚，生孩子也较少，婴儿的死亡率也偏高，这一方面是由
于传染病；另一方面可能是新法兰西的城里人也像法国本土的城
里人一样，往往把新生下来的孩子送给奶妈去喂养，这样，不适
应或不负责的喂养方式增加了婴儿的死亡率。相反，新法兰西乡
村人口众多，农民家庭有许多孩子。相对来说，乡村对城市的依
赖较少，这是由于乡村能够自给自足。18 世纪初的乡村生活是俭
朴的，乡下人对生活要求的标准不高。但值得一提的是，在制造
家具方面，他们渐渐发展出一种加拿大式样的雕花家具，所以，乡
村的住宅不仅比城里大，而且有着较多和较好的家具。这常常吸
引城里商人用进口商品来进行交换。

新法兰西的法律沿袭了法国的习惯法（Coutume de Paris），
农民对与他们财产有关的法律部分有实际的了解。在公证人的登
记本上登记着财产处理的情况：土地买卖、出租，工具和牲畜的
出租，法定的租金，每年 5％ 的贷款年利率，等等。最重要的法律
是有关财产继承方面的，为了保护家庭农场这个在当时惟一的家
庭财产，法律中有极为明确的条款规定。在婚姻契约中，同样也
有新郎和新娘父母如何帮助新婚夫妇建立自己农场的详细规定。
法典虽然主张财产在继承人中平均分配，但是，却不强迫无休止
的细分。法律指出，父母可以用赠与和出卖的方式把自己的土地
完整地转给一个选中的儿子，但这个儿子必须同意用其他方式补

偿其他兄弟姐妹，并许诺赡养父母。

家庭是农民社会的基础，新法兰西的农业扩展也是以家庭为单位。人们鼓励在乡村的某一地区建满农场之后，那里无限膨胀的人口不要留在原地，而要到新的地区去开发。在新开发的地区，并非只有一个家庭，而是由许多家庭一起各自去创业，每个家庭也不止一个男性，领头的人通常是中年，必须结婚 10 年以上。此外，所有的家庭毫无例外，必须有一个早已开发好的农场。他们把这个农场给一个长子做抵押，换取他的钱财或其他物品，如果他没有钱，就要去借。然后全家用这笔钱财或物品投入新农场的建设。在新法兰西，农场的扩展就是这样，从老的农场和原有的家庭衍生出新的农场和新的家庭，一代又一代，农村社会获得了不断的保持和发展。多年来，农业扩展的这种方式在魁北克保持下来，直至 20 世纪，许多地方还沿用着这种方式。

总而言之，18 世纪前半期的新法兰西几乎沿袭了法国本土的全部旧制度，政治制度是以总督为首的绝对君主制。除总督之外还有行政长官和主教，他们对殖民地各自享有着一部分权力。此外，他们不仅以法王的名义进行统治，而且不经国王同意，随意把个人意愿强加于臣民之上。因此，民众的反抗是不可避免的。在蒙特利尔，当食品匮乏使物价上涨时，妇女们走上街头进行示威，要求政府采取行动。1744 年路易斯堡的士兵发生了兵变，反抗军官的压迫。乡下农民也经常抵制皇家的徭役。尽管如此，这些微小的反抗并没有触动社会的根基。

天主教是新法兰西社会的精神支柱，对于少数新教教徒，殖民地采取严格限制的态度。然而，天主教的精神统治并不是铁板一块，它所颁布的布告并不是总能奏效，行政当局经常不顾教会的控制实行自己的一套，自由派贵族也不受教士的管制，甚至农民也起来反对什一税的征收。尽管如此，新法兰西的居民有着浓厚的宗教情绪，甚至在教会势力衰微的时候，他们还是执著于宗教，绝大多数人具有宗教信仰并遵守教规。在人们的日常生活中，教堂参与许多事情：从出生、结婚、庆祝军事上的胜利、庆祝公共节日，到设立医院、学校、慈善机构和工匠行会的成立，等等，直至人的死亡。

像北美其他新大陆一样，新法兰西为个人的发展开辟了广阔天地。自 17 世纪后期以来，新法兰西社会不断地保持了与外界的接触和交流，特别是魁北克与法国本土保持着频繁的联系，其他地区也与大西洋沿岸各地有着频繁的贸易往来，这些外部条件充分调动了新法兰西内部经济的发展。在新法兰西内部，有着极为丰富的河流和湖泊，这为内部交通提供了便利，毛皮贸易顺着水路向内地深处扩展，其高额利润驱使着年轻人不断西进。在乡村，人口的增长不断使新的土地得到开发。所有这些都为个人的发展提供了广阔的场所和有利的条件。

然而，从整体讲，新法兰西是一个农业社会，它的发展是缓慢的。农村经济的自给自足，乡村人口受教育程度的低下，都极大地限制了社会的发展，使新法兰西陷入一种传统和稳定的社会结构，缺少变化和革新节奏。

五、英法之间的争夺

17 世纪后半叶和 18 世纪前半叶，英国和法国先后进入商品生产阶段，开始了资本主义原始积累。随着商业的扩展，英国和法国在殖民地的争夺也进入一个新时期。这一时期，英、法的王权都有商人资本参与其中。在英国，1688 年的光荣革命完成了封建专制向君主立宪制的转变。国家权力的加强，使商业资本在海外的扩张获得了更有力的支持，尤其是在北美和亚洲，英国的殖民地不断扩大。在法国，虽然 1789 年的大革命还未爆发，但是，金融贵族已经相当富有，封建王权早就开始向第三等级借债。这一时期，金融贵族利用手中的金钱，不但向海外投资，还支持王权进行海外扩张，开辟殖民地。为此，英、法之间在欧洲、北美和亚洲展开了一场世界范围的旷日持久的全面战争。这是一场商业战争，在这场战争中，扩展商业既是进行战争的目的，同时，商业资本的实力对比也是进行战争的基础。英、法之间争夺新法兰西的战争，就是这场世界范围的商业战争的一部分。

在北美，英、法的争夺首先集中于皇家岛的路易斯堡。18世纪中期，法国经过30年的经营，无论是在鳕鱼贸易，还是对大西洋沿岸的设防，路易斯堡都发挥着重要的作用。1744年，英法之间发生了战争，由于路易斯堡曾对英国的捕鱼业造成威胁，所以，大西洋沿岸的英国殖民地对路易斯堡充满仇视，它们把路易斯堡和它所处的皇家岛看成是争夺的首要目标。

1745年5月，装备精良的新英格兰军队在加勒比海英国舰队的护送下忽然到达路易斯堡，接着，对它的堡垒形成了攻势。经过6个星期的围困，到1745年6月底，路易斯堡投降。

英军在路易斯堡的取胜和法军的战败不是偶然的，这是由英法在北美殖民地总的形势决定的。经过17世纪的发展，英国上个世纪在北美建立的小殖民点，如今在大西洋沿岸已经发展壮大成广阔的13个洲，总共有人口100万以上。这里有许多城镇、农场和种植园连成一片，一直伸向遥远的内陆，经济实力相当强大。在加拿大，虽然新法兰西也获得了较大的发展，但与英国在北美的13个州相比，力量要小得多，而且，鞭长莫及，新法兰西的实力主要在圣劳伦斯河流域。在军事方面，虽然法国人与当地土著有着较稳固的联盟，并且，凭借这一点，在前一阶段英法在北美荒原上进行战争时，法国曾经占过上风。但是，在大西洋沿岸，情况就不同了。相对来讲，法国的力量要弱得多。此外，英国军队是有备而来，新英格兰在几个月中对4000人的军队进行了训练和装备，随后才把它开到北方。法国却毫无准备，猝不及防。

　　路易斯堡被英军占领之后，皇家岛的法国居民很快被驱逐回法国，大西洋沿岸法国的军事力量也随之被撤销。在路易斯堡陷落之前，新法兰西很大一部分粮食是通过皇家岛的港口出口，因此可以说，路易斯堡是作为圣劳伦斯殖民地对外的军事屏障而存在。皇家岛陷落之后，魁北克城作为出口港口的作用更加上升，新法兰西也愈加重视魁北克城的军事地位。人们在魁北克城开始修筑城墙，加强工事，以防英国的入侵。然而，无论是英国，还是它在北美的殖民地，都没有继续向新法兰西进攻。1749年，双方签订了和平协议，协议恢复了法国对皇家岛的占有，但是，它却没有恢复法国在大西洋沿岸的地位。从英国方面来说，虽然它归还了皇家岛，却在新斯科舍内地加紧扩张自己的势力。

　　1749年，英国殖民地的2500名移民在两个团兵力的护送下，在谢布科托湾（Chebucto）沿岸定居，并建立了哈利法克斯移民点。1753年，为了进一步扩大战果，英国从德国和瑞士吸引了1500名外国新教徒到新斯科舍，建立了卢嫩堡。最初，新建的殖民点由于设防不善，受到新法兰西土著人的侵扰，使一些人遭受痛苦并死亡。后来，在新英格兰人的帮助下，这些殖民点渐渐壮大，一批又一批的新英格兰人来到新斯科舍定居。1752年，一位新英格兰人约翰·布谢尔（John Bushell）出版了加拿大历史上的第一份报纸《哈利法克斯报》（*Halifax Gazette*）。到50年代后期，英国在哈利法克斯海边的山上大修军事设施，把它变成了英国在北大西洋沿岸的主要军事基地。这样，从17世纪20年代英国宣布在北美建立新英格兰开始，经过了大约130年的时间，哈利法克斯终于成为英国在北美的又一殖民地。

　　作为对哈利法克斯军事力量壮大的回应，法国在路易斯堡建立起一个更大的军事设施来保卫皇家岛的南线。这样，英、法两方面的发展和对立，对处于中立地位的阿卡迪亚形成威胁。此时，阿卡迪亚已发展到12000人，它的四周被英国的领土包围着。18

世纪 50 年代，阿卡迪亚的一些居民移居皇家岛和圣让岛 (Ile St-Jean)。在纽芬兰，英、法之间的对抗隐约可见。这是因为，虽然英国在那里的殖民地在渐渐发展起来，但却保留了许多法国的渔民。英法之间真正的竞争还在欧洲的鳕鱼市场，1713 年，英国夺得对纽芬兰的控制权，这对鳕鱼市场上的竞争是一个极为重要的有利条件，但是，由于法国渔民的存在，法国的鳕鱼贸易在纽芬兰也有力地发展起来。很明显，在这场鳕鱼战中谁胜谁负取决于纽芬兰水域的军事较量，而鳕鱼战对于确立欧洲霸权的作用在这时已远远超过了毛皮贸易。

英、法的利益在新法兰西西南边疆也形成尖锐对立。在 1701 年易洛魁人采取中立之后，那一地区本来已经平静。但是，到 18 世纪 50 年代，英属的宾夕法尼亚和弗吉尼亚继续向西扩张，直到俄亥俄河。而俄亥俄河又为他们开辟了一条通往密西西比河的通道。为了阻止英属殖民地的西进，并与伊利湖南面的土著民族进行贸易，新法兰西政府在俄亥俄河沿岸及其支流建立了堡垒。开始，在英属殖民地和法国与土著人的联盟之间只发生一些小的冲突，但不久就变成了公开的战争。

1754 年，新法兰西与英属北美殖民地的边界冲突终于使两军对峙于俄亥俄的边境地区。在新法兰西方面是富有经验、组织良好的海军陆战队；在英属 13 州方面是灵活机动的民兵。1755 年初，英国派遣了两个军团的正规军到 13 州殖民地，这还是自 1660 年易洛魁战争中法国曾派正规军到北美以来的第一次。英国军队由爱德华·布雷多克 (Edward Braddock) 将军率领，结果，他并没有把新法兰西军队赶出俄亥俄河流域。战争中，他本人阵亡，他的部队在试图占领丢克森要塞 (Fort Duquesne) 时，被一队法国海军和土著人逼迫着按他们事先安排好的路线撤退。法军统帅，让-阿尔芒·迪斯考 (Jean-Armand Dieskau) 在尚普兰湖南面的一次非决定性战斗中负伤并被俘虏。

　　与此同时，英、法之间的争夺也在新斯科舍地区展开。1748年，路易斯堡重新归属法国后，法国人挑动阿卡迪亚人去反对英国。自1710年阿卡迪亚落到英国人手中之后，英国人一直未能使那里的人们宣誓效忠。阿卡迪亚人不愿效忠的原因是，他们担心这种宣誓可能会迫使他们去参加反对法国的战争。40年来，他们始终在英、法的战争中保持中立状态。1750年，法国人在连接新斯科舍和今天新不伦瑞克的希格内克托海湾的末端，建立了博塞茹尔堡，一些阿卡迪亚人参与了这次行动。英国人在新斯科舍这一边建立了劳伦斯堡。当英法之间的冲突加剧时，英国当局担心阿卡迪亚人会产生叛乱，倾向法国。而且，在1755年英军占领博塞茹尔堡时，的确发现要塞中有阿卡迪亚人。为了防止阿卡迪亚人进一步归顺法国人，英国总督要求他们要么宣誓效忠英国，要么被驱逐出境。英国当局原以为只有少数人会被驱逐出境，但是，阿卡迪亚人根据多年的经验，不相信这次威胁是真的，仍然拒绝宣誓效忠，结果大多数阿卡迪亚人不曾卷入法国人制造的事端，却被无情地驱逐出家园。这是放逐阿卡迪亚人的直接原因。

　　阿卡迪亚人被放逐的更深刻的原因是18世纪上半期新斯科舍环境的改变。在20～30年代的和平时期，英国统治者为了能在阿卡迪亚站住脚，不惜加强那里人们的中立地位来换取对自己地位的承认。但是到了50年代，哈利法克斯移民点建立，英国军队进驻，英国移民一批又一批的到来使英国人的势力大大加强。此时，英国统治者不再需要得到以前在新斯科舍占优势的法国居民的理解和默许，态度变得强硬起来。对于法国居民来说，为了继续保持一种中立状态，他们采取了不与边境的法国军队合作的态度，以为以此可以向英国当局讨价还价。然而，英国在这一地区势力的加强，使英国当局最后下决心解决阿卡迪亚人的中立问题，这也就是说，英国当局不再容忍阿卡迪亚人的中立立场。

　　英国驻新斯科舍的执行官查尔斯·劳伦斯（Charles Lawrence）负责这一任务。他集中了驻新斯科舍的全部兵力对阿卡迪亚人进行驱逐。1755 年 6 月，劳伦斯雇了一艘商船，他命令英国军队包围了阿卡迪亚人，强迫他们只能带一些随身行李。随后，他们把阿卡迪亚人赶上商船，接着烧掉他们的村庄。到 1755 年底，在几个月的时间内，一批又一批的阿卡迪亚人被赶上商船，背井离乡被放逐到其他地区。他们的家园被一个又一个地烧掉，化做一片废墟。从格朗普雷（Grand Pré）到米纳斯（Minas），再到博巴森（Beaubassin），沿整个芬迪湾（Bay of Fundy），强迫放逐和焚烧村庄的事不断发生。一些阿卡迪亚人逃跑，躲在树林中，但很快又被抓回，强行赶到船上，放逐到其他地区。据估计，在几个月之内，至少有 7000 多人被放逐。在随后的几年中，又有几千人被放逐。

对于阿卡迪亚人来说，放逐是一场巨大灾难。在放逐中，他们失去的不仅是家园，而且是他们的权利和生活方式，或者说他们的整个社会。因为在这以前的一个世纪中，他们植根于自己的土地上，在芬迪湾沿岸已经建立起富饶的家园并形成自己的生活方式。在放逐之后，北美没有任何一个殖民地能够接纳全部阿卡迪亚人，他们被分散放逐到几个殖民地。从新英格兰到乔治亚，装载着阿卡迪亚人的商船在大西洋沿岸的不同港口漂泊，饥饿、暴力以及不知名的传染病袭击着这群背井离乡的人。许多家庭在上船时就被拆散，大约有 1/3 的人在放逐的过程中丧命。在 1756 年至 1762 年间，有些阿卡迪亚人还被运往欧洲。1758 年，因海上失事，大约有 700 人葬身鱼腹，幸存者则成了法国的难民。

定居在北美的阿卡迪亚人有些融入美国的殖民地，有些又尽快地迁徙到法国在北美的殖民地加勒比地区或圣劳伦斯河流域。1763 年，英法之间的七年战争结束以后，有一小部分阿卡迪亚人通过陆路或海路，历尽千艰万辛，经过很多年的努力，一点一点地返回到阿卡迪亚的故土。但是，今非昔比，过去美丽富饶的阿卡迪亚早已不复存在。新来的移民早已占据了新斯科舍最富饶的土地,即那些围有堤堰的土地,返回的阿卡迪亚人只能在那些贫瘠的不被人看重的地方建立自己新的家园。经过若干年后,重新建立起来的阿卡迪亚社区的中心向西迁移了,进入到新不伦瑞克。至今,这段悲惨的历史已经过去了 200 多年,被放逐的苦难却永远留在人们的记忆之中,成为加拿大一段令人伤感的历史。

18 世纪中期,为了争夺殖民地,由欧洲主要国家组成的两大交战集团在欧洲、北美以及印度的争夺愈演愈烈,以至于 1756 年春天,终于爆发了长达七年的战争(1756~1763),史称七年战争。在这场战争中,英、法两国分别是两大集团之首的国家,他们争夺的战场在北美、印度和西印度群岛。1759 年,在魁北克城那场具有决定性的战役中,英国取胜,最终决定了英国对圣劳伦斯河流域的占领,从而结束了法国在北美北部长达 150 年的统治,使这片土地进入英属北美时期。

英国在七年战争中取胜在一定程度上得益于一个重要人物,即威廉·皮特(William Pitt,1708~1778)也称老皮特。1756 年 11 月,在众人的要求下,皮特组阁,成为首相。他制定了战争的策略,认为英国不可能在世界那么广阔的战场上都派出正规军,必须依靠当地的民兵,应该打一场民族战争。与此同时,英国应该拥有海上霸权,从而对各地的民兵进行配合。在这种策略的指导下,他极力恢复和训练民兵,重整和扩大海军。在政治上,他也力求使各政党在这一问题上协调一致,使英国能有一个较为长远的军事策略。为了对付法国,他不遗余力地在世界各个战场上与法国为敌。他派遣远征军到加拿大,与法国展开在北美的最后争夺。在亚洲,他大力支持英国东印度公司展开对法国东印度公司的争夺。在欧洲,他资助与法国交战的普鲁士,并且用海军封锁法国、炮击法国海岸、破坏船坞。在西印度群岛及非洲,他也命令英国海军向法国军队开战。总之,在这一时期,英国把法国作为主要敌人，在世界各地与之进行殊死的争夺。皮特善于用人，选用一些杰出的陆海军将领，向他们灌输进取的新精神。到 1759 年，英国在各个战场上都取得了辉煌胜利。在历史上，这一年有"胜利年"的说法，英国在北美最后战胜法国的关键一仗也发生在这一年。

在新法兰西，1755 年，皮埃尔·里戈·沃德勒伊（Pierre de Rigaud de Vaudreuil）继他父亲之后成为新法兰西的总督。他是在北美出生，在新法兰西的环境下长大，深知与土著人结盟的重要。他很快与轻视殖民地民兵的正规军统帅路易-约瑟夫·蒙卡尔（Louis-Joseph de Montcalm）发生了矛盾。蒙卡尔是欧洲战争的老将，他坚信自己的能力，对总督沃德勒伊在殖民地战争中积累的经验非但不听，反而冷嘲热讽。在战略上，他与沃德勒伊不一致，他反对把军队铺开去保卫新法兰西广大的疆域，而主张保存实力，按兵不动，根据需要灵活使用兵力。

尽管如此，在 1756 年和 1757 年间，战争的优势仍在法军方面。战争首先在西部防线上展开，但是，从路易斯堡大西洋的防御工事到黎塞留河和尚普兰湖的水路，两军都摆开了战场。在战争发展的过程中，整个新法兰西都卷入了战争，土著人也在英、法两军对立中做出了选择，与新法兰西结盟的土著人帮法国打仗，与新法兰西有宿怨的易洛魁人加入到英国一方，其中包括六部落未来的领袖约瑟夫·布兰特·苔茵达尼芝（Joseph Brant Thayend-anegea）。但是，易洛魁联盟的大部分部族根据协定保持了中立。

对于新法兰西来说，这是一场生死存亡的战争，整个新法兰西都全力以赴。每一个教区从 16 岁到 60 岁的男子组成了民团，在夏天，他们经过训练，开赴战场。其他人员，也有许多为战争服务。总之，战争调动了新法兰西 1/4 的人口，他们不仅与守卫防线的部队和运动作战的陆军共同战斗，而且还在范围广泛的战线上提供军需，看守仓库、修筑道路和碉堡等。

　　1757 年，蒙卡尔将军在与总督沃德勒伊的争执中赢得法王的支持，他获得不受总督的监督而自由行使个人战略的特许权。这样，1758 年，新法兰西在战略上发生了转变，战争局势也发生了根本的变化，继俄亥俄河上丢克森要塞的陷落和安大略湖上伏龙特奈克要塞（Fort Frontenac）被袭击捣毁之后，法国对西部防线的控制变得虚弱了。在新法兰西的另一端，路易斯堡告急，这一次由新任的英国统帅杰弗里·阿默斯特（Jeffery Amherst）来指挥，他对这一城镇进行了有条不紊的包围。路易斯堡军民顽强抵抗，直至 1758 年 7 月城市陷落。城市被英军占领之后，占领者迫使城里的新法兰西居民（大约有 5000 居民和 5000 士兵）渡过大西洋返回法国。这一次，路易斯堡的城市设防被摧毁，渔业和海上贸易都没有恢复，从此，这个城市衰落了。然而，新法兰西边远地区防线的崩溃却增加了中部防线的重要性。在中部防线，即南方靠近尚普兰湖的地区，蒙卡尔将军率领的法军占优势，他们迫使英军节节败退直到卡里永（Carillon，英国人叫它泰孔德罗加 Ticonderoga）。这样，在 1758 年，英军在卡里永的失败以及对路易斯堡的包围和占领，使得英军无力进入新法兰西的心脏地区。

　　法国有足够的实力来守卫圣劳伦斯河谷、尚普兰湖和安大略湖。1759 年，法国有 3500 名正规陆军，2500 名驻守殖民地的海军和 15000 名民兵。此外，他们的供给也很充足，那年春天组织了二十多船物资运往魁北克。按照常规，这样雄厚的实力即使在那一年不大获全胜，也会给英军以重创。然而，在 1759 年春天，英国军队开始获得累累战果。到夏天，阿墨斯特将军经过周密部署和有效的作战，不但重新获得卡里永和圣·弗雷德里克要塞（Fort St-Frédéric），而且几乎是势不可挡地推进到尚普兰湖。同时，英军还占领了尼亚加拉要塞（Fort Niagara）并控制了安大略湖。这样的局势似乎预示着，在 1759 年和 1760 年，无论魁北克城那一仗的结果如何，这两面进军的态势都势不可挡，英军还会继续取胜。

在魁北克城，英、法两军各持强大的军队，虎视眈眈的对峙着。150 年前，撒缪尔·尚普兰选择了这一地点安营扎寨，建立了城镇，把它作为控制圣劳伦斯河和整个加拿大的天然屏障。在 150 年之后，蒙卡尔将军也把这里选作抵御外来入侵的咽喉要道，他驻守这里，拥有 2200 名正规军，1500 名海军，还有 1 万名民兵的协助。在英军方面，军舰把 8000 名正规军逆河而上运抵魁北克城，其统帅是 32 岁的陆军准将詹姆斯·沃尔夫（James Wolfe）。

纵观整个新法兰西战场，从两军的力量对比来看，无论是军事力量、物资供应以及民心所向等，法军都占优势。但是，法军却战败了，究竟是什么原因呢？除了与当时英、法国内的社会状况及它们在世界各地的整个占领态势有关之外，军队的素质不能不说是个重要原因。1759 年，沃尔夫在包围魁北克城的时候就曾看到了这一点，他写道："蒙卡尔将军率领的是一支数量众多却素质低劣的军队，而我率领的却是一支数量不多，素质精良的军队。"

1759 年 6 月，沃尔夫在蒙莫朗西瀑布（Montmorency Fall）对法军发起第一次进攻。此时，英军投入的是训练有素、装备精良的军队。而法军方面，由于长期的大量伤亡，补充的却是从民团中抽出的民兵。尽管如此，在开始阶段，蒙卡尔将军率领他的军队打退了英军一次又一次的进攻。看到不能取胜，沃尔夫采取了残酷的手段，他用大炮轰击魁北克城，使魁北克城的大部分地区被炸成瓦砾碎石，许多居民被炸死。他还派遣军队焚烧拜—圣保罗（Baie-St. Paul）和拉·马尔拜（La Malbie）地区，并对魁北克城东部南岸延伸 50 英里的人口稠密的居民区放火焚烧。到 9 月，沃尔夫被疾病所困扰，他还与下属发生了争执，在这种情况下，他曾考虑过是否从包围中撤出他的军队。为了最后下决心，他试图作最后一次努力，如若不成功，就撤军。然而，就在这最后一次的努力中，英军凭借海军控制着河道以及沃尔夫对陆军的周密部署，最主要的是法军的疏忽，终于取得了胜利。

　　1759 年 9 月 12～13 日深夜，沃尔夫派兵控制住通往魁北克城西部的一条小路。靠着夜幕的掩护，他用小船把一部分军队运到靠近魁北克城的一段狭窄的河道上，这段河道恰巧在一块巨大的石壁下面。在这里，他发现一条小路可以通向悬崖的上端，而这里恰巧是法军防守的薄弱环节。这样，他们通过这条小路悄悄地爬上悬崖，并向法军的设防深处散开。到 13 日上午，经过一夜的行动，大约有 4000 英军以及他们的辎重、大炮等从这条小路运抵悬崖上面，散布在阿伯拉罕平原（Plains of Abraham）。此时，法军张皇失措，仓皇投入战斗。开始，沃尔夫成功的登陆并没有使法军溃败。蒙卡尔将军毕竟是有经验的统帅，他立即调来大炮，并动用所有的法军从东、西两侧包围了沃尔夫所占领的滩头阵地。英军失去了退路，蒙卡尔获得了袭击英军的有利地形。接着，蒙卡尔在研究了魁北克东部阵地地形之后，为了不给沃尔夫以休整和重新部署的时间，决定利用手头的所有兵力向英军发起猛攻。在经过一些激烈的冲突之后，两军摆开了阵势。那一天，在阿伯拉罕平原上，沃尔夫指挥的英国军队穿着鲜艳的红色军服，排成一线，面向东，朝向魁北克城。而蒙卡尔率领的法国军队，身穿白色军服，面向西，他们一面前进，一面打着鼓，法军的旗帜随风招展。两支军队面对面的步步逼近，在数量上不相上下，旗鼓相当。

　　然而，这场从 6 月就开始酝酿，两军都准备了整整一个夏天的战斗一经打响，其进程却是富有戏剧性的。战斗虽然激烈，却持续了还不到 15 分钟。训练有素的英国军队经过一阵近距离的射击之后，立即使法军四处溃散。英军统帅沃尔夫本人在战斗中中弹身亡，法军统帅蒙卡尔在撤退时身负重伤，并在第二天死去。尽管作战双方的统帅全都阵亡，英军却在战斗中取胜。几天之后，魁北克城，这个新法兰西的首都落到了英军手中。

　　魁北克城陷落之后，溃败的法军沿圣劳伦斯河逆流而上，到达蒙特利尔，在法军副帅弗朗索瓦-加斯东·莱维（François-Gaston de Lévis）的指挥下，继续战斗到1760年，直至沃德勒伊最终宣布休战并签订了新法兰西投降的协议。对于新法兰西人来说，阿伯拉罕平原的战斗是决定性的，在那之后，他们的苦难接踵而至。为了继续打仗，莱维强迫从13岁的孩子到80岁的老人都出来当兵。1759年，魁北克民兵的数量激增，大大超过预计的数量。但是，1760年，在阿伯拉罕平原战斗之后，大势已去，人们不愿再做无谓的牺牲，因此，出来当兵并不主动。为此，莱维采取了沃尔夫的策略，对那些不愿出来作战的新法兰西的居民强制征兵，并烧掉了他们的房子。战争的最后阶段极为残酷，战火燃遍整个魁北克城和周围地区，每一个社区都在遭受苦难，在这片人口最稠密，也是最古老的殖民地的土地上，英军烧杀抢掠，夺走了所有的粮食、牲畜，并把房屋付之一炬。

　　据估计，经过这场战争，大约有六到七千人，也就是新法兰西人口的1/10被夺去生命。战争之后，在城市和乡村，饥荒普遍发生，流行病蔓延。战争的伤亡及经济上被剥夺使这里的人民对未来充满恐惧和绝望。战败，对于新法兰西人来说，意味着要遭遇与阿卡迪亚人同样的命运：经受折磨、背井离乡。

　　新法兰西——北美北部这片土地上最早的法国殖民地就这样转入英国的手中。然而，这段历史却给未来的这一地区，给在这一地区上形成的国家，留下了永远不可磨灭的痕迹，它既给未来的国家增添了文化的辉煌，也给这一国家的政治生活带来无休止的纷扰。

3 《魁北克城》 在新法兰西时期魁北克是进入圣劳伦斯河流域的
港口、宗教中心和首都,也是当时最大和最有活力的城市

第 三 章

英属北美时期

一、英属北美时期的开始

魁北克城陷落以后，新法兰西的军队还进行了一段时间的抵抗，但是，大势已去。1759 年至 1760 年的冬天，为避开圣劳伦斯河的封冻季节，英国舰队暂时驶出了圣劳伦斯河。法军得以重新集结军队，包围了驻守魁北克城的英军。但是，当春天到来，冰河解冻时，英国舰队再次开进了圣劳伦斯河，又一次向法军发起猛烈进攻。法军被迫退守蒙特利尔。英军统帅杰弗里·阿默斯特指挥英军从东、南、西三个方面对蒙特利尔进行合围。此时，无论在军队数量还是武器装备方面，英军都大大超过了法军，新法兰西总督沃德勒伊别无选择，于 1760 年 9 月向英军投降。至此，英、法在北美几十年的激烈争夺，告一段落。

在五年的时间里，从俄亥俄河流域的丢克森要塞，经哈得逊—黎塞留走廊，直至路易斯堡和北美大陆的东北角，英、法之间在这片广袤的土地上进行了接连不断的激烈的战争。在这场战争中，博塞茹尔（Beausejour）、奥斯威戈（Oswego）、卡里永、路易斯堡和魁北克是双方争夺的几个焦点。战争给新法兰西居民带来灾难。其中，阿卡迪亚人的命运是最悲惨的，他们不但战败牺牲，而且经历了被流放的痛苦。1763 年，巴黎和约签订。根据和约，新法兰西居民不再被流放，他们成为英国王室的子民，并享有宗教和拥有财产的自由，也拥有平等交易的权利。

　　法国在北美殖民地的丧失，开启了英国对这片土地的统治时期。这是一段重要的建设时期。1760 年以后，新移民来到这片土地上，他们开垦荒地、修筑道路、建设房屋、围起篱笆、盖建谷仓，一座座新城镇平地而起。在这段时期，成千上万的男男女女经受了严寒和恶劣天气的考验，他们的命运也随经济发展和政治动荡而变化。

　　从新法兰西陷落到铁路时代以前，有三个因素影响了英属北美殖民地的生活。第一，在行政上，它是英国的殖民地，是"日不落王国"的边缘地带，受到英国国会的控制和英国政治制度的影响。第二，与此同时，它也在逐渐孕育着自己的政治因素。这种政治因素是从地方产生的，它是在处理实际事务中形成的一些有效机制。这些机制在殖民地形成一个网状的体系，为孕育一个新的国家奠定了基础。第三，1812 年的加美战争和 1837 年的起义，在一定程度上说明了英国政治制度在殖民地的巨大影响；同时，它也暴露了这种制度的缺陷。因此，殖民地的人民力图对政治状况进行某种改造。

　　根据巴黎协定，1763 年以后的北美领土被进行了重新划分。法国从北美大陆撤出，保留了在纽芬兰北岸的捕鱼权，以及对圣彼埃尔（St. Pierre）、密克隆（Miquelon）、圭亚那、马提尼克、圣卢西亚和加德洛普（Guadeloupe）等岛屿的所有权。在密西西比河以东，英国控制了从哈德逊湾到墨西哥湾的广大地区。西班牙控制着密西西比河的西部和南部，并声称对太平洋北部沿岸的控制权。俄国为了水獭毛皮贸易，占领着北美大陆的西北角——阿拉斯加。1763 年 10 月，英国国王宣布在这片新占的领土上建立它的行政制度，使魁北克成为英国的殖民地。其疆域大致包括从安蒂科斯蒂岛（Anticosti Island）到渥太华河的加斯佩半岛和圣劳伦斯河整个流域。新斯科舍包括芬迪湾北部的陆地、圣约翰群岛和布雷顿角岛。拉布拉多半岛、安蒂科斯蒂岛以及迈格达伦群岛

(Magdalen Islands) 归入纽芬兰，成为那里的渔场。鲁珀特地区被确认属于哈得逊湾公司。英属北美大陆的其他地区，包括阿巴拉契亚山脉以西、大湖区以及一直向南延伸到阿巴拉契亚山脉与密西西比河之间地带的一大片三角地区是印第安人居住地，禁止移民进入定居。

对印第安人的这种让步并非慷慨，而是出于无奈。1763 年夏天，印第安人部落向深入其内部的欧洲人的商栈发起了凶猛的进攻。在渥太华，印第安人首领彭梯亚克（Pontiac）率领一批印第安人袭击了白人居住地，杀了 2000 多白人。这种暴力手段过后，殖民者与印第安人之间形成了新的局势：一方面，殖民者需要维持毛皮贸易，不断地向印第安人居住地深入；另一方面，进行毛皮贸易需要印第安人的帮助，他们也要安抚印第安人。所以，他们决定接受现状。1768 年，对那些来自大西洋沿岸，居住在俄亥俄河以南的欧洲移民，英国殖民当局愿意提供食宿，使之从印第安人的领地撤出。然而，这只是暂时的权宜之计。6 年以后，魁北克法案公布。根据这一法案，英国的殖民地可以扩张到原本是印第安人内地的毛皮贸易区（即大湖区盆地）和沿圣劳伦斯湾的海豹捕猎区。从那时起，这种大片的印第安人居住地就从地图上永远消失了。

然而，1763 年以后版图上的这些调整并没有解决英属北美殖民地的困难，反而使那里的事务更趋复杂。本来，英国殖民当局希望经过一个长时期的治理能使新法兰西人英国化，但战败了的新法兰西人却希望能继续沿用法国民法典、维持领主制度以及罗马天主教，他们反对英国殖民当局对圣劳伦斯河流域殖民地所划的新疆界，因为它成为阻止他们继续向西扩展的障碍。他们更反对英国向殖民地人民征税，他们不愿意英国人用这笔钱作为长期与法国作战的费用，也不愿意用它来作为英国对新占领土地实施行政管理的支出。

对英国征税的反抗在美国已经开始。1773 年 12 月，英国要求对运到波士顿的东印度公司的一船茶叶征税，遭到当地人的拒绝。当夜，人们把价值 18000 英镑的整船的茶叶倾入大海。作为报复，英国统治者于 1774 年下令封闭波士顿港，取消马萨诸塞的自治特许权，禁止新英格兰渔民在纽芬兰沿海捕鱼。同年，英国还公布了《魁北克案法》，把俄亥俄河和密西西比河之间的地区划归魁北克（即原新法兰西）。这些措施更加激怒了美国人民，成为独立战争的导火索。1775 年 6 月，英军在波士顿附近的崩克山发起进攻，北美殖民地的人民进行了积极的迎击。战争打响之后，加拿大的两个殖民地，魁北克和新斯科舍，并没有响应，而是继续维持着与英国的贸易，也维护着英国的统治。这又大大激怒了美国人。1775 年，一支美国军队从纽约北上，入侵了加拿大，试图用武力把魁北克变成美国的第 14 个州。当年秋天，圣约翰、蒙特利尔东南部落入美军手中，但对魁北克城的入侵却没有成功。第二年春天，入侵的美军被击退。1783 年，战争结束。根据战后的凡尔赛和约，美国的 13 个州独立；英国在北美的殖民地被迫退到大湖区以北。也就是这片英属北美殖民地，成为日后加拿大立国的基础。

在北美大陆的北半部，土著人的数量超过欧洲移民，比例大约是 2∶1，在疆域上，也占据着比白人多的土地。这些土著人没有统一的组织，由于语言和传统的不同，他们是彼此分散的，在获取生活资料的手段上，也是各行其是。同样，数量不过 10 万的欧洲移民，由于来自不同的国度和文化背景，也从事着各不相同的经济活动，分散居住在不同的地区。大致上说，欧洲移民居住在两个地区，一是大西洋沿岸，另一个是圣劳伦斯河流域。除此之外，在东部的森林地区、大陆内部的广阔平原以及太平洋沿岸，居住着各种部落的印第安人。当然，这并不排除有零零星星的从事毛皮贸易的欧洲商人以及他们的商栈散落其间。

大西洋沿岸居民的生活方式受战争和经济因素的双重影响。

　　按照英国官方传统的说法，纽芬兰是靠近大西洋沿岸一艘固定在海上的捕鱼船。由于这里的气候寒冷和生计艰难，欧洲移民在这里定居非常困难，因此，人口的发展很缓慢。尽管欧洲人在纽芬兰周围水域捕鱼已经有几个世纪，但那是一种季节性的迁移式作业，渔民春天离开欧洲，秋天返回。在英国，这种迁移式捕鱼业被看做是培育海员的途径，战争期间，政府往往从迁徙式渔民中征集海军。这一行业也非常有利可图，商人通过这种方式积累财富。开始，英国政府认为，居民在海岛定居无论对英国的安全还是国家利益都是一种威胁，所以并不鼓励。但由于在纽芬兰捕鱼有利可图，所以18世纪纽芬兰的捕鱼业发展很快，政府的反对也不能阻止那里的人口稳定增长。于是，英国船队担负起保卫纽芬兰捕鱼的任务。当船队在秋天离开欧洲的时候，船员们要签订两年至三年的合同，他们在纽芬兰要度过几个冬天，保卫海岸周边环境的安全，使夏天的捕鱼业得以顺利进行。这样做尽管艰苦，但与当时的德文岛（Devon）和闹饥荒的爱尔兰相比，人们更宁愿去纽芬兰。这些人到那里生活了几年以后，许多人便在那里定居。有些人还找到了妻子，开始在那里过永久性生活。在18世纪60年代初，大约有八九千人在那里过冬，其中包括900名妇女和2000名儿童。

　　每年夏天，到纽芬兰季节性捕鱼的人数达到这里永久性居民的两倍。他们的到来大大加强了捕鱼的规模，但对岛上的生产和生活状况没有什么改变。人们集中在鱼群最多的博纳维斯塔（Bonavista）到阿瓦朗（Avalon）半岛之间的区域。在这片低洼、开阔的海岸上，散布着一片片狭小、紧靠着海岸的住宅、小棚、晒鱼架、网棚以及各式各样的码头，这里是每年夏天人们繁忙之所在。每年5月到9月，渔民们划着三到四人的小船出海，到埋下鱼饵的地方，把上钩的鳕鱼装上船，然后又埋下新的鱼饵，划船返回。晚上，他们把捕来的鱼从中间破开，用盐腌制。第二天早晨，再把腌制的鱼放在晒鱼架上晾开，晒成鱼干。夏末或秋初，渔民把鱼干运到市场出售。就这样，日复一日，年复一年，渔民的生活没有什么改变。只有暴风雨会偶尔打破生活的平静。有时遇上风暴，渔民会非常危险，往往出海时四五十条鱼船，返回时仅剩十几条。18世纪，圣约翰斯是全岛活动的中心，大约驻有二百多人的军队，因此，那里有军营、操场，还有一排商店。但是，即使是纽芬兰的军事重镇，它也像其他移民点一样，牛、羊、家禽、小菜园样样俱全，分不出是城镇还是乡村。

在新斯科舍，1755年阿卡迪亚人被放逐后留下的真空很快就被填充。10年之后，哈利法克斯以海港为中心，向四周扩展。城镇用木栅栏围着，在城镇边上点缀着树林、灌木和礁石，风景宜人。整个城镇错落有致，英国国教教堂的尖顶是最高建筑，显示着征服后新主人的威风。此时，在这里生活的有英国投资商、新英格兰来的商人，也驻扎着英国军队，人口已达三四千人。哈里法克斯历来是军事要地，军队是当地的重要人口，英国军官是城镇中最有影响的人物。在这之前，英国以此为根据地，向加拿大其他城镇派遣军队。英、法决战中，对魁北克城进攻的准备就是在这里进行的。作为军营，它的运行无疑促进了城镇的发展。18世纪60年代，尽管由于英国削减了军费开支，使这里的人口减少了大约一半，但哈利法克斯依然是波士顿到魁北克之间最重要的港口。在这一时期，新英格兰人北上迁徙到芬迪湾或大西洋沿岸，从事农业或渔业。到1763年，从芬迪湾沿岸到利物浦，再到哈利法克斯的西南沿岸，零零散散的大约居住着9000名新移民。尽管如此，这里的生产状况并不乐观，农业和渔业仅仅是维持，几乎不能发展，大部分人只是勉强维生。由于这里的移民多来自新英格兰，所以，新斯科舍在许多方面严重依赖着新英格兰，与新英格兰有着多方面的联系。

18世纪60年代初期的魁北克，仍然是新法兰西时期的田园风光。在这里，封建土地制度依然存在，庄园主的宅邸豪华而坚固，天主教有很大势力，教堂在每个村庄都是主要建筑；居民的生活舒适而安逸，刷白的农舍、富庶的农庄以及散布其间的磨房和锯木场，等等。总之，北美的乡村风光与欧洲有很大不同。沿圣劳伦斯河流域，有很多农民，但在这里并不像欧洲，庄园主与农民的区别是微小的，个体农业是基本的生产形式。天主教势力虽然顽固，但由于教堂的分散和缺少教士，天主教的实际控制却很有限。18世纪中叶，在魁北克许多农民眼中，法国已被视为外国。这是由于这些法国人的后裔，经过几代在北美生活之后，他们对于欧洲和法国的情况已经全不了解。法裔加拿大人，大约有1/5居住在魁北克城、蒙特利尔和三河镇；另外大约有两万多居住在大湖区周围收集毛皮的乡村。在那里，他们与印第安女子结婚，他们的后代成为既非法裔，又非英裔的梅地人。在当时，梅地人受到英国官方的蔑视，是不受法律保护的流浪汉。

总之，对于英属北美各地的人来说，18世纪60年代是一个调整时期。英国军队的出现，标志着统治权已经发生改变。在蒙特利尔，讲英语的商人很快在商业中占了上风，英国人占有土地的情况也越来越普遍。在法律方面，法国和英国的司法制度并存，它们反映着不同的经济和社会价值，结果在商业和行政事务中引发了一系列的不确定和纷争。英国接管政权之后，毛皮贸易缓慢的恢复；战争给魁北克城造成的创伤也逐渐得到整治。对于大多数法裔加拿大人来说，1760年代的日常生活与以前相比，没有太大改变。

自从英国与法国争夺新法兰西的时候起，就有人开始了对这片土地的勘察。以前，除了少数的几个城镇之外，欧洲人对北美大陆的了解十分有限。那时候，往来于欧、美大陆的多是商人，而不是科学家。商人们所航行的水系是根据实用的原则进行记忆，很难在地图上标出。印第安人虽然也提供和描述了他们所知道的疆域图形，但却不系统也不全面。1755 年，英国制图家约翰·米切尔（John Mitchell）发表了他的北美地图。在这张地图上，他画了哈德逊湾、拉伯拉多平原、大西洋沿岸以及圣劳伦斯河的下游，具有一定的准确性。但是，他对大湖区的描述只是与现代版图大致相似，很不准确。在哈德逊湾西南部，他用一段注释填补了地图上的空白。他说："我们还没有把新近听到的有关加拿大北部和大湖区的一些长长的土著人的地名嵌入地图，这是由于这些地方还没有实用价值，而且，也还没有明确的归属。"总之，在 1763 年，哈德逊湾以西的广大地区在欧洲人的观念中还一无所知。

　　但欧洲人对这片土地的无知，并不说明这片土地是空白。从大湖区到落基山脉，居住着 5 个从语言到文化不同的印第安人部落。加拿大地域边缘的森林地带，是奥吉布瓦人（Ojibwa）的领域。阿森尼布瓦内（Assiniboines）和西克雷人（Western Cree）占据着今天的马尼托巴和萨斯喀彻温南部的地区。克雷人是森林和灌木丛地带的居民；阿森尼布瓦内人是灌木丛和草原地带的居民。但是，他们的经济生活有重叠的地方，他们在经济和文化上也有一些交换和往来。在阿森尼布瓦内和克雷地区的南部和西部，住着黑脚联盟的成员。他们是草原的狩猎者，完全依赖捕猎野牛。在野牛身上，他们不但获得食物、衣着，也从中获得盖房和制造生产工具的材料。再往北，在靠近北极的西部山区和哈德逊湾之间的广大地区，居住着讲阿萨巴斯卡语（Athapaskan）的印第安人。他们追随北美驯鹿的迁徙做季节性的流动，全部生存都依赖于这种动物。在这一时期，这 5 个部落与欧洲人都有接触，但他们的生活没有改变，依然遵循着传统信仰和传统的生活方式，顽强地保持着自治。

　　在太平洋岸边，也居住着讲不同语言的印第安人。这一点，当时欧洲人还不知道。除了阿萨巴斯卡人（他们大约有一万人，居住在落基山脉和海岸山脉之间地带的北部）之外，那里的印第安人讲着东部所不熟悉的语言。在他们内部，又细分为不同的语种。据专家估计，当时大约有 10 万印第安人居住在加拿大太平洋沿岸，他们大约讲着 30 种彼此不熟悉的语言，这些语言分别属于 6 个不同的语系。由于海岸富饶的自然环境，海达人（Haida）、西姆山人（Tsimshian）、努特卡人（Nootka）、贝拉·库拉人（Bella Coola）、特林基特人（Tlingkit）、夸扣特尔人（Kwakiutl）和萨利希人（Salish）都各自有着精致、复杂和富有仪式的文化。河流、海洋和土地给他们提供了充足的食物，西海岸高大的杉树则提供了建房、造独木舟和容器的材料。他们的房屋背靠树林，面朝大海，形成北美印第安人独有的村落。此外，他们用黑色和其他颜色的玉进行雕琢，制成装饰品，戴在身上。

在北极圈的北部，住着因纽特人（Inuit）。他们人数不多，分布在马更些河三角洲和拉布拉多之间的地区。与居住在哈德逊湾以东的纳斯克皮人（Naskapi）和蒙塔格尼人（Montagnais）一样，在 18 世纪 60 年代，他们还始终不曾受到欧洲人的影响。在大湖区、圣劳伦斯河流域和东海岸，由于与欧洲人的广泛接触，印第安人的生活已经发生了很大变化，这与因纽特人形成了鲜明对照。经过与易洛魁人的战争以及出天花，尽管曾有一批奥吉布瓦人从休伦湖的北岸迁徙到伊利湖和安大略湖之间的半岛，但是，总的来讲这里印第安人的总数还是大大减少了，休伦联盟的力量也已大大削弱。在尼皮辛湖，1615 年，还有 700 名到 800 名印第安人，150 年以后，剩下不到 200 人。由于迁徙、相互接触以及欧洲商品的流入，印第安人内部各部落之间在服饰和生活习惯上的差异也在减少，逐渐形成了较为统一的大湖区北部印第安人文化。新斯科舍印第安人的情况却与此相反，密克马克人（Micmac）和马勒赛特人（Malecite）本来人数就不多，在 18 世纪，一方面，由于疾病，使许多人死于非命；另一方面，与欧洲人的接触，使他们渐渐依赖于欧洲人的商品过活，失去了自己民族的独特性。在纽芬兰，裴欧休可人（Beothuk）被从新斯科舍迁来的密克马克人和欧洲来的渔民驱赶到纽芬兰岛的内地，他们被禁止到海边从事捕鱼业，过着极不稳定、朝不保夕的生活。

二、英、美之间的竞争与政治体制的建立

英国在军事和外交上的胜利，使它在世界范围内建立了一个更加广阔的殖民帝国。殖民帝国的建立又为英国本土的经济发展输入了新鲜血液。英国人相信，依靠这个殖民体系，以殖民地作为原料产地和商品市场，英国可以成为世界的工厂，从而使财源滚滚流向英国。

在这个经济体系中，加拿大占有重要位置。加拿大具有丰富的资源，其中渔业资源和毛皮资源都是英国特别需要的。如渔业方面，除了提供大量的食用鱼之外，鲸鱼油可以点灯，鲸须可以做妇女的束胸。在矿产方面，有圣莫里斯的铁矿。其他资源还有圣劳伦斯河沿岸的大麻和亚麻以及木材等，这些原料都会大大减少英国对其他国家的依赖。加拿大还是英国的商品市场，英国商业官员谢尔本（Shelbourne）勋爵看到，由于英国占领了北美，从而获得了更加广阔的市场，英国棉布就有了更大的销路。他粗略地计算了一下，在加拿大这个严寒的国家，每年至少可以消耗价值 20 万英镑的棉布。

然而，这种美好的经济前景是建立在整个殖民帝国的商业是在英国垄断的前提之下的，美国革命却打破了这种垄断。出于对美国 13 个州商业发展的恐惧，谢尔本主张对美国的贸易加以限制，并由英属北美殖民地来取代新英格兰、纽约和宾夕法尼亚对西印度群岛的商品供应。英国的海军储备，特别是做绳索用的大麻和做桅杆用的白松，也不应该再从缅因州和马萨诸塞州进口，而应该由新布伦瑞克和圣劳伦斯河流域提供。此外，他还认为，不

断增长着的英属北美市场应该为英国所独占，外国船只和商人不得进入其港口。

实际上，尽管英国有这种意图，但对北美贸易的这种限制并非易事。英属北美既不能完全满足对西印度群岛的商品供应，美国的谷物、牲畜和木材也照旧进入新布伦瑞克和新斯科舍。相反，英国对北美的贸易却反而受到了限制。这样，美国的海军储备、木材、牲畜、面粉和谷物允许进入西印度群岛，西印度产的浪姆酒（用甘蔗酿制的一种甜酒）、蔗糖、蜜糖、咖啡和其他商品也允许（而且是用英国的船只）运往美国。到18世纪后期，由于西印度群岛对美国商品的这种需求，英国只好宣布对美国船只开禁。

在其他方面，英国对贸易的垄断也告破产。由于美国渔民被允许在新斯科舍、拉布拉多和马格达伦群岛（Magdalen Island）绵长、崎岖的海岸线上晾晒渔网，结果导致在这些地区出现了茶叶、浪姆酒、蔗糖和葡萄酒等的非法贸易。非法贸易的增长十分迅速，1787年，一位新斯科舍的商人说："几乎没有一家没有美国货。"20年以后，纽芬兰的总督估计，在那里销售的90％的蜜糖是非法通过美国从法属西印度进口的。到19世纪初期，由于新斯科舍对石膏的需求与日俱增，在帕萨马阔迪湾（Passamaquoddy Bay）的边疆水域，石膏贸易使这种黑市更加活跃。起初，英国当局试图打击这种非法贸易，但最终他们出于自己的考虑还是容忍了这种贸易。

在英国本土，试图保持一种封闭的、自给自足的商业体系很快便遭到失败。1795年以后，连续几年的农业歉收使面包的价格上涨，进口粮食势在必行。然而，殖民地却不能满足英国的粮食需求，横越大西洋运输的高额代价以及北美收成的波动，最终也抵消了英国给北美殖民地粮食进口的优惠关税。

1803年，在英法之间，战争又起，导致双方关闭了一些欧洲的港口。当美国驶往欧洲的船只遭到英国的阻拦后，美国总统托马斯·杰斐逊（Thomas Jefferson）也用关闭美国港口来进行报复。这样，就使从加勒比海驶来的英属北美的船只被阻截。然而，其结果并没有使贸易中断，却使美国商人用纵帆帆船和雪橇等其他运输工具来装载货物，填补了美、加之间运输上的空白。由于这种方式的运输，逐渐形成了一些"自由港"，英、美双方的船只都可以在这些港口进行贸易。与此同时，拿破仑的大陆封锁政策严重阻碍了北欧的木材运往英国，于是，英属北美的木材在英国获得极优惠的关税，价格也疯狂的往上涨。从那时起，北美的木材业成为极其有利可图的事业，在相当长一段时间里，加拿大东部的广大地区不少人从事木材加工和运输业。

总之，在 18 世纪末和 19 世纪初，英属北美作为英国商业体系的一部分，直接受到英国与美国和欧洲政治、经济关系的影响，直接服从于英国的商业政策。尽管英国对北美的贸易曾进行了种种限制，但实际上，自由的贸易却或明或暗地始终在进行。而英属北美的贸易正是在这两种状况的交替变换中，逐步走向成熟，自成一体。

在法律上，英属北美各殖民地的主权归英国国会。在每一个殖民地，设一个总督，作为英帝国与地方利益的中介；下设行政委员会和司法委员会，分别管理行政和司法方面的事务（1791 年以前，魁北克除外），委员会成员由英王指定；各殖民地还由民选产生一个议会，代表殖民地的利益。除了这些中央的政治体系，治安法官由总督自行指定。治安法官的任务是：行使地方文职官员的职责，把行政权利扩展到每一个社区，并行使一定程度的地方管制。

在实际上，殖民地的行政程序并不与法律规定的完全一致。对殖民地的内部事务，英国议会实际上干预很少，在 18 世纪最后的 25 年尤其如此。1776 年以后，英国没有在加拿大征过税。1782 年以前，殖民地的事物由英国的商业委员会监督，这种监督只是宽泛的协调各部门，诸如财政部、海关和海军部之间的行动。商业委员会本是英国政府的一个部门，但在运行中，它的权限却逐渐扩大到管理海外殖民地。以后，内政部（Home Department）承担了这些职责。19 世纪初，由于战争的缘故，殖民地的事务分派给国务大臣负责，但国务大臣把主要精力关注在与法国的斗争上，对于那些不太紧迫的问题并没有花太多的精力。因此，实际上英国对殖民地的事务控制很松。1815 年，专门的殖民地事务部（Colonial Office）成立，但与以往相比，情况没发生多大改变。

　　总督，在理论上是英国王权的代表，在殖民地其权力是至高无上的。但实际上，这种至高无上的权力只具有精神上的影响。出于对自己未来前途的考虑，大多数总督都按照殖民地事务部的模式行事，对行政、司法和立法都很少干预。他们总是寻找一种温和和保守的方式，旨在既遵从上面的政策，又能应付日常事务。在行政事务中，行政委员会发挥了很大作用，他们大约每月开一次会，讨论那些重要的议案、发布法规和通过各部门提出的建议。

　　尽管总督有否决立法和解散民选的议会的权力，但他们往往不这样做，因为与民众支持的议会对立是很不明智的。虽然，总督有官员的任命权，但他们没有对待遇优厚的官职的任命权。一般说来，除了法定的开支之外，他们提出的任何开支都必须依靠议会通过，因此，他们很难按照自己的意愿行事。由于经费总是有限，作为民选的议员，他们关心的是那些与民众生活息息相关的事，如地方的道路、桥梁和学校，等等，他们不愿为那些崇高和遥远的目标投票。所以，作为总督必须认识到自己的权力是有限的，并顺从议会多数的意愿行事。

　　约翰·格雷夫斯·西姆科（John Graves Simcoe）是上加拿大的第一任总督。他在任期间，有力地推动了当地经济和政治的发展。他按照英国的模式建设殖民地。他对当地的保守派和从美国来的效忠派发放固定的资助。他认识到，要关心普通定居者的疾苦和满足他们的需要,首先就得建立一种有效的土地分配制度。为实现在蛮荒的土地上建立一个有序的等级社会的理想,他鼓励人们定居,把大片的土地发放给那些性格坚毅、怀有抱负的人。时间不长,他就在当地培育起一群精英,并建设起一批按标准设计的城镇。

　　1791 年宪法把加拿大分为上、下加拿大两个省(圣劳伦斯河的上游为上加拿大省,大致相当于现在的安大略省;下游为下加拿大省,相当于现在的魁北克省)。它也给了总督和指定的行政委员会以支配王室保有地收入的权利。由于有了财政基础,总督可以不顾议会的反对而做自己要做的事。但经过一系列斗争,1831年,地方收入的控制权最终落到议会手中。于是,在议会和行政委员会之间的敌视和斗争从此接连不断。

　　1837 年,在上、下加拿大都爆发了起义。在上加拿大,是由于总督弗朗西斯·邦德·海德 (Françis Bond Head) 无视议会和行政委员会的反对,在选举议会的过程中一意孤行,结果使保守党在议会中占了多数,因而引起改革派的反对。在下加拿大,英裔在经济上的成功遭到法裔的嫉妒和怨恨,结果导致法裔对行政和司法委员会中英裔商人的反对进一步升级。这样,作为下加拿大人口基础的法裔,也要求对政府机构实行改革。此外,经济环境的恶化、农业的歉收,以及由英国和美国银行的倒闭所引起的财政和商业危机,大大降低了加拿大人民的生活水平。这也成为1837 年起义的一个直接导火线。

　　1837 年,英国政府拒绝了殖民地激进派要议会掌握财政的要求,激进派以公开的抗议集会作为回应。在蒙特利尔,以帕皮诺 (Papineau) 为首,把下加拿大的形势与 1775 年美国的形势相比,号召人民进行一场革命。于是,在蒙特利尔发生了骚动,而且持续了一个夏天。在秋天,武装起来的激进派控制了蒙特利尔附近的乡村。11 月,在城里发生了巷战。英国军队进行镇压,许多激进派领导人被逮捕,还有一些人逃往黎塞留。一个月以后,在圣·丹尼斯(St-Denis),起义军挫败了政府军的一次进攻。但是,由于起义军的组织不严密、武器缺乏和战略的欠缺,终于没能支持多久。最后,起义军中有几百人战死或受伤,500多人被监禁。帕皮诺和一些追随者逃往美国。1838年11月,起义军又发动了一次起义,这一次的规模比第一次要小,而且很快又被镇压。参与者中有12人被处决,58人被流放到澳大利亚。

在上加拿大,1837年12月初,威廉·莱昂·麦肯齐(William Lyon Mackenzie)及其800多名追随者,趁上加拿大的英军被派往下加拿大进行镇压之际,向多伦多进发,试图按照美国的榜样推翻英国的统治,建立民主政府。起义军是没有经过训练的、扛着草叉、棍棒和枪支的杂牌军,起义前也没有进行很好的准备,所以,在起义发动之后不到20分钟,就被英国当局的地方军队给驱散了。起义失败以后,麦肯齐仍不罢休,继续纠集一些人马,在布兰特要塞(Brant Ford)发动了第二次起义,又很快遭到失败。再以后,麦肯齐逃往美国,他的两个副手被捕,被处以绞刑,其他几个支持者也被判了刑。

尽管起义失败了,但这是加拿大历史上惟一的一次起义,它对殖民地的政治发展起到一定的推动作用。1838年,在下加拿大面临修宪的情况下,英国政府派德拉姆勋爵到加拿大任总督,并负责规划加拿大未来的政治体制。德拉姆在做了一番调查之后,写了一份著名的报告,即德拉姆报告。在报告中,他认为起义所反映的是政府与人民之间的矛盾,他还认识到,在加拿大,最大的问题是英裔和法裔之间的矛盾,或者说上、下加拿大省之间的矛盾。这种矛盾不是经济上的,而是种族上的,是两个民族在一个国家内部的权利斗争。他还提出了解决办法,即用英裔的文化同化法裔加拿大人。他认为,如果能这样做,占多数的讲英语的代表就会在联合的议会中合法地占有优势。一旦法裔加拿大人成为少数，他们自然就会放弃自己的民族文化，整个加拿大就会统一。

在德拉姆报告中，还有一项重要内容，这就是对上加拿大保守派专权、腐败的批评。德拉姆坚持，在国内事务中，殖民地政府应该对选民负责，也就是说，行政权力应该来自议会的多数，并受到议会多数的支持。他主张建立市政府和最高法院，认为1791年宪法中，为建设英国国教教堂所给予的资助和给教士的保留地等条款，都应该废除，为了吸收新移民，应该修改土地和移民政策。他还认为，在英属北美，应鼓励一种统一的国家观念，用以抵抗美国的强大影响。

总之，德拉姆的报告在历史上有重要意义，它不但如实反映了当时加拿大的问题，而且按照英国议会制度的传统为加拿大未来的发展规划了蓝图。特别是从市政府开始，在殖民地建立英国式宪政的提议，对加拿大地方政府的产生极为重要，而以后，正是在这些地方政府的基础上，实行了自治，并逐渐生长出独立于英国的省政府，再发展到加拿大联邦政府。

1812年6月，美国对加拿大宣战。由于上加拿大有很多美国来的新移民，在美国人眼中，上加拿大似乎是美国的一个州。美国总统托马斯·杰斐逊相信，迁往加拿大的美国移民不会对那里的英国政权伏首听命，所以，认为征服上加拿大只是轻而易举的事。1812年，在加拿大驻守的英国军队仅有2200人，在大湖区的西部，印第安人的抵抗也已经被美国所粉碎。毫无疑问，在力量对比上美国占优势。但是，战争并不像美国所设想的那样轻易取胜。在战争中，效忠派并不像杰斐逊所设想的那样倾向美国，他们不愿再回到美国的统治之下，而是参加了英属北美的军队与美国军队展开了勇敢的战斗。此外，英属北美的军队在布罗克（Brock）将军的率领下，采取了灵活机动的战术，巧妙的利用了美国人与印第安人的矛盾。在两年多的时间里，英、美双方各有进退。1814年，英国派了增援部队，向美军发动进攻，并取得相对胜利。但正如美国不能战胜加拿大一样，加拿大也不能战胜美国。1814年底，战争就在这种僵持的状态中结束了。

三、英属北美时期的移民

1760年到1840年，是加拿大移民增长较快的时期，这与殖民地当局鼓励移民的政策有关。殖民当局认识到，殖民地经济的发展，既依赖经济资源，也依赖劳动力。1787年加拿大首席法官史密斯写道："人，而不是树构成这个国家的财富。"他列了一个等式，即：人＝力量＋繁荣。他认为，欧洲人所占疆土的大小是衡量成功和进步的尺度。在1760年到1840年的80年间，英属北美的欧洲人口增加了16倍。到1841年，那里的非土著人口已超过150万，与土著人口的对比成10：1。

从1760年到1800年，对于欧洲人来说，移居英属北美是一种机遇。从长远看，英国政府并没有跨越大西洋，大批向北美移民的计划，它认为，那样做会削弱英国本土的力量，因此，英国国会对公民移居北美基本持反对态度。为此，在1749年哈里法克斯建立之后，英国官方一方面希望保护那里的天主教徒，即新斯科舍的阿卡迪亚人；另一方面，也鼓励外国来的新教徒，这些新教徒主要来自欧洲的莱茵河流域。出于保卫殖民地安全的考虑，当军团服役期满时，官方往往在北美解散这些军团，并鼓励士兵留在那里，把殖民地的土地分配给士兵。但是，1760年以后的15年间，在上、下加拿大和新斯科舍定居的大多是从美国来的效忠派。虽然英属北美的文告宣布对于从马萨诸塞、康涅狄格、宾夕法尼亚和纽约州来的居民，在加拿大和新斯科舍都可以获得土地，但这些地方来的移民却主要去了新斯科舍。这是由于，当时阿巴拉契亚山脉以西的土地对于定居者来说还没有开放。从欧洲来的移民和毛皮商大多去了魁北克城和蒙特利尔。总的来讲，由于加拿大冬天寒冷，移民的数量非常有限。

　　有些人主动从欧洲吸引移民，他们通常是先在英属北美购买一大片地产，然后再去欧洲招徕移民。18 世纪 70 年代，新斯科舍有一位官员迈克尔·弗兰克林（Michael Franclin）从英国约克郡农村招徕了大约 1000 名移民。由于英国的地租上涨，这些移民离开了农场，来到新斯科舍迈克尔·弗兰克林的地产上安家。10 年前，另一个投机商，亚历山大·麦克纽特（Alexander McNutt）也从爱尔兰说服了 600 人来到新斯科舍。这种大批的移民很快就被禁止了，其理由是对原居住国家的发展不利。但是，人们不顾法律的禁止，仍源源不断的有一些爱尔兰人来到纽芬兰从事渔业。1770 年以后，也有一些苏格兰高地来的移民在圣劳伦斯湾沿岸地区安了家。

　　这一时期，加拿大移民中最重要的一部分来自美国。美国革命之后，13 州中反对美国独立，仍然效忠英国王室的居民来到加拿大，成了英属北美殖民地的公民，他们被称为"效忠派"。1783 年到 1784 年，大量的效忠派来到加拿大。其中，大约有 35000 人来到新斯科舍，9000 人去了魁北克。他们的到来使殖民地的人口结构发生了重要改变。在新斯科舍，人口增加了一倍。在芬迪湾的北部，1780 年，那里欧洲人的后裔还不过 1750 人，到这里来的效忠派就有 14000 人到 15000 人，这就使效忠派在新布伦瑞克这个殖民地占了多数。在圣约翰（1798 年后，改称爱德华王子岛）和布雷顿角（1784 年，成为一个单独的殖民地，直到 1920 年）这两个人迹罕至的小岛，大约有 1000 多效忠派安了家。在内陆，大约有 7000 名效忠派在伊利湖的北岸、尼亚加拉半岛、昆蒂湾（Bay of Quinte）周围以及圣劳伦斯河的北岸定居，那时，这些地区基本上还无人居住。在黎塞留河口、圣弗朗西斯湖（Lake St. Francis）岸边和渥太华河的下游，也有 1000 名到 2000 名移民定居下来。

作为一个群体，效忠派所具有的共性并不多。他们中有黑人、白人、易洛魁人；有受过教育的，也有没受过教育的；有富人，也有穷人。总之，他们来自于不同的民族，有着不同的生活方式。在他们中间，虽说有富人，但只是少数。大多数效忠派是普通人，是小农场主、工匠、劳工和其他劳动人民。在来到新斯科舍的效忠派中，大约有3000是黑人，他们移居这里，是为了逃脱奴隶的地位。但实际上，他们虽然在谢尔本（Shelburne）、迪格比（Digby）、切德巴克托（Chedabucto）和哈利法克斯等地定居下来，他们中却只有极少数摆脱了奴隶的地位。1792年，他们中大约1200人离开了新斯科舍去了塞拉利昂（Sierra Leone）。在移居大湖区北岸的人中，大约有2000名印第安人，他们主要是易洛魁六部落的人，属于莫霍克人（Mohawk），由首领约瑟夫·布兰特（Joseph Brant）领导。他在格兰德河谷地区（Grand River）获得英国王室特许的土地，并以对英国王室效忠来作为回报。

无论效忠派移居加拿大的动机如何，大部分人在新环境下面临着困苦的生活：艰苦的劳动、衣食无着以及无处居住。可想而知，一下子那么多人涌入一个地区，随之产生的困难是自然而然的。成千上万的人需要救济，土地需要测量和分发，供给和住房的大量需求也使物价上涨。因此，在效忠派之间，即先到的和后到的效忠派之间，存在着紧张局势。由于上加拿大的总督西姆科赞赏和鼓励美国先锋派对农业的开拓精神。他希望加拿大的新移民也能像他们那样开垦加拿大的荒地，所以，他尽可能的为新移民准备了食品供应和廉价的土地。1791年以后，从纽约和宾夕法尼亚涌入了大批移民。他们中有贵格派教徒（Quaker）、门诺派教徒（Mennonite）以及其他的和平主义者。1776年到1783年之间，这些人在美国独立战争中是中立的，不受欢迎的人物，于是移居英属北美。到1812年，在上加拿大，大约有80000名居民，其中差不多80％的人多少带有美国的背景。但真正的效忠派及其后代却不到总数的 1/4。

像大部分移民一样，这些新移民相对都很年轻，年轻人和儿童占大多数，因此，这里的出生率大于死亡率。女性一般在 20 岁出头就结婚，而且，往往都要生几个孩子。于是，英属北美的出生率急剧增长。据新布伦瑞克一名传教士计算，在 1795 年至 1800 年的 5 年之间，他就为 48 对夫妻举行了结婚仪式，其中曾为 295 个婴儿做了洗礼，却只为 17 个人做了临终祷告。在 18 世纪后期，由于民族和语言关系，虽然移居魁北克的人很少，但人口增长的情况与上述情况也差不多。总之，在整个 18 世纪，英属北美的人口以每 25 年至 27 年翻一番的速度迅猛增长，平均每年增长了大约 2.8%。

18 世纪和 19 世纪之交，跨越大西洋的移民潮又高涨起来。起初，移民大多来自苏格兰高地，1815 年以后，则来自整个英伦三岛，特别是爱尔兰。据官方最低估计，在 19 世纪前半期，有 100 万英国人移居北美殖民地。他们中 60% 是在 1842 年以前到来的。当时，英国小说家查尔斯·狄更斯（Charles Dickens）在蒙特利尔，他对这里移民到来的情况有记载。他看到在码头上，新到的移民以几百人为一批，接踵而至，他们拖儿带女，携带着大大小小的箱子和行李，气势非常的壮观。

往北美大量移民是由于英国国内的环境变化引起的。当时，英国的人口增长速度大大高于欧洲其他国家。1780 年，英国总人口还不过 1300 万人；1831 年就超过了 2400 万人。与人口的增长同时，农业和工业革命也在摧毁着英国传统的生活方式。在英格兰，圈地运动之后，签订合同的个人持有地代替了过去的敞地、公有地和集体农业。在苏格兰，人们试图打破传统的宗族社会，把苏格兰谷地变为养羊的牧场。在爱尔兰，土豆的种植使乡村人口急剧膨胀，随之引起农场的一再细分，农场越来越小。到 1821 年，爱尔兰乡村人口的密度已经超过欧洲任何一个国家，成为最贫困和悲惨的地方，许多人成了无产者，教育水平低下，思想迷信，社会秩序混乱。起初，苏格兰的地主试图把失去土地的佃农重新安置在沿海一带，让他们从事渔业或海草灰业。但1815年，海草灰业衰落了，人们又试图改进苏格兰高地的农业，提高其效率。这种改进的农业是大面积耕作，常常是以残酷的清除农地上的人口为前提。随着新品种的种植和农艺的改进，英国的农业获得了长足发展。在公有地上的放牧权被剥夺以后，公有地占有者、小土地所有者被迫进入了农业劳工的行列或迁居到正在发展中的城镇，也有人在乡村从事手工纺织业。但是，无论在乡村还是城镇，劳动力都大量过剩，工资非常低下，劳动条件恶劣，工作时间很长。例如，在家庭纺织机前工作的契约工人，开始时，他们还可以勉强生活，但到19世纪初，由于技术改进和工厂生产的加速，家庭生产很快被淘汰。加之1815年，英国与拿破仑战争的结束，使大量士兵复员，战争工业的停滞也使大量相关人员无事可做。总之，在这种条件下，必须有一个地方能容纳这大量过剩的人口，而且，最好还能为英国的工业生产提供原料、消费英国工业革命生产出来的大量商品。那么，答案只有一个，这就是迅速地扩大殖民地。

在1815年，开拓殖民地的好处在英国已人人皆知，官方指导的移民运动也从这时候开始了。当年2月，官方第一个关于移民的法律刊登在爱丁堡的报纸上。以后，通过官方、非官方的渠道，宣传的力度越来越大。政府通过各种议案，大土地所有者积极参与吸收移民，特别委员会对移民过程中的种种问题做出调查，以便不断改进，社会上的慈善部门也进行了积极的配合。经过所有这些力量的共同努力，制定出了移民法规来指导移民运动。这一时期，从英国往英属北美殖民地移民的规模是前所未有的。

那时，横越大西洋的旅程非常艰苦。从英国到魁北克，海上的实际行程至少要30天，但一般来说，由于种种原因，整个行程却要持续 11～12 个星期。在开始阶段，船主提供的客运不能保证基本供应，人们拥挤在低矮、肮脏、空气不流通的船舱里，食物和水都没有保障。从 1835 年起，船主开始提供基本供应，这就是在旅途中提供水、饼干和燕麦片。运送移民的船通常也是运木材的船，船主去时把木材从殖民地运抵欧洲，回来时再把移民从欧洲运抵殖民地。当时一艘 400 吨的船，甲板大约 100 英尺长，25 英尺宽，在甲板下面的船舱里，两边可以各摆放 32 个上、下铺的床位。在 1803 年，这样一艘船一次可以运输 200 名移民。到 1828 年，可能是中间加了一排床位，这样一艘船可以运输 300 名移民。由于许多船是超载运行，所以运输途中，事故屡屡发生。

　　船上恶劣的卫生条件也使疾病时常蔓延。在 1820 年，有一艘船，詹姆斯号，从爱尔兰的沃特福德（Waterford）开往哈里法克斯。船上共运送了 160 名乘客，当到达目的地时，有 5 人病死，被扔进大海；还有 35 人由于病得太重，不能继续前进被留在纽芬兰岛；其他人不同程度的得了斑疹伤寒。1832 年夏天，霍乱流行，死亡和痛苦笼罩了整个开往英属北美殖民地的船队。尽管殖民当局在距离魁北克下游 30 英里的格罗斯岛（Grosse Ile）建立了检疫站，所有到来的船一律要停下进行检疫，在魁北克和蒙特利尔两个城市也建立了健康委员会和检疫站，但是，疾病还是蔓延开来。在这两个城市，一个星期之内，就有 250 多人得病。不久，两个城市每天各有 100 多人死亡。在那段时期，所有的学校和商店都关了门，惟一开门的只有咖啡馆。9 月，当流行病结束的时候，官方宣布，在魁北克城，因霍乱死亡的人数有 3500 多人；在蒙特利尔，有 2000 人；在上加拿大和东部省份，也有几百人。两年以后，又一场流行病蔓延，在上、下加拿大，共有 1250 人死亡；在新斯科舍和新布伦瑞克，也有不少人死于疾病。

　　1801 年至 1815 年，大约有 10000 名苏格兰人来到英属北美，其中不乏精英人物。有一位塞尔刻克（Selkirk）的伯爵叫托马斯·

道格拉斯（Thomas Douglas），他在移民运动中起了先锋作用。他具有财产、精力，并深深执著于在北美开拓殖民地的事业。受当时政治经济学家的思想影响，他立志要在北美建立一个符合经济规律的苏格兰人居住地。1803年，他与800名移民一起，从赫布里底群岛（Hebrides）来到爱德华王子岛，在那里，他申请了一块土地。第二年，他在上加拿大圣克莱尔湖（Lake St. Clair）附近又申请到一块土地。他想在这些土地上建立盖尔人的社区，使之成为抵抗美国扩张的屏障。但是，由于土地处在沼泽地带，对人的健康有损害，再加上当地政府对他的计划不感兴趣，他的计划很快就夭折了。1812年，塞尔刻克伯爵又从哈德逊湾公司得到一大片土地的资助，随之，他把兴趣转到西部。他在红河和阿西尼伯因河（Assiniboine）地区建立了另一个社区。到1815年，有350个苏格兰人来到红河地区。这里的居民经历了无数的艰难困苦，这些困苦有来自西北公司（North-West Company）的反对，也有洪水和蝗虫灾害。19世纪20年代，在这里定居的人口得到发展，这不仅由于苏格兰人接连不断的到来，还由于退役军人在这里定居。此外，还有信奉天主教的梅地人的数量不断增长。最重要的是，塞尔刻克伯爵根据他这些冒险经历，在1805年出版了一本书，书名为《苏格兰高地人现状一瞥—— 移民的影响及其根源》（*Observations on the Present State of the Highlands of Scotland—— with the View of the Causes and Probable Consequences of Emigration*）。在书中，他对反移民运动的观点提出挑战，赞扬了移民运动中独立自主、艰苦奋斗的精神，书中还描述了在新斯科舍、爱德华王子岛和上加拿大，苏格兰人是如何建立农场，保持传统的生活方式，等等。当时，他这本书对鼓励英国国内的移民运动产生了很大影响。

1815年以后，英国政府考虑到，这样大量移民到英属北美，势必将与南面的美国结怨。为了防范美国，政府鼓励移民前往上加拿大，并对具备一定资格的移民提供帮助。在这种情况下，苏格兰低地大批被遣散的士兵、失业的工人以及他们的家庭、爱尔兰一些最穷困地区的天主教徒和其他一些人，总共 6500 人，越过大西洋，来到上加拿大的彼德伯勒（Peterborough）、伯斯（Perth）和丽都河谷（Rideau River）地区。总的来讲，这种移民方式是成功的，被提供帮助的移民对政府十分感激，努力开发殖民地，并进一步促进了移民运动的发展。但是，帮助安置移民耗资巨大，政府最终还是无力继续实施这一计划。

　　经过政府干预，集体的大量移民得以实现。1824 年，英国政府通过法令，把上加拿大约 250 万英亩土地，其中包括休伦湖边100 多万英亩土地，卖给加拿大公司。加拿大公司是一个移民公司，它在英国和爱尔兰所有主要港口都有代理机构。这个公司以及其他一些公司，在获得殖民地的土地之后，就在英国的各城市、乡村进行鼓动宣传；介绍殖民地的地图、小册子和广告在英国各地流传，在英国全境掀起不小的移民浪潮。那时，英国国内人心浮动，极易受宣传品的影响，一些轮船公司的代理机构在乡下游说，招引去殖民地的船客。此外，已经到达殖民地的移民寄钱给在英国的亲人，或是为在英国的亲戚购买船票，特别是一些人来信，诉说在殖民地获得成功：廉价的土地、优厚的工资、丰富的食品，尤其是殖民地没有英国那么多的人，这些都极大地刺激了国内移民的情绪，使集体性的大量移民得以实现。据估计，当时在 1000 名英国人中，就有 10 人决定越过大西洋去移民。在 1820年至 1830 年间，英国有许多人变卖了全部家产，换来很少一点钱，又孤注一掷，作为盘缠，投入到殖民地的冒险中去。

四、乡村生活

泰奥菲尔（Theophile）和菲利西泰·阿莱尔（Felicite

Allaire）是 18 世纪 60 年代居住在黎塞留河边的一户人家。他们的生活状况可以部分地反映当时英属北美的乡村生活。他们住在圣-奥尔（St-Ours）教区的庄园里，有一所不大也不小的房子。他们的农场紧靠河边，是一条狭长的土地，沿河有 100 米宽，1500 米长，大约有 27 阿尔旁（即 23 英亩，或 9 公顷）。这样一个农场在当地算是小的了。大约在离河 800 米处，他们开出一条路，通向树林和灌木丛。他们在灌木丛里打柴，获取筑篱笆、盖牲口棚的材料。他们用篱笆把自己的农场分割成几部分，菜园有 0.6 阿尔旁，草场有 7.4 阿尔旁，其余的（大约 19 阿尔旁）种了庄稼。在这 19 阿尔旁土地上，泰奥菲尔种了小麦、燕麦和豌豆。但是，这片庄稼地不是每年全部播种，有一半土地休耕。1765 年，殖民地曾做过人口和财产调查，根据那次调查，泰奥菲尔家有两匹马、两头牛、两只绵羊和两头猪。他家的人口除了他们夫妇以外，有他们的三个孩子，还有泰奥菲尔与前妻生的两个女儿。这样的财产和人口状况，与当地其他人比较，算是困难的了。

在黎塞留河流域，类似的农场很多，它们都呈狭长状分布在河的两岸。在黎塞留河的下游，也是大大小小的农场，一直延伸到与圣劳伦斯河的交汇处。1765 年，一共有 1750 个居民居住在圣-奥尔、索里（Sorel）和圣-丹尼（St-Denis）三个教区。在黎塞留河的下游，居民住得比较靠近，形成许多 6～12 户的小村庄，每个村庄都有一个教堂。居民的房子有 16 英尺长，是用方木盖成的。泰奥菲尔的房子比较小，只有一个房间。他们在这里烧饭、吃饭，也在这里睡觉。在屋顶上有一个阁楼，孩子们在那里睡觉，也在那里存放一些东西。当时，各家的家具都很少，一般有一个桌子、几把椅子，还有碗橱、衣橱、床等，这些家具是用松木做的，此外，还有茶杯、叉子等物。生活富裕的人有烛台、铁柜等，再有就是生产工具了。

19 世纪，黎塞留河流域的生活一年又一年，循环往复，没有什么变化。在4、5月间，他们犁地和播种，这些工作一般由男人来做；女人和孩子在菜园种菜。播种过后，男人一般修理栅栏，以防牲畜的进入；他们还修排水沟、修农具等。女人则有忙不完的家务、喂牲口、挤奶和管理菜园。夏天还要准备和储藏冬天的干草。9月是收获的季节，全家每个人都要全力以赴进行收割和运输。大农场在这时还要雇工来帮忙。在粮食收回之后，人们要把篱笆放倒，让牲畜进来吃残存的粮食。随后是秋耕。冬天来临，人们把牲畜宰杀，把肉贮存起来。女人们要在冬天为全家人准备一年穿的衣服和被子。1、2月间，男人们在谷仓里脱谷、到树林里打柴。大农场生产的多余的粮食、肉类和奶油在缴过什一税后，也要在这个季节拉到市场上去卖。在早春，整个圣劳伦斯河谷上上下下也会筑起熬糖小屋，做枫叶糖浆。

19世纪的人口统计记录可以部分地反映当时的社会生活习俗。在黎塞留河的下游，男子结婚的年龄一般在20岁到30岁之间，女子则在20出头，不结婚的人很少。结婚的时间大多在秋天或冬天农闲的时候，孩子出生也集中在某几个月份，这反映了乡村生活的特点。那时，非婚生子女很少，出生率相当高，达47%～52%；死亡率却相当低。尽管天花、霍乱和伤寒都曾夺去许多人的生命，饥荒也时有发生，但黎塞留河流域的死亡率从来也没有太高。这并不是说当时的医疗条件很好。婴儿的死亡率还是很高的，尤其在一岁以内，过了一岁以后，存活率就高多了。到了19世纪，婴儿的死亡率有所下降。

下面这个例子可以说明当时家庭规模的大小，同时，也可以说明人们对婚姻的观念。泰奥菲尔第一个妻子叫阿玛波尔·梅娜尔（Amable Menard），他们一起生活了6年，直到她去世。他们共生了5个孩子，却只有一个活到了幼年。以后，鳏夫泰奥菲尔雇寡妇菲利西泰·奥黛（Felicite Audet）做保姆。他们又有了一个女儿，而且一直活下来。在阿玛波尔死后一年，泰奥菲尔与菲利西泰结婚，在 6 年里，他们又生了 3 个孩子。1767 年，泰奥菲尔去世，菲利西泰很快又结婚，并为她的新丈夫至少生了 3 个儿子。所以，在 18 世纪 70 年代，菲利西泰的第三个家庭至少有 8 个孩子。

在下加拿大，居民的生活受领主和教会的双重控制。在这里，与 1789 年大革命前的法国一样，一切土地归领主所有，农民每年要向领主缴纳年贡和租金。尽管农民可以出售、转让或抵押他们的土地，但土地的所有权始终归领主，他们随时可以没收农民正在使用的土地。此外，农民对领主还有其他方面的义务，如在购买土地、使用公共牧场、捕鱼和熬枫叶糖浆时，都得向领主缴纳一定的费用。对于贫苦农民来说，根本没有钱付款，只能限期拖欠。1840 年，索里的穷人至少欠领主 92000 利伏尔（旧币制单位），圣-奥尔的穷人欠领主 71000 利伏尔。建立在土地所有制上的领主对农民的这些权利和义务，由于教会的统治进一步得到加强。在教区的社会生活中，领主同样具有特权，各种仪式中，领主要占有显赫位置，到教堂做礼拜，领主也要坐在第一排。

天主教对居民的生活发挥重要影响。宗教规则是居民的行为规范，教士在精神上的权威使教会在教区发挥重要影响，在经济上，教区居民也要向教会缴纳供品。根据法律，居民要缴纳什一税，其数量占到居民总收成的 1/26。此外，居民还要交安息日、教堂座位和定期修缮教堂的付款。如果把对领主和教会的付款加在一起，估计会占农民生活支出后剩余的一半。这些付款限制了农民在财富上的积累，使教会和领主在经济和社会生活中享有无上权力。但是，下加拿大这种封建权力已经不能决定一切了，也不能完全控制居民的生活。比如，领主不能决定纳贡人种什么，也不能限制他们的日常行为，农民有独立行动的自由。对教会也是一样，教区居民必须让教会给孩子做洗礼，但是，居民们也热衷于传统，常常保持那些被教会看做迷信和巫术的种种做法，对这些，教会虽然反对，却也控制不了。对教会强加于居民的经济负担，他们也进行了不屈的反抗。

18世纪末和19世纪初，黎塞留河下游这三个教区的发展是下加拿大整体发展的一个缩影。1760年以前，这里的生活没有显著变化。在这之后，情况就不同了。在这里安家的人越来越多。青年男子在亲戚的帮助下开垦荒地、建筑房屋和谷仓。不久，开荒的速度加快，先是在河边，随后向外扩展，直到整个地区都开垦出来。19世纪初，这里已经全部是农田，树林看不见了，小村庄也变成了小镇。18世纪90年代，索里是造船中心，19世纪20年代，是圣劳伦斯河上汽船的停靠码头。1815年，圣奥尔是一个大约有60栋房子的小镇，其中许多人家都很富裕，盖了很坚固的石头房子。镇中央是教堂和教士的住宅，在不远处是领主的豪宅。镇上住着商人、艺人和许多有钱人。1840年，圣-丹尼有123栋房子，有酿酒厂、面粉厂和锯木厂，人口已超过了600人，其中有商人、公证人、磨房主、铁匠和木匠等。1825年，总共有11000人住在这三个教区。

此时，对于大多数男子来说，要想在父母身边再新开垦一个农场已不可能。在索里，居民只好把原本不大的土地再行分割。为补充收入的匮乏，这里的人必须在农闲季节做些毛皮业的零活。在18世纪90年代，对于索里的居民来说，他们在毛皮业挣得的钱的确使生活富了一些，但好景不长。1790年到1831年间，索里的人口增加了4倍多，农场被分割得更小了，一般都在35英亩以下。农业收入十分有限，但毛皮业对工人的需求却在下降，人们没有挣钱的其他来源，这个教区变得越来越穷。

与索里不同，圣-丹尼却显得繁荣。1831年，这里的居民平均每人占有67英亩耕地，这些土地不但可以养活这里的人，而且还有剩余粮食运往蒙特利尔的市场出售。这两个教区之所以有这种不同，原因是圣-丹尼的人们修改了继承法。当人口增加的时候，他们不是把地产在儿子中平均分配,而是只留给其中一个儿子,其余的子女则离开土地到别处去寻找生路。这样,很多人去往城镇,做了工人或工匠,留在乡村的人越来越少。1831 年,在圣-丹尼每一个家族中,经营土地的人都是少数(在 1765 年,每个家族经营土地的要超过 9/10)。大多数人都生活得很好,他们有很大的房子,不错的家具;有的人有很大的农场,也有不少牲畜。当然,这里也不是所有没分得土地的人都去了城镇,有一些人宁愿留下来。结果,这些留下的人生活得很悲惨,他们或者做了佃农或者日工,过着非常穷苦的日子。

18 世纪后期,位于安大略湖西岸的汉密尔顿还是一片荒原,枫树林中夹杂着灌木。在小山坡上,生长着橡树、松树、岑树和雪松。这里土地潮湿,气候相对温暖,平均每年有 188～195 天的生长期,非冰冻期有 120～140 天,加之这里土地肥沃,是农作物生长的好地方。由于它地处通向上加拿大省西部的交通要道,因此,很快发展起来。

1821 年,大约有将近 200 户人家(1250 人)居住在汉密尔顿。罗伯特·威德(Robert Wade),42 岁,已婚,是 8 个孩子的父亲,1819 年,他移民到这里。他原是英格兰东北部德拉姆(Durham)县的佃农,由于经营成功,积蓄了不少钱。来到汉密尔顿以后,他在湖边买了一块 200 英亩的土地,并很快建立起自己的家产。他用原木在地产的边上盖了两座房子,养了 6 头牛、8 只绵羊、10 头猪、2 匹马和 1 头驴,他开始耕种这块土地。一年以后,他在原有的地产边上扩大了 30 英亩,而且在里斯湖(Rice Lake)北面的奥特纳比(Otonabee)获得资助,得到了另一块土地。1821 年,他建立起综合性的农场。

与罗伯特·威德同期到来的人并不个个都这么成功。在 19 世纪的头 20 年,从美国陆续来了不少效忠派,他们也在汉密尔顿安了家。这些人虽然在美国曾经有家业,但是,来到加拿大还是要重新创业。还有一些移民来自英国，其中至少有 8 名前海军军官，他们享受一半的养老金，这保证了他们在这里能过相当不错的生活。其余的人就不那么幸运了，他们有的只有力气和创业的决心。对于他们来说，通往成功的路是长期、艰苦和命运叵测的。

在 1820 年以前，汉密尔顿有王室保留地。这些土地对移民开放，价钱不贵。但在那以后，王室土地就不对移民开放了，如果移民想得到，只能租借。这些保留地被放置一边用来资助教会和政府机构。还有超过一半的土地被森林覆盖没有开垦，由投机商把持。这种状况就意味着，谁想得到土地就必须付出大笔的金钱，向投机商购买。与王室土地的价格相比，投机商手中的土地就昂贵多了。湖边地最贵，其余的按位置和土地的质量价格不等。19 世纪 20 年代早期，已清整过的土地平均每英亩 15 先令，荒地差不多要一半的价格。但在这里安家的人，不但要准备出购置土地的钱，同时还要准备 80～100 英镑用来购买工具、牲畜、种子以及盖房子、谷仓等，总之，一户移民至少要准备 150 英镑，才能建立一个 100 英亩的农场。没有这些条件，就得去做雇工或租种别人的土地。1821 年，在汉密尔顿，各种成分的农民都有，而且贫富已经很悬殊：有 1/3 的农民租种王室保留地；经营土地的人中有一半是佃农；镇上有 1/3 以上的土地归 1/10 的人所占有。

到 19 世纪 40 年代，也就是罗伯特到来 20 多年以后，地价猛涨。清整过的土地价格上涨了 3 倍，荒地上涨了 2 倍多，地租则上涨了 5 倍。随着地价的上涨有些人发了财，到 1834 年，罗伯特·威德的财产已经有 1600 英镑，农场被分为几个部分来经营。在他的儿女组成新的家庭以后，地产又扩大了，地边的树林往后退了很远，在靠湖边的农场建起了质量好的房子。镇上的道路改善了，有通往市场考博格（Cobourg）的马车。但是，移民的继续到来冲击了当地的劳务市场，在地价上涨的同时，工资却降了下来，这使汉密尔顿的社会迅速发生分化。然而，由于这里地处交通要道，人口有较快的流动，所以分化的形式也不是固定的。对于一般移民来说，汉密尔顿只是一个取得经验、挣一点钱以便向其他地方迁徙的暂时落脚之地。但对有钱人来说，情况就不同了。他们既可以在这里置办产业，也可以在这里尽情享受。19世纪中期，汉密尔顿已经是一个发展不错的城镇，镇上有图书馆、业余剧团，也有板球俱乐部和狩猎俱乐部。

1810年新布伦瑞克全省共有居民30000人，由阿卡迪亚人、印第安人、美国来的效忠派和英国来的移民组成。这些人一半住在圣约翰谷地，其余的零散分布在沿海地区。当时，圣约翰是一个商业城镇，由于它是芬迪湾上的港口，海上贸易比较发达，有3000名居民。新布伦瑞克的首府弗雷德里克顿（Fredericton），在那时还是一个大村庄，住着不到200户居民。

约瑟夫·戈宾斯（Gubbins）是19世纪初英国派到新布伦瑞克的民兵督察官，负责民兵训练，以便在加、美发生战争时由民兵担负起战斗任务。1810年，他带着妻子、3个孩子和9个随从来到这里。在做督察官期间，他巡视了新布伦瑞克的大部分地区，对那里的民情有较多的了解，并写书对他的见闻做了记载。根据他的记载我们了解到，当时在新布伦瑞克旅行并非易事，那时到处都是荒原，荆棘丛生，没有道路，除了少数居民点以外，大部分地区被森林覆盖。在冬天，交通相对方便一些，借助于冰冻的河道，马车可以轻而易举地每天行走60英里。夏天就不行了，人们必须穿过林木丛生的小径，行程既艰苦，速度也很慢。在圣约翰河谷地区，相对先进一些，这里还有一些道路，除此之外，他只能乘独木舟或无篷船旅行。当他往希迪亚克（Shediac）以北走的时候，不能再骑军马，必须换上当地人骑的小马，骑这种马每小时只能走5～6英里。

在弗雷德里克顿北面有一个村庄叫米克麦克（Micmac），每年夏天，有40户到50户人家聚集那里。他们用桦树皮搭成小屋，住在里面。戈宾斯到那里去，得知他们是新英格兰公司的传教士。新英格兰公司是最早来加拿大的一个传教士使团。这些传教士在那里种粮食、种土豆，也打鱼、砍伐一些木材出售。经过观察，戈宾斯注意到，随着新英格兰公司的到来以及他们的开发，这里居民的生活条件并没有得到改善，相反，树木被砍伐，北美驯鹿等动物在逐渐减少，而这些正是当地印第安人生活的基础。新英格兰公司的人信奉英国国教，他们努力使当地印第安人基督教化，为此，不惜花费金钱对印第安人的子女进行训化。但在戈宾斯看来，他们的努力并没有给当地人带来幸福，相反，他们所到之处，随着农业的建立和发展，印第安人的生存条件和生活方式却遭到了致命的破坏。而且，由于他们对印第安人的帮助，使印第安人变得懒散、怠惰和依赖，烈性酒不但损坏了他们的人性，也使印第安人的数量不断减少。

1810年，新布伦瑞克从整体看比较落后，开垦的土地面积很少，只有0.25%。虽然在一些地方有人居住，土地却没有开垦出来。在一些地方，人们把树砍倒，但砍树的目的是为了盖房或烧柴，在取材之后把很高的树桩留在地里，使这些土地在很多年内无法耕种。这里的民情也不尽人意。经过调查，戈宾斯看到，在许多地区，人们对外界的情况一无所知，得过且过；政府的行政管理松懈，矛盾百出；许多村庄没有教堂，人们的行为缺乏道德规范；医疗方面的情况就更糟。戈宾斯认为，这些不好的东西是由美国效忠派带来的。这些效忠派懒散，不愿经营，很少建立地产和财富，他们惟一的财富是有很多孩子。这些陋习不但影响到成人，而且影响到下一代。而英国的传统：清洁、节俭、善于治理和精于烹饪，在新布伦瑞克很少体现。此外，戈宾斯还看到，在这里阿卡迪亚人对英国王室的忠诚，始终受到怀疑，这不利于地方的发展。戈宾斯认为，新布伦瑞克之所以是这种情况，与它的生活容易，做一点事就可以生存有直接关系。总之，19世纪初的新布伦瑞克是一个农业社会，这里的人们除了生产粮食以外，还生产其他生活必需品，自给自足，不需要与外界发生联系，这就造成了生活的封闭和落后。在戈宾斯的书中，他也看到民情的一些好的方面，如，这里的工资相对高一些，移民中有互助团体，这里的老人和弱者可以无偿获得生活资料，等等。

五、城市生活

1840 年以前，相对农村来说，在英属北美，城市人口要少得多。1760 年，圣劳伦斯河流域的城市人口不足 1/6；1840 年，整个殖民地的城市人口只占 10%。尽管人数不多，城市及其周围社区的生活却占重要位置：通过城市，新大陆与欧洲相连，政治、思想、文化甚至房屋样式都继承了欧洲的传统；移民通过城市来到新大陆；殖民地的官僚、商人以及社会精英居住在城市；城市中有报纸，借助传媒，英国本土甚至整个欧洲的消息都可以很快传遍殖民地的穷乡僻壤。总之，城市对殖民地的发展具有重要作用。1842 年，像多伦多这样的城市，已经很时尚很充满活力。

1760 年至 1840 年，加拿大的城市无论在规模，还是在功能方面都获得了突飞猛进的发展，从而形成了城市网络系统。18 世纪后期，超过 3000 人的城市只有魁北克城、蒙特利尔和哈里法克斯 3 个。到 1840 年，3000 人以上的城市已达到 10 个，稍小一点的城镇就更多。这些城市在殖民地的沿海和圣劳伦斯河流域散开，城市之间有道路相连，像一张网，也像人体的神经，把殖民地已开发的地域联系起来，也运作起来。1821 年，魁北克城有人口 15000，但这时它已不再是最大的城市，蒙特利尔跃升为英属北美最大和最重要的城市，到 1840 年，那里的人口达到 40000 人。19 世纪初，约克镇的发展迅速，1832 年它的人口超过金斯敦成为上加拿大最大的城市，有 13000 人（不久与多伦多合并）。19 世纪 30 年代，在东部，圣约翰的发展超过了哈里法克斯。

在这段时间，城市设施发展很快。人们认识到建立新设施对城市的发展至关重要，也与居民的利益紧密相关。城市领导在城市管理和交通运输上发挥了作用，由此推进城市的扩展。许多小地方相互竞争，希望能在国家和地方取得重要地位，或是使重要的交通干线从自己的城市中经过，以便通过官方的力量使自己获得更快的发展。19世纪30年代，金斯敦由于修凿了丽都（Rideau）和特伦特（Trent）两条运河，成为重要的交通枢纽，随即迅速发展起来。到1840年，法官、治安巡视员、税收人员、王室土地代理人、地方教士、学校监督员以及执照检查员等，在城市中普遍出现，成为城市管理重要的组成部分。在道路修建方面，英属北美的城市吸收了纽约百老汇的教训，大大拓宽了道路，不再把大道修成8英尺宽，而是100英尺宽，从而避免了交通的阻塞。道路设置的中心是一个广场或是花园、小树林，多条道路由此向四面八方辐射。

城市规划在那时还没有，城市的出现和发展完全是经济或军事的需要自然而然形成的。在那时，商业最先发展起来，贸易的情况决定着一个城市的类型。在加拿大，最早的城市必然是商业中心，由于那时道路还未修建，所以必然地处海边或重要河道。如，蒙特利尔是圣劳伦斯河的港口，在伊利（Eric）运河以及圣劳伦斯河上的其他运河修成以前，它是伸向上加拿大的惟一通路。又如多伦多，正是铁路的修建，才使它迅速的发展起来。总之，在英属北美的每一个殖民地，都有其商业中心，这些中心不仅交通便利，而且，信息也灵敏。如，蒙特利尔的法语报纸能很快地传达巴黎的消息。每一个殖民地的中心城市都首先报道英国的消息。但是，由于当时各殖民地还没有组成联邦，所以分别还是英国的殖民地，这样，各殖民地都关注欧洲，殖民地之间的城市联系却不多。

　　城市依其大小、作用是分为等级的。在蒙特利尔、多伦多这些直接与欧洲城市发生联系的城市，下面是次一级的城市，它们是地区的中心或是各殖民地的商业中心。它们的人口、贸易额以及对地区市场的辐射范围都要小一些。在经济和信息等方面也从属于蒙特利尔、多伦多等城市。如 19 世纪 40 年代，在圣约翰和哈里法克斯的报纸上，很少有商业信息报道，这些地方报道的消息往往是魁北克和蒙特利尔 10 天前早已报道过的旧消息。

　　再往下，是更低一级的商业体系，它们一直伸向遥远的穷乡僻壤。这一层体系由货栈、铁匠炉、客运马车、小旅店、磨房和杂货店等所构成，它们组成乡村里的商业生活。在这里有土特产的收集人、乡村贷款的提供者、外来商品的供应商，其中最重要的人物是货栈商人，他们在乡村起着核心作用。他们是大城市商业和金融业的下属机构，有时还与英国的工厂、银行或商业公司有联系。在 18 世纪末 19 世纪初，由以上几个层次构成加拿大的城市网络。

　　说它们是城市网络并不是说这三级都是城市，而是通过这种网络与上至欧洲，下至穷乡僻壤发生联系。实际上，在 1840 年，即使是最大的城市，与现代城市的区别也是明显的。蒙特利尔、多伦多、魁北克城、哈里法克斯和圣约翰在那时都是很小的，所占地域并不大。这几个城市都有码头、货栈、杂货区和时髦的街道。富人和穷人住在不同的地区，有明显的区分。19 世纪 30 年代，多伦多的国王大街是这样一幅图景：公牛拉的马车在街上缓缓而行，不时有粪便留在街道上。由于多伦多地处安大略湖畔，所以差不多一个街区就有一个热闹的鱼市。街上，穷人和富人接踵而行，形成鲜明的对比。城市的东部是老城，富商的住宅雄伟而别致。新移民或劳工的陋屋也在这里。西部有不少市政机关，也有一些私人住宅，这些建筑保持着英王乔治和早期哥特式的风格，典雅而美观。在更远处，是普通平民的住宅。

在蒙特利尔，那时商业区占 5 个街区。据一位旅游者的观察，靠近圣劳伦斯河边，有码头、货栈、掮客和律师的事务所、酒店、零售商店、银行和保险公司，也有一些轻工业。有些商人的办公室就在货栈中间，也有的设在 3 层或 4 层高的楼上，相当考究。建筑师和其他专业人员的办公室也分散在这一带。工匠的作坊要离河远一些，铜器铸造商、搬运公司、蜡烛制造商和其他手艺人住在离河远一些的街上，那里的地价要便宜一些。大一些的工厂坐落在城市的东西两头。那时候，皇家山（Mount Royal）的南坡还是农田，但也已经有一些发家的皮货商在那里建房。

在蒙特利尔和魁北克城，不同种族的区域划分已经出现。在这两个城市，英裔人口集中在商业中心区。其他地区，是法裔手艺人、劳工和小店主集中居住的地方。这种布局清晰地反映着财富和权利的分配状况。虽然法裔加拿大人的财产主要集中在蒙特利尔和魁北克两个城市，但这里的银行、保险和批发等最赚钱的行业却主要由英裔加拿大人把持。这些机构设在雄伟的乔治式古典风格的大厦里，显示着英裔在这些城市中的地位。这里修建的英国国教的教堂与伦敦的圣马丁（St. Martin-in-the-Field）大教堂极为相似，也标志着承袭了英国的文化传统。

在小城镇，建筑不像大城市那么稠密，甚至与周围的乡村没有太大区别。在大城市，由于收入、地位和宗教信仰的不同，往往使家庭和个人呈现不同特色，造成人群的明显分化。在小地方，人们的这种差别却不大。相反，在那里，人们都视自己为社区的一部分，极易形成凝聚力或一种浓厚的地方主义情绪。这种地方主义在不同的场合表现出来，如报纸、镇政府的会议、道路的改建等，其结果是有力地推动了地方事务的发展。德拉姆勋爵曾发现，在上加拿大的一些小城镇就存在着这种地方主义。他在那份著名的报告中写到："在这个省，没有一个大的中心把所有分散的部分聚在一起，没有一种大家都习惯遵循的行为和情绪，也没有一种习惯的交往把各部分连成一种统一的力量。它有的只是许多小的中心和团体，各种情绪和利益是不同的，甚至是对立的。"

　　科堡（Cobourg）位于安大略湖边，在当时是上加拿大发展迅速的一个小镇。1820年，它还仅仅比一个村庄稍大一点，19世纪30年代，就发展成一个商业中心，并扩展到汉密尔顿附近。这里的水、陆交通都很发达，1833年，有汽船从这里通向里斯湖的北岸，有马车通向约克镇和金斯顿。30年代末，皇家邮政的邮船把它与美国罗彻斯特和安大略湖畔的其他口岸相连。1837年，科堡出现了合股公司。5年以后，这里又有了谷物加工厂、锯木厂、10个旅馆和酒店、4个马车制造厂、2个银行的代理机构和一个保险公司的办事处。除了这些工商业机构以外，以后又建了一个机械学院和一个神学院。镇上的居民也有多种成分：批发商、零售商、皮革商、家具商和面包商，还有律师、医生、理发师、药剂师等。由于科堡是诺森伯兰（Northumberland）县的县城，这里还住着几个县里的官员、省里的邮政官和税务官，人口已经超过了1000人。这里大部分住房是一层半的砖房子，有少数富商的房子很大。英国国教会在这里修建了维多利亚学院，这是一座背靠安大略湖的漂亮石头楼房。从1843年一所房子出售时标出的示意图，我们可以大致看出当时的居住水平。这所房子有5个卧室、一个起居室、一个画室和一个瓷砖装修的卫生间，还有花园、草坪、仓库、马房，整个建筑占地2英亩，地处安大略湖畔，可以看到湖上和港口的美丽风景。可以想见，这是一个富家的宅邸。

　　到19世纪中叶，科堡从城镇发展成城市，社会成分也变得更加复杂。随着城市发展的需要，城市功能也有增加。这时，出现了许多新的手艺、行业和职位，如家具商、马车制造商、车夫、门房、屠夫、鞋匠等。财富和权利的集中是惊人的，社会出现了更明显的分化。由于种族和宗教的区别所产生的信仰不同，把居民分化成不同的群体和居住区。在英国国教和天主教之间，法裔、英格兰和爱尔兰裔的居民之间，紧张空气增加了，他们纷纷起来保卫自己的独特性和利益，有时甚至闹到出现暴力冲突的地步。在19世纪30～40年代，由于英国国教的奥仑治派庆祝奥仑治威廉1690年6月12日在波因（Boyne）战役中战胜爱尔兰天主教势力的活动，在有爱尔兰人居住的许多城市，都发生了与英国国教派的流血冲突，不少人受了伤，双方打得头破血流。在渥太华河谷，爱尔兰移民和法裔人为了争夺木材业的工作岗位，也曾发生过激烈的争斗。

随着城市中各种矛盾的发生，逐渐产生了市政府。开始，城市中的纠纷是由社区的半专职人员进行安抚和调节，以后，渐渐出现了专职的管理机构——市政府。市政府的职责一方面是处理各种矛盾和动乱；另一方面是改善城市环境：包括改进教育；改善城市的排水、供水设施；修缮道路和道路照明设备；处理污物、污水等。在道德方面，市政府也发挥了很大作用。如，由于酗酒造成许多暴力，于是，有人发起了禁酒运动，在酒馆外面举行示威。19世纪20年代初期，在蒙特利尔出现的禁酒运动得到整个英属北美殖民地的支持，在各城市，讲演者在喧嚣的群众集会上发表演说，指定规则。那些酗酒的人也纷纷宣誓戒酒。这场运动过后，有的人不再喝烈性酒，如威士忌和浪姆酒，也有的人完全戒了酒。在那些年，安息日的习俗也在英属北美扎下了根，人们对宗教更加虔诚。每个星期日，人们放下工作，专门到教堂去念圣经和做礼拜。这对净化社会道德产生了积极的作用。关于这方面的活动，在当时的报纸上有记载。

六、人口和铁路建设与加拿大自治领的成立

19世纪四五十年代，英属北美殖民地呈分散多元状态。在中部，是上、下加拿大省；在大西洋沿岸是新布伦瑞克、新斯科舍、

爱德华王子岛和纽芬兰。当时，虽然各殖民地建立了责任政府，但各殖民地是分别隶属于英国政府的统治之下，并没有形成一个统一的政府。此外，这两个地区也相互隔绝，没有什么联系。

在各地的移民中，种族、语言和宗教的不同更加强了这种多元化状态。特别是圣劳伦斯河流域，由于是两个民族，使用两种语言，所以两种文化传统顽强的保持着，无论在宗教信仰还是生活方式上都呈现不同的外观。在其他地区，如上加拿大、新布伦瑞克、新斯科舍、爱德华王子岛和纽芬兰，虽然都说英语，但社会的分化现象普遍存在。盖尔语在许多地区流行；宗教长时期地把新斯科舍的苏格兰人分为两半。在东部，阿卡迪亚人、爱尔兰人、德国人的后裔以及从美国来的效忠派，使东部殖民地也呈现出五花八门的色彩。

各省之间，无论在经济还是政治上，都没有什么联系，相同的只是技术和生产方式。在捕鱼和伐木这两个最大的出口行业，技术的一致只带来一样的落后，并没有带来经济上的联系。当时，殖民地的主要人口是农民，他们的生活闭塞，许多农民不知道城市是什么样子。在加拿大和新布伦瑞克，农业与伐木业相互交叉，这就是说这些地区生产的粮食，供当地伐木业享用，因此，虽然是商品经济，但只在其内部周转，与外界却联系不多。还有地盾地区的印第安人，红河谷的梅地人，那里就更加落后，他们过着与加拿大和大西洋沿岸各省不同的生活。由于相距遥远、交通不便，彼此之间更没有什么联系。所以，此时的英属北美，是一个多元、分散的王国。

在这样一片分散、多元的土地上，具有联邦主义思想的人是勇敢的和有远见的。联邦主义是在 1867 年实现的，在那之后，才作为政治程序和一种思想认识，广泛为人们所接受。但在这之前，具有联邦主义思想的人是少数。联邦主义的实现无论是精神准备还是物质准备，都经历了较长一段的酝酿时期。

　　联邦主义的基础是在 1760 年至 1840 年之间奠定的。在这一时期，经济的发展，如毛皮贸易，不但使圣劳伦斯流域与西部连在一起，与此同时，加拿大乡村生活的基本形式也在这一时期确定。在政治方面，19 世纪中期的英属北美殖民地与美国相比，不那么激进；与英国相比，又不那么保守，这种政治状况为联邦主义的实现做了政治准备。

　　加拿大人的政治特性与居民的组成成分分不开。在加拿大，占优势的英裔是由各种成分组成的。各种民族混合居住产生了新的社区，其结果使人们对各自的传统不再那么执著。此外，新的自然环境也使北美的社会与欧洲社会有所不同。如在北美，社区的人口不那么稠密，居民间的贫富差异也不那么大，尽管差异是存在的，但因为人人都可以获得土地，所以，只要劳动，就可以得到起码的温饱。加拿大不可能像美国那样，把个人主义、自由主义作为生活的绝对信念。因为在法裔加拿大社会，家庭、教区以及人口居住的集中，使人们具有较强的社区观念，对教士和领主也具有责任心和尊敬。在这里，人们对文化传统有很强的保留愿望。法裔的这些特点，使魁北克与其他殖民地区分开来，形成一种强烈的种族和地区观念，表现为强烈的省权意识。魁北克的这些特点，使加拿大不会等同于美国。在另外一些殖民地，如上加拿大，自由主义相对高涨，反对这种保守主义和省权意识。但在英裔加拿大人中，也存在着一种保守主义，其集中表现是对英国的效忠。这种效忠不仅是作为英联邦的成员，而且还包括在加拿大建立英国的教堂、对英国某些政治思潮的认同等。英裔加拿大人认为，只有坚持这些，才可以使加拿大的政治、社会和精神生活区别于美国，而且胜于美国。在法国思想家托克维尔看来，加拿大与美国之所以相区别，还有地理方面的因素。他认为，北方的严寒、酸性的土壤以及可居住地区的有限，很难使加拿大成为像美国那样的以自耕农为主的广大国家。也正由于这些自然特点，使加拿大人缺少美国开拓边疆时代的那种粗犷的和个人主义的冒险精神。相反，加拿大的自然条件使居民产生了一种集体主义意识，恶劣环境下的生存需要，也使加拿大人深知不断进步的重要，使他们养成了既不断努力进取，又求稳、怕乱的精神。

1840 年，英属北美 7 个殖民地的总人口大约为 150 万。纽芬兰有人口 60000 人，主要集中在东部；新斯科舍 130000 人；新布伦瑞克 100000 人；爱德华王子岛 45000 人；下加拿大（魁北克）650000 人；上加拿大（安大略）450000 人；苏必利尔湖的西部和北部，是哈得逊湾公司的特许地，这一带的水系都与哈得逊湾相接。在落基山的西部，哈得逊湾公司与美国共同享有从俄勒冈到喀里多尼亚，即从加利福尼亚和墨西哥交界处到俄属阿拉斯加以南广大土地上的贸易权。土著人，包括东部、西部和北极地区，总共有 300000 人。

在英属北美这样一个地广人稀的国家，要把这些分散的殖民地联合起来，交通是最重要的手段。19 世纪中期，是加拿大铁路建设的重要时期，这一时期的铁路建设受到英国的技术和资金的支持。当时，英国不少人通过公债的形式，投资于铁路建设。1849 年，加拿大省通过了《铁路保证法》。在这个法案中，要求铁路建设公司与资金支持者之间签订合同，双方要把条件明确列入合同；规划完成和资金到位之后，还要得到殖民地或省议会的批准。在当时，为了更迅速的发展，每个市政府都希望铁路干线从自己的城镇通过，他们往往说服铁路公司改变路线，绕道经过他们的城镇。

加拿大的第一条铁路是尚普兰－圣劳伦斯铁路，从蒙特利尔对岸的拉普赖里（La Prairie）到黎塞留河上的圣-吉恩（St-Jean），全长 14 英里，于 1836 年完成。这是一条摇摇晃晃、质量不高的铁路，路基是木质的，铁轨铺在上面，由于技术欠佳，铁轨经常翘起来，十分危险。尽管这样，由于气候原因，铁路还只能在春

天到秋天里运行。这条铁路的投资有 20% 是由约翰·莫尔森
(John Molson) 提供的，其他资金由当地筹集。到 1851 年，这条
铁路得到改善，成为全年运行的铁路，并向南延伸到加美边境的
中弗蒙特 (Vermont Central)，成为世界上第一条国际铁路。当时，
与这条铁路进行激烈竞争的是圣劳伦斯－亚特兰大的铁路，这条
铁路从蒙特利尔到大西洋的不冻港——缅因州的波特兰，也是一
条国际铁路。这条铁路由蒙特利尔和美国共同出资，于 1853 年完
成。

　　19 世纪 40 年代，加拿大的铁路建设得到大量的英国资本。这
是由于，经历了半个世纪的工业革命，英国已经积累了大量的私
人资本，当时，向海外投资于铁路建设是有利可图的事。英国的
铁路投资不仅限于英属北美，而且还有法国和美国。不仅资本出
口，铁路建设的技术也出口。那时，英国铁路建设的优势在于：工
程人员有准确的测量，使铁路的延伸保持在最小的坡度和弯度以
及最好的修建等，如果有必要修建昂贵的桥梁、斜坡和隧道，他
们会毫不犹豫地进行修建。其他国家的铁路技术却远远达不到这
样的水平。这就意味着在开始修建时投资会是巨大的，但是，一
旦建成，由于设施良好，运行的费用却不高。

　　在加拿大，铁路建设比其他国家困难多一些。如在建设加拿
大大干线（即横贯加拿大东、西部的太平洋铁路）的过程中，由
于气候寒冷，只能有半年的施工期；铁路所经路段，有大量的岩
石；此外，由于不能全年工作，所以加拿大的劳工价格也比英国
要贵得多。大干线是由英国所拥有的一条铁路，无论是主要股东，
还是合同签订人，大多是英国人，他们希望在新大陆能够获得更
好的收益。在大干线建设的初期，投资是巨大的，铁路建设的问
题也很多。但是，尽管如此，铁路建设还是在艰苦的环境下进行。
从蒙特利尔到多伦多，再到圭尔夫 (Guelph)，修建了很漂亮的石
头建筑的火车站；在多伦多以东，有很长一段，在铁轨下面修建

了规模巨大的堤坝；在多伦多以西的山区，在深深的山谷里，建造了许多巨大的桥梁。总之，这条铁路的建设十分不易，质量很高。在建设的过程中，也始终存在着资金短缺的问题。资金的来源，有以下几个渠道，即国内外的股东、债券持有人和加拿大各省政府。但是，铁路所经的各省政府往往对铁路修建所遇到的困难估计不足。这样，在建成了一部分之后，有关各方都面临着巨大的压力。在政府和议会中，围绕大干线的修建，有许多争吵、斗争，或者是阴谋和贿赂。针对这些混乱，在1862年，通过了《大干线管理法》。法案对有关的各项事宜进行了规范和解决。但直到那时，还不能说大干线的完成有了保障。在新的铁路建设总指挥爱德华·瓦特金（Edward Watkin）被任命之后，他用严厉的铁腕进行管理，收到很好的成效。到1880年，铁路修到了芝加哥，在那以后，可以说铁路的建设比较顺利了。

在新布伦瑞克和新斯科舍，铁路的建设采取了不同形式。由于那里人口稀少，收入不足，所以政府不能争取到足够的私人资金。但是，在这两个地区，特别是人口较稠密、具有很强政治倾向的新布伦瑞克省的南部，要求修建铁路的呼声很高。由于没有私人公司来承担铁路建设，新布伦瑞克省政府只好自己来承担这一任务。政府修建了一条从圣约翰到希迪亚克的铁路，大约有100英里长。在新斯科舍，政府修建了从哈里法克斯到特罗鲁（Truro）和从哈里法克斯到温莎（Windsor）的两条铁路。

铁路的建成，促进了经济与政治的联系。当时的英属北美，正是联邦思想的活跃时期。由于有了铁路，多伦多、蒙特利尔等城市出版的报纸，在几个小时之内就能到达其他城市，政治思潮得到了较快的传播。因此，可以说，修建铁路的过程，也是加拿大联邦形成的过程。从时间上来看，1876年，从哈里法克斯到魁北克城之间的铁路建成。在这段时间，恰巧是新布伦瑞克和新斯科舍两个殖民地加入联邦的时间。在爱德华王子岛，修建了136英里铁路，由于修建铁路的费用是从联邦借款，所以借贷的压力使这个省加入了联邦。到1885年，加拿大太平洋铁路建成，不列颠哥伦比亚省随之加入联邦。总而言之，铁路建设在加拿大联邦形成的过程中起到了重要的作用。它为在两洋之间建立一个幅员广阔的加拿大国家奠定了坚实的基础。

　　联邦的成立，在一定程度上也是新发明、新技术出现的结果。在19世纪五六十年代，加拿大出现了许多重要的发明。首先是汽船。1840年，第一艘横跨大西洋（从英国的利物浦到新斯科舍的哈里法克斯）、载有邮件的定期轮船开通。1858年，从爱尔兰到纽芬兰特里尼蒂（Trinity）湾的第一条海底电缆铺成；1866年，又铺设了第二条海底电缆。电缆的铺设成功使跨洋电报成为可能。电报和邮政的开通，使英属北美内部的交流更为便利。在当时，鼓吹联邦思想的政治家的信息是经过报纸、电报等媒介进行传播的，这对政治的发动和政党的形成起到至关重要的作用，推动了联邦的组成。

　　19世纪40～50年代，由于英国议会进行了改革，这对英属北美的政治也产生了影响，使那里的代议制得到了改进。在这一时期，殖民地的政治家们密切关注英国政坛的情况，希望像英国那样，通过实行政党制度来建立责任内阁。在这些政治家中，比较突出的有哈里法克斯的约瑟夫·豪（Joseph Howe）和多伦多的罗伯特·鲍德温（Robert Baldwin）等。由于政治家的宣传和努力，这一时期，在殖民地也出现了一场政治体制改革运动。

　　在新斯科舍和加拿大这两个最早的殖民地，由于英国传统的影响，1847年经历了两次大选，保守派落榜，革新派掌权，使旧的政治体制开始崩溃。改革派政府控制了行政委员会，指定行政官员，开始主持政府工作。1849年，新政府受到了考验，在那一年，加拿大省政府通过了《起义损失法案》（*Rebellion Losses Bill*）。这一法案得到改革派多数和富裕的法裔加拿大人的支持。

法案中规定：对于 1837 年起义中军事行动所造成的财产损失，要进行补偿。但是，法案对于没有卷入起义的普通公民和积极参与起义行动的人，没有做仔细的区分，因此受到保守派的激烈反对，他们认为政府不应该对这些受到损失的公民进行赔偿。有一群保守派的暴徒，主要是英裔加拿大人，在蒙特利尔（当时还是加拿大省的首都）闹事，他们攻击了签署这一法案的总督埃尔金（Elgin）勋爵的家，并借助当时的煤气照明设施烧毁了议会大厦，使这座大楼成为烧黑的断垣残壁。由于他们的捣乱，1850 年，首都不得不迁往多伦多。

　　加拿大省是一个独特的殖民地，它包括上、下加拿大两部分，从加斯佩伸展到萨尼亚（Sarnia），南北长有 1600 多公里。它所以成为一体，依仗着圣劳伦斯河的交通，从圣劳伦斯河口，逆流而上，直至加、美边界的大湖区。在这片广阔的土地上，分布着魁北克城、蒙特利尔、渥太华和多伦多等主要城市，这里是加拿大现代文明的发源地。此外，人工修造的运河和新修的铁路系统，更使这一地区连成一片。但是，由于英裔和法裔两个民族的语言、宗教、法律和教育的差异，这两个民族，或者说两个地区，即下加拿大（未来的魁北克）和上加拿大（未来的安大略）又是极不协调的。在经济上，二者也存在一些差别。上加拿大由于以英裔为主，所以工商业比较发达；下加拿大以法裔为主，还残存着庄园制度。1841 年，尽管下加拿大的人口比上加拿大要多大约 50%，但是，在省议会中，代表的席位却是相同的，而且，议会中不少人希望通过法律把法裔加拿大人的独特性取消，使加拿大逐渐演变为统一的说英语的国家，这就使法裔加拿大人的心理受到极大的伤害。然而，差异是根深蒂固的，事实证明这种企图根本不可能。最后，改革派人士罗伯特·鲍德温提出了一项建议，其宗旨是：上、下加拿大的联合必须建立在英裔和法裔双方利益的基础上。最后，他的建议为法裔改革派领袖路易·拉方丹（Louis La

Fontaine）所采取。

1858 年，在加拿大省，出现了联邦主义运动。这一运动的直接导火线，一方面是 1857 年纽约股市暴跌所产生的经济影响；另一方面是加拿大省内部问题所引起的。当时，卡迪埃—麦克唐纳政府为了摆脱一些无谓的麻烦，主要是英裔和法裔之间的争执，将省的首都迁往渥太华。

19 世纪 60 年代初，加拿大省内部政治分歧日益加深，政党之间的权力争斗达到水火不相容的地步。1862 年 5 月，由于拨款加强加拿大民兵的问题，保守党政府倒台。继任的政府也不比前任好，政策的改变和行政的失误很快就使他们走了下坡路。1864 年 6 月，由于财政部长高尔特借款 10 万元用于修建铁路大干线，但这笔借款没有得到议会授权，因而引起反对派的极大喧嚣，泰凯-麦克唐纳（Tache Macdonald）政府被迫辞职。这一时期，双方斗争激烈，政府更迭频繁。从 1861 年至 1864 年，加拿大省经历了两次大选，4 届政府。1864 年 6 月 14 日，当第四届政府倒台之后，以大资本为后台的魁北克政治家们不知所措，他们不知道用什么方法来扭转僵局。有人把希望寄托在另一次的大选或另一届的政府上。但是，没有人知道是否会有起色。

保守派和改革派之间的这种僵局被乔治·布朗（George Brown）所打破。1864 年，他提出一个新的方案，这就是把原来加拿大省的联邦扩大为整个英属北美殖民地的联邦，这是一种政府之间的联盟，其目的是要建立一个从海洋到海洋的伟大国家。在这样一个宏伟蓝图和艰巨任务面前，加拿大省内部的矛盾化解了。这一方案很快为包括麦克唐纳和卡蒂埃在内的许多政治家所接受。乔治·布朗的方案提出以后，得到诸多方面的支持，在大联合的原则下，各方面很快行动起来。在加拿大省 4 个主要政治派别中，有 3 派是大联合的支持者，它们是：卡蒂埃，代表法裔加拿大保守派；麦克唐纳，代表英裔加拿大保守派；布朗，代表改革派。第 4 派是法裔加拿大的中左翼，他们与天主教会有矛盾。1864 年 6 月下旬，产生了联合内阁，这届内阁比以往几届内阁都强有力、都团结，他们的联邦主义政策得到议会中 130 个议席中 92 个的支持。这届政府成为联邦主义运动的真正推动力。

1864 年 9 月，在爱德华王子岛的首府夏洛特敦，沿大西洋的几个殖民地召开会议，讨论它们的联盟问题。加拿大省政府及时得到这一消息，并适时地提出是否可以把大西洋各殖民地的小联合方案扩大。于是，1864 年 9 月 1 日，他们乘维多利亚女王号船来到夏洛特敦的港口，加拿大省的代表参加了这次会议。在会上，他们慷慨陈述建立强大国家的大联合主张。此时，适逢美国内战刚刚结束，强大的美国北方军队战胜了南方，咄咄逼人，对英属北美造成了很大威胁。加拿大省的代表利用了这一形势，抓住这一时机，力陈建立联邦国家刻不容缓。他们的提议立刻获得新斯科舍和新布伦瑞克代表的支持，甚至一部分爱德华王子岛的代表也表示支持。

一个月以后，即 1864 年 10 月，所有出席夏洛特敦会议的代表在魁北克再次聚会，讨论建立大联邦的详细计划。出席这次会议的有来自新斯科舍、新布伦瑞克、爱德华王子岛、纽芬兰和加拿大省的 33 名代表，他们汇聚雄伟的可俯瞰圣劳伦斯河的魁北克议会大厦。这些人就是人们所称的联邦之父，他们中有麦克唐纳、高尔特、蒂利、塔伯、卡蒂埃、布朗和麦吉等。在这次会议上，麦克唐纳起了重要作用，他是会议的组织者和主要决议的起草人。经过 16 天的会议，大会通过了 72 条决议案，即魁北克决议。这个决议就是 1867 年英属北美法案的草案。

在联邦主义运动发展的过程中，英国政府也起过积极作用。看到殖民地各省有强烈的联合意愿，英国政府适时地抓住时机。殖民大臣爱德华·卡德韦尔（Edward Cardwell）迅速做出反应，他以惊人的速度把殖民地的意愿纳入英国政府的政策。1864 年 12

月初，卡德韦尔宣布联邦主义也是英国政府的政策，而且采取了许多措施使之付诸实现。他向英国派往夏洛特敦、圣约翰斯、弗雷德利克敦和哈里法克斯的总督施加影响，希望他们支持联合。他派遣专员到各殖民地去做工作，还替换了顽固反对这一政策的新斯科舍总督。他给爱德华王子岛和纽芬兰的总督施加压力，强迫他们改变观念。在新布伦瑞克，他促成了一次政变，排除了反对派。

在英国政府的大力支持下，加拿大、新斯科舍和新布伦瑞克3 个殖民地的代表在 1866 年 12 月汇聚伦敦，召开协商联合的第三次会议。会上，各省代表与英国殖民部的官员对魁北克法案作最后的修订，决定给沿海省更多的补助金；讨论了联邦如何得到西部的广袤土地等。在这次会议上，加拿大、新斯科舍和新布伦瑞克3 个殖民地决定组成一个新的实体，称加拿大自治领。

1867 年 2 月，英国上院和下院正式批准了英属北美法案。同年 3 月 29 日，维多利亚女王在法案上签了字。7 月 1 日，英属北美法案正式生效。根据法案，魁北克（原加拿大省东部）、安大略（原加拿大省西部）、新斯科舍和新布伦瑞克共同组成统一的联邦国家，定名加拿大自治领，首都设在渥太华。自治领第一届总理是约翰·麦克唐纳。从此，加拿大国成立，7 月 1 日成了加拿大的国庆节。

4 《威廉·里昂·麦肯齐·金(William Lyon Mackenzie King)》 麦肯齐·金
是自由党领袖，1926～1930年和1935～1948年曾两度任加拿大总理

第 四 章

加拿大的建国之路

从 1867 年加拿大联邦成立到第二次世界大战这数十年时间正是加拿大建国的重要历史时期,也是她创建物质文明和精神文明的重要时期。本章将结合重要的历史人物和历史事件作一简要的介绍。

一、建国初期的发展

1867 年 11 月,在第一届加拿大议会的第一次会议上,总督莫克勋爵说:"我们按照帝国议会所授予的联合法案的立法条款正在召开会议,来制定一个新的国家的基础。"[1] 一个新的国家就要诞生了。当时参加会议的代表,尤其是作为当时领导人的约翰·A.麦克唐纳 (Sir John A. Macdonald) 完全理解这一壮举的深刻意义。当时英属北美殖民地的安大略、魁北克、新不伦瑞克和新斯科舍等四省已联合到一起,从而开始了加拿大历史上的新篇章。尽管大家对未来这个新国家的面貌还不十分清晰,但是他们要创建一个新的国家,这一点是十分清楚的。

在建国之时,那些"联邦之父"所要考虑的问题是,需要建立一个什么样的国家,其实质是究竟要学英国的模式还是学美国

---

[1]　格拉纳兹坦等:《20 世纪的加拿大》(J. L. Granatstein and Others, *Twentith Century Canada*, McGraw-Hill Ryerson, 1983),第 1 页。

的模式。按照某些加拿大政治学家的意见，加拿大联邦的政治框架就是在英国议会制度的基础上融进联邦的原则。

由于当时各省都业已存在着殖民地的省政府、省议会以及责任政府的形式和机构，而且在这些联邦的缔造者看来，美国内战是由于美国州的权力过大的缘故。因而麦克唐纳等人都倾向于接受政府的联邦形式，即允许以前的殖民地省政府保留某种政治和经济的独立，但他们认为这个新国家应该是一个高度集中的联邦。在具体形式上要取英国的总理—内阁制，而不是美国的总统—国会制。

英属北美法案规定，联邦政府的权力，主要包括掌管军队、邮政服务、铸币、银行、捕鱼权、刑法、贸易和商业规章，以及通过直接税或间接税方式筹款等。省政府的权力有省内的税收、借贷、内政制度、公有土地、教育等。此外还有一些联邦和各省共有的权力，如联邦参与各省的司法行政、移民和农业等。总之，军事、财贸、税收的大权都掌握在联邦政府的手中。

加拿大具体的政治机构可以用下图来说明：

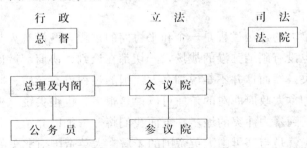

加拿大自治领政府实行议会内阁制，加拿大联邦议会由女王、参议院和众议院3个部分组成。总督代行女王职权。参议员由总理提名、总督以女王的名义任命产生，参议员席位根据各省及地区的人口比例和历史状况，按同等数量代表权的原则分配。众议院席位按人口比例原则在各省分配，由普选产生。联邦行政大权

实际上掌握在总理和内阁手中。内阁由议会大选中获多数席位的政党组成，该党领袖由总督任命担任内阁总理，总理在议会中挑选本党议员任内阁成员，分别担任各部门的主要负责人。因而，内阁兼有行政、立法和监督的功能，是连接国家立法机关和行政机关的枢纽。

加拿大的联邦政治框架体现了西方民主制度的分权和司法独立等原则，然而它在许多方面与美国的联邦政治框架是不同的。美国的总统、国会和法院之间是一种相互制约、相互平衡的关系，而在加拿大，由于总理和内阁在众议院中都有席位，因而行政和立法的权力出现了某种程度的融合。换句话说，英国的议会制度是通过将权力集中到行政的手中来促进政府行为的，而美国的制度则是通过制约政府的行为来防止政府的权力过分集中，总统、众议院、参议院和法院之间按照它们的权力能够相互否决。

总之，这一切都说明一个国家的政治框架结构并不是某一天从天上掉下来的，而是一个国家的社会政治演进的自然结果。加拿大的联邦政治框架可以说是"英国的议会制度与美国的联邦主义的融合"。①

加拿大的建国过程是一个和平协商的过程，既没有火与血的洗礼，也没有硝烟弥漫的战场，一切都在谈判、协商、辩论和妥协中解决。然而这并不是说加拿大建国的过程没有矛盾、冲突和斗争。加拿大政府面对的矛盾可以说是很多，也很尖锐，少数矛盾还发展到暴力冲突的地步，下面我们将一一加以介绍。

首先就是与其母国大英帝国的矛盾。大英帝国对北美的殖民地各省一直是采取分而治之的策略，早期提出的上下加拿大联合，其内在的一个动机也是部分地为了同化法裔的加拿大人。开始时，

---

① 戴克:《加拿大政治》(Rand Dyck: *Canadian Politics*, International Thomson, 1996)，第 28 页。

帝国对殖民地兴起的联合运动并不那样热心，后来主要是来自南方的威胁实在太严重了。美国内战期间英国由于偏袒美国南方，与美国北方的关系弄得十分紧张，战争有一触即发之势。尔后，内战结束后来自美国的威胁仍有增无减。1865年初美国根据缔约条款的规定提出要终止或废除互惠条约。如果条约一旦终止，对北美殖民地的经济将是一个沉重的打击。在这种严峻的形势下，英国政府不得不考虑加拿大的防务问题。组成联防，形成统一的防卫力量无疑是最佳选择。而且，加拿大自治领成立后，宪法修改的批准权仍掌握在英国的枢密院手中，加拿大自治领还没有完全的主权和完全的外交权。因此，在以后的发展中，加拿大还有一个收回宪法、争取完全主权的斗争过程。

其次，是加拿大与美国的矛盾。南边的美国无论在人口、经济实力和军事力量上都大大地超过加拿大。有人用老鼠与大象来作比喻。所以，加拿大一方面离不开美国的资本、技术和市场，一方面又要警惕来自南方的扩张和渗透，而且在历史上就有过许多贸易摩擦和争夺土地的冲突。因此，如何处理好这方面的矛盾就成为加拿大政府的经常和重要的课题。有关自由贸易和保护关税的争议常常因与美国的贸易摩擦而产生。这些矛盾直到今天仍然存在。

国内的英裔与法裔之间的矛盾、移民政策问题、省政府与联邦政府的分权问题、土著人的问题，等等，这些矛盾都是一直困扰着加拿大政府的问题，其中英裔与法裔的矛盾还夹杂着宗教问题、学校的改革问题、语言的使用和教育问题，此外还有劳资矛盾，等等。英裔和法裔的矛盾是加拿大在建国过程中特有的而且是贯穿始终的一个矛盾，有人认为这是加拿大政府命中注定要面对的矛盾。

对建立一个国家来说，建立一些实实在在的机构，还只是一个国家的躯干。一个国家还需要灵魂和精神支柱。这就是建立一定的政治文化和贯穿在其中的政治思想。加拿大的政治文化和政治思想渊源与英国这些历史较长的国家一样，可以追溯到西方久远的文化传统和近代西方文明的发展。

西方学者路易斯·哈茨（Louis Hartg）认为，在北美殖民地时期移民所形成的某些定居点，就像从其母国欧洲社会中分离出来的一个特殊的片断，带有其母国欧洲社会的特殊的意识形态特征和思想倾向，而且这种意识形态特征和思想倾向会凝化和固定化，形成一种意识形态上的垄断，而失去意识形态上的对立面。哈茨正是从这种概念出发，认为加拿大是一个英裔和法裔的二元社会而不同于美国和澳大利亚。随着社会的发展，这种孤立的片断的文化不得不与其他文化保持接触而转向文化的多元主义。

加拿大学者盖得·霍罗威茨（Gad Horowitez）全面地分析了加拿大从保守主义、自由主义到社会主义的各种政治思想，着重强调了加拿大的特点，认为英裔加拿大的片断社会并不仅是美国文化的一个片断，而是具有重要区别的。他指出，英裔加拿大是由一些反对美国革命的效忠分子所建立的，所以，他们的自由主义是英国式的，他们的保守主义也是英国式的。加拿大的社会主义与美国的社会主义也不同。社会主义，在美国是某种异端的表现，而在加拿大的政治文化中则是一种合理的构成要素。当然这种社会主义是英国式的，并非马克思主义的。因而可以这样说，加拿大的自由主义是冲淡了的自由主义，保守主义也是自由化了的保守主义。建国初期，加拿大的政治文化具有浓厚的保守主义，或称之为托利主义（Torism）的色彩。人们常常用"托利"来指称保守党，使之成为保守党的别名。托利主义强调传统、权威、秩序、等级以及对主权的尊重和对母国英国的忠诚等。

麦克唐纳是加拿大的联邦之父，也是加拿大的第一位总理，是保守党的政治代表。人们认为他是一位托利主义者，也是一位实用主义者，善于团结和处理矛盾。当时建国面临的最大政治问题就是加拿大是否要保持与母国英国的联系，是按照英国的模式来建国还是按照美国的模式来建国。对于这两个问题麦克唐纳都从保守主义的立场给予了回答。麦克唐纳认为，大不列颠北美现在和未来的最大利益就在于在大不列颠王权的名义下组成一个联邦。在他看来，如果我们想成为一个伟大的人民，成为一个伟大的民族，赢得世界的尊敬，反对我们的对手和保卫自己，我们就必须这样做。他还善于在托利主义和自由主义之间保持某种平衡或者相对的和谐。这表现在他对加拿大的工商业利益的关注和保护上。他所制定和执行的建国的国家政策体现了这一点。

"国家政策"（national policy）是麦克唐纳用来指称他的旨在保护加拿大的制造业以促进国内经济发展的保护关税政策。这个词也是保守党用来强调国家利益代表国家各集团的利益的一个竞选的口号。人们有时也用它来泛指联邦之父们建造一个加拿大新国家的政策和计划。它的主要点包括向西移民拓展、建设大陆铁路和实施保护关税政策等。从联邦成立到19世纪末这几十年间，尽管有新斯科舍的约瑟夫·豪所领导的反联邦运动，有红河地区路易·里埃尔领导的二次武装起义，以及70年代经济的不景气，等等困难，新生的加拿大联邦仍在困难中前进，不仅巩固了刚刚形成的联合，而且实现了"从海洋到海洋"的版图扩张；此外，还建成了太平洋铁路，实施了保护关税政策，促进了国内经济的发展。

对于新斯科舍的反联邦运动，麦克唐纳政府坚决予以反对，英国政府也拒绝了反联邦派的要求。麦克唐纳的态度十分坚定，认为取消联邦这件事即使是讨论一下也是不行的。1868年他亲自与豪谈判。在做出了让豪进入联邦内阁和联邦政府给予该省一笔较大的联邦补助金之后，危机随之得到了解决。这就巩固了联邦的统一。红河地区的第一次起义（1868）基本上是以和平的手段平息的。第二次起义（1885）是用武力镇压的。这可以说是加拿大历史上少有的流血事件。不管怎样，总算是维持了国家的统一和安定。

1869 年联邦政府购得哈得逊湾公司的全部领地。1870 年加拿大自治领正式占有了这些领地。联邦政府以红河地区为中心建立了自治领的第 5 个省——马尼托巴省。这样，在当时与之毗连的不列颠哥伦比亚加入加拿大联邦的问题也就被提上日程。后来在自治领答应在两年内开始修建通往该地的太平洋铁路后，双方达成协议。1871 年，不列颠哥伦比亚成为加拿大自治领的第 6 个省。爱德华王子岛在联邦政府答应替该岛偿还债务，修建省际铁路并给予一定数额的联邦补助金后，也于 1873 年加入联邦，成为自治领的第 7 个省。这样加拿大的版图大大地得到了扩展，实现了从海洋到海洋的梦想。

在这样宏大的版图上要建立一个统一的国家，形成统一的经济和统一的市场，交通运输问题无疑是十分重要的。向西扩展移民，没有铁路这种便宜和快捷的交通工具，移民就得不到足够的供给，不能定居下来，其农产品等也无法进入市场。因此，建设太平洋铁路，沟通大陆东西部，是维护国家统一的根本手段和工具。它不仅有利于国内统一市场的形成，更有利于大量向西移民，使联邦名副其实。1880 年太平洋铁路公司成立，当时约有 2000 名华人参加了铁路的修筑。麦克唐纳政府给予太平洋公司大量的优惠条件和财政支持。如加拿大太平洋铁路公司将得到 2500 万美元现金与 2500 万英亩土地的政府资助。政府将已经完成和正在铺设的铁轨（总长约 710 公里，价值约 3778 万美元）无偿交给公司。合同要求全线须于 1891 年 5 月 1 日前竣工。经过了多年的努力，1885 年 11 月 7 日全线铺轨工作完成，次年 5 月蒙特利尔与温哥华之间的客车开始营运。太平洋铁路的铺设鼓励了移民在铁路沿线定居，草原地区大批荒地得到开垦，西部土地出现了短期的繁荣。

1873 年的经济危机和与美国互惠贸易谈判的失败使政府不得不从"有限制的自由贸易"政策转向保护关税政策。实施保护关税改革是麦克唐纳的国家政策。因为当时美国的工业产品大量倾销到加拿大，加拿大薄弱的工业基础尚不足以与美国的机械产品竞争。为了保护加拿大的尚不够强大的制造业，保护关税势在必行，否则将有更多的加拿大人移民到美国。保护关税不仅可以增加国家的财政收入，以支援铁路交通的建设，而且可以促进民族的制造业，创造就业机会，增强加拿大经济的独立性。1878 年麦克唐纳再度执政。1879 年通过关税法。对工业品征收的关税提高到 25%～35%。其中半成品与工业原料征收 10%～20% 的税，工业设备与机械征收 25% 左右的税，消费品征收 30% 的税。

总之，向西移民拓展、建设大陆铁路和实施保护关税政策极大地促进了统一的加拿大经济的形成和发展。

20 世纪初，加拿大经历了历史上第三次移民浪潮，也是最大的一次移民浪潮。20 世纪头 10 年的移民浪潮使加拿大人口增长近 200 万人。加拿大人口从 1901 年的 537 万人增至 1911 年的 720 万人。这些新移民主要来自美国、英国和欧洲大陆。为什么当时有这么多的人移民加拿大呢？因为当时美国对西部的开拓已告一段落，自由土地的消失使人们不得不把目光重新转向加拿大。从美国中西部进入加拿大的移民中许多人原来就是加拿大移民的后裔，他们转到加拿大寻求机会是十分自然的。因为随着铁路的建设和农业技术的发展，加拿大的草原省和西北地区这个名副其实的"谷仓"显示出巨大的吸引力。加拿大还实行优惠的土地政策，除了对铁路公司大量赠地外，还实行自由宅地制度。土地被划分为每 160 英亩一块，移民只需缴纳一定的手续费，并于规定的年限内开垦出这片土地，土地即归宅地者所有。铁路公司得到的大量赠地也被分割成宅地租给移民。这无疑对移民有巨大的吸引力，尤其是那些无地的农民。

　　所以，如果说麦克唐纳的国家政策还需要一定时间来加以实现的话，那么劳里埃的移民政策和土地政策正是朝着这个方向继续前进的，而且取得了相当的成功。

　　加拿大西部随着移民的大量迁入，还兴起了一些颇具规模的城镇。如温尼伯、萨斯喀通、里贾纳、埃德蒙顿等，人口一般都达到数万或 10 万人以上。

　　随着西部的开发，交通运输更显重要，因为谷物要运出来，生活必需品和工业品要运进去。20 世纪初在劳里埃政府的领导下又兴起了铁路建设的热潮。当时，铁路既是国家统一的工具，又是经济繁荣的前提和保证。

　　在关税方面，自由党原来是鼓吹要降低关税和实行互惠政策的，后来劳里埃从执政党的地位出发，不得不修正自由党在野时的许多政策主张，最终接受保护关税原则，因为这样有利于工商业的发展，能够得到国内工商界的支持，从而巩固自由党的政权地位。劳里埃也对关税进行了某种调整。除了某些优惠外，整个保护结构得以保留。保护主义仍是关税的基本原则。

　　总之，保护关税、铁路网的建设和移民的大量涌入相互作用，促进了加拿大经济的稳定发展。劳里埃对国家的发展，充满了自信，他说过："19 世纪是美国的世纪，20 世纪将是加拿大的世纪。"①

　　在 20 世纪最初的几十年中，随着经济的稳定发展，加拿大的社会面貌发生了很大变化。劳里埃相信发展是最好的政治，"20 世纪将是加拿大和加拿大人发展的世纪"②。

　　过去，在加拿大的公路和道路上跑的都是马车。不少加拿大

　　① 麦克尼斯：《加拿大政治和社会史》(Edgar McInnis, *Canada: A Political and Social History*, Toronto, 1982)，第 438 页。
　　② 格拉纳茨坦等：《20 世纪的加拿大》，第 23 页。

的历史书籍都会提到加拿大一家名为麦克朗林（McLaughlin）的马车工厂。在汽车这种四轮怪兽出现之后，它还接受挑战大做广告。然而在汽车的猛烈冲击下，这家马车厂最终于 1918 年卖给了通用汽车公司，变成了一个也是制造汽车的工厂。因为新技术和生产组装线的引入极大地提高了汽车的生产能力。下面表格的汽车数量说明汽车在 20 世纪初期在魁北克省和安大略省的飞速发展。数字来自《加拿大的历史统计》一书的第 550 页。

年 份	魁北克省	安大略省
1906	167	1176
1910	786	4230
1915	10112	46520
1920	41562	177561
1925	97418	342174
1930	178548	562506

这些汽车不仅有私人汽车，而且还有出租车、公共汽车、货车。这就使得人员的流动更加快捷和灵活。汽车也就取代火车成为城市间和城市到郊区之间的便捷的交通工具。汽车不能行驶在过去那种泥泞的道路上，因而汽车的另一个重要的影响就是促进全国公路网络的建设和市政道路的建设。汽车的出现也使冬天运用机械化的手段如汽车或拖拉机来进行扫雪。随之，城市也就出现了加油站。1908 年，皇家石油公司开始在温哥华设立加油站。汽车制造和道路建设形成了巨大的产业。麦克朗林·别克汽车 1911 年在里贾纳出厂。当时的汽车非常昂贵，价值 700 加元。

城市的发展除了带来像贫困这样的社会问题外，同时也为发展一种丰富和多样的文化生活提供了可能和条件。加拿大在此期间城市文化的发展不仅意味着出现一些一流的艺术家，更主要的是创造了一些有深远影响的文化机构。城市人口的集中使机构的组织化有了可能，同时财力的集中也使这些机构有了相应的建筑来进行活动。例如多伦多的艺术博物馆出现于 1900 年，皇家安大略博物馆出现于 1912 年。加拿大的艺术俱乐部在多伦多于 1907 年组织起来。早于 1891 年，温哥华就有了能容纳 1200 人的歌剧院。多伦多的皇家亚历山大剧院于 1906 年至 1907 年建成，拥有 1525 个座位。更为豪华舒适的是拥有 2000 个座位的温尼伯的步行者剧院（1907）。

在教育事业方面，人们提出了没有上帝的教育制度的口号，实现了教会与学校的分离。学校在规模和设施上都不再是过去农村的那种只有一间教室的学校。中等教育和高等教育都得到了发展。教育事业的发展，不仅提高了人的素质，而且也改变了人们的精神面貌。加拿大在进行着一场实质性的教育改革。

这段时期文化教育建设得到了突飞猛进的发展。在 19 世纪末，学校的教育体制和课程内容均大大落后于社会经济的发展需要，许多教育家和社会改革家强烈地要求加强学校对学生上课的管理以及对课程内容进行实质性的修改，以适应一个发达的社会和多样化经济的需要。到劳里埃时代结束时，如家政课、技术课、农业生产课已被纳入公共学校和中学的课程之中。在大学中还增设了许多新的专业，如纯科学、工程学、社会科学、林业、农业等专业。但当时的大学还只是一些精英们才能上，1904 年注册的大学生仅 7437 人，女大学生就更少了。

文学艺术在这个时期也有较快的发展，民族文化逐步形成。如 1894 年，女作家玛格丽特·M. 桑德斯所著《美丽的乔》（*Beautiful Joe*）在国际上颇有影响。画家詹姆斯·W. 莫里斯为民族绘画做出了贡献。风景画家霍默·沃森在表现加拿大的美丽风光方面，风格自成一派。

到 20 世纪 20 年代后期，加拿大已有 100 万辆以上的汽车和卡车，有 50 万门电话。电影和无线电收音机都相继出现，到 1929 年，全国约有 85 个无线电广播电台。1932 年，政府还颁布了旨在国有化的广播法案，导致后来加拿大广播公司的成立。这些都极大地改变了人们的生活方式和消费方式。在农村也有了拖拉机和汽车，出现了一些专业化的农场，专门从事乳酪、乳油和肉类的生产。农村也不再封闭和与外界隔绝。完善的邮政投递系统随着交通工具的改进而发展起来，报纸和出版物能及时地投送到农村。农民能够读书和在俱乐部或教堂中讨论共同有兴趣的问题。甚至牧师都参加进来对争论的问题发表意见。总之，无论是在城市还是在农村，人们的社会生活都随着现代化的进程在改变。

二、从小麦经济到工业化

小麦一直是加拿大一项重要的出口商品，无论是向西开拓的日子还是现代化的今天，都是如此。20 世纪最初的几十年期间，小麦的重要性尤为突出，小麦的生产和出口可以说与整个加拿大的经济发展是分不开的。从某种意义上说，小麦的生产和销售不仅使建设横贯大陆的铁路成为可能，而且也为大规模地向西移民开拓奠定了坚实的基础。移民能否在西部各省定居下来，在很大程度上取决于小麦生产和销售的好坏。

可是，小麦的生产和销售是受到许多因素的制约的。如气候的变化和自然灾害的出现以及小麦在世界市场上价格的波动，甚至小麦运输成本的高低，都对小麦的生产和销售产生直接的影响。

在 20 世纪初的数十年间，在政府和众多小麦生产者的共同努力下，人们开始熟悉西部各省复杂的地理环境和气候条件，并引进美国开发西部的一些经验和技术，开始能够比较有效地来对付各种不确定的因素，提高小麦的产量和质量，使小麦在世界市场上更具有竞争力。

以盛产小麦著称、向有加拿大"面包篮子"名声的萨斯喀彻温省为例，小麦经济的特点在该省表现得更为明显。该省属大陆性草原气候，冬季长而寒冷，夏季短而凉爽；一般来说南部比较温和，夏季炎热，无霜期为 90 天到 120 天，这就为农业发展提供了良好的自然条件。由于生长季节短，人们不得不寻找小麦的早熟品种，而且在这方面取得了进展。人们还寻找抗锈的麦种以减少麦秆锈病造成的损失，在这方面也取得成效。这就使得小麦经济一直到 20 世纪 70 年代末在全省经济中占统治地位。80 年代后经济结构才发生变化，全省非农产品的价值开始超过农产品，其中矿产品占有很大比重。

　　西部大草原肥沃的土地将人力和资本吸引过来，使这个地区的人口从 1901 年占总人口的 10％上升到 20 年代末约占 25％。不仅如此，草原各省就业人口中 60％以上的劳动力从事以小麦为主的农业生产。小麦种植面积从 1901 年的 430 万英亩增至 1931 年的 2600 多万英亩。1901 年小麦的出口收益不足 700 万美元，而到了 1921 年就达到 3.11 亿美元，甚至在灾荒的 1931 年也超过 1.18 亿美元。小麦出口在出口贸易中所占的份额从 1901 年的不足 4％到 1911 年增至 16％，到 1921 年就超过 25％，成为全国产值最大的出口产品。当然，人们在西部的开拓中也付出了不少学费，如因对新土地的自然气候条件不熟悉而错误地决定耕种的品种，以致影响到产量和质量，等等。总之，小麦经济的发展也不是一帆风顺的，尤其是一些灾害性气候的影响，更非人力所能随意改变的。

　　1914 年，大草原省粮食收成不佳，经济萧条。第一次世界大战爆发后，对粮食的需求突然增加，小麦的价格急剧上升。1915 年价格的上升和农业的丰收结束了萧条的威胁。大草原各省普遍出现了繁荣局面。1917 年至 1919 年小麦和面粉出口的平均值比 1913 年高出了 2 倍。

　　20 世纪 20 年代，萧条又一次威胁加拿大经济。一战时为了满足战争对粮食的需要，大草原农民不得不用较高的价格来购买急速扩大再生产所需要的土地和设备，因此，农民负债经营，小麦经济成了高成本经济，只有持续的高水平收入才能偿还债务。幸运的是随着世界经济的好转，尤其是小麦运费和关税的下降，小麦生产又一次出现了高涨的形势。加拿大的小麦出口约占世界的50%。大草原人口在1926年至1931年间增长了约30万人。小麦等继续统治着萨斯喀彻温和阿尔伯塔省的经济。在加拿大经济中小麦仍占有重要的地位。[①]

　　小麦经济是从兴盛而逐步走向衰落的。由于小麦经济受到自然气候条件和国际市场价格波动的双重不确定因素的影响，因而它的发展，总是在高涨、萧条之中反复。20世纪30年代，加拿大的经济结构发生了较大的变化，工业化的进程加速了小麦在经济中所占地位的相对衰落。美国的农业保护主义几乎使得加拿大的小麦在美国没有市场。美国的投资重点也集中转移到加拿大的制造业、采矿业和其他工业方面。马尼托巴省和阿尔伯塔省均先后将重点从小麦转移到别的方面。就农业的内部结构而言，由于政府用补贴鼓励提高乳制品和畜牧产品的产量，对那些不生产小麦而转为生产杂粮的农民给予补偿。小麦在经济中的地位逐渐减小。1939年大草原各省2/3的现金收益来自小麦，到1942年下降到不足1/3。1942年至1943年阿尔伯塔省肉猪产出的现金收益出现了超出小麦收益的情况。可以这样说，小麦经济的时代结束了，加拿大经济对小麦的依赖性也从此相对减小了，但小麦仍是加拿大出口商品中的一项重要产品。

　　小麦生产无论从气候的自然条件，还是市场的供求关系都存在着许多不确定的因素，因而小麦生产在不少方面都需要政府的扶植和支持，加拿大在这方面有许多值得借鉴的经验。如政府直

---

　　① 以上数字和资料均引自张崇鼎主编《加拿大经济史》，四川大学出版社1993年版。

接给予救济和补贴，在信贷方面给予倾斜，在关税方面给予照顾，在运费方面予以优惠，从而增强小麦在国际市场上的竞争力。从小麦生产者本身的角度而言，重要的是形成一定的利益集团，以有利于跟政府的交流和沟通，以保障小麦生产者的利益。如萨斯喀彻温省在 20 世纪初期就成立过合作粮食仓库公司和粮食生产者联合公司。这些合作性质的公司都经营得很成功，其经营量一度达到草原各省小麦销售量的 1/3。1919 年，加拿大还成立了小麦委员会。它被任命为小麦在国内外市场的代理机构。尤其是在 30 年代萧条期间，该委员会在适应市场、调整出口和在处理小麦剩余库存方面都起到过重要的作用。但人们对政府集中管理小麦的销售安排的利弊还有不同的看法。

第一次世界大战对加拿大经济的拉动是全面的。加拿大不仅通过对战争做出的巨大贡献而争得较全面的国际地位，而且通过经济的发展开始步入工业化国家的行列。

长期以来，加拿大的经济基本上是小麦经济，出口的产品多为农产品和初级产品，一些工业产品主要从英美等国进口，因此，发展本国的工业和制造业就成为奠定加拿大国家经济基础的重要步骤。第一次世界大战为加拿大带来了这样的机遇。

我们知道，战争首先需要的是粮食和其他的乳制品和畜产品，加拿大在这方面生产条件优越，库存充足。战争的需求取代了和平时期世界市场的需求，这样，草原各省又重新恢复了过去的拓展扩张。从 1915 年起小麦和农产品价格的上涨，刺激了大片大片农田的出现。该年农业还获得大丰收，从而结束了过去萧条的局面。加拿大的小麦、面粉、家畜及肉类等出口均创造了历史上的最高纪录。草原各省的人口也不断增加，从 1911 年到 1921 年的 10 年间，人口就增加了近 60 万人。

战争还需要各种各样的军需品和设备，这对加拿大的工业和制造业是一种巨大的刺激。战争不仅使得萧条时曾一度闲置的设备又重新运转起来，失业工人也找到了工作，而且制造业在这一时期内有明显的增长。除了英国定购诸多的军需品和战争设备成为巨大刺激外，高涨的国内市场、远洋运费率的保护、欧洲进口产品的减少以及有利于制造业的关税政策都是这一时期制造业迅速发展的有利条件。这就大大加速了加拿大从单一的小麦经济向多样的工业化经济的转变。

我们知道，第一次世界大战期间最主要的重武器是大炮，因而战争需要大量的炮弹和炸药。当时英国要求加拿大生产大批的炮弹以供应战争的需要。于是成立了一个炮弹委员会来保障和协调炮弹的生产，一些有关的制造业如钢铁公司、铁路修理车间以及其他的一些金属冶炼企业都被包括进来。不仅如此，加拿大还学会了生产炸药。这样就带动了一大批的企业。1914 年战争开始时，加拿大才能生产 3000 发炮弹，而到 1916 年几乎能生产 2000 万发炮弹。其他的一些军需产品也有类似的迅猛增长的情况。加拿大的军事工业的迅速膨胀，需要大量的劳动力，因而大大缓解了原来的失业问题，再加上有的青年参军，到 1915 年失业现象似乎成为了过去。1916 年有 185000 人受雇于军需工业的生产部门。[①] 炮弹委员会后来由于被控告有投机行为而改为由大英军需部领导下的帝国军需部来执行。1915 年，加拿大还设有战时购买委员会和军需资源委员会来领导有关的生产销售活动。1918 年进出口的批准权由战时贸易部来掌握。战时贸易部是内阁下面的一个部门，旨在加强商界与政府的合作，加拿大与美国的合作，减少一些内耗性的竞争。该部有权调控生铁的生产和燃料、电力及原材料的分配。这样，在战争军需生产的拉动下，加拿大钢铁制品在 1917 年至 1919 年期间产值比以前增加了 2 倍多。有色金属

---

① 格拉纳茨坦等：《20 世纪的加拿大》，第 148 页。

的产值同期也增加了 1 倍多。到战争结束时，镍钢、铅和锌的出口达 2000 余万美元，比 1911 年增加了 1 倍。[①] 安大略省和魁北克省在此期间工业迅速发展，农村人口向城市集中。大西洋各省的采矿业和造船业在战争的影响下也有很大的发展。

但是，第一次世界大战对加拿大的经济也带来了一些负面的影响。因为战争的开支是很大的，尤其是对一个只有 800 万人口的国家来说。因而，政府只有提高关税和其他的税收来应付战争的开销。首先是提高烟、酒和糖、咖啡的关税。1915 年又对许多资源如铁路、船票和债务收入等征收特别税。到了 1917 年，政府甚至侵犯了原来属于省的直接税，为省和联邦政府的关系带来了不良的影响。从 1914 年到 1920 年，加拿大的税收增加了 11.21 亿美元。联邦政府的战争支出高达 16.7 亿美元，增加税收的部分仅占其 1/4。政府在国内债务高达 20 亿美元。1913 年，即战争之前，联邦的债务只有 5.2 亿美元，到 1921 年联邦的债务就高达 35.2 亿美元。同时，到 1921 年美国流入加拿大制造业和矿产业的资金也高达 23 亿美元。[②]

总之，第一次世界大战对加拿大经济的拉动是主要的。加拿大由此而步入工业国家的行列。

20 世纪初的数十年间是加拿大迈步走向工业化的时期。在 19 世纪，加拿大一般只有一些作坊，而且人数都较少，只有五六个人。到了 20 世纪，随着科学技术的发展，以煤作为基本能源、以蒸汽机为基本动力的工业，已逐步让位给由电力、石油和内燃机带动的新的工业。汽车、电话等也逐步进入人们的生活。这些都促进着加拿大社会文明的全面进步。

标志着加拿大工业化进程的是新城市的出现和人口向城市集

①　滕藤主编：《枫林之国的复兴》，第 115 页。
②　麦克尼斯：《加拿大政治和社会史》，第 483～484 页。

中。据统计,安大略省和魁北克的城市人口于 1921 年开始超过全省的农业人口。1919 年,加拿大各大行业的产值,制造业占 44%,农业占 32%,工业产值开始超过农业的产值。此时,城市的街道上奔驰着汽车和卡车。1920 年到 1930 年间,加拿大已购买了超过 100 万辆的汽车和卡车。加拿大人拥有 50 万部电话。有 7 亿美元用于建造发电厂。人们还有了收音机和电影院。安大略省还专门成立了一个水力发电委员会,开始执行一项"农村电气化计划"。总之,社会面貌和人们的生活发生了很大的变化。历史学家认为:"加拿大的繁荣主要是从美国流入财富的结果。"①

加拿大的经济发展从一开始就存在着一个严重缺点,即依赖国外的资金和技术。加拿大在相当长的时期中,认为本国资本积累不足,国内金融市场无法提供大量的发展所需的资金,需要国外资金的进入。为了吸引外资,加拿大实行了外国资本可以自由进入的政策,而且在税收方面给予优惠。第一次世界大战之后,美英两国经济实力的对比有了明显的变化。美国由债务国转变为债权国,英国则丧失其世界金融中心的地位。加拿大对外贸的依赖也就由依赖英国而转向依赖美国。这在对外贸易上也有所反映。而且这种转移随着美国实力的增强而不断发展。下面我们列表说明外国资本在加拿大投资份额的变化,单位为百万加元。②

年份	外贸总额	美国		英国		其他国家	
		投资额	%	投资额	%	投资额	%
1867	200	15	7	185	93	—	—
1900	1305	205	16	1065	81	35	3
1913	3746	780	21	2793	74	173	5
1918	4536	1630	36	2729	60	177	4

① 格拉纳茨坦等:《20 世纪的加拿大》,第 195 页。
② 转引自吴纪先:《加拿大经济》,人民出版社 1980 年版,第 231 页。

续表

年份	外贸总额	美国		英国		其他国家	
1922	5207	2593	50	2464	47	150	3
1930	7614	4660	61	2766	36	188	3
1939	6913	4151	60	2476	36	284	4
1945	7092	4990	70	1750	25	352	2

从上表我们看到美国资本在加拿大的投资份额从 1867 年的 7％增加到 1930 年的 61％和 1945 年的 70％，而英国资本所占的份额从 1867 年的 93％下降为 1930 年的 36％和 1945 年的 25％。1926 年外国资本对加拿大经济的控制程度是制造业 35％，采矿与冶炼 38％，铁路 3％，其他公用事业 20％。所谓"控制"是按 50％以上的股本被谁持有来划分的。[①]

加拿大的工业化进展正好赶上 20 世纪科学技术的发展。以发电、输电和用电为中心的技术革命正在发展，新的能源如石油和天然气开始受到重视，新的交通工具如汽车、卡车、飞机有了突飞猛进的发展，新的材料和加工方法也陆续进入到实际运用的行列，如铝、铝合金、合金钢得到了广泛的应用。这些都构成了加拿大工业化的重要内容，从而为以后整个加拿大的经济发展奠定了基础，再加上第一次世界大战这个催化剂，使加拿大的工业化得以实现而跻身于工业化国家的行列之中。

第一次世界大战直接导致加拿大铜、锌、镍等矿冶业的巨大发展，全国金属产值从 1914 年的不足 1.29 亿美元猛增到 1918 年的 12.13 亿美元。钢铁生产能力也从 1914 年的 100 万吨提高到 1919 年的 2250 万吨。加拿大在一战期间还生产了 3000 架军用教练飞机，制铝和制铝所需要的发电事业也有相应的发展。

加拿大的煤储量 1913 年被估计为 12100 万吨，但其中 90％

① 转引自吴纪先：《加拿大经济》，第 243 页。

分布在西部，而制造业发达的安大略和魁北克省几乎没有什么煤资源。加拿大的工业发展不得不依靠进口煤。这也是制约加拿大重工业发展的一个因素。但这两省都有大量的落差水位，廉价的水电资源使这两省得以发展纸浆、造纸以及非铁金属的冶炼业和加工业，主要的发电地区为圣劳伦斯河流域的尼亚加拉大瀑布。

纸浆和造纸业是加拿大最重要的工业，其产值、投资额、工资支出额和出口创汇量都是最高的。1920 年加拿大的纸浆产量为 196 万吨。加拿大造纸业的发展主要依赖美国的广大市场和现代技术，到 1950 年加拿大供应的新闻纸超过 520 万吨，占世界总供应量一半以上。

总之，20 世纪最初几十年间加拿大大踏步地迈向工业化。

三、20 世纪初期的劳工运动和社会发展

一个国家的物质文明建设与一个国家的精神文明建设是分不开的。加拿大的工业化和现代化与其他资本主义国家一样离不开劳资矛盾的处理。本节将着重从 20 世纪初加拿大的劳工运动及其相关的政治思潮出发，来探讨其对加拿大社会的发展和进步的影响。

在加拿大政治思潮当中，占主流地位的是自由主义，其右翼是保守主义，左翼则是与劳工运动有密切联系的社会主义。

加拿大的社会主义并不是传统的马克思主义的社会主义，而是一种英国式的费边社会主义和基督教社会主义。即使是这样的社会主义，在加拿大的政治生活中也不起重要作用，只是在一定的范围内流行。加拿大共产党由于人数极少，因而在加拿大的政治生活中不起什么作用。

19 世纪末和 20 世纪初，当大批的手工艺者开始涌入加拿大时，他们不仅带来一定的工业技艺，而且也带入了工联主义的意

识和社会主义的思想。加拿大的社会主义思想同时还来自美国和以后从东欧、中欧来的移民。应该说社会主义在加拿大是有一定的社会基础的。

我们所介绍的是在加拿大土生土长的社会主义。这种社会主义对特权、对资本主义制度下分配的不公正持批评态度，但是，他们奉行的是一种通过议会道路、通过谈判对现行制度进行改良的阶级合作主义的政治哲学。因而，加拿大的社会主义或工联主义或社会民主主义很容易和福利自由主义或托利主义在许多具体问题上形成妥协甚至是合作。其中某些激进人士有时也主张要彻底改变现行制度，但那只是说说而已。总的说来，他们对资本主义制度变得愈来愈宽容和温和，具有更多的合作主义的色彩。有的加拿大学者认为，加拿大的劳工运动走的是一条反抗、妥协、适应的道路。[①]

在这里我们拟介绍一位早期在加拿大传播社会主义思想、具有影响力的人物伍兹沃思（J. S. Woodsworth）。20 世纪 20 年代他是加拿大众议院的议员，30 年代是平民合作联盟的领导人之一。伍兹沃思受到托利主义的集体主义很大的影响，同时也受到自由主义的某些影响。但他并不像托利主义那样热衷于特权，也不像自由主义那样强调自由。他核心的价值追求是"平等"、"更大的平等"。他把批判的矛头指向当时现行的制度，认为现行的社会制度是不公正的，特权阶级掠夺着群众，国家不是造福人民，而是为了满足少数领导人的野心而存在。他主张对现行制度进行彻底的改造。当时，人们把他看做革命者，有的污蔑他为"脏肮的布尔什维克"，"莫斯科雇佣的红色煽动者"。其实他并不是一位马克思主义者。他并不把阶级斗争看做是社会变革的动力。他拒绝马

---

① 帕尔默：《工人阶级的经验》（Bryan D. Palmer, *Working-Class Experience*, McClelland & Stewart, 1992）。

克思主义关于社会革命的观念。他主张社会的和平进化，不主张
轻易地抛弃现存的一切，而是主张改造现存的事物使之符合工人
的利益。他说过："我们的理想不应是去创造一个新的组织，而是
要将我们现存的一切进行社会化。"① 只有当这条道路被证明不可
能时，才把它扫进垃圾堆。加拿大的社会主义实际上是建立在阶
级合作之上的改良主义。

　　加拿大学者将伍兹沃思描绘成一位乌托邦的基督教社会主义
者，同时也是一位和平主义者和社会进化论者。他对历史的盲目
乐观使他认为第一次世界大战之后，一种新的社会秩序会建立起
来，私有的资本主义制度会通过理性和合作的民主过程为工业社
会的集体所有制所取代。他幻想通过人们之间建立起相对的经济
平等来取代目前尖锐的不平等，从而取消一个阶级对另一个阶级
的统治。

　　伍兹沃思说过："无疑地我们将从其他国家和其他历史经验中
获得教益，但是我个人相信，生长在加拿大的我们，应该以我们
自己的方式来拯救自己。社会主义有如此多的变种以致我们都不
知使用哪一个名称。乌托邦的社会主义、基督教的社会主义、马
克思主义的社会主义、费边的社会主义，还有拉丁型的、德国型
的、俄罗斯型的，为什么不来一个加拿大型的社会主义呢？"②

　　在加拿大鼓吹阶级合作的人很多。如格兰特（G. Grant）认为，
今天的民主政体中富人和穷人为一些小小的利益而争吵，但合作
将对大家都有好处。阶级冲突被克服了，这不仅是由于现代科学
和经济的巨大生产力，而且是由于令人难以置信的政府所强化了

---

　　① 坎佩尔和克里斯蒂安：《加拿大的政党领袖和意识形态》（C. Campell and
W. Christian, *Parties Leaders and Ideologies in Canada*, McGraw-Hill Ryerson,
1996），第 115 页。

　　② 同上书，第 119 页。

的规则和规定所形成的复杂的网络的缘故。又如农民代表加兰
(E. J. Garland) 1934 年在有关市场法的众议院的辩论中说得就更
明确。他主张通过合作的发展和基本工业的集体化来达到建立新
的社会秩序的目标。他强调说："我们整个的哲学是建立在合作发
展的基础上的。"① (1934 年众议院辩论记录) 可见,资本主义的精
神文明总是为资本主义的稳定和发展服务的。

20 世纪初期,加拿大经济虽然仍在发展,但由于大萧条和整
个国际环境的影响,加拿大的劳工运动却日益高涨。这是加拿大
历史上劳工运动比较活跃的时期。

加拿大早期的一些工会组织都是一些行会性质的组织。很可
能早在 1827 年,魁北克就有工人协会存在。1844 年在多伦多也有
一个印刷工人工会成立。在 19 世纪 50 年代末的通货膨胀时期,砌
砖工人、木工工人曾举行过罢工,印刷工人要求增加工资的要求
也曾获得成功。随着加拿大和美国贸易的增加,两国的经济联系
愈加密切,那时政府鼓励工人跨越国界进行流动,不少加拿大工
人就是来自美国的移民。这样英国对加拿大劳工运动的影响就受
到挑战,美国的劳工组织努力将其管辖范围延伸到加拿大,而且
美国的劳工组织要么在加拿大城市建立分会,要么努力劝说加拿
大工会隶属于他们。如 1866 年,多伦多印刷工会就同意隶属于美
国的印刷工会联合会,所以,美国的工联主义对加拿大的劳工运
动有深刻的影响。

1872 年加拿大议会通过一条法令,规定不能仅因工会"阻碍
商务"而认为它不合法。加拿大议会还试图规定在罢工等情况下
工会可以做什么、不可以做什么。1873 年,加拿大工会成立,这
是加拿大工人将全国的工会统一成一个组织的首次尝试。政府希
望通过谈判将劳工运动纳入合法的轨道,工会方面则希望通过联

---

① 转引自《加拿大的政党领袖和意识形态》,第 157 页。

合行动，帮助罢工中的工会，或被雇主关闭工厂的工会加强其在谈判中的力量。随着工会会员的增加，1881 年劳动骑士团在汉密尔顿召开第一次全国大会。但该组织后来并不具有建设性的影响力。1902 年，加拿大全国行业和工人代表大会成立，后来成为加拿大工人联合会。之后，西部工会又成立一个名为大工会的组织。20 世纪 30 年代又有一个名为工人联合同盟的劳工组织产生。总之，加拿大的劳工组织名目繁多，它们多与国际组织有联系，有的甚至就隶属于美国的某一劳工组织，缺乏统一的组织。

上面我们曾谈到第一次世界大战虽然改善和拉动了加拿大的经济，但战争的庞大费用最终是要人民来负担的。从 1915 年到 1918 年，加拿大的家庭的平均费用上涨了 50%，而平均的工资只提高了 44%，这样就形成了实际工资每年有 2% 的下降。然而，这是就全国平均而言的，西部一般物价更高。在一些非军事的工业部门如建筑、城市运输，工人的工资提高得更慢一些。因此，工人颇多怨言。统计显示，工人家庭每周的生活费用从 1914 年约 14.5 元上升到 1918 年的 21.3 元。[①]这样，工人为了改善生活提高工资只有走罢工这条道路。

必须指出，在加拿大并不是所有的工人都参加工会。如 1911 年非农业的工资工人约为 156 万，其中只有 13 万 3 千人（约占 8.5%）拥有工会会员的会员卡。当时加拿大的许多工会都参加加拿大贸易和劳工大会这一组织，而这一组织又是美国劳工联合会的成员。这些工会的指导思想是一种工联主义的思想，即工人要使用罢工和怠工这种经济力量来从资本家那里争得更高的工资、更少的工时、更好的养老金和工作条件。这些工会的成员也依据社会经济和失业的形势而有时增加有时减少。

1918 年春天，加拿大第三大城市温尼伯发生工人游行。他们

---

① 格兰纳茨坦等：《20 世纪的加拿大》，第 150 页。

到市政府要求提高工资。谈判没有成功，5月7日工会开始号召它的成员进行罢工。温尼伯的贸易和劳工委员会采取了一条强硬的路线号召其工会成员支持罢工。罢工逐渐波及到整个城市，形成了总罢工。要求增加工资的浪潮还曾波及到一些军工部门。1918年政府出台战时劳动政策，但收效甚微。1918年冬天，战争结束，失业大量增加，人们对经济前景没有信心，尤其是那些退伍军人对战后的动荡不安更感到失望。

1919年3月西部劳工会议开会，这是加拿大历史上最激进的一次劳工会议。受世界革命浪潮的影响，有人甚至主张取消资本主义制度。许多工会组织如贸易和劳工大会、美国劳工联合会，还有新成立的大工会都主张进行大罢工。这些都遭到加拿大政治家、新闻界、教会领袖的猛烈攻击。一场劳工运动与统治阶级的较量正在酝酿中。

1919年5月15日，温尼伯的工会开始号召罢工，并组成罢工委员会。罢工一开始，联邦政府就加以反对。反对罢工的商界和工业界领袖也组织起来，成立公民委员会。双方对峙的局面意味着一场冲突将不可避免。

当然，总罢工不能影响一个城市的基本生活供应。罢工开始后不久，罢工委员会与公民委员会和地方政府就商定，一些城市的最必要的生活服务如牛奶和面包的发送仍照常。这说明罢工还是很有秩序地进行的。1919年6月21日——流血的星期六——终于发生了，它使温尼伯城市瘫痪近6个星期。愤怒的罢工群众将街车的电源切断，企图将汽车翻了个，后来点燃了汽车。这时一队骑警约50人冲了过来，手中拿着警棍，腰中插有左轮手枪，企图驱散群众。群众用石块、砖头和瓶子与骑警周旋。有一名骑警从马上摔下来后遭群众围打。这时其他的警察就抽出左轮枪，按他们指挥员的命令向群众开枪。一人当场死去，一人严重受伤，还有其他一些人受轻伤。不久带着步枪、上了刺刀和机关枪的部队也赶到。一场冲突就这样在镇压中结束了。尽管加拿大人认为他们自己是热爱和平的人民，他们之间的矛盾都能够以协商、妥协的合法途径来解决，然而在 20 世纪初确实产生过严重的劳资冲突。加拿大的劳动人民面对着通货膨胀、失业、政府的镇压等种种压力，不得不起来为改善自己的生活而斗争。

此后，劳工运动走向低潮，走向谈判、妥协、合作的道路。

平民合作联盟是加拿大历史上第一个统一的面向全国的社会主义政党。它的英文全称是 Cooperative Commonwealth Federation，简称 CCF，成立于 1932 年。1958 年平民合作联盟联合加拿大劳工大会发起新党运动。1961 年新民主党正式宣告成立，成为目前加拿大的左翼政党。前面所介绍的伍兹沃思就是创立平民合作联盟的主要领导人。平民合作联盟是在大萧条的经济背景下出世的。当时面对经济危机，自由党和保守党均无良策，对现实的不满构成了一股强大的凝聚力，而伍兹沃思为代表的民主社会主义又显示了巨大的吸引力，于是在民主社会主义的旗帜下，工人农民和一部分中产阶级知识分子就组成这样一个社会基础并不一致的政党。

1932 年 8 月，平民合作联盟在卡尔加里召开成立大会。1933 年在里贾纳召开首次代表大会，并发表《里贾纳宣言》，即党的基本纲领。纲领对现存资本主义制度进行了激烈的批评，规定党的最高纲领是消灭资本主义制度，建立社会主义制度即平民合作社会，但又反对阶级斗争和暴力革命，主张通过议会道路，和平进入社会主义社会。后来到了 1956 年，又有一个《温尼伯声明》。从开始还有比较明确的社会改革目标逐步降低，最后变成一种随波逐流的思想，即使在社会改良方面也完全与福利自由主义取得一致。这样，平民合作联盟就从起初一个具有社会主义色彩的政党，最后变成与自由党、保守党等一样的选举政党，没有什么固定的思想原则，一切以能否多得选票为目的。

　　加拿大的社会主义不仅具有阶级合作主义的倾向，而且具有改良主义的倾向。更有甚者，其改良的具体主张还逐步与福利自由主义取得一致。这种倾向在二战之后加拿大逐步完善其福利制度的过程中，表现得尤为明显。平民合作联盟的领导人路易斯就是这样的人物。他认为："如果农民、工人和中产阶级都能认识到他们的共同利益并团结成一个有效的政党，从他们自身的经验和需要出发制订纲领和原则，那么在这块土地上没有力量能阻止他们以建设一个以所有人的福利为基础的自由社会。"[①] 他还鼓吹要建立一个以增进自由为目标的具有动力和进步的社会。这说明加拿大的社会主义在自动地向自由主义靠拢。

　　在以后的新民主党的纲领中，首先提出的问题是"每人都有工作"，"每人都有得到医疗的权利"。这就是新民主党的平等观和集体主义。所谓平等就是医疗服务要不依个人的收入多少而转移，要为每个需要的公民平等提供。所谓集体主义就是这种医疗服务要覆盖整个社会。这样就与福利自由主义并无二致了。

　　可见，在加拿大社会中，自由主义和保守主义的意识形态是十分强大的，其他的意识形态是很容易被吸引和同化的。

　　从 1929 年到 1945 年的 10 多年间，加拿大经历了世界经济危机和第二次世界大战的考验。

　　加拿大福利制度的一些重要举措正是在这个时期建立起来的，也就是说是在客观上有大量的人民需要救济的社会大背景下建立起来的。其中有来自社会的巨大压力，也有来自文化传统的福利思想。福利政策具有保护本国劳动大军的经济功能和缓和社会矛盾的政治功能。富人在这方面理应在经济上多做出贡献。人们把福利政策理解为富人和穷人之间的一种社会契约和协议也许是恰当的。

---

　　① 坎佩尔和克里斯蒂安：《加拿大的政党领袖和意识形态》，第 124 页。

在 20 世纪之前，加拿大只有少数几种社会福利的机构和制度，如儿童救援协会（1891）和红十字会（1896）等。20 世纪初一系列主要的志愿的福利组织相继建立起来。如多伦多家庭服务中心（1914）、加拿大心理健康协会（1918）、加拿大盲人国家机构（1918）和加拿大社会发展理事会（1920）等。

第一次世界大战后出现了退伍军人、寡妇和孤儿的问题。他们由于种种原因得不到足够的收入和过得去的生活条件，因而联邦政府不得不通过若干法案对这些人员的生活进行补助。这些法案有：退伍军人保险法案（1920）、士兵安置法案（1927）、退伍军人补助法案（1930）等。这些法案开了联邦政府对公民实施收入保险的先河。1927 年还通过了一个由省和联邦共同负责的老年人补助法案，该法案由省进行管理和实施，但 40％的开支来自联邦政府。

30 年代，加拿大在大萧条的影响下，失业人数大增，要求救济的人很多，救济的支出常常花掉了市政府大量的财政收入。这就迫使省政府甚至联邦政府承担起更多的救济责任。1930 年至 1935 年期间实施了一系列失业救济的临时措施。据《加拿大人民史》一书的记载，温尼伯的一个三口之家的失业家庭，能够从市政府的救济部门领到每月 10～13 加元的房租和 16 加元的食物。冬天房东还能每月获得 6～10 加元的燃料补助。1931 年时的物价是牛奶 10 分一夸脱，面包 6 分一卷，汉堡 10 分一个，土豆 45 分一蒲式耳，香肠 3 镑一夸脱。要领取这样的救济还要经过排队、申请、审查、发证等一系列手续。1935 年联邦政府通过了就业和社会保险法案，意在使联邦在失业方面所承担的责任能够机构化。1940 年通过了失业保险法案。这样各级政府共同承担福利开支的格局逐步形成，富裕省向贫困省的财政转移问题也提出来了。

1943 年，加拿大又将"保证全国人民享有起码生活水平"作为自由党的社会政策纲领而提了出来，并相继推出一系列社会改革方案：制订工业劳工关系法；修订稳定工资条例，增加生活补助金；规定农产品最低价格；成立国家卫生福利部；通过家庭补贴法案等。

1945 年，加拿大成立了医疗保险委员会。1947 年萨斯喀彻温省和 1949 年不列颠哥伦比亚省都通过了医院保险法案。这样，加拿大的福利制度和社会保障体系在历史实践需要的促动下初步地确定了下来。二战后，加拿大福利制度不断得到发展和完善，并成为加拿大人民的骄傲，也是加拿大社会文明进步的一个重要的标志。

从大萧条到二战结束这一期间，加拿大的文化、教育和艺术等事业仍在继续前进和发展。尽管加拿大与前线远隔大洋，但是战争给人们的教训是深刻的。人民必须为一个更公正的社会和世界秩序而奋斗。战争对加拿大经济的拉动使加拿大的就业率迅速提高，到 1943 年失业率降低到 2％之下。加拿大的 GNP 值从 1939 年的 56 亿加元增加到 1945 年的 119 亿加元。加拿大成为世界军事工业大国之一。战争期间加拿大生产了 850000 辆汽车和 16000 架飞机。工业的发展毫无疑问地促进了文化教育事业的发展。随着对大批有知识有技术的工人需求的增长，不少省延长了义务教育的期限，设立了许多技术学校专门培养有技术的工人。大学也得到一定程度的发展以适应科研事业的需要。入学的人数也普遍增加。如魁北克省的蒙特利尔大学就是从拉瓦尔大学中分出来的，并于 1928 年开始在蒙特利尔市的皇家山上修盖新的校舍。下面是魁北克省三个主要大学在 1936～1945 年所授予学位的统计数字。[①]

---

① 兰多等：《1930 年后的魁北克》（Paul-André Linteau and Others, *Quebéc Since 1930*, James Lorimer, 1991），第 69 页。

大学	本科	硕士	博士	总和
拉瓦尔	2250	350	59	2659
蒙特利尔	3079	810	83	3972
麦吉尔	4137	440	275	4852

　　二战期间加拿大人民的民族主义情绪再次高涨。这种民族主义意识表现在两个方面，一方面是加拿大人民对其民族特性的意识，这种意识通过战争和加拿大国际地位的提高而得到加强。另一方面就是加拿大人民意识到有必要在外来文化尤其是美国文化的冲击下保持加拿大固有的文化特性。有的加拿大的艺术家和作家对加拿大在文学艺术中得不到充分的反映而感到愧疚，号召大家拿起笔来，写加拿大、画加拿大和唱加拿大。1921年，加拿大作家协会成立，旨在促进加拿大的写作。1937年还设立了极有威望的总督奖金。有名的七人画派也有意识地要创作一些反映加拿大风光和历史的画卷。从1920年到1940年加拿大有750部小说出版，有的小说还获得了国际声誉。这些小说都贯穿着现实主义的精神，因为作家们感到现实主义是反映加拿大环境和特有的加拿大民族主义内容的有效方式。

　　电影事业的发展是这个时期特有的内容。20世纪20年代，在加拿大电影还是无声的。到了1928年有声电影传入加拿大，电影开始成为最受大众欢迎的娱乐形式。各城市的电影院都迅速地增加。如魁北克1933年时只有133家电影院，到了1945年就增加到228家。这个时候电影片几乎都是美国的影片。电影院老板只问赚钱而不问影片是从何而来的。加拿大人也爱看美国影片。一些有识之士感叹道，加拿大没办法不成为美国文化帝国主义的受害者。其实，有的历史学家指出，好莱坞在成立之初和发展之时有不少加拿大演员的贡献。后来加拿大也开始发展自己的电影事业。魁北克省也开始从法国进影片，以增强法裔的民族主义和爱国主义情绪。

　　另一个比较突出的例子是冰球。冰球运动在加拿大是十分受人欢迎的。1909 年加拿大就成立了加拿大冰球协会，1917 年又在此基础上组成了国家冰球联盟。有趣的是大多数美国的冰球俱乐部都是由加拿大人所拥有或管理的，而且大多数运动员几乎全是加拿大人。这种文化上的互相渗透很值得人们去研究。

　　战争所加强的对民族特性的意识，以及人们在学校中所受到的教育，还有人们为了购车购房所进行的储蓄，这些有利的因素都在战后迸发出来，构成了加拿大战后的腾飞。

5 《莱斯特·皮尔逊和比埃尔·特鲁多》 这张照片摄于1968年联邦—省会议上。当时皮尔逊任总理，几星期以后，特鲁多成为加拿大的总理

第 五 章

二战后的起飞

一、二战后加拿大经济的迅速发展

加拿大是一个拥有 997 万平方公里的幅员辽阔的国家，是当今世界上 7 个发达的资本主义国家之一，也是世界上人民生活质量名列前茅的国家之一。

据 1996 年 1 月的统计，全国仅有 2980 万人。从历史上看，加拿大的经济，主要是农业经济。早在新法兰西时期，欧洲人对毛皮制品的热衷促进了毛皮贸易以及新法兰西经济的发展。有人甚至说，在很大程度上，加拿大是诞生在海狸背上的。加拿大自治领建立时，它也仅是以出口小麦、木材等原材料为主的农业国。后来虽有了现代工业，但仍不占主导地位。从第一次世界大战到第二次世界大战，加拿大虽是参战国，但没有受到战争的直接破坏，相反经济出现了战时的繁荣。一战期间，加拿大成为供应协约国的基本军需品的重要基地，小麦、面粉、肉类和奶制品的出口猛增。由于军械生产发展的需要，冶炼工业、机械工业也有了很大的发展。二战期间，情况也是如此。钢铁生产、输油管道、电子产品、合成橡胶等都得到发展。这就使加拿大成为一个具有一定实力的工业国，并为进一步发展成发达的工业强国奠定了基础。二战后，加拿大由于能够充分利用历史给予的难得的机遇，经济开始迅速增长。"在战前 1920 年至 1939 年，工业生产（包括矿业、电力和公用事业）总指数平均增长率为 3.7%，而在战后 1946 年至 1974 年间则为 5.3％。"①

可以这样说，二战后加拿大进入了一个繁荣的时代，这是他们的先辈们从未梦想过的。正是在这战后的 30 年间，加拿大的社会面貌和城市面貌发生了根本的变化。"充分就业"、"收入稳定"、"新社会秩序"、"更加完善的社会福利"等，就是人们描述这个时期的一些概括。到 80 年代末，加拿大的生产总值虽然仍低于美国、日本和英国，然而它的生产总值已是 5134 亿美元，约占日本的1/4和美国的 1/10，如按人口平均的国民生产总值，加拿大为19600 美元，仅低于美国的 20840 美元。② 因此，加拿大已可以当之无愧地列为世界上最发达的国家之一。

加拿大战后经济起飞的具体原因可以从以下几个方面来分析：

首先，从政治上看，战后加拿大逐步走向完全的独立，这就为加拿大政府调控经济发展创造了良好的条件。

二战后世界的潮流发生了很大的变化，民族解放运动风起云涌。许多原来是殖民地的国家均纷纷独立。英国的实力在二战中受到严重的削弱，英联邦体制内有的地方宣布独立，有的地方虽与联邦保持关系，但原有的依附关系已变得极为松弛。在加拿大，可以说战后的经济发展促进了政治上走向更完全的独立，而政治上的完全独立又反过来加速经济的发展。

1946 年 7 月 1 日颁布的加拿大公民籍法，为"加拿大公民"下了定义。在历史上，美加边界附近移民的来回流动十分频繁，这就使得美国人和说英语的加拿大人之间的界限变得不易划清，因而明确界定加拿大公民的定义，在政治、经济和文化上均有重要

---

① 吴纪先等：《加拿大经济》，人民出版社 1980 年版，第 54～55 页。
② 数字引自霍莱特：《加拿大的政治经济》（Micheal Hawlett, *The Political Economy of Canada*），第 112～113 页。

的意义。

1949 年 12 月，上诉英国枢密院的规定被废除，加拿大最高法院成为终审法院。这在加拿大的司法独立方面走出了有决定性的一步。

我们知道，1949 年的一项不列颠条款（British Statute）授权加拿大议会可以就联邦权利所及修改《不列颠北美法案》，但对于联邦权限之外诸如联邦与各省的权力划分、下院任期等重大领域仍无权修改，也就是说在这个广泛领域内的修宪权必须由英国议会来完成。而联邦和各省的关系问题，历来是加拿大政治经济诸多矛盾的焦点，因而如何收回宪法，使修改权覆盖整个宪法就成为加拿大走向完全独立的最关键的一步。

1981 年 12 月，联邦政府与魁北克省除外的 9 省政府就修宪问题达成协议。联邦议会通过加拿大宪法决议案。

1982 年 3 月 29 日，《英属北美法案》回归加拿大。加拿大议会通过《加拿大人权与自由宪章》使之成为宪法的组成部分。至此，加拿大获得了完全意义上的独立主权。

所有这些政治上的变革均为加拿大发展自身的民族经济，保持国家经济的持续发展创造了良好的条件。

其次，战后冷战时代的到来虽然为世界带来了不稳定的因素，但却为加拿大带来需求，带来市场，带来外国资本和技术。这些都是加拿大经济迅速发展的外部条件。

加拿大与美国从地缘政治和地缘经济的角度来看历来有密切的关系。战后随着冷战格局的形成，加拿大便很自然地卷入到美国为首的所谓"遏制共产主义扩张"的潮流之中。尽管在外交上加拿大努力实现其自主性，然而，从经济上考虑，加拿大从中也是能得到好处的。

人们不会忘记，战后美国发动了侵朝战争和侵越战争，这就需要囤购大规模的战略物资，以供应战争的需要和战略物资的储备。这样一来，就扩大了对加拿大原料产品的需求，这在客观上无疑大大刺激了加拿大经济的增长。

此外，美国还在西欧推行马歇尔计划，在亚洲积极地扶植日本。所以，战后西欧和日本等国经济的恢复和发展，也为加拿大的工矿产品提供了广阔的市场，从而对加拿大的战后经济发展起到了一定的推动和支持作用。

随着美国战后国民经济的军事化，美国资本利用其地缘的优势更如潮涌般地流入加拿大，尤其是对加拿大的工矿业进行大量的投资，以弥补美国国内资源的消耗和不足，这就为加拿大带来了大量的外国资本和技术，对加拿大经济的发展无疑是个极大的动力和刺激。

重视教育和科技在经济发展中的作用是一切发达国家的共同经验。道理很简单：经济发展需要高素质的劳动者和科技工作者。

战后加拿大的教育事业得到了突飞猛进的发展，尤其是高等教育。1945年之后加拿大有大批的复员兵进入高等学校学习。到1949年，复员兵的入学登记人数是战前学生人数的3倍。从1945年到1961年，加拿大中小学教师人数也成倍地增长，是过去的两倍多。[1] 尽管开始时，教学设备和师资都还赶不上需要，但是随着以后政府的不断投入，加拿大的教育事业有了长足的进展，从而为经济的起飞准备了必要的人员条件。到90年代初期，全国共有大学89所，专职教师36700名，全日制学生514400人，其中63000名为研究生。[2]

可以这样说，加拿大是一个教育事业相当发达的国家。据80

---

① 布朗编：《加拿大图史》（Craig Brown〔edited〕，*The Illustrated History of Canada*，*Lester*，1991），第478页。

② 参见杨张基：《枫叶之国》，中国广播电视出版社1992年版，第114页。

年代末的统计，全国 15 岁以上的人口中有 80% 以上受过中等或中专以上的教育，其中 1/3 受过高等教育。这就为创造物质文明和精神文明打下了良好的基础，也为迅速发展经济提供了可能。

在第二次世界大战期间，加拿大的科技有了重大的发展，并在某些重大的领域有所突破，进入了世界先进的行列，如与英、美联合的原子能研究以及新式飞机的研制等。这些都为战后加拿大科技的进一步发展奠定了基础。战后，世界进入了科技高速发展的时代，新技术、新材料、新能源层出不穷。加拿大政府在这段时间，抓住了机遇，增加了投资。如 1939 年战前的政府用于科技的研究与开发的经费才 500 万加元，而到了 1985 年，加拿大的科技研究与开发经费已高达 65.3 亿加元。不仅如此，政府还成立了许多专门的机构来指导和具体进行科技的研究与开发。如 1950 年成立的加拿大原子能有限公司，1966 年成立的加拿大科学委员会，1971 年成立的国家科学技术部，以及 1970 年成立的加拿大科学、技术和工程团体协会等。这些都使得加拿大在原子反应堆、卫星和卫星通讯技术、水力发电技术等方面处于先进的水平。科学技术成为加拿大战后经济迅速发展的直接因素。

加拿大是个移民国家，它的人口的增长除了本身的出生率外，主要依靠移民。移民为加拿大的经济发展提供了充足的劳动力。

据 1986 年的统计，差不多每 6 个加拿大人中就有一个是在外国出生的。移民的数量 1987 年为 15 万人，1990 年达 20 万人。直到现在，随着经济的发展，每年还需有 10 多万移民，才能满足国内劳动力市场的需要。总的来说，加拿大政府通过移民政策来提高移民的素质，保持人口与经济增长之间的平衡。在战后的几十年间，加拿大政府曾多次调整移民政策。总的趋势是越来越强调移民的教育程度、文化水准和专业技能，以适应现代化社会发展的需要。加拿大学者这样指出，在加拿大的教育体系还不能培养出足以满足加拿大工业发展所需的人才时，移民就成为加拿大经济所必不可少的因素。许多高素质的移民担任了技术性和专业性很强的工作。同时移民还承担了许多加拿大人不愿意干的工作,如到西部、北方的工矿企业工作,或在大都市的建筑业工作等。

战后初期,加拿大的移民数量并不多,1946 年才 7 万多人。后来随着经济的迅速发展,移民的数量大量增加,1957 年达到 28 万多人。

1950 年加拿大建立了公民和移民局,并于 1952 年通过了新的移民法,正式废除了种族歧视的移民政策。

有研究表明,从 1950 年到 1967 年,有 20 万名具有一定技术专长的美国人移居到加拿大。1953 年到 1963 年,有 8 万名专业人员和高级技术人员从其他国家进入加拿大,从战后到 1963 年,移民加拿大的技术工人中有 2/3 来自英国和美国。[①]

可见,知识移民的增加,对战后加拿大经济的发展起到了重要的作用。

加拿大经济发展走的是以其自然资源作为基础、以国际贸易作为基本导向的发展道路。这是加拿大经济发展的特点。

加拿大地大物博,堪称世界上人均占有自然资源最为丰富的国家之一。加拿大全国 997 万平方公里的国土中,约有 13% 可用于农业生产,但实际用于耕作的面积尚不到 8%。加拿大拥有全世界 15% 的淡水湖,因此,水资源和水力资源都极其丰富,森林资源仅次于前苏联和巴西,约占国土面积的一半。此外矿藏等地下资源更是得天独厚,金、银、铜、铁、镍、锌、铅、钴、镁、铝、钛和铀等金属和有色金属藏量极丰。石油、天然气、钾碱、煤和盐等矿藏也有很大的藏量。因而,加拿大是世界上第 4 个最大的矿产国,仅次于前苏联、美国和南非。

---

① 参见张友伦等:《加拿大通史简编》,南开大学出版社 1994 年版,第 269 页。

加拿大的工业和制造业正是以这些自然资源的加工作为基础而发展起来的。生产的产品主要是木材、管道、纸张和各种各样的矿产品和石油产品。即使到了80年代，加拿大已成为一个发达国家之后，它的国内制造业和生产能力的1/4仍是以自然资源为基础的木材、纸张以及其他自然资源的初级产品。这些以自然资源为基础的各种制造业和加工业，还推动了加拿大的能源生产和交通运输业的发展，甚至对银行和金融事业也产生了间接的影响。

与这种以自然资源为基础相联系，加拿大经济发展的另一个特点就是以国际贸易作为经济发展的导向。加拿大财富的积累和资金的积累，离不开国际贸易。

加拿大是世界上最大的贸易国家之一，其进出口贸易约占世界市场的4％。它的出口商品和劳务约占其国民生产总值的30％，其中25％是商品，5％是劳务和对外投资收入。自60年代以来，加拿大的商品进出口贸易一直保持顺差，偶尔也有一年出现逆差。1995年，加拿大对外贸易总额为4788亿加元，比上年增长13％，占当年国内生产总值的比例由1994年的42.3％上升至61.4％，其出口是加拿大自1926年有统计史以来的最高纪录。

加拿大占世界贸易的份额，一般在4％左右波动，但加拿大人口在世界人口总数中所占的比重却不到1％，所以，按人口平均计算，加拿大是世界上贸易额最高的国家之一。

加拿大的对外贸易历来是以其丰富的自然资源作为基础的。两者密不可分、相互影响。最早出口的商品是毛皮、木材和农产品，以后随着其工业化的进展，纸浆、纸张、金属和其他矿产初级产品已占有重要的位置，二战后又加上石油、天然气、铀、硫煤、钾碱、电力和铁矿石等。以后随着现代化的进程，出口中逐渐增加许多技术含量较高的产品，如汽车及零配件、通讯设备、核电设备等。

一个多世纪以来，加拿大经济经历了从农业经济到工业经济，又从工业经济到现代化发达国家经济的深刻变化，因而从经济结构到就业人员都发生了很大的变化。在这一方面加拿大与其他发达国家的发展并无不同。这种变化可从下列表格所列的数字看出。[1]

| | (GNP/GDP 的%) | | (就业人员的%) | |
	1880	1983	1891	1984
第一产业	43.5	10.1	49.2	7.1
第二产业	18.5	19.0	14.7	17.9
第三产业	37.6	71.2	36.1	75.0

可见，无论是产值还是就业人员都发生了从第一产业和第二产业到第三产业的转移。

首先，我们来看看加拿大农业所发生的深刻变化。加拿大的农业人口虽然从1891年的49.2%下降为1984年的7.1%，但农业的产值却大幅度的提高。如果说1931年加拿大农民的总收入是6.5亿加元，到1989年总收入已提高为210亿加元，约占加拿大全国总产值6500亿加元的3%。如果把农产品加工、销售和出口合在一起，其产值约占全国总产值的10%。所以，农业在加拿大的国民经济中仍占重要地位。据1995年的统计，农业就业人数为43.1万人，仅占就业人数的3.9%。

小麦是加拿大最主要的大田作物，种植面积近2810万公顷，占耕地面积的62%。加拿大是世界上第二小麦出口国，仅次于美国。加拿大的小麦主要产地是萨斯喀彻温省。据说全世界每年用于做面包的小麦中，有1/10来自该省，故有"世界面包篮子"的美名。

加拿大的农业之所以能取得如此巨大的成绩，主要应归功于从50年代起所实行的机械化。战后，粮食作物、饲料作物的播种、

---

① 转引自霍莱特：《加拿大的政治经济》，第118页。

收割、储运、施肥、除草、喷洒农药以及牲畜、家禽的饲养逐步实现了机械化，再加上化肥的增施，这就大大提高了单产。此外，农业高产还与加拿大政府重视农业科学的研究和农业人才的培养有关。加拿大的农业部下设科研局，它在全国有 52 个研究机构。1986 年至 1987 年度，联邦政府对自然科学的总支出为 33.29 亿加元，其中对农业部门的支出占 12.8%，居第二位；同一年度，在联邦一级的自然科学工作者中，从事农业方面的研究与开发的科技人员占第一位，为 28.1%。[①] 此外，加拿大还有农业稳定法，农场信贷公司为农场主提供财政方面的支持，因而，加拿大农业的高效发展是不奇怪的。

　　加拿大工业首先是从对自然资源的加工和开发冶矿业而发展起来的。加拿大政府也十分重视交通运输和能源工业的发展。然而作为加拿大国民经济主体的仍是制造业。二战后，加拿大制造业的内部结构发生了很大变化，除了传统的纺织、服装、食品加工、化工设备、机器制造、造船、汽车及汽车零件制造外，还发展起不少科技含量较高的新兴工业部门，如航天航空产品、核能发电、生物工程、环保工程等。原来就比较发达的通讯器材制造业又增加了新的内容如计算机、光纤通讯设备、程控交换机等高科技产品。加拿大的建筑业随着移民的到来和人们不断迁移到郊区居住以及新的地区的开拓，也有很大的发展。

　　与其他国家的发展经验一样，加拿大的制造业也是国民经济发展的龙头。它不仅为出口增加了新的内容，而且也能拉动其他经济部门的发展。有人这样说，制造业每增加 3 个从业人员，也能同时为服务业、资源开发业及加工工业各增加一个就业机会。只是加拿大的制造业发展极不平衡，多数分布在安大略省和魁北克

---

　　① 陈龙渊：《加拿大农业发展的成功之路》，载《成功的启迪》，吉林教育出版社 1991 年版，第 72 页。

省，西部各省也有一些。其中安大略省的制造业约占全国制造业产值的一半，魁北克省则占 1/4。这与这两省开发较早、人口较多有关。我们可以从下表中看出加拿大各物质生产部门的百分比。从表中可以看出，农林渔猎所占的地位不断下降，矿业增长最多，其次为建筑业、制造业，电力也有所增长。

各物质生产部门产值的百分比分布[①]   （%）

	1949	1961	1974	1977
农、林、渔、猎	25.2	13.6	11.3	10.3
矿业	6.1	10.3	13.5	10.6
制造业	51.1	56.4	53.1	52.7
建筑业	12.0	13.1	18.0	18.4
电力、天然气、公用事业	3.1	0.6	4.1	8
其他	2.1	(1961 年以后，已归并到其他部门)		
合计	99.6	94	100	100

在加拿大的制造业中，值得指出的是汽车工业、航空工业和通讯设备。加拿大是世界第 6 大汽车生产国。汽车制造公司基本上是美国三大汽车公司在加拿大的子公司。1995 年，汽车产量达 215 万辆。航空工业产品在世界上也居于领先地位。这些产品包括客机、商用飞机、商用直升机、飞行模拟宇航机、航空控制系统、电子操作系统、通讯联络系统及维修服务等。1995 年，航空产品出口达 80 亿加元。

水力发电本是加拿大的第一电力来源，但其所占比例已从 1994 年的 67% 下降为 56.2%，火力发电和核能发电有所上升。

加拿大的通讯事业极其发达，据 1995 年的统计，平均每 1.5 人就有一台电话机，平均每人每年打 1361 次电话。卫星通讯和光缆通讯也发展起来了。

---

① 吴纪先等：《加拿大经济》，第 58 页。

　　此外，加拿大还是个能源消耗大国，人均能源消耗相当于5.84 吨石油，比日本或欧洲人高出一倍多，比美国人高出 7%，居西方工业国之首。这些都说明了加拿大人生活质量的一个侧面。据1994 年统计，98.3% 的家庭拥有彩电，25% 的家庭有电脑。

　　总之，战后加拿大经济的腾飞，带来了加拿大历史上的一个繁荣时代。目前，加拿大经济虽有失业率高和财政收支不平衡、国债居高不下等困难，然而拥有丰富资源的加拿大的发展前景还是看好的。至少，她的条件和机遇要较其他资源不足的国家优越得多。

　　加拿大是一个自然资源丰富的国家，但却缺乏资本和技术。加拿大虽很重视关税保护政策，但其惟一的选择是吸引外国的资本和技术。据国际货币基金组织发表的数字，1971 年加拿大进出口贸易总额为 349 亿美元，占当年世界贸易总额的 5.4%，居世界第 6 位。若按人口平均计算，加拿大当属对外贸易额最高的国家之一。

　　二战后，随着英国国力的衰落和美国经济势力的全面渗入，美国成为加拿大最大和最基本的贸易伙伴。加拿大在出口商品的结构上长期以来只是依靠一些原料和初级产品，直到二战后才逐步有所变化。加拿大曾经供应过世界市场上 40% 的小麦，2/3 的新闻纸和 40% 的非铁金属。以致有的经济学家认为，加拿大的经济史在很大程度上是基于一种或少数几种出口商品的发展过程。

　　加拿大和美国的贸易关系在二战前就很密切，二战后由于冷战造成的政治格局，加拿大和美国形成了一种特殊的伙伴关系，两国既互相合作又不断发生一些小摩擦。加拿大的外贸政策也不时在保护关税和自由贸易之间摇摆不定，但总的来说还是执行的开放政策和自由贸易政策。美国资本和技术之所以要大举渗入加拿大，道理很简单：加拿大资源丰富，地理上毗连，交通方便，是一个不小的市场，而且加拿大工人的工资比美国低，电力等能源供应的价格又相对低廉，资本当然要流向这种利润较高的地方。

大量外资的涌入，尤其是美国资本的渗入给加拿大经济造成了许多负面的影响。

首先是许多经济部门被外国资本，尤其是美国资本所控制。如汽车工业中3家最大的公司、造纸工业（共15家）中最大的10家公司、石油与天然气中的全部13家公司、镍矿开采与冶炼中最大的3家公司、水泥部门中最大的3家企业，全都控制在外国资本、主要是美国资本手里。这些外国资本利用加拿大的资源发展本国的制造业，并不是利用加拿大的资源来发展加拿大的制造业，因而严重地制约着加拿大制造业的发展。据1963年统计，外国资本对加拿大经济的控制程度如下：制造业为60%，石油天然气为74%，采矿和冶炼为65%，而且其中70%～80%是美国资本。

其次，外国资本的渗入虽然促进了加拿大经济的发展，但却加剧了经济发展的不平衡性和不稳定性。因为这些外资企业的生产，下一步的投资意向都是由利润来导向的，不会也不可能考虑到加拿大的国家利益。由于这些决策都是在旧金山、纽约或东京的跨国公司的办公室里决定的，因而必然加深加拿大经济发展的不平衡，一旦撤资或改产又会成为某种不稳定的因素。

再其次，外国资本的控制在一定条件下还会使加拿大的失业问题和财政收支恶化。我们知道，加拿大是世界上外国资本渗透规模最大、范围最广、程度最深的国家，人均使用外国资本为1700美元（美国是88美元），是世界上最高的。这些外资的引入能够直接创造就业机会和有利于财政收支、尤其是国际收支的平衡，然而它在一定的条件下又会加重加拿大的失业问题和财政收支的恶化。

加拿大有得天独厚的资源，人口按1996年1月的统计才2980万人，要解决就业问题条件本来是优越的。然而就业形势近年来虽有改善,失业率仍居高不下。1995 年就业人数比 1994 年增加 21.4 万人,但失业人数仍有 142 万人,失业率为 9.5％。[①] 1995年加拿大的总债务达 7230 亿加元,人均负债额达 2.43 万加元,仅次于意大利和比利时。

　　失业和赤字本是一般国家经济上常面临的问题,原因是多方面的。然而在加拿大,外资控制的经济造成产业结构不合理,资源开发和加工工业过分庞大,这些都会加重解决这些问题的难度。如以石棉为例,从 1964 年到 1969 年,加拿大出口石棉纤维价值只有 1600 万元,而进口经国外加工过的石棉制品的价值却为4970 万元,仅此一项就造成贸易逆差 3370 万元。[②] 又如 50 年代后期由于美国加紧采购铀矿,造成加拿大的采掘业中铀矿工业成为一个主要部门,到了 60 年代美国缩小了采购的规模,从而造成了这些部门的工人失业。这表明一旦世界市场上有什么波动,美国总公司在缩小其规模时,一般都"优先"让它的加拿大子公司停产与解雇工人。

　　加拿大为了抵消国际收支经常项目逆差,常常采用引进外资的办法。如吸引外资来加拿大直接办厂,或鼓励加拿大企业到美国资本市场上去推销加拿大的股票和债券。在这种条件下,外资流入越多,债务负担就越重,每年应偿还的债务和利息也越多,甚至会发展到年年举新债还旧债的地步。所有这些都加大了解决各类经济问题的难度。1976 年 8 月 19 日的加拿大《环球邮报》写道:"日益增多的债务,使加拿大不同于美国、德国、日本和英国这些工业国家,它们都是拥有大量外国产权的净债权国。相反地,加拿大倒是走在巴西、墨西哥、智利这些非产油国的不发达国家的

---

① 参见《1997 年世界经济年鉴》,第 427 页。
② 转引自吴纪先等:《加拿大经济》,第 255 页。

前面去了，这些国家都面临着日益增多的、快到危机程度的债务。"①

外资的进入和控制不能不引起加拿大有识之士的担忧。他们把加拿大比作老鼠，把美国比作大象，担心加拿大为美国所吞并或再次沦为殖民地。因此，二战后美加的经贸关系一直是加拿大国内争论的一个焦点。在这方面，美加两国资本的矛盾和摩擦始终存在。一方面，美国市场对加拿大来说具有不可阻挡的诱惑力，加拿大不能不要美国的市场。1995 年，双方贸易额达 3707 亿加元，占加拿大全部对外贸易额的 77.4%。加拿大对美国的出口额为 2018 亿加元，占其出口额的 79.6%。从美国的进口额为 1689 亿加元，占加拿大进口总额的 75%，全年贸易顺差为 329 亿加元。这样大的比重说明其依赖程度的加深。另一方面，美国资本的大量渗入必然对加拿大的民族经济造成巨大的威胁。加拿大政府在这方面也采取了一系列的措施来保护自己的民族工业。

第一，在 60 年代，加拿大政府所采取的措施主要是对一些要害部门进行干预，以确保这些部门不再落入外资之手。如 1960 年提出的《加拿大人参加条款》，规定石油和天然气矿区只准租给年满 21 岁的加拿大居民和符合条件的加拿大公司（条件包括公司股份至少 50%属加拿大居民所有等等）。1964 年修改的《保险、信贷和信托公司法》规定非加拿大居民持有这些公司的股份不得超过 25%，3/4 的董事必须是加拿大正式居民等。

第二，在许多重要的经济部门建立国营公司（Crown Corporations），如加拿大国家铁路公司、加拿大航空公司、加拿大石油公司和加拿大广播公司等。但这些国营公司在经营上并不令人满意。1995 年加拿大政府只得对最大的两条国有铁路"加拿大太平洋铁路"和"加拿大国有铁路"实行私有化，共获资 23 亿

---

① 转引自吴纪先等：《加拿大经济》，第 175 页。

加元。

第三，1973 年 11 月，联邦议会通过外国投资审查法，用以甄别某项外国投资是否对加拿大有"重大利益"。甄别的准则包括："对加拿大就业水平的影响；加拿大人参加的程度；对工艺发展的影响；对竞争的影响；以及是否符合加拿大经济与社会政策。"1985年又把加拿大投资审查局改为加拿大投资局，对一般性的外国投资放松一些，对出版和新闻等文化事业则仍控制较严。

1984 年马尔罗尼上台之后，又放弃保护性的国家主义政策，实行全面的市场导向经济，实行自由贸易。他一方面说服加拿大人，使之相信外资对加拿大带来的好处；一方面保证加拿大再次向企业界开放。经过几年的谈判，1989 年 1 月 1 日加美自由贸易协定生效。该协定对 10 年内逐步实现商品自由贸易做出一般性的规定；对消除劳务贸易和相互投资的障碍做出了规定；对解决双方贸易争端规定了有效规则及成立相应的机构；对消除汽车、能源、农产品、酒及酒精的关税专章作了具体的规定等。

在世界经济走向一体化的今天，闭关锁国的政策是不可取的，然而在开放政策的条件下如何来保护和发展民族经济仍是一个重要而不易解决的课题。

加拿大战后的几十年是加拿大人民走向富裕的时期。这种富裕的生活不仅表现在收入的增加上，而且表现在居住条件的改善、教育程度的提高、文化事业的发展和福利制度的完善等方面。

多年以来，加拿大政府投入了大量的资金用于住宅的建设。人们不仅希望有自己的房子，而且要求有比较舒适的房子。例如，人们理想的房子是每个孩子都有自己的卧室，在地下室还有一个地方可供休闲娱乐和孩子玩，有较大的客厅可以全家在一起看电视和聚会。这样的居住条件据笔者到加拿大的多次访问所见，可以说对占人口多数的中产阶级家庭来说都已不再是梦想，而是切切

加拿大文明 177

实实的现实。就是那些政府为低收入和依靠社会救济的居民所提供的楼房套间，其面积也是不小的。

在战后，义务教育很快扩大到了中学。入学人数大量增加。1945 年进入省管理的学校的人数是 1741000 人，到了 1960～1961 年学生人数已增加到 3993125 人。国家对公有学校每个学生的支出从 1945 到 1948 年就增加了 3 倍。成千的新学校修建起来。对教师的要求也从原来的受过一年到二年的教学训练提高到大学毕业。高等教育也得到很快的发展，到 90 年代初，全国共有大学 89 所。以魁北克为例，据统计，受高等教育的人数从 1971 年占总人口的 9.8％上升到 1981 年的 13.5％。

战后广播电视事业的发展是加拿大战后文化事业发展的重要的亮点之一。广播和电视这种强有力的大众传媒对国土辽阔、居住分散的加拿大人来说尤为重要。早在 1952 年电视刚出现不久的时候，皇家委员会的报告中就建议要尽快建立国家的电视服务系统；在经营中要避免过度的商业化和注意发展加拿大的内容和特点，而且国家要调控私有和公有传媒之间的竞争。此外，1951 年皇家委员会关于文化发展的报告还支持扩大国家电影局、国家美术馆、国家博物馆、公共档案馆、议会图书馆、国家公园和设立历史遗迹局等。这些建议后来都得到逐步的实施。下面我们引用魁北克家庭拥有音像设备的数字来说明战后广播电视在加拿大人民中的普及程度。

1961～1983 年魁北克家庭拥有音像设备的数字① （％）

家庭拥有的	1961	1965	1970	1975	1980	1983
至少一台收音机	97.6	96.4	97.5	98.4	98.9	99.2
两台或更多的收音机	29.3	34.6	53.8	64.6	64.4	69.7

① 数字来自兰多：《1930 年后的魁北克》（Paul-André Linteau, *Quebec Since 1930, Toronto*，1991），第 556 页。

续表

家庭拥有的	1961	1965	1970	1975	1980	1983
至少一台调频收音机	7.4	24.1	56.9	81.7	90.4	96.0
至少一台汽车收音机	34.5	47.2	62.3	70.1	75.1	—
至少一台调频汽车收音机	—	—	—	22.1	42.4	—
至少一台电视机	90.8	95.5	97.7	97.8	98.6	99.1
两台或更多的电视机	3.7	12.1	26.0	37.2	44.7	50.6
至少一台彩色电视机	—	—	9.7	49.7	80.3	90.9

从上表可看到几乎每一个家庭都有一台电视机。电视节目的内容也经历了深刻的变化，从最初集中在娱乐上，发展到后来的多种多样的节目并存的局面，有新闻、连续剧、电影、运动、宗教、政治、选举，等等。1978 年的调查显示，魁北克人每周平均要有 25 个小时坐在电视机的前面。电视这种群众传媒是如此的普及和强大，以致形成了这样的局面，即任何文化产品如果它想要传播到广大群众中去的话，它就要通过电视。

加拿大的福利制度比较完善。许多加拿大人都以此作为他们国家的骄傲。战后 50 年代是加拿大社会福利制度的立法不断扩展的时期，许多重要措施都得到了实施。如 1956 年失业补助法案得以通过，而且联邦政府同意为省的补助支出提供 50％的款项。同年联邦的医疗保险法案也得以通过，联邦政府同意在医疗保险的支出方面与省政府共同负担。这样就形成了加拿大福利制度的两级支持的结构，即联邦政府和省政府共同来负担福利制度的支出。

60 年代，在福利制度方面有更多的实际措施得到实现，尤其是在将福利制度机构化、制度化方面取得了实质性的进展。1968 年在医疗服务皇家委员会的建议下，联邦医疗服务法案得到实施。1966 年一个包括对退休、寡妇和残疾人的养老金计划也在以前对老人和残疾人补助条款的基础上进行了实质性的修改。同年还实施了加拿大的补助计划，其中包括失业补助、老年人补助、残疾人补助、儿童福利措施等。

70 年代是加拿大的福利制度继续发展的时期。许多福利制度的覆盖面得到了扩展。如 1971 年对失业保险法案进行了修改，其覆盖面扩大到渔民、病人和孕妇。

如果从 20 世纪初加拿大出现自愿性的福利组织（如儿童救援会、盲人国家机构等）开始，加拿大的福利制度只用 70 年的时间就走完了其他一些国家花费一百多年才走完的道路。80 年代以后，加拿大的福利制度遇到了经济衰退和削减预算的麻烦，政府不得不进行某些调整，如关闭了一些医院等。不管怎样，福利制度在加拿大人民的生活中具有十分重要的作用。

以魁北克为例，1984 年该省居民的收入保障系统是由下列的要素提供的：[①]

基本最低收入

　　社会资助

　　对有特殊需要的社会资助接受者的供给

　　保证收入的补充

　　对年龄在 60～64 岁的配偶的补助

　　为低收入者和老年人提供的低租金住房

　　对老年人的住房补助

　　对财产税的补偿

　　退伍军人补助

　　对克里人（Cree）猎户的补助

收入的复位

　　失业保险

　　老年人保险

　　魁北克养老金计划

---

① 参见兰多：《1930 年后的魁北克》，第 469 页。

年龄税的豁免

养老金收入税的扣除

孕妇补助

对怀孕离职的失业补助

工人的赔偿

汽车事故受害者的赔偿

配偶死亡补助

残疾养老金

对刑法受害者的赔偿

残疾人的税务扣除

退伍军人养老金

对需要抚养的儿童或配偶的赔偿

家庭补助

儿童税务信贷

需要抚养的儿童的税务免除

结婚税免除

可用性的补助

对残疾儿童双亲的补助

对参加工作的帮助

工作收入的补充

儿童照顾补助

儿童照顾支出的税务扣除

对收入低于失业保险的补充

对收入低于社会资助的补充

职业训练补助

由上可见，仅仅收入保障系统的各种项目已是名目繁多。不仅如此，魁北克政府还通过税收制度来消除特别的不平等。对低收入人群的税率一般都是低的，而且还可以享有一些特殊的扣除。

其中最为有名的就是一种由雇主和雇工共同来支持的养老金计划。1982 年，它覆盖了整个工作人口的 39%。此外还有个人退休的储蓄计划。总之，政府和社会在这方面做了大量的工作，各种福利制度成为人们生活中的重要组成部分，甚至成为一些弱者人群的主要生活来源。

二、加拿大的环境保护

加拿大是一个美丽的国家，凡是到过加拿大国家公园或城市的人都会为它的秀丽风光所吸引。然而，在加拿大实现工业化、现代化的过程中也不是没有破坏和污染环境的事件发生。加拿大政府对环境保护一贯都比较重视，下面将他们的一些经验分别加以介绍。

人们都明白环境保护是一件涉及到人类自身生存和生活质量的大事，也是一个社会是否文明和能否保持可持续发展的大事。从根本上说，环境保护就是要在人与自然之间、人与人之间建立起一种和谐的合乎自然生态规律的关系。

加拿大政府曾经为自身建立起这样的一些环境保护的目标：(1) 保护人的身体健康和财产的安全，使其不受有害物质和环境变化的不良影响，无论这种变化是人为的还是自然的；(2) 鼓励再生资源的保护和广泛利用，以保证经济和社会的可持续发展和社会发展与环境的和谐；(3) 大力保护加拿大的各种自然的和文化的遗产，提高公众的环境意识，使这些遗产能完好地留给子孙后代。① 通过这些目标我们可以看到环境保护涉及到广泛的方面。它表明，社会要不断向前发展，人类的生存环境也会不断变化，但

---

① 《加拿大手册》(*Canada Handbook*，Minister of Supply and Services Canada，1986)，第 13 页。

是这种发展不应危及人类本身，不应损害自然界资源的保持和利用，而要让子孙后代也能享受到人类文明所创立的各种遗产。

二战后随着现代化的进程，加拿大的环境污染一度十分严重，自然资源不断遭到破坏，环境问题越来越受到人们和政府的关注。例如加拿大是仅次于美国的能源消耗大国，其耗能量比大部分欧洲人多 2.5 倍，比全球平均耗能量多 4.5 倍，人均二氧化碳年排放量高达 40 吨。二氧化碳造成的温室效应已给加拿大的农业带来严重的影响。80 年代加拿大发生一系列的旱灾，生产粮食的草原省份自 1984 年起已遭受数亿加元的损失。更为令人担忧的是如果气温继续上升，极地冰帽将逐渐融化，一个世纪后海洋水面将上升 5～7 米，那时爱德华王子岛可能会被海水分割成三四个小岛。其他如有毒物质对环境的污染，工业废气形成的酸雨对加拿大环境的破坏都是严重的。在加拿大 70 万个湖泊中 14000 个已严重酸化，鱼类已无法生存。据统计，酸雨对加拿大东部造成的损失每年高达 10 亿加元。[①] 因此并不是加拿大没有环境问题，而是作为一个文明的现代化国家如何来对待、改善环境的问题。

加拿大的环境保护部是 1971 年组建的，它的任务是从加拿大人的子孙后代的长远利益出发，为保护和提高环境质量制定有关的政策法规，并付诸实施，在全国范围内控制和消除污染，使环境变得更为安全、舒适，以利于社会和经济的可持续发展。

环境保护部是加拿大联邦内阁中第七大部，全部工作人员为 10025 人，1991 年至 1992 年度的总预算为 10 亿零 2 百万加元。

环境保护部下属的机构很多，但主要的机构有三：大气环境管理局，环境维护管理局，国家公园管理局。

大气环境管理局的主要任务是提供天气预报、气候状况、海

---

① 引自黄强华：《加拿大的环境管理》，《加拿大的环保活动》，载于《加拿大：民主与政治》，社科文献出版社 1993 年版，第 204～231 页。

洋状况、冰山状况以及空气质量状况的服务，以保障人民群众的生命财产的安全，促进国民经济，尤其是农业和渔业的发展。在全国有 72 个气象台及预报中心。

大气环境管理局和环境维护管理局的任务是对加拿大的可再生资源即空气、水、土地、野生动物予以保护、管理。其中包括水质，水量控制，水的研究，抗洪，河谷规划，土地资源开发，候鸟管理，濒危动植物保护及其他全国性的、国际性的江河湖泊管理及野生动物保护方面的问题。在环境维护方面，该局的任务是要防止、减少并消灭由新的开发引起的污染物排放、有毒物质的使用所造成的环境破坏以及消除有害物质的泄漏，以维护环境的质量不致破坏和下降。

国家公园管理局的任务是保护加拿大美丽的自然景观和优秀的文化遗产，教育公民了解、欣赏和享受这些自然文化景观。凡到过加拿大并到过加拿大国家公园的人都会为其绚丽的景色而惊叹不已。

加拿大的环境保护工作不仅机构健全，目标明确，而且还很有特点。

首先，加拿大十分重视对全民的环境保护意识和责任感的培养教育，并且动员全民来参与这项工作。

1990 年 12 月，加拿大环境保护部长戴科特勒代表联邦政府宣布加拿大将实行一个称为"创造美好环境"的"绿色计划"。该计划准备耗资 30 亿加元历时 5 年，争取在 20 世纪末将加拿大建设成工业化国家中环境保护工作做得最好的国家。毫无疑问，这样的目标不动员各部门和全体公民参与是不可能达到的。该计划在征求意见的过程中就曾在全国各地举行咨询会，邀请社会各界参加讨论，其中有少数民族团体、环境保护组织、教会、工会、企业公司、学术界、青年、市议员等。加拿大人民十分踊跃地参加了讨论，总计有一万多人用各种方式为"绿色计划"提出了建议，而且绝大部分被吸收到计划之中。因而这个计划并不是单纯的政府行为，而是全民参与的活动。

又如1988年加拿大环境保护部推行一个《环境选择方案》。该方案旨在帮助消费者选择及使用对环境危害最小的产品，从而鼓励工厂企业积极发展那些可节省能源、可重复使用、可回收的产品，以及那些尽量不对环境造成破坏的产品。环境选择委员会有社会各界的代表参加，有权批准哪些产品可以贴上"生态标志"。民意测验表明，4/5的人愿意多开支10％的钱去购买为达到环境选择方案标准而增加成本的对环境无害的产品。这说明通过这些活动，大大地提高了人民的环境保护意识，取得了良好的效果。

其次，协调好政府各部门的合作也是做好环境保护工作的重要条件。环境保护工作是不能由环境保护部门单独来完成的。环境保护是一项全局性的综合性的工作，需要各方面的参加以杜绝互相推诿的现象。这次综合的协调工作在加拿大是由加拿大环境问题部长委员会负责的。委员会主席由联邦环境部部长担任，还有各个部长参加。该委员会负责实施政府的环境计划、协调并确保政府的工作，使所有的项目都能符合环境保护的要求。此外，环境保护部长在内阁的重点项目规划委员会中也有席位。

环境问题部长委员会有时还成立专门的小组，吸收工商界的领袖、环境保护组织的代表以及环境科学学术界的人士参加，使经济发展在符合环境保护的条件下进行。这样做的效果很好，联邦各部在该委员会领导协调下，能有效地配合环境保护部的各项工作，避免了互相扯皮的现象。

除了联邦中各部门的合作之外，还有联邦与省合作的问题。在这方面加拿大也建立了各种联邦—省的环境委员会。如联邦—省国家公园委员会、文化和历史资源部长委员会、加拿大野生动物管理部长委员会。此外，在联邦—省之间还签订各种地区开发协议，把各地区的环境保护工作纳入开发协议之中，其中有酸雨、五大湖、新的国家公园、空气及水质监测、狩猎规定、森林防火等内容。如农业部成立有联邦—省环境持续发展专门委员会，林业部有联邦—省森林资源开发协定，由联邦政府拨款保护和开发全国各地的森林。

总之，在联邦和省之间有较明确的分工和合作。联邦政府一般负责一些直接关系全国的环境问题，而且这些事务是在联邦司法范围之内的，而省政府则一般直接对其管辖内的资源和环境负管理的责任。

此外，加拿大在环境保护方面还十分重视国际合作。我们知道，类似大气污染、酸雨、臭氧层、某些河流湖泊的水质这些问题都是全局和跨国性的，甚至是全球性的问题。因此要完全解决好这些问题，需要多方的国际合作。加拿大历来重视环境保护的国际合作，并积极参加到国际合作之中。

例如，1988年，加拿大在多伦多主办了国际大气层会议。会议认为，全球应当将现有的二氧化碳排放量减少一半。会议通过了题为《变化中的大气层对全球安全的影响》的报告。报告建议世界各国商定一个拯救大气层国际计划，在2005年前，将二氧化碳排放量减少20%。

1987年，加拿大在蒙特利尔主办了国际臭氧层讨论会，同另外23个国家签订了蒙特利尔公约。公约要求签字国在1999年前把生产破坏臭氧层的各种化学物质的产量减少一半。

加拿大还十分重视资源的再生和利用。加拿大是一个资源十分富饶的国家。尽管如此，她对于资源的再生和利用仍是十分重视的。到过加拿大的人都可以到处看到那种分类收集易拉罐、玻璃瓶、旧报纸的专门的收集箱。

加拿大还十分重视资源的节约。如1989年环境保护问题部长委员会要求部长委员会废物管理委员会制定一项包装政策，并把重点放在工业、商业、日用品的包装上。1990 年，加拿大环境问题部长委员会通过了全国包装协定书。该协定书提出包装管理的重点是减少包装材料以及包装材料的重新使用及回收，将资源的浪费减少到最低限度。

众所周知，一次性的纸尿布是十分方便的，可是每年需要消耗大量的纸浆以及包装用的塑料。为此，加拿大特地提倡人们使用可重复使用的布尿布。这样能节约纸浆的消费，还可相应减少制浆厂排放的空气污染。此外，加拿大还提倡使用可反复使用的购物袋，以及各种低污染型的产品。可见，在加拿大，并不只考虑产品是否便于使用，更注重的是环境保护和节约。为了节约能源，甚至通风设备都注意热量回收的问题。

加拿大还十分重视控制和减少各类有害物质的排放。我们都清楚工农业生产和生活排放的废弃物、废气、废水是造成环境破坏和污染的直接原因，因此大力控制和减少这类有害物质的排放，是保护环境的一个重要方面。

加拿大政府在这个问题上，首先从法治做起。1988 年议会通过了加拿大环境保护法。该法对有毒化学物质生产的控制、运输、使用、进出口及弃置做出了规定。环境保护法还提出，对有毒化学物质的监控管理包括有毒物质的整个生存循环阶段，即从生成到分解的全过程，从而全面有效地防止有毒物质对空气、水、海洋和土地的污染。安大略、魁北克省由于工业污染严重，就规定对造成污染的公司经理要判刑。

其次，加拿大政府对这些废弃物实行严格的监控并加强各类环境的评估和统计工作，在这方面取得了许多成功的经验。

要成功地解决环境保护问题，无疑需要大批的环境保护方面的科学技术人才。由于环境科学本身就带有跨学科的性质，因而需要大量跨学科的环境保护专家。加拿大的环境科学教育相当发达。一般地说，尽管加拿大的环境科学教育在具体的教学过程中十分重视将自然环境与社会环境结合起来，但各大学的环境科学学科都以理工科专业为主，其中理科专业有环境研究、环境化学、环境地理学、环境地球科学、环境生物学、环境地质学和环境毒理学、环境规划等；自然资源类的专业有自然资源管理、资源管理科学、水资源开发与管理等；环境工程类专业有环境工程学、环境系统工程、地质环境模型研究、地面水与地下水污染控制排水与污水处理工程、固体废弃物处置及空气污染控制等。不少大学由于环境科学类专业已形成体系和具有一定的规模，一般还设有环境科学学院。此外，有的学校还设有市政工程学院或市政与环境工程学院，以包含一些环境工程的专业。[①] 在加拿大大学中设有环境科学专业的学校一般都有较强的实力，都具有学士、硕士和博士学位的授予权。

不仅如此，加拿大学校中的环境科学教育在课程设置和培养方式上还有自己的特点。他们重视文理科知识的结合，设置有"工程与社会"、"经济学概论"、"文学与写作"等带有明显文科性质的课程，这样就能较好地体现环境科学的跨学科的特点，拓宽学生的视野和思路。其次，他们还十分重视专业基础知识的培养。在他们看来，教育的基本目标是素质教育，学校要培养知识面广、知识结构合理、具有一定技能的人才。学生要具有进一步提高的潜能，以适应未来工作的需要。

加拿大还有一种为优秀生提供的"优秀生合作课程"，将优秀生派到某一有关环境的工作单位工作，一学期工作，一学期回校学习。这样不仅加强了学校与社会的联系，也提高了学生的实际工作能力和学习的主动性。这样的学生毕业后其就业前景会比普

---

① 参见郭怀成等：《中加高等环境教育比较研究》，载于《环境科学学报》1988年第6期。

通学生好，也能出人才。

三、加拿大的地区差别

加拿大国土辽阔，在自然地理上的差别就很大。它的人口和工业几乎都集中在南边天气较不寒冷的地区。这种地区差别既有它地理上的原因，也有其社会文化上的原因。

几十年来缩小各地区、各省之间的收入差别一直是加拿大公共政策中的一个热点问题。政府虽然采取了一些措施，但这种差别还没有根本的变化，仍在困扰着人们。

由于地区收入差别的形成有诸多的原因，而且是在长期的历史过程中形成的，因而加拿大学术界对这个问题是仁者见仁，智者见智，没有比较一致的看法。

地区收入差别的形成首先受自然资源和人口的影响。例如阿尔伯塔省石油的发现，无疑是该省人均收入增多的直接原因，又如不列颠哥伦比亚的森林和草原地区的麦地都是这些地区收入的重要来源，不然这里的人均收入将会大大地下降。另外，人口的相对集中，既是某一地区收入较高的一个结果，又会反过来促进该地区的发展。

其次是产业的集中和分布。加拿大经济一个突出的特点就是它 65％的经济活动都是在中部魁北克省和安大略省进行的，大西洋沿岸 4 省只占总生产份额的 5％，西部 4 省约占 30％。也就是说加拿大的产业分布 2/3 在加拿大中部，1/3 在西部。因而加拿大中部二省在加拿大经济中占极重要的地位。这种产业分布会影响人口的集中、失业率的高低以及人口文化素质的高低，而这些因素反过来又会促进地区经济发展的不平衡。

以 1983 年为例，大西洋沿岸 4 省仅有 35％的人口就业，而全国的就业率为 43％，安大略省却高达 46％。据加拿大的经济委员会估计，仅这一事实就足以说明大西洋沿岸 4 省的人均收入大大低于全国人均收入水平的原因。下面让我们来看两个统计表：

各省的 GDP 和其占全国 GDP 的份额（1988）[①]

	省的 GDP（百万元）	占全国 GDP 份额（%）
纽芬兰	7864	1.3
爱德华王子岛	1762	0.3
新斯科舍	14814	2.5
新不伦瑞克	11726	1.9
魁北克	144031	23.9
安大略	247969	41.2
马尼托巴	21483	3.6
萨斯喀彻温	18578	3.1
阿尔伯塔	63489	10.5
不列颠哥伦比亚	68216	11.3
育空地区	2626	0.4

下面我们再看看加拿大各省的人均收入。

各省人均收入（1988）[②]

	总收入	相当安省的 %	人均联邦转移	无转移的纯收入	相当安省的 %
纽芬兰	13850	63.4	3095	10755	47.4
爱德华王子岛	14411	65.9	4315	10096	44.5
新斯科舍	16083	73.5	3758	12325	55.2
新不伦瑞克	15062	68.9	2526	12536	55.2
魁北克	18520	84.7	304	18222	80.3
安大略	21861	(100)	−831	22692	(100)
马尼托巴	17167	78.5	1521	15646	68.9
萨斯喀彻温	15754	72.0	1854	13900	61.2
阿尔伯塔	19947	91.2	−1688	21635	95.4
不列颠哥伦比亚	19179	87.7	−645	19824	87.4
全国平均收入	19517				

从上表我们可以看出安大略、阿尔伯塔和不列颠哥伦比亚省

[①] 引自霍莱特：《加拿大的政治经济》，第 115 页。

[②] 同上书，第 116 页。

都是对联邦财政转移做出贡献的较富有的省份，而经济落后省份的人均纯收入仅占安大略省的人均纯收入的 44.5%。

面对这样大的地区差别，加拿大采取了三大措施：实行社会福利和保障制度、实行联邦政府对省政府的财政转移、实行地区产业发展的补贴，其中主要起作用的，也是争论较大的是财政转移支付，即联邦政府向一些省提供资金以补贴这些省课税基础的较低值。

本来一个国家的政府从其财政收入中拨出一部分，将其转移到贫困落后的省份，许多国家的政府都这样做的。不过在加拿大，由于地区差别的存在，这个问题做得更为突出，很值得人们研究。就其背后的社会文化理念而言，它涉及到社会公正问题。

我们知道，加拿大是实现资本主义市场经济的国家，而社会公正则是人类社会生活中的永恒主题，而公正总是相对于一定的社会制度和历史条件而言的，公正不可能超出其社会经济发展所能允许的水平。按照市场经济的说法，人们在市场上总是以商品所有者而相互进行商品交换，只不过有的拥有资本，有的拥有劳动力，有的拥有技术。在商品交换的意义上，人们都是自由、平等的，然而就其结果而言人们却是不自由、不平等的。加拿大社会也是这样，存在着很高的失业率，存在着数量不小的生活在贫困线之下的人们。有的人拥有财富、权力，而有的人则拥有很少财富、权力或者没有；有的人拥有发展较高的起点和良好的机会，而另一些人则不拥有。那么怎样来调整这种不平等，怎样来帮助社会中那些弱者或处于不利地位的人们呢？这就是在资本主义文明条件下如何来调节的问题。

我们以加拿大历史上致力于宪政改革的特鲁多总理为例来说明资本主义文明条件下的这种理念。

特鲁多是一位自由主义的政治家。他认为自由是一个公正社会最重要的价值。自由的实现是公正社会的基本特征。在他看来，没有自由，人就不能指望实现他的发展和全部的潜能，因为失去了自由，一个人便不能主宰他自己的命运。他认为在一个公正的国家中，个人应有自由去实现其自身的价值，然而处处存在的不平等、各种条件的不平等却在妨碍人们去实现他们的目标。特鲁多并不想对资本主义社会进行大手术，相反他认为历史上许多关于理想社会对公正分配的追求常常是乌托邦。当他从政之后他想通过他的积极的政治活动来组织国家的运转，以实现更大的公正。在他看来，加拿大是实现这种更大的机会平等的理想国家。因为加拿大是一个年轻而富有的国家，具有多元文化和联邦的框架。不仅如此，加拿大还拥有一种既非完全是自由主义又非完全是社会主义的政治传统，在私有经济部门和政府之间有一种不可分离的伙伴关系，而且国家保护弱者和处于不利地位的人。这些在他看来都是实现机会平等政策的理想的社会条件。特鲁多在他的竞选活动中把实现一个公正社会作为他的口号。他要建立一个强大的和统一的加拿大，对所有人实现机会平等的政策。他准备引入一种对资本所得征税的税种，实现医疗保险，改革刑法，实现更合时宜的国际政策，从而使人们更自由更平等。平等对他来说就是英裔和法裔的平等以及对每一个人的经济机会的平等。

可见，特鲁多所说的社会公正其内容主要是用机会平等来解释自由。他强调只有当我们有机会平等时才会有真正的自由，因而自由、平等、权利、机会等应一起发展。在他看来，国家既是指导市场的工具，又是对市场生产的财富进行再分配的工具。因为人们很清楚市场经济本身是决不会产生平等的。市场需求和机会平等的要求之间永远会存在矛盾，市场只会追求眼前利益而忽视贫困者的需要，因而对市场要加以调节，进行某种在不触动资本主义制度条件下的财富再分配。这是二战后在发达国家盛行的自由主义思想。

特鲁多的开明之处在于他抓住了这种思潮，并把它提高到宪法的基本精神的高度来认识,并在 1982 年制定的新宪章中巩固下来。当时公正的口号的主要内容是机会平等,对处于不利地位的人给予更多的照顾。

1982 年的宪章中对与社会公正有关的条款作了这样的规定:"(4)第 2 和第 3 小节不妨碍任何旨在改善一省之内处于不利的社会和经济地位的个人的条件的法律、计划或活动的实施,如果该省的就业率低于全国的就业率。"在关于公民平等权利的条款中规定:"(2)第 1 小节不妨碍任何旨在改善处于不利地位的个人或集团,包括那些由于种族、民族、肤色、宗教、性别、年龄或精神和身体残疾等因素而处于不利地位的个人或集团的条件而制订的法律、计划或活动的实施。"这就是说,平等不仅是人人都有权受到同等的法律保护和益处,而且平等并不妨碍政策对处于不利地位的个人和集团的倾斜和照顾。这样对地区差别实行财政转移也就在情理和法律精神的要求之中。

所以,加拿大政府实行财政上的联邦主义,在富省和穷省之间实行财政转移,以此维护国家的统一和稳定。

加拿大关于公正和公平的观念,不仅要求在人际关系中对那些处于不利地位的个人和集团加以补偿,而且也要求对地区和省际的差异进行补偿。也就是说联邦政府在财政收入中要拨出相当大的一笔支出对落后和较贫穷的地区和省进行补偿。这种做法已经取得了全民的共识并在宪法的基本精神中加以确认。加拿大学者把这种做法称之为财政上的联邦主义,或者称之为再分配(redistribution)或财政转移(fiscal transfer)或平等化(equalization)。

1982 年宪章中第 36 条款是专门关于平等化和地区差别的条款。它规定:"(1)在没有改变议会立法权限或省立法权限或它们在行使立法权限方面的任何权利的条件下,议会和立法机关连同加拿大政府和省政府均应致力于(a)为加拿大人民的福利而促进同等的机会；（b）发展经济以减少在机会方面的差别；（c）为所有加拿大人提供合理质量的基本公共服务。（2）议会和加拿大政府有责任实行平等报酬的原则以保证省政府有足够的收入在相对合理的税收水平的基础上提供相对合理的社会服务水平。"也就是说要保证在社会福利的实施上各省不因它们的经济发展水平不同而有太大的差别，各省的社会福利水平基本上要平等化。

在加拿大联邦的中央政府收入中用来作这种财政转移而再分配给贫穷的省和地区的支出所占的比例是相当大的。布鲁克指出，该支出约占联邦政府收入的 40％左右。据加拿大百科全书所载，1985 年至 1986 年度财政总收入为 1122.65 亿加元，转移补助 个人的有 315.8 亿加元，转移补助非居民的为 18.5 亿加元，转移补助其他政府的为 208.4 亿加元。这种比例的具体算法可能不尽相同，但有一点可以肯定，即用作这种财政转移的支出所占的比例是很大的。

毫无疑问，这种财政上的转移是成功的，对落后地区和省份的补偿也是必要的。它对于维护现行制度、缓解社会矛盾以及巩固国家的统一和稳定均有十分重要的意义。

当然，关于这种财政转移的做法，加拿大学术界和公众对此也有不同的意见，尤其是随着财政赤字和国债的增加，不同的声音更为强烈。

赞成的群众认为联邦政府每年用大量金钱来支付这种服务平等化的做法是加拿大人某种伟大的观念和伟大的价值的体现。它是加拿大这个国家的本质，是我们凝聚成一个民族的标志。然而，有人却对这种作法提出了质疑。他们认为这种平等化的项目的支付需要从质量、效率和平等以及需要等角度来考察。对贫困省的补助并不必然对穷人有益，平等化的支付也不会必然带来普遍的繁荣，事实上人们可以看出其中的一些弊端。

这些批评意见可归纳如下：

第一，它增加和扩大了省际之间的斗争。因为在宪法中只规定了这种服务水平平等化的基本精神，而具体做法并无详细规定，因此联邦政府在确定对哪个省应实施补助、补助多少或哪个省是高于全国平均水平的应对此多做贡献等时就需要有一套非常复杂的计算程序。各省之间就常常为了这笔财政转移而讨价还价，争论不休。

第二，加拿大为了维持全国的福利和服务都大体在相当的合理水平上已造成了巨大的财政赤字，尤其是医疗费用逐年上升，已经达到很难维持的地步。

第三，这种财政转移是在现有的所有制的情况下进行的，因而它无助于一般老百姓收入的平等化。加拿大社会的两极分化仍在进行。如以国民平均收入的 75%～150% 为中间阶级的话，有材料表明加拿大的中间阶级正在缩小。中间阶级已从 60 年代占总人口的 40% 降到 90 年代的 32%。有的人甚至认为国家有的补助实际上是在补助富人而不是补助穷人，而且低收入的人交税的比重更大，有人还认为国家是在刮穷人。

第四，平等化并没有导致人民收入的真正平等化，失业和靠福利制度生活的人数在增加；也没有真正促进落后地区的经济的发展，因而不能只考虑社会公正而不考虑效率。

总之，怎样从社会公正和效率之间找到一个恰当的结合点是不容易的。总的来说，加拿大政府的许多经验是有意义的，是其社会文明的一种体现。

下　编

加拿大文明的特色

6 《因纽特人的首领》 加拿大是多民族组成的国家，多元文化政策
鼓励各民族保持自己的传统文化

第 六 章

多民族社会和多元文化主义

一、人口和移民政策变迁及其影响

在过去两个世纪中，加拿大人口的民族成分发生了翻天覆地的变化。起初，加拿大由多部落、多方言的土著社会变成法兰西人与土著人的社会，又变成以法兰西人和不列颠人为主流的社会。从 19 世纪末期起，来自欧洲大陆移民的涌入改变了加拿大的人口结构。从 20 世纪初起，民族分布开始缓慢变化，随着移民不断增加，法兰西和不列颠人口对其他民族人口的比例不断减小。但是早期移民大都是来自欧洲和美国。从 60 年代末起，随着移民打分制的采纳，人口的民族组成又发生了巨大变化。下面首先来看加拿大移民模式和人口的变迁，然后再分析这些变化对加拿大社会的影响。

过去一百年中进入加拿大的移民人数与其他国家相比是比较高的。从 19 世纪中叶开始，小股的移民流不断进入加拿大，20 世纪开始移民大量增加，只有大萧条时期和二战时期一度迅速减少。

加拿大最初的人口很少，早期移民的影响不论在社会、经济方面，还是人口结构方面都是巨大的。20 世纪 50 年代到 60 年代又来了一次移民潮，高峰时的 1957 年的移民人数增长到 300000人，移民对全社会的影响反而减少。这一方面是因为移民背景比较相似，另一方面是因为加拿大的人口基数已经很大。1967 年的新移民法又一次深刻地改变了移民的总体情况，大大地影响了全体加拿大人和整个社会。所以，联邦的移民政策根据国情和国民经济发展来控制什么人或哪些人可以来加拿大，从而控制移民的整体情况。移民的变化和移民政策的变化是紧密相关的。下面是加拿大移民政策的主要变化：

1947 年以前，优待英国移民。

1947 年，决定通过移民增加人口。

1949 年，法国移民也包括在优待范围内。

1951 年，优待范围再次扩大，包括其他西北欧国家。

1952 年，通过新的移民法，巩固战后的移民规章，继续"最惠民族"政策。

1956～1957 年，接收匈牙利革命后的难民和苏伊士运河危机后的英国人。

1962 年，取消移民的"最惠民族"条款，新规定强调"教育、培训、技术及其他特殊资格"，技术移民占主流。

1967 年，新移民法对所有移民申请人统一采取打分制，移民政策更加紧密联系劳动市场需求。

1968 年，接收苏联占领捷克后的捷克难民。

1972～1973 年，接收被乌干达政府驱逐的亚裔移民。

1976 年，新移民法要求对未来移民进行总体规划。

1978 年，加拿大议会开始宣布未来移民的数字。就业与移民部长必须就地区人口和劳动市场需求与各省及有关组织、机构和人士进行协商。

1979～1980 年，接收东南亚船民 60000 人。

1981～1982 年，接收军事管制下受害的波兰人。

1985 年，采取有控制、有节制地增长的移民政策。首次采取"受限制职业名单"方法，每年公布加拿大劳动市场所需要的就业类别。

1987 年，魁北克在移民接收上发挥更大作用。

　　1988 年，扩大"亲属移民"范围，包括更远的亲属，比如表兄妹、叔婶舅姨等。

　　1989 年，采取新措施解决、清理积压的难民申请（当时积压了大约 100000 份难民申请）。

　　1950 年后进入加拿大的移民数字随着政策的变化而大幅度地上下浮动。例如在 70、80 年代，联邦政府关心的是经济停滞和就业水平，80 年代初移民增加主要是在国际压力下接收印支难民和其他难民的结果。90 年代移民增加主要是出于婴儿出生率长期下降的考虑。1990 年移民数字增加到 220000 人，随后数年保持在每年 250000 人的水平上，这还不包括每年到加拿大的 3 万到 4 万难民。进入 2000 年，出现了新的人口问题：加拿大白人受美国高工资的吸引纷纷到美国工作，造成人才流失。惟一补偿办法就是吸引第三世界技术人才，联邦政府把移民水平增加到 3000000 人。

　　按与本国人口比例计算，加拿大自 70 年代末期以来比任何发达国家都接收更多的第三世界移民。在 1992 年，加拿大来自第三世界的移民人数占全国人口的 2%到 3%之间。这种国际性的移民模式转变一是因为欧洲国家出生率下降，不再有多余人口；二是因为加拿大国内的种族歧视和种族自我中心思想的缓解。另外，许多国家内部民族冲突也导致许多人到加拿大寻求庇护。新移民一旦在加拿大立足，又形成新的压力团体，迫使政府允许他们的亲戚、家属前来团聚。

　　长期以来，移民问题是加拿大人最关切的问题之一。加拿大政府 1974 年的一份政策文件提出管理移民数量和民族结构的几个要点，其中包括政策要与经济及劳动市场目标相符合，要有明确的地区指标，要确定每年移民最高限度。一年后又确定移民分为三类：独立移民（包括技术移民和投资移民）、难民移民和家属移民。目前的移民政策和计划反映了三个目标：社会目标、经济目标和人道主义目标。尽管加拿大的传统是一贯重视技术移民

（有技术、受过高等教育、会说英语或法语），但实际贯彻上，尽量兼顾三个目标。政府也考虑移民家庭团聚（社会目标）和难民寻求安全（人道主义）的需求。

来自第三世界的移民增加的结果是"有色少数民族"（visible minorities）的增加。自从移民打分制采用以来，欧美移民明显减少，而非英语非法语移民逐年增多。下列表格是这两种移民在采取打分制后的变化情况：

加拿大移民的来源（1968～1987）①　（％）

年代	欧美	第三世界国家
1968	74.31	25.69
1970	66.12	33.88
1972	58.58	41.42
1974	50.31	49.69
1976	44.01	55.99
1978	45.54	54.46
1980	34.46	65.54
1982	34.46	65.54
1984	31.12	68.88
1986	30.15	69.85
1987	29.49	70.51

从上表可以看出，欧洲、美国移民从 1968 年将近占移民总数的 2/3 以上到 1987 年降到不足 1/3。来自第三世界移民增长的同时，来自亚洲的移民增长最猛，成为加拿大移民的主要来源。此外移民类型也发生了很大变化。家属移民从 1983 年的 54％降到

---

① 资料来源：弗里德莱斯：《加拿大民族成分的变化》，载萨泽维奇编：《一个国家的解构：1990 年加拿大的移民、多元文化主义和种族主义》(J. S. Frideres，*Changing dimensions of ethnicity in Canada*，in V. Satzewich〔edit〕，*Deconstructing a nation：Immigration，multiculturalism and racism in* 90' *Canada*，Halifax：Fernwood Publishing，1992)，第 59 页。

1988 年的 30%左右，独立移民在同一时期从 30%增到 51%。

　　加拿大人口中民族结构的变化对整个社会具有深刻的意义。人口结构的变化会影响人们的行为并对社会机构提出变革的要求。例如，移民比本地出生的人更乐于积累财产和存款，这可能影响存款利率和外汇兑换率。欧美移民和第三世界移民有明显不同，前者的男女比例比较均衡；大部分是年轻夫妇和孩子，有大学文凭的年轻人比较多，约 3/4 的欧洲移民是以独立移民的身份来加拿大的。而第三世界移民的男女比例不均：男高于女；有大学文凭的年轻人的比例低；经济不能独立的人口较多。社会结构必须做出相应变革才能适应新移民的要求。比如技术培训必须和语言培训相结合，接收移民子女的学校必须提供相应的支持和心理咨询及社会服务，移民就业计划也要作相应调整。

　　加拿大"有色少数民族"的增加在各地区带来不同程度的影响，受影响最大的是移民集中的几大城市：多伦多、温哥华和蒙特利尔。这三个城市就承担了加拿大移民的 60%。而乡村及一些偏远地区所受影响微乎其微。

　　移民对经济结构影响也不小。由于就业机遇的不平等，出现了某个民族的人过分集中于某一行业的现象，比如意大利移民集中在建筑业，菲律宾妇女集中于家政服务，中国移民集中在饮食业。少数民族的集中又给社区内的学校的语言教学提出特殊要求。

　　少数民族团体中按照总体教育水平有明显的两种，一种是低教育水平群体，一种是高教育水平群体。两种群体对社会的影响都不小。低教育水平群体对社会福利依赖程度高，需要更多的社会救助和开支。高教育水平群体中有许多有文凭、有技术又精通多种语言的人才；这些人在现代社会中竞争力很强，有很大机动性，而且不主动融进主流社会。同时他们在本民族社区内是经济、社会变革的催化剂。他们为本民族利益奔走，把有关本民族的问题提到政治高度，成为争民权的政治领袖。但是往往在问题还未得到解决之前,他们就可能又找到新的工作而搬到别的地方去了。近年来,一些新移民团体的影响力在于争取个人权利和民族权利的运动。比如有些华人聚居的城市中争取在公立学校开办中英双语教育的运动就是一例。这些活动不仅为华人争得一定的权利,同时也通过各种活动加强了华人社区的沟通和团结。

在多民族国家里,由于种种明显的原因,主流社会对少数民族,尤其是"有色少数民族"的偏见是难以避免的。总的来说,加拿大人对能对加拿大经济繁荣做出贡献的移民的态度是友善的,对来加拿大与亲人团聚的移民亲属也是欢迎的。但是加拿大人对"有色少数民族"移民的反感还是有的,认为他们不愿意与主流社会融合。民意测验显示经济竞争力较弱的加拿大人(低教育水平,低工资,无技术或失业)认为目前加拿大政府吸收的外国移民过多,他们对"有色少数民族"不表示欢迎。对移民所带来的影响,法语加拿大人由于本身地位的原因较为关注。

二、加拿大建国以来的民族与政治

(一) 建国初期 (1870~1920)

不少分析家把加拿大的民族与政治说成不列颠人与法兰西人之间的关系,虽然英法关系构成了加拿大民族与政治问题的框架,但是加拿大民族与政治比这种双元性更复杂,反映了这个移民国家 100 多年来的历史经验,也反映了这个国家的多样化。

民族在加拿大政治过程中所起的作用在各个历史时期是不断变化的。19 世纪末到 20 世纪初,非英语非法语少数民族经济上贫穷,在社会上处于底层。随着条件的改善,他们的政治力量渐渐增长,由于各群体要改善或加强他们的社会地位及利益,政治家们要吸引和得到新群体的支持,各群体渐渐地建立起了紧密的关系。少数民族也要派代表参与政治过程,各党派也开始在少数民族中征募候选人和拉选票。这种发展过程的速度随党派、民族及地区而有所不同。

在 19 世纪，犹太政治家伊扎基尔·哈特（Ezekiel Hart）被选为魁北克省议员（1808），但由于他的犹太背景而不能在议会就职。维多利亚的亨利·那森（Henry Nathan）是第一位犹太人国会议员（1867）。波兰移民亚历山大·基尔考斯基（Alexander Kierzkowski）也发挥过重要政治作用（1967）。但当时这三位政治家都是以个人身份参与的，并不是本民族群体的代表。当时少数民族人口只占总人口的 8%，少数民族在政治舞台上还扮演不了重要角色。

建国初期，大西洋沿岸各省接收很少的移民，所以他们在地方政治中发挥的作用不大。虽然新斯科舍省有不少德裔，但他们已存在 100 多年，大部分已完全同化。黑人由于当时的种族隔离和贫穷以及主流社会的歧视，在政治上也发挥不了作用。只有在不莱顿角的矿工和炼铁工人中集中了一定的新移民。他们中有犹太人、克罗地亚人、乌克兰人、意大利人及非洲黑人，但他们并不能左右当地的主流政治。

20 世纪初移民问题才成为魁北克人关注的问题。蒙特利尔聚居的犹太人和意大利人在加拿大是最多的，但仍不足以对政治施加太多影响。法裔的天主教和英裔的新教对他们的偏见也限制了他们的政治参与。意大利天主教徒和法裔天主教徒结成同盟；犹太人也拧成一股绳选举他们的代表进入省及联邦的议会。组织严密的犹太社区努力改善自己的社会地位。

安大略省在 1920 年以前有 10% 的人口是少数民族，其中德裔是最大的群体。他们虽然后来人口比例有所下降，但他们在几个中心城市和聚居区是举足轻重的群体。在安大略省柏林市（Berlin，后改名为 Kitchener），德裔人口占 3/4，他们是许多政党争夺选民的目标，德国移民雨果·克兰兹（Hugo Kranz）被推举为市长（1869），后被选为第一个德国出生的国会议员（1878）。该地区的德裔控制着市政府一直到第二次世界大战期间。20世纪初，东欧和南欧的移民少而分散，形不成政治气候。在多伦多，保守党从1907年起就支持一家意大利人的报纸，1910年帮助组建了希伯来保守党人协会。但1920年前，移民在多伦多基本上是与政治无关的局外人，几乎无人争得一官半职。安大略省少数民族发挥较大的政治作用是第二次世界大战后的事。

相反，随着大批移民的涌入，西部草原各省在19世纪和20世纪之交民族政治斗争较为激烈。1911年时各省人口有30%左右属于少数民族。自由党作为当时的联邦执政党赢得许多新移民的支持，而保守党由于盎格鲁民族主义严重，疏远了大部分新移民。自由党通过扶植少数民族报纸得到新移民的好感。他们在少数民族中培植有影响的人物，先是作为非正式的中介人物，后来作为省级职位的候选人。

到1904年时，少数民族比例的增长以及密集的定居方式使少数民族代表有可能竞选，但由于经验不足、语言障碍和歧视，很少有人成功。比如在1905年到1921年这段时期内，在阿尔伯塔省，出生于安大略的人占全省人口的15.4%，但在省议员中占56.2%；而出生于欧洲和亚洲的人占全省人口比例约14%，但在省议员中只有5.7%。

在西部草原三省中，乌克兰人是一个团结的、强大的、最有政治实力的群体。他们人数少但居住集中，鲜明的政治观点使他们能通过有组织的游说影响公共政策。由于省政府对他们提出的在公立学校中乌克兰语课程管理方面应享有更大的决策权的建议未能做出满意的答复，阿尔伯塔省自由党中的乌克兰成员很恼火，有4名党员在1913年作为独立人士参加竞选。虽然这4人均未成功，但另一位乌克兰自由党员安德鲁·桑德罗（Andrew Shandro）赢得一席位，成为加拿大第一位省议会的乌克兰议员。

中、西部各省少数民族通过支持各主要政党参与政治的同时，也组织激进的左翼政治运动，特别是犹太、乌克兰和芬兰人。1905年俄国革命失败后流入加拿大的政治难民为左翼运动添加了能量。乌克兰和芬兰工人建立了加拿大社会民主党，在这两个群体和犹太群体中都建立了支部，出版各自的报纸，组织失业工人的运动。1915年时该党拥有5300名党员，大都是东欧人和芬兰人。他们都支持加拿大共产党。

加拿大各地的政党尽力争取移民，在移民中拉选票。可不列颠哥伦比亚省的情况恰恰相反。所有政党都把限制亚洲移民作为竞选纲领，不给亚裔选举权，限制他们在经济上竞争。从1870年到1950年这80年间，该省的反亚洲人情绪很强。省工会认为亚裔夺走了白人工人的饭碗，降低了生活水平。1878年到1899年省议会通过了26个限制亚洲人的法律。华人、日本人和印度人被法律排斥在政治生活之外，只能转向各自社区，建立各自自给自足的封闭的社区组织。唐人街就是这样诞生的。由于几乎没有任何政治权利，唐人街的政治主要是指向中国国内事态。华人希望看到一个强大的中国。这个时期孙中山先生曾三次访问加拿大，在华人中寻求革命的道义支持和财政支持。

（二）1920年到第二次世界大战结束（1920～1945）

在20世纪初到第二次世界大战期间，大批新的政治难民进入加拿大。外国政府也纷纷试图对他们在加拿大的同胞施加影响。当时加拿大严重的经济和社会状况加速了来自欧洲的少数民族的政治分化，这些民族有意大利人、匈牙利人、芬兰人、乌克兰人、克罗地亚人、爱沙尼亚人、拉脱维亚人和立陶宛人。30年代大萧条中最大的受害者是少数民族群体，左翼和左翼政党在他们身上都能找到新的血液。

虽然不少移民群体把目光集中在当时的国际事件上，但在加拿大生存了一代人以上的老移民群体对国内政治越来越关注。随着地方上一些小党派的成功，草原各省有更多的乌克兰人和斯堪的纳维亚人被选进省议会，有几个还进入渥太华。不管怎么说，这些人毕竟是少数民族，大都是少数民族聚居的选区推举的，比如阿尔伯塔省的维格诺维尔(Vgereville)的乌克兰人区或蒙特利尔、多伦多、温哥华市的犹太社区。这些议员在他们各自的党内只有有限的影响力。加拿大第一位乌克兰人议员，阿尔伯塔农场主联合会成员迈克尔·鲁克霍维奇(Michael Luckhovich)主张开放的移民政策，但他的党却持相反态度。30年代有两位自由党犹太议员，来自蒙特利尔的山姆·雅各布(Sam Jacob)和多伦多的山姆·法克托(Sam Factor)要求接收来自德国的受纳粹迫害的犹太人，但自由党政府却无视他们的要求，反对难民进入加拿大。

少数民族政治家的影响力是有限的，二三十年代加拿大的本土主义继续影响着联邦政策。1923年不列颠哥伦比亚省的政治家迫使联邦政府通过排华法案，1928年又使日本移民数量限制在最低程度。在萨斯喀彻温省三K党曾发展到20000名成员，反对天主教，反对法裔和移民。大萧条时期出现过反犹太、反移民的本土主义思潮，认为移民造成失业率升高。有些政治家主张驱逐移民出境以便节省救济开支，限制激进主义增长。

在二战期间，德国纳粹党和意大利墨索里尼分子都试图在加拿大各自的同胞中拉拢同情者，但不是十分成功。相形之下，加拿大共产党在少数民族中却颇具吸引力，大萧条时期，共产党在工人中的支持达到高峰。加拿大共产党欢迎外语支持者，党内有外语工作者，并出版多语言报纸以便接触匈牙利人、捷克人、芬兰人、保加利亚人、意大利人、波兰人、俄罗斯人、斯洛伐克人、乌克兰人和犹太人。附属共产党的最大组织是乌克兰人劳工农民协会，它在1939年时在全国有201个支部，113个会堂和10000名成员。共产党内的芬兰人虽不如乌克兰人多，但也有同样重要的作用。加拿大芬兰人组织在 1930 年有 74 个支部,6000 成员,并有自己的周报。尽管加拿大共产党内部有些矛盾,但还是为移民发表观点提供了渠道。加拿大共产党竞选成功的少数例子都是在东欧移民聚居的地区。在 1926 年,乌克兰人劳工农民协会领袖威廉·考利斯尼克(William Kolisnyk)成为温尼伯市政参议员,也是北美第一位当选的共产党人。许多移民,主要是乌克兰人、芬兰人和匈牙利人,在 1937 年参加了一个军团,出国参加西班牙内战,帮助西班牙共和军。

总之,在 20 世纪初到第二次世界大战期间,加拿大的各民族群体积极投身政治运动。各群体之间及内部发生了分化、联合的复杂情况。但如果看一看当选的少数民族议员或官员的数量增长情况,就会认识到加拿大各民族的政治融合在渐渐发生。

(三) 第二次世界大战的影响和战后移民(1945~1968)

在第二次世界大战爆发时,欧洲移民更关心的是欧洲事务。几个东欧少数民族,像马其顿人、亚美尼亚人和乌克兰人,都建立了强大的组织,支持自己祖国的解放事业,希望战争能导致他们祖国的独立,加拿大人对欧洲移民的歧视也不如第一次世界大战时强。许多移民群体已在加拿大站稳脚跟,有些移民群体原先的祖国属于同盟国,比如波兰人和华人,许多加拿大人把他们对故国的深情看成反法西斯战争的一部分,对他们的尊重也增加了。

二战期间,许多移民的故国处在侵略军占领之下,亲戚朋友需要食品和衣服,战争使这些持不同意识形态的群体走到一起,共同募捐救济,比如左翼和右翼的匈牙利人和克罗地亚人。战争也使一些宿敌走到一起,塞尔维亚人和克罗地亚人就联合为南斯拉夫进行战时救济活动。

由于战时的本土主义思潮,加拿大政府曾强行拘留过 22000 名日裔,逮捕过 800 名德裔和 700 名意裔侨民。战时和战后的发展缓解了对少数民族的歧视。对纳粹主义和种族灭绝行为的痛恨使加拿大人认识到"优等民族"观念的错误和反对种族主义行为的必要。加拿大移民法中和选举权上对少数民族的限制开始受到正义的人们的批评。加拿大在1944年签署了联合国宪章，1948年签署了国际人权宣言，国内政策中的种族主义成分开始受到审查。由于亚裔的游说和越来越多的白人公众的同情，中国人、日本人和印度人分别在1947年和1949年获得了选举权。联邦政府在1947年废止了排华法；在1951年允许小股南亚人移民加拿大。华人开始离开聚居区，分散到全国各地。

对移民的开明态度迎来了战后移民的高潮。加拿大从商业利益出发相信增加移民会刺激经济增长。工会曾经反对大规模移民，现在也开始赞同了。加拿大法语区对移民的传统敌视也瓦解了。从二战结束到1961年，210万名新移民涌入加拿大，使加拿大的非英语非法语民族人口猛增到全国人口的1/4。到了50年代，中欧、东欧和南欧移民在多伦多及安大略其他大城市形成了很强的选举势力，在有的选区能左右选举结果。面对新的国情，保守党改变了党的定义，不再是盎格鲁民族主义的党，开始和自由党激烈争夺少数民族和新移民的支持。民族政治从加拿大政治生活的边缘转变成了主流。

许多东欧移民纷纷建立了自己的民族主义和反苏组织。爱沙尼亚人、拉脱维亚人、立陶宛人、乌克兰人、白俄罗斯人、克罗地亚人、斯洛文尼亚人、马其顿人和亚美尼亚人希望他们的故国能重获自由，获得独立。尽管他们联合游说，但未能成功地争取到执政自由党总理的支持。但乌克兰人的组织在50年代取得了几次外交胜利。他们通过一名乌克兰自由党人议员约翰·德卡尔（John Decore）的游说，加拿大外交部同意加拿大广播公司国际节目向前苏联的乌克兰人进行广播。50年代的经济繁荣使这些群体的激进主义衰落了。

1955 年安大略省的竞选是在两位犹太人之间激烈展开的。一位是多伦多市政参议员、保守党的艾伦·格罗斯曼（Allan Grossman）；另一位是现任国会议员，共产党员索斯伯格（J. B. Salsberg）。最后艾伦·格罗斯曼获胜，他在省议会任职 20 年，担任内阁部长 15 年。他和乌克兰裔议员约翰·亚兰科（John Yaremko）联手帮助保守党关注移民选民和争得移民的支持。

50 年代自由党注意关心移民需求，争取移民支持，但是党内高层人员组成并没有反映出多民族的现实。1957 年时，仍然没有犹太人和乌克兰人的内阁部长。在法官、参议院和最高层官员中少数民族比例仍然太小。在 50 年代，个别的犹太人、乌克兰人和冰岛人被任命过参议员，但意大利人和波兰人中还没出现过一位参议员。

但保守党随着约翰·迪芬贝克（John Diefenbaker）当选为党的领袖，开始在少数民族选民中得到重要突破。他来自多民族混居的选区，因此对种族歧视和二等公民的感情非常敏感。他的"一个加拿大"的观点和他所倡议的权利法案都强调所有人应得到平等的待遇。他在 1960 年作为总理在联合国大会发表演说谴责前苏联政府在国内对少数民族的压迫。以约翰·迪芬贝克为首的保守党采取多种措施与民族歧视和敌视作斗争。他任命了第一个乌克兰裔的内阁部长——奥沙瓦市前市长迈克尔·斯塔尔（Michael Starr）。约翰·迪芬贝克也向其他民族群体进行官方接触。在 1957 年联邦大选中，道格拉斯·郑（Douglas Jung，中文名郑天华）作为温哥华地区保守党代表，成功地成为加拿大历史上第一位华人国会议员。保守党政府在 1962 年改变了加拿大移民规定，几乎废除了所有的歧视性内容。

在 20 世纪 50 年代和 60 年代初，少数民族政治家们在市级和省级层次上已更加重要了。好几个少数民族聚居的城市都选出了少数民族市长，其中较为著名的有奥沙瓦市的乌克兰裔市长迈克

尔·斯塔尔（1949），埃德蒙顿市长威廉·豪里拉克（William
Hawrelak）（乌克兰人，1951），温尼伯市长斯蒂芬·朱巴（Stephen
Juba）（乌克兰人，1956）。多伦多也有过两任犹太人市长那森·菲
力普斯（Nathan Phillips）和菲力普·吉文斯（Philip Givens）。乌
克兰人、犹太人和斯堪的纳维亚人开始有了内阁部长。在萨斯喀
彻温省、马尼托巴省、安大略省和阿尔伯塔省分别在1952年、1955
年、1958年和1962年产生了第一位乌克兰裔的内阁部长。乌克兰
人的政治权利大大加强了。除了内阁中的代表性，少数民族在省
议会的代表性也大大提高。这些成功是多种因素造成的：人数的
增加，社会经济地位的提高和在加拿大出生的第二代移民的成熟。
少数民族以竞选获胜为荣，力争能选出自己的代表，占据席位，增
加自己的政治影响。

（四）多元文化主义的胜利（1968～1989）

在1969年采取了官方双语制之后，自由党越来越感觉到非英
语非法语民族群体的不满。出于多种政治考虑，特鲁多政府在
1971年10月宣布了双语框架内的多元文化政策。首先，自由党看
到该党在西部地区的虚弱，西部地区把双语政策看成是过分偏袒
法裔而无视西部的历史经验。至少乌克兰人认为特鲁多的政策偏
向法裔，认为采取这个政策不是真心实意的。其次，自由党也充
分意识到大都市的，特别是多伦多的少数民族的重要性，认为多
元文化主义有助于该党维持自己的支持率。多元文化主义的确缓
和了西部地区对官方双语制的不满。

多元文化政策为民族政策提供了前提，外交政策和移民政策
也继续关注民族问题。多元文化部长职位的设立和多元文化计划
的实施使先前少数民族关心而政府不感兴趣的计划有了合法性。
联邦政府帮助不少民族群体成立了全国性组织，对立党派开始制
定在全国大选中吸引少数民族的竞选纲领。在大城市移民集中的

选区，移民夺取了不少市政府的席位，特别是在多伦多。从1972年到1990年，11位多元文化部长中有6位来自多伦多选区。联邦的多元文化政策促使好几省也采取相似的措施。安大略省和三个草原省首先接受了多元文化主义。

魁北克政府拒绝了联邦政府的多元文化主义，但在对待战后不同民族的移民问题上采取了宽容态度。接受移民最多的蒙特利尔市采取了尊重多元文化的措施。不过在语言问题上，1977年通过了101法案限制移民儿童选择语言的权利，强迫移民儿童上法语学校。为了保护法语的生存，魁北克省吸引讲法语的移民，比如海地人、越南人、北非的犹太人等，同时也欢迎具有天主教信仰的西班牙人、意大利人、葡萄牙人和拉美移民。魁北克省移民部长热拉尔·戈丹（Gerard Godin）提出了"跨文化政策"，既考虑魁北克省多民族的现实，又支持与联邦多元文化政策类似的计划。

加拿大各省区对多元文化主义不同的反应，反映了当地的民族情况、特点和关系。联邦政府采纳多元文化政策表明几个主要少数民族具有越来越大的政治影响，尤其是最极力主张多元文化的乌克兰人。由于该政策，少数民族组织和领袖具有了更多的政治合法性，这样，少数民族的影响进一步增强了。

多元文化主义取得成功的另一个表现是在1982年的加拿大权利与自由宪章中加进第27款。该款明文规定"本宪章的解释必须与保留和加强加拿大多元文化遗产的宗旨相一致"。这一规定使与多元文化主义相矛盾的其他法律规定成为无效。

随着移民规定的开放，又有许多新的移民群体来到加拿大。新移民中已有一半来自第三世界，包括智利、萨尔瓦多、南非、埃塞俄比亚、乌干达、印度、越南及其他地区，他们也带来了对全球发生的事件的各种政治观点。难民的政治观点虽是形形色色，但总体上是反共的难民，比如捷克、苏联、犹太、越南的难民；但加拿大也开始接受右翼政府迫害下的难民，比如智利、南非、海地和中美洲难民。

第三世界移民除了在国际事务上带来了新观点，也为多元文化主义提供了新的动力和理由。第三世界的非白人移民对种族主义和歧视特别关切，集体向政府游说要求更多的人权保障。在 70 年代初，由于这些"有色少数民族"的努力，国会专门成立了一个委员会负责处理这些问题。该委员会在 1984 年发表了题为《现在就平等》（*Equality Now*）的报告，包括 80 条建议，有几条建议要求给传统上受歧视的"有色少数民族"以补偿性优待政策（affirmative action）。

都市的政治家们看到"有色少数民族"新移民群体的力量，在市级、省级和联邦级大选期间及候选人提名大会上出现了争取少数民族选票的激烈斗争。有严密组织的少数民族在代表选举过程中能起到很明显的作用。政治家相互指责对方用免费提供会餐和交通工具、空头许诺、帮助亲属移民来加拿大等办法骗取少数民族选民的腐败做法。尽管少数民族的地位提高了，力量增加了，但新移民群体的领袖们主要当做主流社会政治家们的中间人，还不能亲自作为候选人参加竞选。

20 世纪 60 年代到 80 年代日益增长的对有色民族的关注对加拿大最老的民族之一——黑人具有重要意义。尽管由于人口分散、贫穷和地区差别，黑人试图建立一个持久的、稳定的全国性组织的尝试没有成功，但黑人在这 30 年中还是取得了不小的政治利益。加拿大各地通过的人权法案说明人们感到了美国的种族主义的不公正和潜在危险。60 年代对黑人政治上的关切主要出于对可能发生的种族暴力的恐惧和对过去不公正的忏悔。60 年代，新斯科舍一些黑人曾试图采取美国黑人建立黑人自尊心、争取黑人权利的暴力方式。像罗基·琼斯（Rocky Jones）一类的青年领袖动员黑人群体向白人权力机构挑战，鼓动黑人改变只作招架的习惯。新斯科舍的白人政治家对新的黑人组织表示支持，比如黑人联合阵线。

同时，安大略省黑人的政治影响也扩大了。在 20 世纪 60、70 年代，加拿大黑人在美国人权活动家丹·希尔 (Dan Hill) 和美国黑人以及涌入多伦多的大批西印度群岛移民帮助下，通过都市种族关系同盟 (Urban Alliance and Race Relations)，社区报纸组成了重要的院外活动集团。黑人律师林肯·亚历山大 (Lincoln Alexander) 的政治生涯就象征了黑人政治力量的成长。他在 1968 年当选汉密尔顿的议员，1980 年被任命为保守党政府的联邦内阁成员，1985 年成为安大略省总督。由于人数少，安大略省和新斯科舍省以外的黑人没有取得同样的进步。一个例外是西印度群岛来的黑人移民露丝玛丽·布朗 (Rosemary Brown)。她在 70 年代作为不列颠哥伦比亚省新民主党内一个强有力的激进政治家崭露头角，在 1975 年差一点当上该党全国党魁。

80 年代时，在加拿大农村、草原地区的第三、四、五代人中，民族渐渐失去了政治意义，但在接收移民的城市地区，在有雄厚基础的、较大的民族群体中，民族仍然发挥重要作用。在加拿大出生的人中，乌克兰和犹太裔继续在各级政府施展政治力量。少数民族的影响在外交政策方面也很明显，比如支持波罗的海三国独立运动的呼声表明加拿大是一个多民族的国家，地球上任何地方的事态发展都受到与那些地区有关系的加拿大人的关注。

随着少数民族力量的增长，过去政府对少数民族的不良行为受到重新审查。日裔在经过长期斗争后，终于在 1988 年从马尔罗尼政府得到了对第二次世界大战期间非法拘留日侨的赔偿。华裔也就 20 世纪初的华人人头税，乌克兰裔就第一次世界大战时所受的虐待提出索赔。

在民族关系、移民政策（尤其是难民政策）和多元文化主义问题上公众舆论常常是矛盾的。80 年代一群锡克极端分子企图用暴力建立独立的锡克国时，公众对锡克人的反感猛增。1986 年和 1987 年公众对越来越多的难民潮有所不满。虽然逃离斯里兰卡内战的泰米尔人和逃离专制右翼政府的中美洲难民有适当的政治避难理由，有些加拿大人认为移民法太松，有些不受欢迎的人假装成难民进入加拿大。加拿大人一方面想对受政治迫害的人伸出人道主义之手，但又怕难民在加拿大土地上继续他们故国的政治斗争，破坏加拿大的外交政策和民族团结。

　　回顾过去几十年历史，二战后的初期是加拿大民族与政治关系中的转折点。移民和少数民族随着人数的增长，政治和经济势力的增长，随着主流社会和国民经济的变化，在加拿大政治生活中担当越来越重要角色。随着移民源源涌入大、中城市，几大政党展开了争取选票的殊死斗争。保守党也认识到如果不争取移民和少数民族的支持，就不能取得政权。两大政党激烈争夺选民的时候，民族政治就不再处于政治斗争的边缘。移民情况的变化和非英语非法语民族势力的增长导致了把加拿大看成多元文化社会这样一个全新的概念。

　　自从 20 世纪初以来民族和政治的关系发生了很大变化。现在，各政党都尽力争夺非白人的支持，而不是把劲儿使在迎合种族主义舆论上。很多少数民族在第二次世界大战前弱小无力，现在积累了可观的政治力量。现在非英语非法语群体的成员有可能当国家总理。戴夫·巴雷特（Dave Barrett）是犹太人，在 1972 年到 1975 年间是不列颠哥伦比亚省长。另一犹太人大卫·路易斯（David Lewis）在 1971 年到 1975 年间是新民主党全国党魁，黎巴嫩人乔·季兹（Joe Ghiz）在 1985 年是爱德华王子岛省长。这三个例子说明少数民族担任高官的障碍已经大大地减小了。1986 年荷兰裔的比尔·旺达·沙姆（Bill Vander Zalm）成了第一位非英裔移民的省长。马尔罗尼总理内阁成员也完全是多民族的。1979 年德裔埃德·施瑞耶（Ed Schreyer）被任命为加拿大总督，1989

年乌克兰裔的雷伊·那狄辛（Ray Hnatyshyn）也成了总督。目前的加拿大总督是 7 岁时从香港随父母移民加拿大的华裔女士伍冰枝。

非英语非法语群体的政治融合已达到了一定程度，个人不再被看成只是个别民族群体的代表。少数民族的需求和关切越来越成了联邦政府各部所关心的一部分，各级公务员队伍也反映了全国人口的多样化情况，当然少数民族的比例不一定够得上他们在人口中的比例。整个 20 世纪中，非英语非法语民族大大地影响了公众以及各政党的政策和命运，这种局面还会继续下去。

三、各民族的贡献

自从 60 年代开始，加拿大政府开始特别关注非英语非法语的民族群体的作用和重要性，开始用"第三势力"（the third force）这个词来特指除土著人以外的非英语非法语的文化群体，在 1961 年这种"第三势力"在总人口的比例已达到了 26%，20 世纪 90 年代初达到 33%。由于这种第三势力是由 100 多个不同民族、文化和语言的群体所组成，各自的目标、意向不同，与主流社会融合的程度不同，还谈不上形成统一的政治力量。另外，居住分散和文化传统各异也影响他们的同一性。如以省为单位，还没有一个属于"第三势力"的民族群体的人口占某省总人口的 20% 以上（在 1961 年，萨斯喀彻温的德裔人口曾占该省人口的 17%）。因此，"第三势力"这个词主要用在文化的意义上。

多年来，所有来自不同来源国的移民群体积极参与了发展加拿大的活动，尤其是对加拿大西部的开发方面已有明显的成绩。随着移民人数的逐年增多，随着他们融入加拿大社会的进程，他们把他们的长处、技术和传统带给了这个新的祖国。他们中有医生、教师、工程师、艺术家以及各种有特殊技能的人。他们把在故国经过多年学习和实践所获得的宝贵经验传授给加拿大。他们使大学、医院、研究所、工厂等社会各领域都受益匪浅。全社会分享了他们劳动和知识的成果，同时也发现这些后来者有他们自己的传统。他们鲜明的特点与主流社会明显不同，然而对全社会产生同样有效的影响力。主流社会认识到非英语非法语的移民对他们传统文化的眷恋不应受到指责和阻止，他们的文化传统会使全社会受益。加拿大全社会对各民族贡献的共同认同充分表现在1988年的多元文化法中，即对各种文化、语言权利的保护。然而这种认同最初是在1967年由皇家双语双元文化委员会发表的《双语双元文化调查报告（第四册）：少数民族群体的文化贡献》中明显表达出来的：

由于天生的原因具有显著不同语言文化的人们在加拿大的存在不可估量地丰富了加拿大社会生活，这是不可忽视的。主流文化从这些其他的文化中只会得到好处。语言的多样化无疑是一种优势，给我国带来的好处是极其宝贵的。我们一贯地申明我们希望所有的加拿大人在平等环境中交往，不管他们属于哪个语言和文化群体。我们所称的文化群体的其他民族人民也必须享有同样的好处，受到同样的限制。就民主精神和最根深蒂固的人类准则而言，民族大融合能在和谐和生气勃勃的整体中增加健康的多样化的生机。

其他文化群体在加拿大的存在是所有加拿大人都应感到幸运的事。他们的成员应永远享有一个基本的人权——保护他们语言和文化的权利。行使这个权利需要他们作出额外的努力，对这一点他们的加拿大同胞应感谢他们，他们在加拿大的存在为加拿大和世界其他地方的交流提供了方便条件。他们的文化价值观不仅在大众传统中，而且也在文学艺术中得到表现。我们认为，这些文化价值观远远超越了民族差异，我们把它看作我们全民族财富的不可分割的一部分，因此我们有充分理由关注"其他民族的文化贡献"问题。我们在认真细致地做研究的基础上提出建议，以便使我国的文化、社会、经济、政治机构能够对其他文化群体成员的合法期望作出反应，并为他们提供在充满生机的、繁荣的加拿大充分发展的机会。[①]

此外，该报告最后所提的 16 条建议中，除了反种族歧视、强调公民权利和语言文化权利外，还包括了承认各民族贡献的具体做法，其中包括：

建议 7：建议加拿大大学应扩大人文、社会科学领域中与非英语非法语民族相关的领域的研究。

建议 11：建议对英、法语无线电和电视广播中的其他文化群体形象的性质和影响问题进行研究。

建议 13：建议拨专款资助国家电影制片委员会创作和生产有关非英语非法语民族群体和成员的贡献的影片。

建议 14：建议拨款支持各少数民族的文化艺术团体。

建议 16：建议加拿大人类文明博物馆应得到专款并拨出足够的面积和设备展出非英语非法语民族的历史、社会组织和民间艺术等项目。[②]

这些建议加强了全社会对非英语非法语民族对加拿大所做贡献的认同，对反种族歧视、加强民族团结、促成后来多元文化政

---

① 皇家两种官方语言和双元文化委员会：《两种官方语言和双元文化调查报告（第四册）：多民族群体的文化贡献》（Royal Commission of Bilingualism and Biculturalism, *Report* 〔*Book Four*〕：*Cultural Contribution of the Ethnic Groups*, Ottawa, 1967），第14页。

② 同上书，第 228—230 页。

策的采纳和多元文化法的颁布都发生了无可估量的影响。本章的主要内容是介绍加拿大各民族群体对加拿大文明发展所做出的主要贡献，重点集中在非英语非法语民族的贡献方面。

（一）土著人

　　谈到土著民族的贡献，人们不禁会想到感恩节的来历。北美的感恩节最初是在美国普利茅斯港登陆的"五月花"号木帆船上的清教徒创立的，当时印第安人作为北美大陆的主人向这些疲惫不堪的落荒白人伸出友谊之手，收留他们，并为他们提供了最初的生存必需品。印第安人把宝贵的生存经验毫无保留地传授给客人，教会他们开荒，种植当时欧洲还没有的玉米、土豆、西红柿、烟草等。又教会他们猎兽捕鱼、用草药治病、驾驶独木舟、火把传递信号、防止野兽袭击以及一些打仗的军事技术。所以，第一批白人在第二年就获得了大丰收，在北美为此后长达数百年的殖民统治打下了基础，站稳了脚跟。印第安人衷心为白人兄弟的成功感到高兴，与他们共庆丰收的喜悦。然而，背信弃义的殖民者认为这一切好运都是上帝赐予的，决定每年丰收之后过一次感恩节。在美国，感恩节是每年11月第四个星期的星期四。

　　这个节日不仅美国有，加拿大和其他移民国家也有。在加拿大这个节日的历史可以追溯到更早的1578年，当时纽芬兰岛上最初的英国移民创立了这一历史性的宗教节日。由于气候和农作物收获季节不同，加拿大的感恩节是每年10月的第二个星期一，移民在这一天欢庆丰收，用火鸡和南瓜派招待新移民或客人。

　　从感恩节来历看，早在哥伦布之前北美土著人就已创造了光辉灿烂的农业文明。他们善于利用自然环境所提供的资源，他们善于利用自然的智慧是令人赞叹的。没有他们的贡献，殖民者就站不住脚。首先，印第安人的贡献与谷物培植有密切联系。美洲原始的谷物有玉米和野米。他们先于任何民族把玉米当做主食。加拿大最早种植玉米的是易洛魁人，易洛魁人还实行豆类和玉米套种，让豆藤缠玉米秆生长。此外，印第安人还种向日葵、南瓜、蚕豆等。

玉米、土豆和甘薯都是印第安人首先培植后通过欧洲传到全世界的，对人类做出了巨大贡献。尽管玉米的来源有不同说法，现代科学考证证明玉米来自印第安人。直到现在，土豆还是欧美人的重要食物。近代的欧洲曾遭遇多次灾荒，玉米和土豆拯救了无数生命。

烟草和吸烟也是印第安人的发明。伊丽沙白一世女皇的宠臣、探险家瓦尔特·瑞理爵士 (Sir Walter Raleigh) 曾把吸烟习惯带回英国。他的管家从背后看到他吐出的烟从头上冒出，误以为主人身上着火，用一桶水向主人泼去，这个故事曾传为美谈。哥伦布也曾把烟草带回欧洲。虽然烟草后来给人类带来巨大危害，但能制成多种药物；吸烟有恢复精神疲劳，使人精力集中，帮助思维的作用。烟在世界上屡禁不止，这也说明它有其他东西不可取代的功效。

印第安人有高超的捕鱼狩猎技术，比欧洲人高明得多，这在工业化以前的时代是十分重要的。尤其值得一提的是打猎用的绳术，现在仍是西部牛仔竞技项目之一。他们可以掷出绳圈准确地套住奔跑的野兽，还可以抡起两端带有石头球的绳子，甩出去打伤野兽。印第安人猎野牛时可以用追赶牛群跳崖的办法同时猎杀成百匹野牛。

哥伦布发现印第安人把一种白色液体，用于多种目的，既可以做成弹性很大的球玩耍，涂在布上防水、防雨，也可以做成不怕摔的容器，这就是后来的橡胶。橡胶的发现对全人类体育运动和汽车制造都是巨大贡献。长曲棍球 (lacrosse) 运动也是印第安人发明的，至今在北美仍很流行。印第安人还发明独特的工艺用枫树树液提取糖浆。^①印第安人用金鸡纳树皮治愈疟疾,后来人们才知道这种树皮含有奎宁。

吊床也是印第安人发明的。它既可以防湿,又可以防蚊虫叮咬。在野外露宿时在吊床下点篝火是保护人身安全的好方法,烟可以熏蚊子,火可以取暖、照明和防止野兽伤害。

休伦部落发明了树皮房。一个大树皮房内有二三层大通铺,可以住二十几个家庭。此外,印第安人发明的独木舟可以行驶在波涛汹涌的大洋上。大独木舟能载很多货物或载数十人之多,最大的可载一百人之多。独木舟的航速非常快,最快的速度能超过当时欧洲最快的帆船。

印第安人在艺术方面也有突出的贡献,主要在音乐、舞蹈方面。他们的音乐和舞蹈的节奏都比较简单、质朴,诗歌可以当歌唱,著名的有《欢迎曲》、《熊曲》、《大狗舞曲》和《棍棒曲》等。舞蹈时身上可以不带东西,也可带铁环等物,著名舞蹈有《猫头鹰舞》、《战斗舞》等。北极地区的印第安人的树干雕刻艺术很有名气,也有器物上的图案。图腾柱的雕刻是别具特色的,在树干上雕刻各种人头、兽头、鸟头等。目前加拿大各地还竖立着从古代保留下来的图腾柱。风景秀丽的维多利亚议会大厦前有,渥太华的人类文明博物馆里也有。太平洋沿岸的印第安人还有戏剧,比如温哥华岛上的印第安人的著名戏剧《雷公鸟》就是表现酋长特权和人们对大自然的热爱的。

加拿大的土著除了印第安人外,还有居住在北部严寒地区的因纽特人。他们常年生活在冰天雪地的严酷环境下,创造了独特的冰雪文化。有的因纽特人住圆木房和海豹皮帐篷;有的住用石头、鲸鱼骨和木料搭制的半地窖式房屋。因纽特人还创造了雪屋。

① 参见王闳:《枫糖节》,载《爵士乐、文学与民主》,中国社会科学院1997年版,第162～165页。

他们把冰雪制成雪砖再砌成拱顶的雪屋。一间这样的雪屋只需两个人干一个小时，适用于为猎海豹而经常搬迁的生活方式。

因纽特人还发明了雪鞋。这种鞋是大圆网状的鞋套，重量很轻，可以大大减小人体在雪地上的压强，可以使人在深雪地行走而不下陷，同时又能大大提高雪地行走的速度。

（二）法兰西人

最早到达加拿大的法国人是探险家雅克·卡蒂埃。他在 1534 年 5 月航抵圣劳伦斯河湾附近的阿卡迪亚（Arcadia）（现今的新斯科舍），次年又沿河上溯并命名该河为圣劳伦斯河。1608 年尚普兰在魁北克建立城堡作为毛皮贸易的货栈，它日后成了法国殖民的桥头堡。1642 年法国人又在圣劳伦斯河上建立了蒙特利尔城。法兰西人统治加拿大 100 多年直到 1759 年才被英军打败。

法兰西人的贡献主要在于魁北克的开发与建设。魁北克很早就实现了农业现代化。法兰西人有自己的区域经济，他们丰富的管理经验加上魁北克的自然资源使该地区的经济发展很快。魁北克的水力、风力发电很发达，它的水电一直远送美国，石棉产量世界第一，纸浆工业发达，金属钴产量世界领先。

法兰西民族由于丰富的政治经验，产生过不少政治家。他们不仅包括魁北克党的领袖，还有过三位加拿大总理。这三位法裔总理都是世界公认的极有成就的政治家，其中包括前总理特鲁多（Pierre Trudeau）。特鲁多总理执政期间颁布了多元文化政策和许多重要法律，率先和中国建立了外交关系（1970），开放移民政策。这时期的经济、教育也迅速发展。连任三届的现任总理让·克雷蒂安也是法裔，加拿大在他任职期间在各条战线上都取得了长足的进步。尤其值得一提的是 1995 年魁北克的全民公决。在公决前夕，他为了维护国家的统一做了大量的工作，为最后击败分裂势力做出了贡献。

　　法兰西民族取得过辉煌的文学艺术成就，加拿大的法兰西人也创造了自己独特的文学和艺术。法裔加尔乌尼 1848 年出版的《加拿大历史》是加拿大第一部文学著作，它标志着加拿大生活的新时期。

　　最初的重要著作是在法国出生和受教育的法兰西人写的，比如《卡蒂埃回忆录》、《尚普兰回忆录》这些书多属于历史书，而不算文学，但是为研究早期的加拿大提供了宝贵的资料。1830 年出版的米舍尔·比博的诗集《诗体信、讽刺、歌曲、名言及其他诗歌》是加拿大法兰西人的第一本诗集。1837 年出版的菲力普·奥伯特的 "L' influence d'un Liver" 是第一部小说。1844 年出版的安东尼的 "Le Jeune Latour" 是第一本剧本。1852 年建立的拉瓦尔大学是第一所法语大学。法兰西人建立了加拿大最早的图书馆、学院及各种学会。出版了最早的报纸，为加拿大文化的发展奠定了基础。

　　19 世纪末叶蒙特利尔出现了年轻诗人内里贡，他深受法国象征主义诗歌流派的影响，十几岁就发表诗歌，成了加拿大现代诗歌的开拓者。虽然他英年早逝，但他的诗才却发出了夺目的光华。在 1952 年，即他死后 11 年，《内里贡全集》才出版。他的诗歌使加拿大法语诗歌进入了一个崭新的境界。他著名的代表作品是《金船曲》。蒙特利尔社会各界在 1966 年为内里贡树立了一座纪念碑。1979 年是内里贡诞辰 100 周年，加拿大还发行了一套印有一艘金船的纪念邮票。

　　魁北克的音乐、民族舞蹈和芭蕾舞在世界上享有盛名。法兰西人为保护自己的语言和文化所做的努力是令人钦佩的。沉浸式法语教育最初就是在魁北克兴起的，对全世界的双语教育都有借鉴作用。

（三）不列颠人

加拿大的不列颠人或英裔人来自不列颠群岛，其中包括英格兰人、威尔士人、苏格兰人和爱尔兰人。由于复杂的历史原因，加拿大不列颠人是否形成一个民族是个很有争议的问题，因为在加拿大的苏格兰人和爱尔兰人大多数不愿意把自己和英格兰人等同起来。但是他们为了在加拿大维持统治地位，特别是在与法兰西争霸的过程中，基本上表现了团结一致，再加上都来自不列颠群岛和说英语的共性，社会学家们还是把他们看做一个民族群体，总称为不列颠人、盎格鲁人、英裔或说英语的人。

这个群体中的威尔士人最少，和英格兰人的差别不像苏格兰人或爱尔兰人那样明显，一般被划入英格兰人的范畴。所以在不列颠人中，比较特殊的群体主要是苏格兰人和爱尔兰人。不列颠人作为加拿大的两个建国民族之中的强者和 1763 年后一直占统治地位的民族，他们的语言一直是加拿大的官方语言。他们在打败法兰西人之后，把他们的制度和意识形态带到加拿大。所以不列颠人在加拿大文明发展的过程中的贡献是不言而喻的。他们在政治、经济、社会和文化的各个领域中所发挥的作用和影响是其他任何民族群体都远远不能相比的。然而，由于本章的重点是论述多元文化发展过程中少数民族的贡献，不列颠人的影响只能极为简单地一提，然后再扼要地介绍苏格兰人和爱尔兰人的贡献。

加拿大目前的社会制度、意识形态、文学艺术无一不是建立在不列颠人的传统之上。从 1763 年英国统治开始到 1867 年加拿大自治领成立这一段历史时期内，不列颠人的影响是最明显的。这段历史时期为加拿大的后期发展打下了基础。建国后来自世界各地的移民深刻地影响了这个国家，强大的邻国美国也施加了不可估量的影响。世态变化但万变不离其宗，加拿大文明总是离不开不列颠的文化根源。

　　最初到加拿大的很多不列颠人是逃离美国革命的效忠派成员和英国托利党的追随者。由于他们的影响，甚至今天加拿大人对社会的态度仍然与美国人不同。与美国人观点相比，加拿大人更倾向于法律和秩序高于个人权力的观点。加拿大官员不必像美国官员那样完全看人民的眼色行事，在处理事务方面有更大的自主性。与美国政府相比，加拿大政府对本国持不同政见者比较宽容。美国是按《独立宣言》所体现的社会契约所建立起来的，美国人由一个共同理想和目标凝聚在一起。而加拿大不是社会契约的产物，加拿大不存在强求一致的压力，也根本不存在什么"加拿大生活方式"。美国是"熔炉"；加拿大是"马赛克"或"色拉碗"。现代加拿大和美国不一样，这和最初的不列颠根源是分不开的。加拿大的政府和法律虽然在若干方面与英国的不同，但英国的议会民主制和习惯法是加拿大制度的鼻祖。英王是加拿大的最高权威，议会也是最高权力机关。加拿大的政体中议会权力的至高无上、权力的平衡和对滥用权力的限制机制都是英国制度的变种。

　　加拿大的宪法原则也来源于英国，那就是法制，法高于权、法高于人。与法制相关的两个概念也来源于英国：一是法律必须有一定的程序；法律必须恰当地解释，即法律不仅要措辞严谨，而且在任何时候、任何情况下都必须始终如一地加以解释。这些法制思想和原则都是不列颠人遗产的一部分。

　　苏格兰人在加拿大 200 年的成长过程中发挥了很大作用。在1971 年时，加拿大的苏格兰人和爱尔兰人占英裔总数的一半左右，占全国人口总数的 15％强。1759 年英军占领魁北克时，沃尔夫将军麾下很多战士就是苏格兰高地人。他们以勇敢、坚韧和忠诚著称。在七年战争期间，苏格兰高地兵团（Scottish Highland Regiments）屡建战功，威震敌胆，为英国人控制加拿大立下了汗马功劳。

　　第一个到加拿大的苏格兰人是威廉·亚历山大爵士（Sir

William Alexander）。他在 1621 年得到法国国王詹姆士六世的特许在今天的新斯科舍（苏格兰语意为"新苏格兰"）建立了基地，在芬迪湾建立了定居点。苏格兰人在加拿大的广泛活动开始于毛皮贸易。1720 年后哈德逊湾公司雇佣大批苏格兰人从事皮毛生意。英国人占领魁北克期间，大批苏格兰人进入魁北克。他们渐渐地控制了加拿大的商业和毛皮贸易。到了 19 世纪初，苏格兰商人成了商业领袖。蒙特利尔的毛皮商詹姆士·麦吉尔（麦吉尔大学创始人）和西蒙·麦克塔维什（Simon McTavish）建立了西北公司（North West Company）。苏格兰商人开拓了西部毛皮贸易的资源，在西部地区探险，把移民点移向太平洋海岸。苏格兰人还建立了著名的蒙特利尔银行及其他金融机构，控制了圣劳伦斯河上的木材交易，建立了好几个造船厂。1885 年建成的加拿大太平洋铁路的勘察工程就是由苏格兰工程师桑德福德·弗莱明（Sandford Fleming）主持的。

　　19 世纪末加拿大工业领袖中有 20% 是苏格兰人，另外还有 28% 的人有一半苏格兰血统。而当时苏格兰人只占加拿大总人数的 16%。这些工业精英中有 46% 的人口在苏格兰时曾经只是农民，他们在加拿大经济发展中建立了卓越功勋。

　　苏格兰人的贡献还体现在法律、医学、神学和教育领域。在加拿大各个大学都有苏格兰裔教授，在道德哲学的教学领域苏格兰人的影响尤为显著。今天加拿大人明智、诚实的民族形象都能在苏格兰遗产中找到根源。加拿大不少大学是苏格兰人建立的，比如达尔豪斯大学、麦吉尔大学和女王大学就是例子。在政治领域中，苏格兰人也发出耀眼的光辉。在加拿大自治运动中，有两名著名领袖是苏格兰人：约翰·麦克唐纳（John A. MacDonald）和乔治·布朗（George Brown）。自治领成立时有 1/3 领导人是苏格兰人。加拿大第一和第二任总理都是苏格兰人：约翰·麦克唐纳和亚历山大·麦肯利（Alexander Mackenzie）。

　　另外，在科学、文学和新闻等领域中，人们也不难看到苏格兰人的成就。

　　爱尔兰人在18世纪初出现在加拿大。他们是每年夏天到纽芬兰岛捕鱼的季节工，后来由于不列颠岛上的战乱和饥荒，开始长期定居在纽芬兰。所以，加拿大的纽芬兰和爱尔兰建立了紧密的经济关系。后来爱尔兰人又扩散到新斯科舍、不莱顿角和哈利法克斯，在当地渔业生产方面发挥突出的作用。1786年爱尔兰人在哈利法克斯建立了爱尔兰慈善会，是当时北美第一个慈善机构。在欧洲的拿破仑战争之后，爱尔兰人开始大批涌入加拿大。在高峰时期，加拿大的爱尔兰人数曾一度超过英格兰人、威尔士人和苏格兰人的总和。按照1871年的人口统计，爱尔兰人占加拿大人口的24.3%。这个比例后来开始下降，到1961年成了9.6%。除了渔业外，爱尔兰人有一半从事农业，所以，他们在加拿大建国前和以后的很长时期里对沿海地区以及中部地区的农业发展是做出很大贡献的。

　　爱尔兰人以积极的政治活动著称，富有政治斗争经验，在支持民主形式的政府和争取政治权利方面发挥了不小的作用。一位爱尔兰移民欧格尔·高文（Ogle Gowan）在19世纪初建立了奥兰治会（Orange Order）。这个组织主张建立强大的加拿大、在英联邦中发挥更重要作用。这一组织还扩大到其他非天主教的民族群体。在高峰时期，加拿大信奉新教的男子中有1/3是该会的会员。它把英格兰人、苏格兰人和爱尔兰人在相同文化和政治信条的基础上团结起来。

　　爱尔兰人还为加拿大执法机关的建立提供了先例，加拿大皇家骑警（RCMP）就是按照爱尔兰皇家保安部队的模式建立的。当时在英格兰和苏格兰，各城市负责各自区域内的治安问题，警察部队归地方管理。而爱尔兰建立的由国家统一管理的皇家保安部队（Royal Irish Constabalary），按照军事体制驻扎在军营里，负责所有地区的治安。加拿大总理约翰·麦克唐纳在考虑西北地区治安的问题时，专门向伦敦询问了爱尔兰保安部队的情况。1873年，加拿大皇家骑警成立，直到目前它仍然为加拿大大部分地区提供警力。

爱尔兰人的教育制度也影响过加拿大。爱尔兰在1831年出版了当时英语国家中质量最高的整套基础教育课本《爱尔兰全国读本》(*Irish National Readers*)。十年后安大略省教育改革时这套课本被介绍到安大略的学校。自治领成立时，安大略省所有的年轻人实际上都是通过这套课本接受教育的。它在魁北克和其他省份的个别学校中也被采用过。安大略省的教育体制也从爱尔兰人那里学到不少东西：对教学内容的集中控制；为保证教师质量而开办师范学校；把日常管理权和聘用教师权下放给学校董事会。又过了十年左右，安大略师范学校毕业的约翰·杰索普（John Jessop）又把这套制度传到不列颠哥伦比亚省。该省在1872年颁布的公立学校法就以安大略的教育体制为蓝本。爱尔兰人的经验还间接地影响了西北地区和马尼托巴省的教育体制。

（四）少数民族的贡献

1. 犹太人

第一批移居加拿大的犹太人经罗德岛于1751年到哈利法克斯定居。这批犹太人的大多数是德国商人。后来犹太人陆续到魁北克。英军占领新法兰西时军中也有犹太人，他们退伍后留在加拿大。犹太人口开始只是缓慢增长，1870年后加拿大开始接受东欧来的或辗转美国来的犹太人。这样，从1881年到1921年，犹太人口猛增到125000人，其中大部分来自俄罗斯。1981年时，加拿大的犹太人口按照血统计算约为264025人（按信仰计算的话约为296425人）。

犹太人只占加拿大人口的1.2%（1981），但是，他们在商业、工业、金融、保险、农业、教育、政治及文学艺术方面的贡献是全方位的，远远超出他们的人口比例。本文只能集中在几个方面。

大部分犹太移民来自欧洲城市，很少有来自农村地区的。19世纪末到20世纪初，一些犹太移民到来时赶上西部定居计划，被安置到农村，他们就当起了商人、医生、律师或教师为当地欧洲移民服务。19世纪时，蒙特利尔、维多利亚、多伦多三城市集中了一批犹太富人，大都来自英国和德国。他们为当地工商业各个领域的发展，其中包括毛皮贸易、服装业和银行金融，都做出了巨大贡献。在医学、法律以及学术界的情况也是如此。相反，一批来自欧洲，特别是来自俄国的难民到达温尼伯时找不到好工作，当起了铁路工人和建筑工人。在蒙特利尔和多伦多，犹太人先在服装厂和面包店工作，有的当小摊贩，攒够钱后再开自己的商店。大城市犹太社区的犹太人往往以填补本社区行业空白的方式谋生。有的在本社区当牧师、希伯来语教师，有的开肉铺、鱼铺、面包铺和饭馆。他们先以社区行业起家，再扩大服务面，变成面向全社会的公司企业，犹太人在这方面非常成功。一个夫妻店可能发展成大型连锁店；一个小饭馆可能发展成联合肉品公司。与一些保守的移民群体相比，犹太人敢于冒风险，善于抓住时机做生意和扩展生意，这是他们成功的主要秘诀之一。

第二次世界大战后，尤其是60年代后，各个移民群体都开始重视教育和人的素质。但犹太人重教育的传统是举世闻名的。尊重知识是犹太文化最重要的成分。这一点和华人的儒家传统有些相似，所以在异族通婚中，加拿大犹太人和华人结合的例子并不少见。社会上的种族歧视反而加强了重教的传统。在激烈的就业竞争中，犹太人和华人主要不是凭借体力，而是依靠知识和教育。犹太人中体力劳动者的比例远远低于全国的平均水平。和犹太人在总人口中的相对比例而言，他们中涌现出了非常多的杰出人才。尤其在文学和艺术领域，犹太人为加拿大增添了无比的荣耀。

　　有四位犹太英文小说家值得一提。默德塞·里勒（Mordecai Richler）是都市小说家。他根据自己的经历和回忆，塑造了犹太社区里一个有雄心的青年奋斗成功的故事。还有几个小说家致力于从欧洲传统中寻找犹太人的性格和准则。这样的例子有亨利·克莱塞尔（Henry Kreisel）的《富人》（*The Rich Man*）；阿代尔·韦斯曼（Adele Weseman）的《牺牲》（The Sacrifice）和克莱恩（*A. M. Klein*）的《第二卷经文》（*The Second Scroll*）。

　　克莱恩不仅是犹太小说家，也是第一位把犹太诗歌贡献给英语世界的人。他把基督教和犹太文化，把过去和现在，用一种艺术的中性观点成功地结合起来。他的主题既是犹太的又是非犹太的，既是政治的又是哲学的，既是社会的又是宗教的，既是国际的又是民族的、乡土的。他的名诗有《没有一个犹太人》（*Hath Not a Jew*），《摇椅》（*The Rocking Chair*），一些赞美诗及其他诗歌。欧文·雷顿（Irving Layton）是著名的、高产的当代诗人。伦纳德·科恩（Leonard Cohen）的诗歌和小说都表达了新一代的心声。犹太人对英语文学的贡献如此杰出，他们的作品不仅反映在质和量方面，而且在主题上也有鲜明的特点，独树一帜。他们的主题都是描写个人为了理解令人压抑的传统和社会差异以及把自己解放出来所付出的艰苦努力。其他有成就的犹太作家还有诺曼·莱温（Norman Levine），杰克·路德维格（Jack Ludwig）和莱纳尔·夏皮罗（Lionel Shapiro）。

　　许多用英文写作的犹太作家最初是用依地语和希伯来语写作的。有一本有关加拿大犹太作家生平的书，它收录了 76 名作家，其中有 69 人用依地语写作，6 人用希伯来文写作，还有一人用这两种文字写作。依地语文学早在 1900 年就出现了，当时的蒙特利尔就作为依地语文化中心著称。这些依地语作家共获得过十几项国际文学奖。

　　从 20 世纪初起，加拿大所有的管弦乐队中几乎都有犹太音乐

家，比如约翰·维恩维格（John Weinzweig）的提琴和钢琴奏鸣曲
《以色列》和亚历山大·布罗特（Alexander Brott）的舞曲都直接
应用了犹太题材。

在政治方面，犹太人也表现不凡。他们是在议会中最具代表
性的三大少数民族群体之一。伊扎基尔·哈特于 1807 年当选为下
加拿大立法委员。从 1945 年到 1969 年曾出现过四位犹太众议员
和一位参议员。另外，犹太人中当市长和省、市级参议员的也不
少见。犹太人早在 1932 年就获得了充分的政治权利。犹太人组织
展开的反对限制性移民政策的运动，在捍卫公民自由、促成人权
立法方面都发挥了积极作用。

加拿大的犹太人在第二次世界大战中也做出了贡献，当时应
征入伍的犹太人有 16883 人，其中 839 人伤亡，197 人因作战英勇
而被授予勋章。

2. 乌克兰人

19 世纪末乌克兰人在沙俄统治下不堪重负，纷纷外逃，近
30000 名农民移居巴西，结果状况还不如原来。乌克兰开始探索新
的移民目标。在 1891 年两个乌克兰农民瓦西尔·伊利尼亚克
（Wasyl Eleniak）和伊万·比利帕夫（Ivan Pillipiw）踏上加拿大
的土地，成了加拿大最早的乌克兰移民。他们只付了 10 加元就购
置了 160 英亩土地，这消息在国内引起轰动。乌克兰学者奥列斯
吉夫博士（Dr. Oleskiw）在 1895 年访问加拿大与加政府探讨乌克
兰移民的可能性问题，他回国后发表一本小册子《关于自由土
地》（*About Free Lands*）宣扬加拿大是乌克兰农民最佳的移民地。
加拿大也欢迎新移民参与西部开发。从此开创了乌克兰移民加拿
大的大潮。从 1891 年到 1914 年首批 150000 名乌克兰移民定居加
拿大西部农业省。两次世界大战之间，又有 68000 名乌克兰人来
到加拿大，这次移民多是受过教育的政治和民族意识很强的知识
分子。马尼托巴省成了最大的乌克兰人聚居地，在 1941 年，加拿

大共有306000名乌克兰移民，其中1/3居住在该省。省会温尼伯也成了加拿大乌克兰人的文化和宗教中心。第二次世界大战后，由于苏联政府的限制，乌克兰人不能再大批出走，1952年到1967年只有5330人移民加拿大。据1981年人口统计，加拿大有529615名乌克兰人，占总人口的2.2%，比当时的华人还多。在将近100年的跨度里，乌克兰人一直是加拿大最大的少数民族之一，他们的历史作用当然也是不可忽视的。

加拿大第一批乌克兰移民把冬小麦引进加拿大。这种冬小麦比其他品种小麦早熟10天，非常适应加拿大西部草原农业省的气候条件，这对加拿大农业发展，使加拿大成为著名的小麦出口国做出了杰出的贡献。

最初的乌克兰移民是没有文化的农民，但后来乌克兰国内的启蒙运动通过新移民传到加拿大乌克兰社区，乌克兰人开始重视教育。由于乌克兰并入苏联，乌克兰移民认为自己失去了祖国，因此对保存乌克兰语言和文化格外重视起来。他们在西部几省开办了许多乌克兰双语学校，使后代有机会学习乌克兰语言和文化。经过长期努力，乌克兰人作为最大的少数民族之一终于使公立学校接受了乌克兰语。70年代末期，马尼托巴省和阿尔伯塔省开办了第一个公立学校乌克兰双语班。安大略省公立学校也开办了乌克兰语课。乌克兰人维护自己的语言权利，也为其他少数民族争取语言权利，为土著人争取自治权利的斗争树立了榜样。加拿大的乌克兰人很早就认识到了多元文化主义对少数民族生存的哲学和政治意义。乌克兰人的组织是推广多元文化主义的先驱，自从20年代以来，他们就极力地主张多元文化主义。60年代加拿大两种官方语言双元文化委员会发表报告要求改善法兰西人的权利和法语的地位时，乌克兰人首先站出来提出了同时改善少数民族语言权利的要求。乌克兰人的呼吁唤起了其他少数民族的觉醒，使多元文化主义的呼声日益高涨。联邦政府在1971年颁布多元文化政策首先是乌克兰人斗争的结果。全国性的乌克兰人组织——加拿大乌克兰人委员会（Ukrainian Canadian Committee）在推动多元文化主义方面发挥了先锋带头作用。有人称乌克兰人为加拿大"第三势力"的领袖，这不是没有道理的。

在两次世界大战中，乌克兰人都为加拿大做出了不可磨灭的贡献。第一次世界大战期间，由于乌克兰被认为是"敌国"，有 2000 名乌克兰人化名为波兰人或俄国人参加海外作战。加拿大军队第 77 营的乌克兰人菲力普·科诺尔还荣获了维多利亚十字勋章。第二次世界大战中，香港守军实际上是乌克兰人为主的温尼伯兵团。他们（大约 35000 人）孤军奋战失利后作为日军的战俘度过了战争年代。他们所表现的爱国主义改变了加拿大人对乌克兰后裔的看法，也大大地提高了乌克兰人在加拿大的社会地位。

在政治上，乌克兰人也表现了卓越才华。早在 1939 年以前，草原各省就已出现了他们在省、市级竞选成功的例子，在马尼托巴省尤其如此。早在 1926 年，阿尔伯塔省就出了第一位乌克兰裔联邦议员。40 年代出现了两三个乌克兰人为不同政党争夺同一个职位的现象。1963 年到 1965 年间，争夺联邦议员席位的少数民族候选人中最多的是乌克兰人和日耳曼人。少数民族议员最多的也是乌克兰人、日耳曼人和犹太人。截止到 1991 年，加拿大乌克兰人中产生过 90 个省议员、26 个联邦议员；省和联邦内阁以及参议院中都有乌克兰成员。

在文学艺术方面，西奥多·菲狄克（Theodore Fedyk）1908 年出版的《新老土地的移民之歌》（*Immigrant Songs of the Old Land and the New*）被多次再版，共发行 50000 册。它讴歌了乌克兰人在新世界的艰苦奋斗和思乡之情。两次大战期间，乌克兰作家和艺术家移民加拿大，乌克兰人的作品更加细腻和多样化。第一代加拿大出生的乌克兰人也成熟了，他们把乌克兰和加拿大题材结合起来。伊利亚·吉拉克（Ilya Kirak）的《大地之子》（*Sons* of the Soil）被称为"加拿大西部史诗"并被另一位作家译成英文。从第二次世界大战末到 70 年代初，共有 50 位有成就的乌克兰诗人、作家和学者定居加拿大，他们继续用乌克兰语出版各种作品。诗歌的数量比较突出，其中最重要的诗人是曼德鲁卡（M. I. Mandryka）。现在加拿大有 4 个乌克兰文学俱乐部。加拿大的乌克兰文学是除了英语和法语文学以外最广泛的文学，也是世界范围内除乌克兰共和国外最有成就的乌克兰文学。

乌克兰文化遗产最突出的表现在艺术方面。乌克兰人的节日以五彩缤纷的民间舞蹈和优美的合唱著名。少数民族电台和电视节目经常播放乌克兰音乐。画工精美的复活节彩蛋已成了加拿大乌克兰民族象征。独特的教堂建筑无声地证明了城镇和乡村里乌克兰人的存在。

加拿大所有大型管弦乐队里都有乌克兰人。加拿大芭蕾舞水平是举世公认的，舞蹈家加莉娜·桑托娃（Galina Santsova）在巴黎国际比赛中赢得荣誉，她就是乌克兰移民。尽管近年来戏剧在走下坡路，但是乌克兰社区一直支持戏剧团体的发展。在阿尔伯塔出生的画家威廉·库里克（William Kurelek）善于表现加拿大西部地区的田园风光，他的作品里显然有乌克兰民间艺术和宗教传统的影响。少数民族的建筑师给加拿大城乡增添了道道风景线，比如一些著名的公共建筑、文化中心、教堂、市政厅、校舍，等等。其中做出最卓越贡献的当数乌克兰人。

3. 意大利人

意大利国从 1861 年建国起就遇到严重社会问题。人民纷纷到国外寻找出路，从 1861 年到 19 世纪末，有 7 百万人移民外出。仅 1901 年一年间，这个 33000000 人口的国家就有 533245 人移民国外。他们先去南美和美国，大约 1880 年间小股意大利移民来到加拿大，主要集中在蒙特利尔，大多数担当临时工和季节工。在 1888 年有约 600 名意大利人在魁北克修建海瑞福德（Hereford）铁路。

后来意大利移民逐渐增多。从 1890 年到 1898 年，每年平均有 360 意大利人来到加拿大；到 1899 年增加到每年 1000 多人；在 1905 年又增加到每年 5930 人。在 1913 年一年就有 27704 名意大利移民进入加拿大。但直到第二次世界大战末，真正大规模的意大利移民才开始，从 1948 年到 1972 年，加拿大的意大利移民是除英国之外的第二大移民来源。1981 年人口统计表明加拿大人口中有 3.1％是意大利人，即 747970 人。

意大利人的贡献首先是在工业商业方面。最初的意大利移民都是非技术工人，他们在加拿大工业化、现代化建设中做出了应有的贡献，特别是在铁路、矿山和建筑方面。根据皇家委员会 1904 年的统计，那年在太平洋铁路修建过程中，雇佣的工人总数是 8576 人，其中意大利人就有 3144 人。在 20 世纪都市化过程中，由于意大利移民都聚居在大城市，他们从事的建设工程有建筑高楼、维护道路、疏通下水道等基础建设，还有的在各种工厂贡献力量。他们攒够足够的钱后往往要开独立的商店，独立谋生，比如理发店、鞋店、杂货店、水果蔬菜店和面包店等，为经济发展也贡献了一份力量。在安大略一省，意大利工人就占该省工业建设劳动力的 70％。意大利人在室内装修、镶嵌工艺等方面技术高超，所以他们办的建筑公司很受欢迎。加拿大的许多住宅、办公楼和其他建筑都出自意大利人之手。此外，意大利人的服装设计也很有名，不少服装公司都愿意请他们从事图案设计。

意大利人的餐馆在加拿大久负盛名。他们把意大利饮食文化引进加拿大，意餐已成为加拿大人所喜爱的日常饭食，比如通心粉（macaroni）、实心粉（spaghetti）和比萨饼（pizza）。意大利餐馆以优雅的环境气氛和周到的服务见长，是加拿大人周末和假日的好去处。意大利文化也给加拿大马赛克增添了独特的色彩。

意大利移民政治上很早就觉悟了。他们为了集体的生存和保留自己的文化老早就建立了自己的俱乐部和社区组织，并于 1942

年成立了意大利人第一个全国性的团体。他们在劳工运动中一直
发挥着积极的作用。在建筑、汽车制造、钢铁制造、服装等工业
领域，都有意大利工人参加生产和工会活动。特别是 60 年代以来，
他们的作用日益明显，常常在罢工和当地的工会运动中担当领导
角色，为争取工人权利和基本人权做出了积极贡献。近十几年来，
加拿大联邦议会的秘书和部长助理都有意大利人担任过。在首都
渥太华市政府公务员中也有不少意大利人。

　　意大利人来自欧洲文艺复兴的故乡，他们在艺术领域施展才
华和天赋是理所当然的事。目前意大利音乐家活跃在各个乐队和
舞台上。意大利音乐也被广大人民所接受。所有大乐队中都少不
了意大利人，著名的班芙艺术学校声乐和歌剧系主任欧内斯托·
文奇（Ernesto Vinci）就是意大利移民。加拿大歌剧公司的导演兼
指挥欧内斯托·巴比尼（Ernesto Barbini）也是意大利人。

　　4. 日耳曼人

　　日耳曼人在加拿大少数民族中人数最多，移居加拿大的时间
最早。加拿大的大多数日耳曼人并不是从德国来的，而是从欧洲
其他国家或辗转第三国来的；他们都说德语，但是不能等同于德
国人。

　　英国在 1749 年决定在哈利法克斯建立海军基地和一个支持
英军存在的居民点。由于不满意英国移民的质量，爱德华·康沃
利斯（Edward Cornwallis）上校看到有些日耳曼人居民点成功的
例子，就谏请英国政府接受外国移民到哈利法克斯并授予他们与
英国公民同等的权利。1750 年，第一批来自瑞士和德国的几百名
日耳曼人来到加拿大。随后两年又来了1825名日耳曼人。英国控
制加拿大后，英军中不少日耳曼士兵也留了下来。在美国革命时
期，从美国来了不少日耳曼人，魁北克的英军中又有 1000 多日耳
曼军人也成了加拿大居民。后来有大批说德语的门诺教徒从俄国、
美国及欧洲移民到加拿大。他们大都定居西部各草原省，成了日

耳曼人在西部的先驱。19 世纪末，日耳曼人主要来自东欧和东南欧，他们和波兰人及乌克兰人一起开发西部，开垦出大批处女地，为加拿大西部开发和农业发展做出很大的贡献。两次世界大战期间，日耳曼移民减少了，而且绝大部分不是从德国来的。最后一次日耳曼人移民大潮是 1951 年到 1960 年，共有 250000 人从欧洲来到加拿大。早在 1961 年，加拿大的日耳曼人就超过了 100 万。1971 年的日耳曼人口是 1317200 人，占全国人口的 6.1％，是加拿大最大的少数民族。

　　日耳曼人对加拿大的贡献除了初期在哈利法克斯定居区的渔业、西部草原的开发和农业外，还在安大略引进葡萄，在不列颠哥伦比亚的农业、商业、法律、医学、教育以及贸易方面都有建树。这说明加拿大日耳曼人有多方面的才干。加拿大的日耳曼人中很少有贫困现象，他们的定居区都能自给自足。日耳曼人人才辈出，是移民中最成功的群体。

　　日耳曼人以能工巧匠著称，他们制造的精美的特色家具闻名遐迩。在橡胶工业和纺织工业都有他们成功的足迹。日耳曼裔的商人、店主、手工艺人以及医生、律师等专业人才把他们的知识和技术带到了加拿大，为各省的发展贡献了力量。

　　作为人数最多的少数民族，日耳曼人当然不甘人后。在加拿大建国时期，安大略的日耳曼人充分利用了人口集中的优势。当时该省人口的 72.8％是日耳曼人。柏林县（现在的 Kitchener 市）地区的日耳曼人占绝对多数，他们控制了当地的经济和政治生活。早在 1850 年，一个德国移民雨果·克兰茨（Hugo Kranz）就被选进市政府，1896 年被选为市长，在 1878 年成为加拿大第一位日耳曼裔的联邦议员。

　　在同一时期的不列颠哥伦比亚省，日耳曼人也在日常的社会政治生活中发挥重要作用，有些走上了领导岗位；有些出身德国的名门贵族，和德意志帝国保持着各种联系；有些与当地的加拿大名门望族联姻。当时温哥华有不少日耳曼裔银行商业大王和世袭伯爵,他们在当地的政治影响力直到 1914 年加拿大向德国宣战时才告结束。另外,说服不列颠哥伦比亚省加入加拿大自治领的功臣中的约翰·塞巴斯蒂安·海姆岑博士 (Dr. John Sebastian Helmchen) 就是日耳曼人。

日耳曼人中早在 1900 年以前就有了联邦议员和内阁部长。在联邦大选的少数民族候选人中,日耳曼人也是最多的。他们的国会议员人数也不少,从 1945 年到 1967 年总共有过 7 位。在三个草原省、不列颠哥伦比亚省和安大略省的议员中日耳曼人也有较高的比例。

在艺术方面,加拿大的音乐界有许多日耳曼音乐教师、乐队指挥、声乐家、器乐家、独唱家以及音乐图书馆和音乐协会的创始人。他们还创立了加拿大的钢琴制造业。有些音乐学院、管弦乐队、歌剧团和芭蕾舞团也是由日耳曼人创办的。他们为加拿大音乐艺术的发展奠定了基础。直到 20 世纪后期,英裔和法裔才开始在音乐界发挥主导作用。加拿大歌剧院就是日耳曼人赫尔曼·盖格·托瑞尔 (Herman Geiger-Torel) 创办的,其作品风格可以说是独树一帜。德国移民伊曼纽尔·哈尔恩 (Emmanuel Hahn) 是加拿大早期最重要的雕塑家,他也设计了许多精致的加拿大邮票和硬币。这些日耳曼人都为加拿大艺术增添了璀璨的光辉。

5. 波兰人

波兰人向加拿大移民可分成三次浪潮。第一次波兰移民潮发生在 1896 年和 1914 年之间,当时大约有 110000 人,是去西部进行最初开发的农民。他们的工作是清理树木、建木房、种庄稼或修建原始道路。很多波兰人聚居在温尼伯北区,有些在铁路上当季节工。1913 年移来的 1000 多波兰人全是单身汉工人。后来由于第一次世界大战,波兰移民暂时中止。

战后随着太平洋铁路线的延伸,波兰人开始东迁,安大略省已有 4 万波兰人。与此同时，在 1919 年到 1931 年间，又有 52000 名波兰移民进入。这时的波兰人已取得初步成功，开了自己的手工作坊和杂货店，创办了自己的报纸《天主教周报》（*Catholic Weekly*）和《波兰报》（*Polonia*），还有自己的组织加拿大波兰人协会（Polish Association of Canada）。随着波兰被苏、德占领和西方的经济萧条，波兰移民第二次浪潮告一段落。

第二次世界大战期间，400 名波兰技术人员，256 名科学家通过英国移民来加拿大，他们的动机和背景与前两次移民潮不同，预示了波兰移民的第三次浪潮。战后加拿大接受了 5000 多名波兰复员军人和 36000 名由于战争而无家可归的波兰难民。1956 年后，对移民家属团聚放宽了限制，波兰移民有所增加。第三次移民浪潮主要是持不同政见者，他们不愿意接受波兰的共产主义而到西方寻求发展自我的机会。1957 年到 1971 年间经第三国辗转来加拿大的 31320 名波兰移民是移民中最有创造力的人。这时，波兰移民的居住和就业情况也有了根本的转变。加拿大在 1971 年共有 316430 名波兰人，其中有 36% 已集中在安大略省；76% 的波兰人居住在城市，其中的 63% 集中在 7 大城市。波兰人的组织机构也从温尼伯移到了最大城市多伦多。

波兰人除了在早期西部草原开发中和乌克兰人一起开荒种地、修建道路做出巨大贡献外，对加拿大军队在第一次世界大战中战胜敌军也做出了突出的贡献。除了参军作战外，他们还到波兰战场为受难的同胞提供食品和医药。加拿大波兰人全国委员会还会见加拿大总理罗伯特·博登（Robert Borden），为波兰独立做说服工作。

在政治上，少数民族报纸可以起到表达本民族观点和影响政府与公众舆论的双重作用。波兰人的报纸和乌克兰人的报纸是其中最有影响力的报纸。

加拿大的三大政党和联邦议员中都有不少波兰人，他们在议会代表团和委员会及专门委员会中，在移民、少数民族权利等与少数民族切身利益相关的大问题上施加自己的影响。加拿大内阁部长助理和议会秘书也有波兰人任职。各大城市的市政府公务员中波兰人也有较大的比例。自从 1945 年以来，一些波兰人聚居区表现了较强的政治力量，多伦多市的帕克代尔区就是一例子。70 年代波兰人最显要的政治人物斯坦利·海德兹 (Stanley Haidasz) 就是帕克代尔区选出的联邦议员。他担任联邦内阁部长期间主持政府的多元文化计划。波兰人在安大略省的集中使各政党不得不考虑少数民族的要求以吸引波兰人的选票。在马尼托巴省和萨斯喀彻温省乡村地区也有相同情况。这都推动了多元文化主义的发展和少数民族权益的保障。此外，波兰人在工人运动中也发挥了积极作用。

　　加拿大波兰人的特殊贡献是在提高妇女地位和妇女解放运动方面。在 50 年代，加拿大波兰妇女联合会 (Polish Women's Federation of Canada) 成立，它是完全独立的由妇女领导的组织。虽然该组织主张家庭、基督教道德和波兰文化等为基础的传统文化，但它的活动也扩展到了妇女从未涉足的领域，致力于妇女社会地位和女权意识的提高。通过该联合会的刊物《信息报》(Informator)，它使广大妇女群众了解与妇女相关的重大问题。后来她们还在多伦多成立了居里夫人女子俱乐部 (Marie-Curie Women's Club of Toronto)，为有大学文凭的和作为专业人士配偶的中产阶级波兰妇女提供服务。

　　在文学艺术领域，魁北克的波兰作家艾莉加·波斯南斯卡-巴利佐 (Alicja Poznanska Parizeau) 用法文写的游记和小说很有成就。她把自己对波兰传统的记忆和欲在魁北克扎根的强烈愿望结合起来，在文学领域这种题材是独特的。路易斯·杜迪克 (Louis Dudek) 是著名的加拿大波兰诗人，他写了几卷诗集和好几本文艺批评的书。除了用英文和法文写作的作品，1963 年渥太华还出版了波兰文的《波兰社区简史》(Sub Signo Sancti Hyacinthi)，该书还被译成英文和法文。这种作品激励了各民族之间的交流和对少数民族群体研究的兴趣。

有些移民音乐家对加拿大交响乐发展发挥过重要影响。1956年从波兰移民加拿大的马坦兹·格林斯克 (Matensz Glinske) 是指挥家、音乐研究家和肖邦研究的权威。他多年担任尼亚加拉瀑布管弦乐队指挥，他使加拿大音乐享誉世界。在手工艺方面，波兰移民克里斯蒂娜·萨多芙斯卡 (Krystina Sadowska) 的编织品为加拿大赢得了国际大奖。利笛娅·斯多法 (Lidia Stolfa) 的陶瓷和壁毯工艺也曾荣获国际大奖。波兰移民的石雕像、印花玻璃、瓷花、景泰蓝工艺品都为加拿大增过光。不少波兰艺术家在艺术学校任教或在美术馆任职。他们与其他欧洲移民一样使加拿大的艺术园地更加美丽。

6. 黑人

1629 年一个英国人把一个黑人孩子从马达加斯加带到新法兰西去探险，这个小黑奴就是加拿大最早的黑人。此后，少数黑奴从西印度群岛不断地被运进新法兰西和新斯科舍给富人当奴仆。美国革命时期大约 3500 名黑人随他们的效忠派主人到加拿大。1795 年，加勒比海一些岛上的逃亡黑奴 (Maroons) 被流放到哈利法克斯去给英国人修筑堡垒，他们共有 500 人。1812 年美加战争期间又有 3000 名自由黑人加入加拿大黑人社会，定居在新斯科舍和新布罕斯维克。1820 年到 1824 年期间，美国有 4 万逃亡黑奴通过释奴派人士组织的 "地下铁路" (Underground Railroad) 成功到达安大略。1860 年时，上加拿大约有 6 万黑人，大部分是逃亡黑奴的后代。不列颠哥伦比亚也有不少美国的逃亡黑奴。1858 年，大约有 600 名美国黑人从加利福尼亚来到维多利亚，他们开理发店、饭店、缝纫店和面包店。1920 年后又有一批黑人来参加修建铁路，以至于今天铁路沿线都有黑人居民区。后来，由于世界大战和种族歧视，来加拿大的黑人有所减少。

直到 1952 年后，才开始每年有 1000 名加勒比地区的黑人进入加拿大。黑人人口的增加和职业情况与移民法的改变关系很大。1955 年加拿大采用 "西印度家政计划"（West Indian Domestic Scheme），允许年龄 18 岁到 35 岁之间有初中教育水平的黑人女子移民。到 1965 年，2590 名黑人妇女作为女佣移民加拿大。60 年代移民打分制实施后，黑人，特别是有教育、有技术的专业黑人移民才大量增加。60 年代，安大略省缺乏说英语的教师和护士，于是 1961 年到 1966 年间，有 12000 名加勒比地区黑人移民加拿大。1962 年后，黑人移民翻了一番。70 年代中黑人移民又增加一倍。从 1970 年到 1979 年，加拿大新接受了 14 万多黑人移民。因为黑人包括许多民族，它只是一个按肤色划分的群体。种族间通婚造成各种不同肤色等级的后代，所以，加拿大有多少黑人不好统计。有据可查的资料显示，1981 年时仅加勒比地区的黑人移民及后代就有 21 万多人。

加拿大黑人在早期开发和铁路建设中发挥了一定作用。他们善于做生意、种果园，在聚居区内建住宅、教室和学校，有些建筑物经过 100 多年保留至今。在两次世界大战中，黑人士兵和其他军人并肩作战，做出卓越的贡献。60 年代以来，由于少数民族对白人警察的种族歧视和偏见的抗议，加拿大警察中也出现了越来越多的黑人。他们忠心耿耿，英勇无畏，为社区安全尽心尽职，受到广大人民的好评。60 年代后，加拿大各条战线，各个行业中都有杰出的黑人，不仅局限于女佣、工人、饭店侍者这些体力劳动者中，大学教授、教师、医生、经理、商人、管理人员、政治家中都有黑人。作为历史上种族压迫最大的受害者，黑人做出成就并得到承认要比别人付出更多的努力。

黑人最大的贡献在于民权运动。第二次世界大战后，加拿大黑人和黑人组织对现存的种族主义和不合理的移民政策发动一系列的挑战。黑人运动使几个省通过了平等就业立法。加拿大黑人运动虽然规模上比美国的小，但早于美国黑人运动。1961年，加拿大黑人社会已经觉醒，看到了自己种族群体的权利，开始争取社会平等。歧视性移民法的修改和多元文化主义的实施都首先起源于黑人的觉醒和斗争。所以，黑人对加拿大社会平等的提高和民族权利的改善以及多元文化主义的采纳都做出了极大贡献。1967年以来，每年8月多伦多都要举行加勒比节（Caribana），它每年都要举行20万人大游行。这是一个丰富多彩的、反映黑人文化的节日，也是每年举行的多元文化节日的重要组成部分。它给加拿大的多元文化增添了不少色彩，也是对多元文化的一大贡献。

　　黑人另一突出贡献是在体育运动方面。在加拿大的体育强项上都有黑人运动员，比如田径、橄榄球、棒球、游泳、冰球、板球、壁球、滑冰和滑雪等项目。他们和美国黑人一样在国际大赛中为国争光。最著名的例子是短跑名将约翰逊和佩利，佩利仍是目前男子百米短跑世界纪录保持者。

　　总之，以上所提到的少数民族只是人口较多的几个，他们对加拿大文明的贡献，由于手头资料有限，这里反映出来的只是冰山一角。再说，加拿大民族几乎和世界上的国家一样多，要想一一提到几乎是不可能的，其他一些较小的民族也为加拿大文明做出过卓越贡献。比如来自冰岛的作家、斯堪的纳维亚的艺术家、波罗的海小国的音乐家、奥地利和希腊音乐家中都出现了杰出的人物。特别是近20年来，来自第三世界的科学家和技术人员，比如中国、印度、新加坡、南非等国，都为加拿大输送了大批的技术人员和工程师。他们的贡献是无可估量的，确切地说真是光照日月，功不可没！

四、加拿大的华人和华人的贡献

（一）华人移民

有传说认为北美印第安人是亚洲人的后代，第一批华人到北美比任何白人都早。还有传说说早在南北朝时期就有中国和尚到过现在的加拿大。不列颠哥伦比亚省北部还出土过中国古代金币，这给这些传说以一定的证据，但目前这些传说还不好证明。有文字记载的历史表明，第一批 50 名华人是在 1858 年从加利福尼亚到达不列颠哥伦比亚省的。当时加州的金子已几乎被白人挖尽，他们听说加拿大弗雷泽河谷发现了新金矿，于是离开"旧金山"到加拿大寻找新的"金山"，从此开创了华人移民加拿大的先河。

随后而来的华人大多是珠江三角洲几县的农民，他们由于太平天国起义、战乱和经济不景气来加拿大另谋出路。1860 年的不列颠哥伦比亚省大约有 4000 华人。他们的人数随着金矿的兴衰而变动。到 1866 年只剩下 1705 人，他们继续在白人挖过的金矿淘金。他们发财的机会可以说是微乎其微，当时英语里流传一个词"支那人的机会"（Chinaman's chance），意即"毫无机会"。

随着金矿的枯竭，华人很难找到工作，只能转到煤矿或当其他季节工，到维多利亚当家仆或到鱼类加工厂。加拿大建国后决定修筑太平洋铁路，由于工程的艰巨，加拿大需要大批能吃苦耐劳的中国苦力，从中国和美国引进了大批华工。1881 年到 1884 年间，17000 名华工来到不列颠哥伦比亚，其中一半来自中国广东。华工一般从事登高、爆破和打洞等危险作业，有 1500 人死于疾病和事故。铁路在 1885 年建成后，有一千多人回到中国。当时不列颠哥伦比亚的种族主义比较严重，华人没有任何权利，找不到工作。即使在煤矿找到工作，他们也常常被白人罢工工人指责为破坏罢工，成了不受欢迎的人。为了限制中国移民，1884 年又开始对华人移民征收 10 美元的人头税。人头税一再上升，1904 年变成了 500 美元。中国移民从此大大减少了，由于白人各界的压力，在 1923 年加拿大通过了《排华法案》(*Chinese Exclusion Law*)，中国移民几乎禁绝。

开始时华人集中在不列颠哥伦比亚，1891 年只有 219 名华人住在落基山以东。后来华人开始东迁，到 1911 年，多伦多和蒙特利尔各有一个 1000 多人居住的唐人街，大部分华人在那儿经营餐馆和洗衣房。这一时期的华人由于歧视很难带家属，所以都没有永久居留的打算，被称为"暂居者"(sojourners)。1886 年到 1911 年之间，共有 55787 名华人交了人头税，但是 1911 年在加拿大的华人总数只有 27774 人。

华人虽然以"柔顺"和"温和"著称，但是也举行过小规模的、零散的抗议活动。华人不堪欺凌，奋起殴打白人工头的情况有据可查的仅有三例。华人后来才认识到团结和有组织的重要性，于 1916 年成立了华人劳工协会。在 1919 年温哥华一家砖瓦厂削减华工的工资时，该组织成功地组织了一周罢工，保住了华人的原工资。

在排华法案生效的 24 年里，已经进入加拿大的华人回国探亲很不自由。1924 年到 1946 年间，只有 8 位中国移民进入加拿大。然而，第二次世界大战的进程开始渐渐地改变加拿大人对华人的看法。1931 年的"九·一八"事变和 1941 年的日军奇袭珍珠港事件使加拿大人和华人在反法西斯的共同战壕里相互理解和同情起来。中国人在抗日战争中所表现的英雄气概向全世界证明华人决不是劣等民族，华人开始受到加拿大主流社会的尊重。当时排华最严重的不列颠哥伦比亚省的一些俱乐部团体也邀请华人开联谊会，对中国人的抗日精神表示支持。一些白人妇女和华人一起募集抗战救济款。宋美龄在 1943 年访问渥太华时受到了英雄般的接待。袭击珍珠港事件后华人的状况开始改善，华人商店都在橱窗外挂上特殊的标志以示和日本人的区别。1944 年后，加拿大军队中也有参战的华人士兵。1945 年不列颠哥伦比亚省对参战的华人战士给予公民权，其中也包括参加过第一次世界大战的 50 位华裔老军人。1947 年后，加拿大华人开始享有一切公民权。这时候，许多组织开始反对排华法案，因为它与加拿大已经签署的联合国国际人权宣言精神相悖。在 1947 年 1 月，实施了 24 年的排华法案终告废除。从 1947 年到 1962 年实行的新的华人移民法仍然是很有限制的，只允许有公民身份的华人的配偶和 21 岁以下的子女移民加拿大。其他华人移民亲属只能通过非法途径来加拿大团聚。在 1962 年，加拿大总理对无犯罪记录的非法移民实行大赦，到 1973 年止，共有 12000 华人非法移民站出来自首并获得了永久居留权。

移民打分制在 1962 年实施后，华人才获得了平等的移民权利。许多华人家庭从南美、加勒比地区、南非和东南亚移民加拿大。加拿大在 1970 年和中华人民共和国正式建交，华人又开始了直接从中国大陆的移民，从此，华人移民的大潮更加汹涌，下面的表格显示以五年为一阶段的华人移民情况。

加拿大的华人移民（1886～1990）[①]

年代	阶段移民人数	华人总人口
1886～1890	2686	9129（1891 年）
1891～1895	11237	
1896～1900	15108	16375（1901 年）
1901～1905	16384	
1906～1910	7101	27774（1911 年）
1911～1915	24858	
1916～1920	7385	39587（1921 年）
1921～1925	5566	

① 资料来源：坦恩和罗伊：《加拿大的华人》(J. Tan & P. E. Roy, *The Chinese in Canada*, Ottawa: Canadian History Association, 1991), 第 9 页。

续表

年代	阶段移民人数	华人总人口
1926～1945①	7	
1946～1950	2534	32528（1951 年）
1951～1955	11143	
1956～1960	9747	58197（1961 年）
1961～1965	11785	
1966～1970	33618	118815（1971 年）
1971～1975	56713	
1981		289245
1986		414040
1990		600000 以上

从 1972 年到 1978 年间，大多数华人移民（77%）来自香港，9%来自台湾，5%来自马来西亚，4%来自中国大陆，剩下的 5%来自世界其他地区。新华人移民不同于老移民，他们大都是有钱、有文化的人，移民不是出于经济窘迫，而是寻求更好的工作机会、更高的生活水平和更适宜的生存环境。新移民的子女在加拿大中、小学里学习成绩优异是公认的。有知识、有技术、能说英语（或法语）的新华人移民改变了加拿大华人的成分，使衰落中的华人社区又有了生机。他们大都不住在唐人街，而是选择郊区居民区或融入主流社会。他们中有各种阶层、各种职业和持各种政治观点的人士，有东南亚船民、大陆和台湾知识分子和技术人才，也有香港富商和企业家，更多的是前来团聚的配偶和子女。

这时的华人已不再集中在不列颠哥伦比亚省，而是向 10 个省的大城市扩散。据 1981 年统计，上述地区约有 15000 名至 20000 名华人。多伦多的华人在 70 年代增加 3 倍。华人居住地也有新的

---

① 从 1923 年到 1947 年是排华法生效期间，这一段时期内华人几乎不可能移民加拿大。

分布。1901 年，近 90％的华人集中在不列颠哥伦比亚，到了 80 年代，安大略省成了华人最多的省份，该省集中了 41％的华人。不列颠哥伦比亚省退居第二，集中了华人的 33.5％；草原三省有 17.6％；魁北克有 6.7％；东部沿海数省有 1.1％；北部两区只有几百华人。

由于家属移民的到来，华人社区男女比例也趋向平衡，从以单身男性为主的社会变成正常社会，这有利于下一代华人的出现。1911 年，华人社会男女比例为 28：1；1941 年为 7.8：1；到 1981 年才成了 1：1。90 年代后，加拿大每年接收 20 多万新移民，华人是主要来源。1997 年后，中国大陆成了加拿大移民第一大来源。在 2000 年，加拿大为了弥补本国白人向美国的人才流失，把移民指标升到 30 万，华人仍然是主要移民来源。华语已成了加拿大的第一大少数民族语言或仅次于英语和法语的第三大语言。

（二）华人的贡献①

在加拿大，任何人提到早期华人，都不能不想到横贯加拿大的太平洋铁路。众所周知，华人先辈在这一伟大工程中做出不可磨灭的历史贡献。当时联邦政府决定修这条铁路的目的，除了开发西部地区、促进全国的经济发展外，就是为了吸引不列颠哥伦比亚省留在加拿大自治领之内。所以华人修建太平洋铁路也为捍卫加拿大统一大业做出了历史贡献。华工在修建铁路期间承担最艰险地段的施工和最危险的作业，尤其是实施爆破、登高和掘洞等威胁生命安全的工作，全由华工承担。他们开凿隧道几十公里，修建涵洞 100 多个，在大河峻岭间架桥数十座，随时都有塌方、坠落、爆炸、瘟疫流行的可能。据说艰险地段的弗雷泽河谷平均每

---

① 本节内容参考杨立文教授的文章《华裔移民对加拿大社会与文化的贡献》，载《加拿大掠影》第 1 辑，民族出版社 1998 年版，第 248～257 页。

一英尺的铁轨下都有一具华人的尸骨。当时的加拿大总理也承认：没有华人的献身精神，加拿大太平洋铁路的顺利完成是不可想象的。

1885 年 11 月铁路建成而雇主发放回国旅费的诺言又不能兑现时，许多华人留下了。由于当时的种族歧视和法律限制，华人很难找到谋生出路。一部分人转到煤矿当苦力，一部分开起小餐馆和洗衣房，还有的人到锯木厂。有的给白人当家庭佣人，有的到批发市场买新鲜蔬菜再挨门挨户零售出去。也有一些境况较好的华人在唐人街开起商店和杂品店。华人这些活动都为加拿大建国初期的经济建设和西部开发起到了直接和间接的作用。

早期华人不仅工作艰苦，而且工资低于其他人。当时华人的工资几乎等于法定的最低工资。从 1884 年到 1923 年征收华人人头税的近 40 年期间，人头税从 10 加元增到 1901 年的 50 加元，后来又增到 1904 年的 500 加元。这对现代人听起来不多，可实际上按当时的币值计算，500 加元大约相当于一个华工一年的工资。根据移民资料统计，这近 40 年里共有 7 万华人移民加拿大，假如按最高人头税的一半计算，即平均每人付 250 加元，加拿大从华人移民身上总共得到近两千万加元的收入，而实际上可能还要多。这笔钱足够再修一条大铁路。华人的人头税给加拿大早期建设和发展也增加了一大经济来源。

华人的另一突出贡献表现在两次世界大战期间，华人热血青年在国家最需要的时候挺身而出，保家卫国，奔赴欧洲战场，为保卫加拿大安全和世界和平做出了自己的贡献。第一次世界大战期间，有少数华人加入了加拿大军队，1945 年时他们中还有 50 名幸存者。到了三四十年代，国际形势和中加两国关系都发生了重大变化，出现了有利于华人争取废除排华法案和其他歧视性法律的因素。一是中国人在中国战场英勇抵抗强敌日本，和加拿大参加的西方盟军成了同一个战壕的战友。另一因素是加拿大华人对反法西斯战争的支持和 500 多华人军人在前线流血牺牲。战后他们的英名被镌刻在温哥华中山公园中山门的墙上。他们的行为不仅是对加拿大和世界和平事业的贡献，也促使加拿大主流社会改变了对华人的态度。从而也推动了反种族歧视、争取基本人权和多元文化思想的发展。

老一代华人移民除了少数有钱的商人外，大部分是来自农村、没有文化、不会说英语的体力劳动者，而 60 年代后通过打分制进入加拿大的华人大都是有文凭、有技术、有知识、懂专业和外语的新一代脑力劳动者。今天的华人实际上参加到加拿大各个行业和各种事务之中。华人有医生、律师、会计师、工程师、教授、科学家、艺术家和政治家，的确是人才济济。现在加拿大全国没有华人教授的大学已几乎找不到。80 年代以来，从中国来加拿大留学的研究生成千上万，大部分都成了移民或公民。90 年代初时，在各大学就读的中国大陆硕士生就有 8 千。有些大学的某些系的某些课上，不仅教授是华人，班里大部分学生也是华人，讲课讲到某些关节点上，教授可以用普通话辅助教学。80 年代后，香港富人大批移民加拿大，又出现了许多投资家、地产商、企业家、银行家，他们大量购买银行股本。目前温哥华大批房产已被华人购买。华人开的商店和超市早就从唐人街扩散到了全国各地。一句话，华人已成了新时期振兴加拿大经济的一支生力军。

老一代华人由于种种限制，加上语言障碍，很难融入主流社会，基本上集中在唐人街与外界隔绝。新一代华人由于语言和技术优势能与主流社会更加融洽地相处。在为加拿大经济繁荣出力的同时，他们也把中华民族五千年灿烂的文化和勤劳、朴实的传统美德带到加拿大，促进该国多元文化的繁荣。目前，中华文化三件宝——中医、针灸和武术在加拿大已相当普及。北美医学界已从医学领域中划分出一个新的医学分支——选择医学（alternative medicine），它囊括了所有不同于传统西医的一切民族医学，中医是选择医学中的重要组成部分。各大城市都有选择医学学会和开业医生，不少白人医生也改学或兼学中医和针灸。中医方面的中加交流也越来越多，加拿大的华人医生也越来越多。仅温哥华一地就有 800 多华人医生，中草药也很容易买到。目前不仅华人学校都有传统的中国国画、民乐和武术课程或课外活动，加拿大有些普通公立中、小学也有武术教练。大型庆祝活动，比如多元文化节或春节活动中必有武术和狮子舞表演。由于华语的普及，各大学都开了华语课，算一定学分；小学课本都有中华文化的单元，各公共图书馆都有中文书架；各大城市都有普通话和粤语无线电和电视节目。华人学校越来越多，几大城市的公立学校都开办了中英双语教育课程，华人子女可以用华语和英语完成基础教育阶段的学业。总之，中华文化给加拿大马赛克上增添了一块最绚丽的彩砖。

在体育方面，华人乒乓球运动员黄冠群是多年保持不败的加拿大冠军，并多次在国际大赛上为加拿大增光。前世界跳水冠军童晖，前女子乒乓球世界冠军耿丽娟一直在培养加拿大年轻一代的运动员。其他有成就的原中国教练员和运动员也在加拿大体育战线上贡献着自己的力量。

由于旅居加拿大的华裔移民经过一百多年的奋斗，为加拿大的文化繁荣和社会发展做出了贡献，因而受到了加拿大政府和人民的肯定。1980 年 6 月 7 日加拿大国会通过了一项议案，决定表彰华裔对加拿大国家与文化的贡献。1981 年多伦多市议会决定拨款为当年参加太平洋铁路建设的中国移民修建纪念碑，以永远缅怀那些华人开拓者的功勋。1986 年 4 月 5 日，在纪念温哥华建市 100 周年的大会上，加拿大总督向 6 名有卓越贡献的华人移民颁发了"优秀市民奖"。1967 年在纪念加拿大建国 100 周年时创设的"加拿大勋章"是加拿大国家的最高荣誉奖章，用来表彰那些为国家、为社会做出杰出贡献的人士，像加拿大前总理特鲁多、短跑名将约翰逊曾获此殊荣。据统计，在几十万华人中，从1976年到1990年，已有19人荣获"加拿大勋章"，其中3人是妇女。这些数字也说明华裔移民的贡献。

华裔移民近几十年来在政治舞台上也大显身手，为治理国家做出贡献。50年代以来，已有一些华人当选为省、市和联邦国会议员，还有一些当选为各地省、市级领导人。其中比较突出的有加拿大首位华人联邦国会议员郑天华，他是出生在加拿大的华裔，二战时参过军，战功卓著，战后从事律师职业。他在1957年温哥华市中心区参加竞选，挫败当时的国防部长当选为国会议员。后又被总理聘任为加拿大出席联合国代表团主席，并当选为全加保守党青年会会长，被派驻巴黎北大西洋公约组织会议。1962年，郑天华再度被选为议员并被任命为移民局上诉委员会法官。郑天华任国会议员期间建树颇多，致力于修改移民法，促进了所得税修改法、老人退休金领取条例和加拿大海洋保护法等法律条文的修改和制定。他在1990年荣获"加拿大勋章"。

另一位在加拿大政坛担任要职的是加拿大第一位华裔省督林思齐博士。林思齐1967年从香港移民加拿大，定居温哥华。他白手起家，经营地产。由于经营有方，他的个人资产不到几年工夫就达到两亿加元，跻身加拿大最富有华人行列。最为可贵的是他在致富之后，热心社会公益事业，乐善好施，成为慈善家。他每年把大量的钱用来济贫扶危、救助华人团体以及宗教团体，向不列颠哥伦比亚大学和维多利亚大学捐款。为表彰他对加拿大经济发展、社会福利和教育事业所做的贡献，加拿大政府在1988年和1989年两度授予他加拿大三级勋章和一级勋章，并于1988年9月任命他为不列颠哥伦比亚省省督，任期5年。

使华人备感自豪的是伊丽莎白二世女皇于1998年任命华裔伍冰枝女士为加拿大总督。她是有史以来第一位加拿大华人总督，也是第一位女总督和第一位非白人的总督。加拿大总督既是国家元首又是三军总司令，这是华人所取得的最高职位。她在 7 岁时在日本侵华战争的硝烟中同父母作为难民逃到加拿大。1957 年后，她成了加拿大第 26 任总督，这的确是一个难以置信的梦。她担任电视节目主持人多年，奠定了聪颖和直率敢言的公众形象。她在加拿大媒体闯荡三十多年，担任过 3500 多套电视节目主持人，发表过三本小说。加拿大华人普遍认为，出现一名华人总督，尤其是女性华人总督对提升华人地位是非常重要的。尽管她的任命受到了一些方面的非难，但这一事实是多元文化主义的胜利，也是华人的光荣。

华人对加拿大的贡献仅仅是开始，在未来，华人必将在加拿大各个领域发挥难以估量的影响，为加拿大的社会和文化发展、为多元文化做出更辉煌的业绩。

7 《英国女王伊丽莎白二世签署加拿大1982年新宪法》 当时加拿大对
英国议会的依附关系早已中断，但英国王权的地位形式上在1982
年的新宪法中得到保留

第 七 章

法制和法学教育

一、加拿大法制发展概况

加拿大是北美发达的资本主义国家，长期实行议会制与君主立宪制相结合的政治制度。加拿大的法律制度主要是以判例法为基础的普通法系（或称英美法系），但魁北克省的私法在不少方面是以欧洲大陆法系（或称民法法系）为基础的。加拿大法律制度的形成，与英国和法国有着十分密切的联系。加拿大曾长期是英国和法国在北美的殖民地，英、法在北美的殖民统治长达两个多世纪，因此英、法两国的法律制度及法律观念对加拿大产生了深远的影响。随着加拿大社会、经济的发展，加拿大的法律制度也日益呈现出自身的特色。

加拿大的法律制度主要是以英国普通法为基础发展起来的。在加拿大的 10 个省中，有 9 个省的法律制度属于起源于英国的普通法系，因此英国法对加拿大法制的发展影响很大。在今天的加拿大法律制度中，仍然保留着不少英国的法制传统。正如加拿大阿尔伯塔大学法学院教授杰拉尔德·高尔（Gerald Gall）所指出的："英国法律传统的影响在我们制度中的许多方面都能让人感觉到，英国传统是我们的制度得以运作的许多程序和观念的基础。"英国法被首次引入加拿大是在 1670 年 5 月 3 日。当时英国殖民者根据哈得逊湾公司宪章，将英国法移植到加拿大西部。随后新不伦瑞克和新斯科舍于 1758 年引进了英国法。1756 年至 1763 年，

英、法进行了争夺霸权的"七年战争",结果法国战败,被迫将其
在北美的殖民地让给英国。从1763年到1867年的百余年间,加
拿大成为英国的殖民地。英国接管加拿大之后,英国政府于1763
年颁布了《王室公告》,在加拿大各地广泛推行英国的代议制和法
律。爱德华王子岛于1773年,安大略省于1792年,不列颠哥伦
比亚省于1858年,阿尔伯塔、萨斯喀彻温省于1870年先后接受
了英国法。虽然今天的魁北克民法系统属于大陆法系,但是在
《王室公告》公布后的一段时间里,英国的民法和刑法也被引进到
这里。一直到1774年英国政府颁布《魁北克法案》,才使魁北克
的法国传统得以恢复,并延续至今。但是,在刑法上魁北克则长
期采用英国刑法。

1867年《不列颠北美法案》颁布。根据这一法案,加拿大建
立了联邦,成为英国的一个自治领,并开始向独立的主权国家迈
进。这部法案的起草者被称之为加拿大联邦之父。他们在起草该
法案时,希望这部宪法法案在原则上同英国宪法相类似。因此他
们在法案中,仿照英国的政治、法律制度确立了加拿大的政治、法
律制度。100多年来,这部法案虽然多次修订,但如今仍有效,只
是到1982年才改称为《1867年宪法法案》。在历史上,该法案是
加拿大最重要的宪法,今天仍然是最重要的宪法法案之一。

英国法在殖民地被采用之后,殖民地的任何立法都不得同英
国法相抵触。这种情况后来有所变化。1865年英国议会通过《殖
民地法律无效法案》,规定殖民地的法律不得与英国制定的专门针
对殖民地的法律相抵触。1931年英国政府通过了《威斯敏斯特
法》。该法律规定:除非应加拿大的请求,英国议会不得为加拿大
立法。加拿大联邦及各省制定的法律即使同英国法相抵触,也一
样有效。加拿大对英国法的继承表现在许多方面。在宪法方面,英
国宪法的主要原则,如责任内阁制、法治主义、议会至上等也被
移植到加拿大宪法中。在刑法方面,加拿大1893年制定的《加拿

大联邦刑法典》主要是参考1878年英国法官詹姆士·斯蒂芬编撰的《英国刑法汇编》（草案）编制而成的。该法典一直到1955年才被新的刑法典所取代。在民商法方面，加拿大联邦及各省均或多或少地采用英国民商法方面的一些最重要的法规，如1852年至1854年《汇票法》、1893年《商品买卖法》、1938年《专利法》及《商标法》等。在司法及法制教育方面，加拿大对英国的承袭也是显而易见的。这包括：司法独立原则、法院的设置、陪审制、律师、司法人员的培训及教育方式等。

然而，加拿大对英国法律传统有继承的一面，也有根据北美社会发展而改变与创新的一面。例如：第一，在宪政制度上，加拿大继承了英国宪政制度的基本原则；但在国家结构上，加拿大却模仿美国建立了联邦制。第二，在民商法方面，自第一次世界大战以来，加拿大越来越多地受到邻国美国的影响，在保险法、赔偿法、劳动法、反托拉斯法、贸易法、公司法、证券法等法律部门，美国的影响也逐渐取代了英国的影响。第三，在司法制度上，英国有辩护律师和事务律师的区别，加拿大和美国则无这种区别。北美的律师通常既是辩护律师又是事务律师。另外，自二战以来，加拿大更多地借鉴美国的司法判例，而不是英国判例。在法学教育、司法实践方面，也与美国日益接近。

魁北克省是加拿大法裔居民最集中，法兰西文化保留最多的省份。该省不仅在民族、语言、宗教上与其他省不同，而且在法律制度上也与其他省相异。魁北克的法律制度最初起源于法国，属于大陆法系，被英国征服后，其公法逐渐英国化，但其民商法等私法领域仍然保留着较多法国民法传统和特征。魁北克编撰有成文的民法典及民事诉讼法典，而不像其他省主要是以司法判例作为判案的依据。

魁北克的这种特有的法律传统同加拿大的历史发展密切相关。实际上，最早踏上加拿大土地的西方殖民者不是英国人，而是法国人。1534 年法国人雅克·卡蒂埃发现了圣劳伦斯河。1603
年至 1763 年法国人在加拿大建立了新法兰西殖民地，并将当时法
国的政治、法律制度、庄园制、天主教制度等带到了这里。1763
年法国在"七年战争"中失败，被迫将加拿大转让给英国。英国
在统治加拿大的初期，对战败的法国人实行同化政策，在加拿大
各地推行英国的代议制和英国法。这种做法遭到了魁北克法裔居
民的强烈抵制。他们纷纷向英王请愿，要求恢复原有的以法国民
法为基础的法律制度。而正值此时，北美 13 州殖民地出现了日益
明显的分离现象，使得英国政府担心魁北克有可能倒向北美 13 州
而反对英国。在这种情况下，英国议会于 1774 年通过了《魁北克
法案》，规定在魁北克并行法国民法和英国刑法，原法属殖民地的
庄园制、天主教制度予以保留，法语和英语同为加拿大的官方语
言。《魁北克法案》的公布，使魁北克原有的语言、社会制度以及
依法国民法为基础的法律制度得以保留，使大陆法系民法在加拿
大得以延续，也使加拿大形成了一国之内，两大法系并存的特色。

　　由于魁北克早期沿用的法国法多为"巴黎习惯法"，这些习惯
法都是在法国颁布的，不少方面不适合北美的社会状况。于是，魁
北克政府决定起草一部《魁北克民法典》。1866 年，在加拿大联邦
成立的前夕，魁北克仿照 1804 年《法国民法典》制定出《魁北克
民法典》。该法典由前言和四编内容组成。第一编是关于人和家庭
的法律，第二编是有关物和财产权的法律，第三编是有关财产权
取得和转移的法律，第四编是商法。该法典共约三千条，其内容、
编排体例以及风格都同《法国民法典》十分类似，但也有不同。如
魁北克实行民商合一，《魁北克民法典》将商法作为一编列入民法
典；而法国则实行民商分立，《法国民法典》与《法国商法典》是
两部独立的法典。另外，《魁北克民法典》保留着较多法国大革命
前的习惯法，法国大革命对《法国民法典》的影响在《魁北克民
法典》中并未完全体现出来。

《魁北克民法典》在颁布后的一个世纪里很少经过修改，除了一些明显的例外，所有的修改都是以法国的法律改革为依据的。20世纪 60 年代，为了适应北美社会的发展变化，魁北克开始对其民法进行大规模修改。这一改革运动从加拿大普通法和美国法中寻求灵感，也从欧洲大陆法和英国法中寻求启发。改革的内容涉及已婚妇女的民事权利，宗教婚姻仪式，离婚，产权登记，动产及不动产的抵押，继承，对他人财产的管理，有关合同及民事责任的一般理论等。

1867 年 6 月，魁北克又颁布了民事诉讼法典。该法典在编撰中受到了《法国民事诉讼法典》和美国《路易斯安那州民事诉讼法典》的强烈影响。《魁北克民事诉讼法典》共有 9 编组成，内容包括一般条款、普通诉讼程序、针对法官的补救方法、裁决的执行、特别诉讼程序、简易裁决、仲裁、小额索赔的财产恢复和集团诉讼。这部法典公布时，在很大程度上也是以法国传统的习惯法为基础的。到 1897 年对这部法典进行了初步修改，1965 年又进行了大幅度的改革。1965 年的修改方案是在参考和借鉴了加拿大其他省、美国以及某些欧洲国家的有关法律之后而制定的。

严格说来，今天魁北克的法律制度实际上是一种混合型的法律制度。其公法渊源于英国法，属于普通法系；其私法渊源于法国法，属于大陆法系。而其私法本身，也随着时代和社会发展，产生了不少变化。由于魁北克地处北美，其周围都是通行普通法的地区，因而难以抵挡普通法的强大冲击。为了适应北美社会的发展，魁北克也不得不调整其法律制度，吸收和借鉴某些普通法的原则和精神，以满足社会发展的需要。如 20 世纪 60 年代的民法改革，就是主要借鉴了英、美以及加拿大普通法省的立法经验。在商法方面，魁北克没有单独的商法典，而商法的一些重要领域，如银行法、破产法、票据法、专制法、商标法、版权法等的立法权在联邦，魁北克没有单独的立法权。因此在这些领域，魁北克与其他普通法省一样都受联邦立法的管辖。此外，由于魁北克的商法在历史上不够发达，而且难以适应北美社会的需要，因此即使在魁北克管辖的领域，也受到了普通法的强烈影响。所以，总的说来，魁北克同美国前法属殖民地路易斯安那一样，正日益脱离大陆法的模式，而向以英、美为代表的普通法靠拢。

二、法的渊源和分类

（一）法的渊源

法的渊源是指法的构成及其外在表现形式。在加拿大，法的渊源主要包括：制定法、判例法、衡平法等。

1. 制定法

制定法是加拿大法律最重要的渊源之一。制定法是由国家立法机关制定和颁布的法律。根据加拿大宪法，加拿大目前有 11 个立法机关：即加拿大联邦议会和各省的立法机关。根据加拿大宪法，联邦议会和省议会具有制定和颁布法律的权力，但每个立法机关在立法权限上有所不同。联邦议会和省议会所通过的法律被称之为主要立法，从属于联邦议会和省议会的机构所制定的法律被称之为从属立法。从属立法有着多种形式：附则、条例、具有制定法性质的文件、议会命令、规则及规定等。颁布从属立法的机构必须根据联邦议会和省议会所通过的授权法和管理法赋予它的权力来进行立法。

2. 判例法

判例法也是加拿大法律的主要渊源，判例法即法庭对某一特定案件的裁决。法官在裁决案件时，就某一特定案件涉及的法律问题和判决的理由等写出事实材料。判决的理由可以作为先例供以后的法院判决作参考。根据遵守先例原则，法院必须受先例的约束。因此，运用遵守先例原则的结果是，长期积累的判例汇编可作为法官在将来判案时的指导。这些判例汇编也被称之为普通法。普通法是加拿大法律制度中的主要渊源，因此加拿大的法律制度是以普通法法系为特征的。普通法起源于英国，经过600多年的发展，普通法形成了一系列原则。然而在魁北克省，法律制度并不适宜以英国普通法传统作为基础，而是以法国法和罗马法成为法典传统的基础。不过普通法对于魁北克省也产生了相当大的影响。

3. 衡平法

随着对英国法的采用，加拿大不仅继承了英国的普通法，而且继承了英国的衡平法。在历史上，由于普通法十分正规和死板，因此使许多案件久拖不决。结果，许多臣民经常向英王请愿，要求特别宽恕，因为国王被视为正义的源泉。国王对这些请愿经常在适当的时候采取额外的补救措施。然而，当这一责任变得越来越难以承担的时候，他就将采取额外补救措施的司法权转让给大法官。后来，大法官也发现其职责过于繁重，于是就将一些审判权转给特别法院。这些为实施特殊的补救措施而设立的法院被称为大法官法院。这样，英国就发展出了两种形式的法院制度。普通法法院处理与普通法相关的案件，而大法官法院则处理与衡平法相关的案件。大法官法院接受出于衡平补偿目的的诉状之前所需的先决条件被称之为衡平法规则。它通常要求提交诉状的一方不能有任何过错，否则他将得不到衡平法的补救。在历史上，加拿大也曾有普通法法院和衡平法法院的区别。但现在，加拿大只有一种法院制度来实施普通法和衡平法补救。然而由于请求实施衡平法补救措施的人，必须满足衡平法所要求的各种条件，因此普通法和衡平法之间的区别仍然非常重要。

4. 法的其他渊源

除了制定法、判例法和衡平法之外，加拿大法律还有一些其他渊源，这些渊源包括：

第一，英王特权。尽管一般说来，英王特权没有政府的行政机关的建议和同意不得行使，然而在法律上，这确实代表着另外一种法的渊源。事实上，许多权利是由宪法赋予英王的。在加拿大历史上，英王对自己和各省均已拥有一定的权利。以往在自治领的权利赋予加拿大总督，英王在各省的权力赋予各省的总督。在历史上，加拿大总督委任状由英国议会发出，最后一份给总督的委任状是在 1947 年颁发的。因此，确有某些来源于历史并且现在仍然存在的英王特权。然而大部分英王特权已经由于制定法公布而被废除。

第二，习惯和惯例。习惯和惯例在本质上是法律所认可的或者法律所推崇的实践和做法。当然，很难断定在什么时候一种实践或者做法可以固定为或者发展为习惯和惯例而成为法的渊源。尽管如此，惯例在特定案件中仍然被视为一种法的渊源。

第三，著名学者的法学著作。著名学者的法学著作也是一种法的渊源，不管法院对其依赖程度如何，法学著作要获得法的渊源这种地位必须具有权威性，也就是说该著作必须是杰出的。

第四，道德。道德也被视为一种法的渊源。在司法实践的过程中，如果法官找不到可以依靠的立法，找不到与事实情况有关的判例或者司法先例，也找不到可适用的习惯和惯例，那么法官或许会采用道德原则作为判决的理由。不过，这种情况极为少见。

（二）法的分类

加拿大同许多普通法国家一样，并无严格的法的分类。但为了教学和科研的方便，通常也将法律作如下分类。首先根据最基本的归纳，法律被分为两大部分：实证法和法的观念。实证法是国家立法机关所制定的具体的法律，法的观念是指所有具有约束力的法律的概念和定义，它可能具有自然法的性质，也可能具有道德或者宗教信仰方面的性质。而实证法又可以被分为国际公法和国内法。国际公法所关注的是作为国际社会成员的国与国之间的事务以及国际上公认的惯例、公约、规则、原则、条约和其他方面与国内人民有关的事务。而国内法的目的则是管理独立的主权国家中的全体人民的事物。国内法又可以被进一步分为实体法和程序法。实体法是指公民在各种社会关系中具有某些权利和义务的法律，如宪法、刑法、财产法、合同法、侵权行为法等。程序法是指为保证实现实体法规定的权利和义务而制定的诉讼程序上的法律。国内法还可以被分为公法和私法。公法是涉及公共利益的法律，在加拿大公法主要有四个基本的领域：第一，宪法。从本质上看，宪法主要涉及公共利益，在加拿大，宪法的基本问题与联邦政府的构成有关，今天的加拿大宪法还考虑到《加拿大权利和自由宪章》有关问题以及对宪章中保证的基本自由予以保护。第二，行政法。行政法也涉及到公共利益。尽管行政裁决很大程度上同当事人利益有关，但这种裁决是以提高和推进公共利益的某些方针为基础的。第三，刑法。刑法涉及公共利益，是从以下意义上来说，即将犯罪看成是危害国家、人民和公共利益的行为。这就是为什么警察机关作为政府行政机构的代表，对犯罪嫌疑人进行起诉的原因。第四，税法。国家通过税收来维持政府行政机关的运行，发展公共事业，维护公共利益。而私法主要包括：第一，合同法。合同法涉及当事人双方自愿达成的约束性协议。第二，财产法。这一领域涉及法律所规定的有关所有权及其对房地产和个人纯粹所有权方面的权利。第三，侵权行为法。该领域主要涉及对他人私人权利的故意侵犯和损害赔偿。除此之外，私法还包括遗嘱和信托法、家庭法、房地产交易法、知识产权法、代理法、公司法、票据法、货物买卖法、消费者权益保护法、自然资源法和环境保护法等。

三、宪法

宪法是国家的根本大法，通常规定着一个国家的政治制度以及公民的基本权利和义务。加拿大是北美发达的资本主义国家，实行联邦制和议会制相结合的政治制度。加拿大在历史上曾长期是英国在北美的殖民地，又毗邻美国，因此，英国和美国两国的宪政制度对加拿大产生了深远的影响。比如，加拿大的联邦制就是模仿美国而来，而议会制则是效仿英国而来。加拿大联邦由 10 个省和 3 个地区构成。10 个省是：不列颠哥伦比亚、阿尔伯塔、萨斯喀彻温、马尼托巴、安大略、魁北克、新斯科舍、爱德华王子岛、新不伦瑞克和纽芬兰。3 个地区是：育空地区、西北地区、努纳维特地区（该地区从西北地区分出，于 1999 年 4 月 1 日成立）。加拿大的 3 个地区大都地广人稀，位于北方寒冷地带。加拿大政府分为两级：联邦政府，省和地区政府。联邦政府为中央政府，地区政府与省政府平行，但不享有与省政府一样多的自治权。

加拿大的国家元首是英国女王，她在加拿大的代表是总督和各省的省督。但总督和各省的省督均没有实权，加拿大的国家政权掌握在联邦总理和内阁手中。

由于加拿大长期是英国的殖民地，因此加拿大的立宪权和修宪权长期把持在英国议会手中。加拿大历史上几乎所有的宪法性文件和法案都是在英国议会批准通过的。1867 年加拿大建立联邦后，开始向独立的主权国家迈进，但是对外加拿大尚不是一个独立的国家。1931 年《威斯敏斯特法》颁布之后，加拿大从而开始以一个独立的主权国家的面貌出现在世界舞台上，但立宪权、修宪权、司法权等仍然把持在英国手中。1949 年加拿大获得了完整的司法权。1982 年，经过特鲁多政府的努力，加拿大终于将立宪权和修宪权从英国手中收回。

　　加拿大有关公民基本权利的法律规定主要是 1960 年颁布的《加拿大权利法案》和 1982 年颁布的《加拿大公民权利和自由宪章》。《加拿大公民权利和自由宪章》是 1982 年新宪法的重要组成部分，它对加拿大公民的基本权利作了详尽的规定。

（一）　加拿大宪法的产生和发展

　　加拿大是通过和平、渐进、协商妥协的方式获得完整的立宪权和修宪权的。加拿大宪法和政治制度的发展大致经历了三个时期：新法兰西时期、英属北美时期和加拿大联邦时期。其中，新法兰西时期的宪政制度对今天加拿大影响较小。

1. 英属殖民地时期

　　加拿大的宪政制度可以追溯到法属殖民地时期或新法兰西时期（1608～1763）。当时，法国人在加拿大建立了类似法国的行省制度和政治法律制度。新法兰西政府的官员皆由法王任命和掌管。总督是殖民地政府的首脑，主要负责军事和殖民地的对外关系；主教主要负责殖民地的天主教事务，但也参加重大事务的决策；省长是中央政府在地方的代理人，负责殖民、财政、司法、社会秩序和正常的行政工作。由总督、省长、主教以及其他五名成员组成参议会，负责管理财政经费、司法和毛皮贸易等商业活动。

　　英国和法国"七年战争"（1756～1763）后，英国取代法国成为加拿大的统治者，开始推行英国的政治、法律制度，并建立起英国式的殖民统治。1763 年 10 月 7 日，英国政府颁布了《王室公告》，这是英属北美殖民地第一部重要的宪法性文件。《王室公告》将英属加拿大划分为魁北克、新斯科舍、纽芬兰和鲁帕特兰四个部分；规定了在新殖民地建立英国式的议会制度和司法制度。废除法国民法典，代之以英国普通法。鼓励英国人向新殖民地移民，在允许信仰天主教的同时，大力推行英国国教。

　　《王室公告》的目的就是通过推行英国的政治、法律制度、语言、宗教和移民手段，使加拿大"英国化"。英国化政策在英裔居民占多数的地区是成功的，但在魁北克却遇到了顽强的抵抗。首先，魁北克法裔居民在感情上难以接受《王室公告》；其次，法国后裔对英国的政治、法律制度不熟悉，实际上也难于实施。于是他们纷纷向英王请愿，要求废除《王室公告》。由于法裔居民的顽强抵抗和北美13州独立浪潮兴起，英国政府担心魁北克会倒向北美13州，遂放弃在魁北克强行推行的英国化的政策，而是改变策略，对魁北克法裔做出让步，于1774年颁布了《魁北克法案》。

《魁北克法案》重新划定了魁北克的疆界，取消了在魁北克省建立的议会制政府；恢复了魁北克原有的法国民法传统，同时并行英国刑法；恢复了原天主教会的权力和特权，允许教会主教担任官职；保留原有的庄园制度，法语和英语同为官方语言。

《魁北克法案》起到了安抚魁北克法裔的作用，使魁北克在美国独立战争中继续保留在英属北美的殖民地中，但《魁北克法案》也为今天魁北克独立埋下了伏笔。北美独立战争的战火虽然没有燃烧到加拿大，但对加拿大也产生了不小的影响。独立战争后，大批效忠于英王的效忠派从美国涌入加拿大，造成了加拿大的分裂。1784年新不伦瑞克从新斯科舍分立出来成立了一个新省，而进入魁北克的效忠派，则要求与法裔居民分立，建立新省。在这种情况下，1791年英国议会通过了《1791年宪法法案》。该法案将殖民地重新划分出两个新省，一个是以英裔居民为主的上加拿大省（安大略），一个是以法裔居民为主的下加拿大省（魁北克）。两省建立同样的议会制政府，各设一位省督、一个议会、一个行政委员会和一个司法委员会。各省之上是英王任命的总督，下设英国指定的行政、立法和司法机构。在法律制度上，上加拿大通行英国普通法，下加拿大则继续保持其法国民法传统。

从19世纪20年代开始，上、下加拿大发生了政治改革运动，改革派要求改革政治制度，扩大议会的实权，改变总督的独裁统治。改革运动还引发了上、下加拿大的起义,起义虽然被镇压了,但对英国政府震动很大。1838 年英国政府任命德拉姆担任加拿大总督。德拉姆到任后,对起义事件进行了调查,于 1839 年向英国政府提交了《关于英属北美事务的报告》。在报告中,德拉姆认为,殖民地发生动乱的主要原因是政府被少数特权集团所把持,不能反映议会的愿望,政府与公众严重对立。因此,他主张在各省建立责任政府,给殖民地一定的自主权。此外,德拉姆认为,英裔与法裔之间的民族矛盾是引起殖民地动乱的另一个根源。因此,他主张加速推行"英国化"政策,将上、下加拿大合并成一个省,实行按人口比例进行选举的议会制。

英国议会采纳了德拉姆关于将两省合并的建议,于 1840 年 7月 23 日颁布了《联盟法案》。1841 年两省正式合并,定名为加拿大。德拉姆报告最初的目的是希望通过联合对魁北克实行同化政策,在实际上不仅这一目的没有实现,反而加深了法裔加拿大人的分离主义倾向。由于原上、下加拿大有着不同的民族、语言、文化和宗教,因此《联盟法案》只是在形式上将上、下加拿大统一起来,而本质上并无实质性的改变。联合议会通过的法律有时仅适用于某一地区,而不是整个省。不过,德拉姆报告中提出的在殖民地建立责任政府的主张最后还是得以实现。1848 年,经过拉方丹和鲍德温等人的努力,加拿大省建立了责任政府,责任政府的建立意味着加拿大取得了有限的自治权。

2. 加拿大联邦时期

随着加拿大政治、经济的发展和国际形势的变化,19 世纪 50年代至 60 年代,加拿大各地出现了联合趋势,各殖民地希望联合起来,建立联邦制国家。1864 年,加拿大的联邦之父们三次在加拿大和英国召开了联合会议,经过协商和妥协,达成了一系列协议。联邦之父们以这些协议为基础,起草了《不列颠北美法案》提交英国议会。1867 年 3 月 29 日,英国议会正式通过了这部法案,同年 7 月 1 日，法案正式生效。魁北克、安大略、新斯科舍、新不伦瑞克四个省共同组成了统一的联邦制国家，定为"加拿大自治领"。

　　1867 年宪法法案是加拿大历史上最重要的一部成文宪法，它依照英国的政治制度确立了加拿大的基本政治制度，这一制度一直保持到今天。一百多年来，这部宪法多次修正，但基本内容保持不变，仍然是加拿大成文宪法中最重要的组成部分。1867 年宪法法案的主要内容包括：由各省联合组成联邦，设立联邦议会和省议会；授予联邦议会设立新省以及改变省边界的权利；规定了联邦议会和省议会的立法权；规定最高行政权属于英王，由总督代行职权；设立掌握实际行政权的加拿大枢密院，即内阁；授予联邦议会设立加拿大最高法院的权力；英语和法语在联邦议会、联邦法院、省议会和省法院中享有平等地位；规定魁北克省中基督教少数民族和安大略省罗马天主教少数民族学校分治；保留魁北克特有的民法制度授予议会对财产和公民权利的管辖权；禁止各省间征收关税；授予省议会修改本省法律的权力；规定联邦政府对各省的某些管辖权，如对省督的任命、指导、免职权；各省通过的法律，联邦政府有权在一年内决定其是否通过，等等。

　　然而，1867 年宪法并不是一部独立的主权国家的宪法，因为当时英王仍然是自治领的元首，英国政府掌握着加拿大制宪权、修宪权、最高司法权、外交权，等等，加拿大对外尚不是一个独立的国家。但 1867 年宪法使加拿大结成联邦，开始享有广泛的自治，并开始向独立的主权国家迈进。

　　加拿大联邦成立后不到 10 年，马尼托巴、不列颠哥伦比亚、爱德华王子岛等先后加入联邦，使加拿大基本上完成了从海洋到海洋的领土扩张。进入 20 世纪，随着加拿大经济的迅速发展，国力和民族自信心的增强，加拿大日益要求以一个独立主权国家的身份参与国际事务。第一次世界大战之后，加拿大以独立国家的身份签署了巴黎和平条约，不久又成为国际联盟和国际劳工组织的创始成员国。1923 年，加拿大单独与美国签订了哈里巴特（Halibut）条约。1926 年在英帝国会议上发表了有关自治领问题的《贝尔福公报》（Balfour declaration）。贝尔福公报指出："自治领在英帝国内部是自治社会，地位平等；虽以共同效忠英王相联系，但在内政、外交事务上互不统属。"1931 年英国政府颁布了《威斯敏斯特法》，该法使贝尔福公报法律化，使自治领取得与英国平等地位的这种变化合法化。从此自治领总督只代表英王，而不代表英国政府。自治领可以在其边界内改变帝国的法律，可以作为一个独立国家在其法律领域内充分行使权力，自治领的法律即使与英国法相冲突，也依然有效。《威斯敏斯特法》也保留了某些帝国的权利，例如只有英国才能为英联邦通过法律，虽然这些法律只有在得到自治领同意的情况下才能实施。对加拿大来说，英国议会被委托有权修改加拿大宪法，但只有应加拿大的请求才能行使这项权力。另外，英国枢密院司法委员会仍然是加拿大的最高上诉法院（加拿大直到 1949 年才获得完整的司法独立），因此加拿大的主权仍是不完整的。

　　20 世纪以来，加拿大社会各界积极致力于从英国议会中收回宪法权，但由于联邦政府与各省政府在权力分配、宪法修正程序等问题上难以达成协议，因此在一个相当长的时间里，修宪权仍然把持在英国议会手中。

　　1980 年 2 月，特鲁多总理重新上台执政以后，决心在任期之内收回并修改宪法。他于 1980 年 6 月和 9 月两次召集联邦和各省总理参加的宪法会议，但由于意见分歧较大，达不成协议，两次会议均不欢而散。在两次努力失败之后，特鲁多宣布渥太华将单方面向英国议会提请收回并修改宪法。从法律上讲，联邦议会两院有权要求英国议会将宪法权交还给加拿大。但根据宪法惯例，联邦议会在这样做之前，必须得到各省的同意。这样，特鲁多在 1981

年 11 月 2 日再次召开宪法会议。在这次宪法会议上，联邦政府与9 个省政府于 1981 年 11 月 5 日在原则上就收回并修改宪法达成协议。这次会上魁北克省投了反对票，经加拿大最高法院裁决，魁北克不享有否决权，其反对无效。1981 年 12 月，加拿大参众两院正式通过了经修改后的宪法决议案，并立即提交英国议会。1982年 3 月 9 日，英国议会批准了加拿大议会提交的《1982 年宪法法案》，允许加拿大议会收回宪法，并拥有行使和修改自己宪法的全部权利。1982 年 4 月 17 日，英国女王伊丽莎白二世亲赴渥太华，正式签署了《1982 年宪法法案》。

《1982 年宪法法案》是英国议会通过的最近也是最后一部有关加拿大的宪法法案。该法案标志着"英国议会对加拿大行使权力的终结"和加拿大获得全面、完整的主权。然而，该法案并未对加拿大联邦制度的基本原则作任何实质性的修改，国体、政体及联邦与各省权利的划分等重大问题仍然按照《1867 年宪法》(即《不列颠北美法案》)的规定。《1982 年宪法法案》的新意主要表现在增加了有关加拿大公民基本权利与自由的宪法性规定《加拿大公民权利与自由宪章》，以及有关宪法修改程序的规定。此外，由于魁北克省没有在《1982 年宪法法案》上签字，因此这部宪法是一部不完整的宪法，这导致了加拿大的多次宪法危机。特别是1995 年 10 月魁北克的公民表决，几乎使魁北克从加拿大联邦中分离出去。虽然 1982 年以来，加拿大联邦政府曾多次努力，试图使魁北克回到"宪法大家庭"中来，但至今未能如愿。因此，加拿大的宪法争端仍将持续下去。

(二) 加拿大宪政制度的主要特征

加拿大宪政制度在发展演变过程中，逐渐形成了一系列特征，主要有：

第一，保留着较多英国宪政制度的传统。

加拿大在历史上长期是英国的殖民地，英国在加拿大的殖民统治长达160多年（1763～1931）。加拿大与英国一样，长期实行君主立宪制和议会制，今天加拿大仍然是英联邦成员国，英国女王在名义上仍然是加拿大的国家元首。因此，在加拿大的宪政制度中，不难看出英国统治和英国宪政制度的痕迹。正如加拿大前最高法院法官博拉·拉斯金（Bora Laskin）所指出："早在两百多年前，英国的法律及法律制度就已经植根于这个当时还尚未诞生的加拿大国家之中了。英国传统首先是通过威斯敏斯特法的遥控和对殖民地总督的国内控制而得以保留，继而在加拿大立法和司法独立过程中得以存续，现在仍然在加拿大的法律中保持着普遍的活动。"

1867年加拿大联邦成立，联邦之父们起草了宪法，即《不列颠北美法案》。在法案的序言中，宪法起草者们希望加拿大拥有"一个与英国宪法原则相类似的宪法"（a constitution similar in principle to that of the United Kingdom）。该法案仿照英国确立了加拿大的基本宪政制度，距今已有一百多年的历史。它虽然经过多次修正，但大部分条文至今仍然有效。该法案将英国宪法中的公平与基本自由的概念（如集会结社自由、言论出版自由等）、责任政府原则、法治原则和议会主权原则统统融入到了加拿大的宪法之中。《不列颠北美法案》所确立的政治制度也是仿效英国而来的，即实行议会制与君主立宪制相结合的政治制度。在政治制度上，加拿大与英国一样，也是"以权力集中为基础的"。政府实权掌握在内阁及总理（或者首相）手中，英王和总督只能根据总理（首相）及内阁的建议或者得到他们同意之后才能行事。在国家结构上，加拿大仿效美国建立了联邦制，但在中央政府与地方政府的关系上，加拿大却更接近于英国，而不是美国。也就是说，加拿大与英国一样，中央政府的权力往往大于地方政府；而不像美国，联邦政府与各州政府在某些方面是平行关系，而非隶属关系。

例如加拿大联邦司法就高于各省司法,而不像美国联邦司法和各州司法是平行关系。

第二,成文宪法、不成文宪法兼而有之。

英国宪法主要由不成文的惯例、习惯、规则等构成,没有成文的宪法法典,没有修改宪法的特别程序,因而被称为柔性宪法和不成文宪法。美国在独立战争后,一反英国的这种不制定成文宪法的传统,从联邦到各州都制定了成文宪法,因而美国宪法被称为刚性宪法和成文宪法。加拿大宪法一方面继承了英国不成文宪法的传统,另一方面也吸收、借鉴了美国成文宪法的立法经验,因而兼具英、美宪法的特色,成文宪法与不成文宪法兼而有之。

加拿大宪法的成文部分主要是英国议会通过的有关加拿大的13项法案,如1867年的《不列颠北美法案》和1982年的《1982年宪法法案》等,其中核心部分仍然是《不列颠北美法案》。《不列颠北美法案》由序言和147条正文组成,它确立了加拿大的宪法原则和基本政治制度,其主要内容至今未变。《1982年宪法法案》也具有重要意义。首先,它明确指出,加拿大宪法是以上帝和一个独立主权国家的名义制定的,而不像《不列颠北美法案》开头所指出的宪法是根据英国法律原则制定,这表明加拿大从此获得了完整的立宪权和修宪全权。其次,《1982年宪法法案》载有《加拿大公民权利和自由宪章》,这部宪章类似美国联邦宪法颁布后不久制定的《权力法案》(即第一条至第十条宪法修正案),规定了今天西方国家公民所享有的基本权利。《宪章》共34条,规定所有加拿大公民享有宗教信仰、思想言论及集会结社自由,享有选举权和被选举权;享有受法律保护,生命、财产和人身不受侵犯的权利;享有选择英语、法语和少数民族语言接受教育的权利,等等。

除成文宪法外,不成文宪法也是加拿大宪法的重要组成部分。加拿大不成文宪法主要是一些起源于英国普通法的规则、宪法惯例以及议会规则，等等。这些习惯、惯例和规则虽然在成文宪法中没有载明，但在实际政治生活中却是必不可少的依据，如责任政府原则、有关信任投票的规定、总理的选举和职权、内阁的作用等在成文宪法中没有明文规定，但却存在于长期形成的宪法惯例和习惯中。因此，宪法惯例、习惯和不成文宪法与成文宪法同时并存，也是加拿大宪政制度的一大特色。

第三，主张非暴力的社会改良与进步。

加拿大宪政制度的另一个重要特征是反对暴力革命，主张用和平、协商手段解决争端。加拿大和美国都曾是英国在北美的殖民地，但由于美、加两国的社会发展道路不同，因而两国立宪的指导思想也有很大不同。由于美国是通过暴力革命方式推翻英国的殖民统治，走上独立发展道路的，因此美国的立宪指导思想就注重强调自由、平等，反抗暴政，反抗压迫。如美国独立战争期间通过的重要宪法性文件《独立宣言》中就曾指出："我们认为这些真理是不言而喻的：人人生而平等，他们都被'造物主'赋予某些不可转让的权利，其中包括生命权、自由权和追求幸福的权利。为了保障这些权利，所以才在人们中间成立政府。而政府的正当权力，则系得自被统治者的同意。当任何形式的政府妨害了这种目的时，人民就有权来改变或废除它，以建立新的政府。"

加拿大的情况则与美国不同。由于加拿大是在英帝国和英联邦内部，通过和平手段，采取协商、妥协等方式赢得独立，逐渐获得国家主权的，因而加拿大在立宪的指导思想上就与美国有很多的不同。美国人主张暴力革命，强调自由、平等，加拿大人则主张"和平、秩序与良好的政府管理"（Peace，Order and Good Government），强调"宪政制度下的专政"（Constitutional Dictatorship）；美国人主张彻底抛弃英国的宪法和政治制度，加拿大人则主张尽可能多地保留英国的宪法和政治制度。从历史上到现在，

"和平、秩序与良好的政府管理"一直是加拿大宪法的宗旨和加拿大人追求的目标。从表面上，美国宪法制度似乎要革命和进步得多，加拿大的宪法制度则显得落后而保守。例如早在1783年美国就制定了独立的联邦宪法，而加拿大直到1982年才从英国议会手中取得全部的立宪权和修宪权。又如美国早在18世纪末就通过了第一条至第十条的宪法修正案，即所谓规定公民基本权利和自由的《权利法案》，而加拿大直到1982年才将《权利和自由宪章》写入宪法。但从社会发展的实际情况看，加拿大并不比美国逊色。在国际政治地位上，美、加都是西方七大工业国之一，都在国际事务中扮演着重要的角色；但加拿大人以热爱和平著称，美国人则以"国际宪兵"著称，因而美国国际形象不如加拿大。在经济发展水平和物质生活条件上，美、加不相上下。在社会稳定以及和谐程度上，美国则远不及加拿大；美国的离婚率、犯罪率均高于加拿大，社会治安以及种族矛盾等社会问题也比加拿大严重得多。

第四，加拿大宪法是一部不完整的宪法。

1982年加拿大宪法生效，但魁北克省借口该宪法没有照顾到魁北克的特殊利益而拒绝签署，使得魁北克省至今仍游离于"宪法大家庭"之外，并多次引发加拿大的宪法危机。魁北克是加拿大惟一的法语省份，保留着独特的语言、文化和法律制度。魁北克面积居各省之冠，人口约占全国的1/4，经济地位也十分重要。让这么一个大省徘徊于宪法大家庭之外，对于加拿大的统一和稳定十分不利。有鉴于此，加拿大政府自新宪法签署后，就从各方面积极努力，争取使魁北克尽早返回"宪法大家庭"。经过多方努力，1987年联邦政府总理马尔罗尼与各省的总理就魁北克加入联邦宪法问题达成了《米奇湖协议》（*Meech Lake Accord*）。该协议基本上接受了魁北克提出的五项条件，正式确认魁北克为"特殊社会"，并允许魁北克在今后加拿大最高法院的组成、移民、联邦政府的分摊项目等问题上享有一些特权。作为交换条件，魁北克省同意签署《1982 年宪法法案》。1990 年 6 月 23 日至批准该协议的最后期限，由于马尼托巴、新不伦瑞克和纽芬兰三省的反对，使该协议最终未能通过，各方面的努力成为泡影。

魁北克问题由来已久，主要是占人口一半以上的英裔和占人口 1/4 的法裔两大民族之间长期的矛盾和冲突造成的，两大民族的争端一直没有得到很好的解决。20 世纪 60 年代，魁北克人党提出脱离加拿大联邦，成立魁北克共和国的主张。《米奇湖协议》的失败，更增强了魁北克的分离主义倾向，也使联邦宪法再次陷入危机之中。1993 年 10 月，在加拿大全国大选中，主张魁北克独立的魁北克集团在拥有 295 个席位的众议院中获得 54 个席位，成为加拿大正式的反对党。第二年 9 月，雅可·帕里佐领导的魁北克人党在省议会选举中战胜了自由党，开始在魁北克执政，并许诺在一年之内就魁北克独立问题举行公民表决。1995 年 10 月 30 日，魁北克省就该省前途问题举行了公民表决，结果联邦派以不到 1％的微弱多数（50.6％）险胜分离派，使加拿大避免了分裂。这次公决虽以联邦派获胜而告终，但联邦派赢得并不轻松。两派的得票如此接近，充分反映了加拿大英裔、法裔之间的矛盾有增无减，以及魁独势力在魁北克仍有很大的市场。至于魁北克在将来是脱离联邦独立还是重返"宪法大家庭"，消除宪法危机，尚难预料，只有拭目以待。

（三）议会

议会是加拿大的立法机构，由加拿大女王（即英国女王伊丽莎白二世）及其在加拿大的代表总督、参议院和众议院组成。但女王和总督只是象征性的，并不实际参与立法。实际参与立法的是参议院和众议院，参议院也被称为上院，众议院有时也被称为下院。加拿大的议会制深受英国的影响。

1. 参议院

（1）参议院的构成。

参议院是加拿大议会的重要组成部分，总督根据总理的提名任命参议院议员。参议院议员的最低年龄不得低于30岁，并且需要一定数量的固定资产。以前，参议院议员是终身制，但是，自从1965年以来，参议院议员工作到75岁必须退休。参议院议员必须居住在所代表的省和地区，如果参议员连续两次不参加议会的会议，就失去了参议员的资格。

加拿大参议院共有104名议员。其中，大西洋诸省，爱德华王子岛，新不伦瑞克、纽芬兰、新斯科舍共有议员30名。西部诸省，阿尔伯塔、不列颠哥伦比亚、马尼托巴、萨斯喀彻温四省共有参议员24名。魁北克省和安大略省各有24名参议员。西北地区、育空地区各有参议员一名。

（2）参议院的职能。

加拿大参议院的职能与英国上院类似，与美国的参议院有较大的不同。参议院可以拟定全国财政事务议案之外的任何议案，可以修改和驳回任何议案，任何议案都必须经过参议院同意后才能成为法律。从理论上讲，参议院的权力非常重要，但是在过去的几十年里，参议院从来没有驳回任何议案，仅仅是对议案主要条款之外的部分作一些修改和补充。参议院的主要工作由各委员会负责，所有议案都由这些委员会逐条审定，并提出修改和补充意见。委员会的成员大多具有丰富的专业知识和工作经验。

2. 众议院

（1）众议院的构成。

众议院是加拿大的重要立法机关，也是内阁赖以支持的重要机关。众议院的议员由选区的选民通过参加投票选举的方式而产生，在一般情况下，获得选票最多的候选人当选。如果在选举过程中因为辞职、死亡或者其他原因出现众议员职位空缺，还需要进行补缺选举。众议院共有 295 名议员，是由全国 295 个选区推选出来的。其中安大略省 99 名，魁北克省 75 名，不列颠哥伦比亚省 32 名，阿尔伯塔省 26 名，马尼托巴省和萨斯喀彻温省各 14 名，新斯科舍省 11 名，新不伦瑞克省 10 名，纽芬兰省 7 名，爱德华王子岛省 4 名，西北地区两名，育空地区一名，选区的数量根据各省的人口总数而增减，每个选区的选民人数以达千人为限。各省推选的众议院议员的总数不应低于各省在参议院的议员的总数。众议院议员没有固定的任职期限，但是一般任期为 5 年。

（2）众议院的职能。

众议院是加拿大人民通过直接参加选举而推选出来的政府机关，因此众议院代表了各民族、各阶层、各宗教派别等的利益。众议院负责对拟订的议案进行详细的审定，负责监督内阁的工作，并为内阁选拔成员。如果内阁得不到众议院的支持，众议院对内阁通过不信任案时，可以迫使内阁总辞职。众议院有权决定议会的法规、法令，有权决定征税，核准预算，根据宪法条款或者向总督建议撤换法官，有权宣布国家的政策，因此众议院对加拿大的立法起着决定性的作用。

众议院产生后，首先由全体议员选举产生议长。过去，议长的人选由总理提出，总理在提名候选人之前通常要同反对党领袖磋商。从 1986 年起，议长改由议员秘密投票选举产生。某一议员当选议长后，必须放弃原来的党派观点而代表全体议员。议长的职责是主持众议院的日常事务，维持会场秩序和保护全体议员的利益。

众议院内设有各种委员会，分别负责监督政府各部门的工作和审议各方面的立法。联邦政府各部门，包括总理在内，对众议院负责并定期报告工作。众议院及其所属各委员会有权向政府各部门提出质疑、并要求做出解释。众议院可以通过预算拨款等途径影响政府的政策。如有必要还可采取否决预算法案来迫使政府下台。从这个意义上来讲，众议院的权力要比参议院大得多。

3. 立法程序

加拿大议会的一个主要职责是制定和通过各种立法来确保全体加拿大人民的利益和安全。众议院和参议院都可以提出立法,但大部分的立法都是由众议院提出的。因为加拿大宪法规定,任何有关财政预算方面的立法必须由众议院提出。

任何一个法案提出之后,都要经过众议院和参议院的仔细斟酌、辩论,有时还要修正后才能通过。具体的立法程序如下:

某一政府部门或议员提出动议,动议经众议院同意后就成为议案,众议院第一次审议议案称为"一读"。一读只读议案的名称,不进行辩论。

众议院第二次审议议案时称为"二读"。此时议会议员就议案进行原则性辩论。议案经二读后进入委员会审议阶段。在此阶段内,众议院的某一立法委员会就要逐字逐句地、逐条逐款地审议议案的每一个细节。若有必要就提出修改意见,并向众议院报告。议案进入到所谓的"报告阶段"。在报告阶段内,其他众议员也可就议案的具体条款提出修改意见。

接着,众议院就修改后的议案进行"三读"。议员们对修改后的议案再次进行辩论,如果没有意见就进行投票表决。众议院表决通过的议案要提交给参议院审议。参议院也要经过一读、二读、三读等程序通过议案。如果议案是由参议院首先提出的,也要经过上述程序,再送众议院审议。两院都通过的议案就成为法案,经总督签署后,就正式成为法律。

4. 省议会

加拿大的议会分为联邦议会和省议会两级。省议会由女王和女王的代表省督与省议院组成。各省督由总理推荐,总督任命。但女王和女王的代表省督并无实际立法职能。各省实际负责立法的是各省一院制议会。省议会议员也是由民选产生的。各省的议员名额和选举程序等不尽相同,由各省根据本省的实际情况决定。省议会议员的选举也采取政党制度，但不像联邦议会那样常常都由自由党和保守党这两个主要政党轮流执政。

（四）总理和内阁

1. 总理

加拿大总理是加拿大国民政府的领袖。英国女王伊丽莎白二世，也是加拿大的女王，是加拿大的国家元首。根据总理的推荐，女王任命总督作为她在加拿大的代表。但实际上，总理领导加拿大政府的工作。

加拿大政府实行议会制，在这种制度下，众议院，也就是议会的下院的构成将决定谁将成为总理。传统上，在议会中占多数席位的政党领袖通常成为总理。几乎每一位总理都曾是众议院的议员。只有约翰·阿伯特（John Abbott）爵士和麦肯齐·鲍威尔（MacKenzie Bowell）是例外，因为他们俩人曾是加拿大参议院议员。

（1）总理的产生和任期。

加拿大每个政党的领袖或许都有那么一天会成为总理。举行大选有各种各样的原因。总理必须获得在议会中占多数席位的议员的支持才能担任职务。如果议会对总理的行政班子投不信任票，总理要么辞职，要么请求总督重新举行大选。总理有权决定大选日期，大选通常持续八周时间。如果总理领导的政党再次在议会中赢得多数，那么在议会中占多数席位的新党的领袖将通过总督的任命就任总理职位并宣誓就职。如果总理在任职期间死亡，则由总督任命他的后继者。加拿大总理每届任期4年，可以连选连任。因此，只要能当选，加拿大总理的任期实际上没有限制。加拿大历史上任期最短的总理为都波，他的任期只有69天，任期最长的总理为麦肯齐·金（MacKenzie King），任期时间为22年。

（2）总理的职权。

加拿大总理的职权虽然在宪法中并未提起，而实际上加拿大总理的职权与英国首相的职权极为类似。总理的职权主要有以下几个方面：第一，领导议会中的多数党。第二，制定和执行加拿大的内外政策。第三，在内阁的帮助下，领导加拿大政府。

总理是内阁的首脑，是加拿大行政权力的中心。总理有广泛的决定权，他可以建议解散众议院、任命内阁成员、各省的代理总督、参议院议员、法官、各委员会的成员和其他重要部门的官员。在做出决定和任命之前，总理一般都要征求内阁和其他重要官员的意见和建议。否则，如果总理经常一意孤行，则会在内阁、众议院和其他重要部门中面对更多的反对派，最终会导致下台。为了总理能够更好地工作，总理的大部分工作均由总理办公室负责，总理办公室一般由主任秘书、行政助理、立法助理、新闻助理和政策顾问等组成，负责安排总理的活动，接收和答复总理的信件，对总理做出的任命、决定、政策和主要政治活动提出意见和建议。

2. 内阁

（1）内阁的产生。

内阁是加拿大政府部门中最重要的机关，有"政府的心脏"之称。总理和内阁真正掌握着联邦的政权，而英王和英王的代表总督只是名义上的联邦首脑。内阁负责监督联邦政府的政策实施，内阁成员则负责监督政府各部门的工作。总理有组阁的权力，而且是内阁的负责人，内阁成员全部由总理任命。内阁成员一般都是议会议员，因为总理通常任命议会议员为内阁成员。总理也挑选一些非议会议员的人任命为内阁成员，但这些人必须在一定时间内取得议会议员的资格。政府各主要部门负责人一般都是内阁成员，如财政部长、外交部长、国防部长等。内阁的规模一般为20～30人。

（2）内阁的职能。

内阁对众议院负责，却自始至终都要受到众议院的支持。如果内阁得不到众议院的支持，内阁就要提出总辞职，或者提出建议新总督下令解散众议院，重新举行大选，以求得新当选的众议院的支持。每位内阁成员都应该对各自负责的政府部门的工作负责，负责监督和管理各自部门的工作。内阁成员作为一个整体，对国家的主要政策实施负责，在公众面前要保持观点的一致。内阁在制定和发展国家的对内对外政策方面起主导作用，对以总督的名义签发的各种行政法规、法令实施负责，内阁负责处理有关各省的事务，有权驳回各省的法规法令，内阁有权拟订大部分的议案，可以对各种议案的讨论通过起决定作用，对于政府的财政事务方面的议案，内阁有特定的权利，只有内阁首先拟订了政府的财政事务方面的议案，众议院才能进行讨论。内阁是连接国家立法机关和行政机关的枢纽，对立法具有重大的影响。

（五）司法制度

司法机关在加拿大的政治制度中起着十分重要的作用。长期以来，加拿大与其他西方国家相比，犯罪率一直相对比较低，这与加拿大的司法制度比较完善有着密切的关系。根据修订的《不列颠北美法案》，加拿大的司法组织大致分为联邦司法和省司法两大系统。

1. 联邦司法系统

加拿大联邦司法机关设立的依据是 1867 年生效的《不列颠北美法案》（该法案 1982 年被改为《1867 年宪法法案》）。该法案第 101 条规定：加拿大议会有权根据其需要设立加拿大最高上诉法院和其他高等法院。根据这一规定，设立了加拿大最高法院和联邦法院等联邦司法机关。

加拿大最高法院成立于 1875 年，是加拿大资格最老的法院之一。该法院设立初年，尚无完全独立的司法管辖权，某些重大案件需上诉到英国枢密院的司法委员会审理。随着加拿大日益走向独立自主，从 1933 年起，刑事案件不再向这个委员会上诉。自从 1949 年起，所有案件都不需要向这个委员会上诉。根据 1949 年修订的《最高法院条例》，确立加拿大的法院为独立的司法机关。从此，加拿大最高法院成为名符其实的最高级的终审上诉法院。

加拿大最高法院最初由一名大法官和 5 名陪审法官组成。1927 年，法官人数增至 7 人。1949 年随着向英国枢密院司法委员会上述制度的废除，法官增至 9 人，即目前的人数。根据有关法律规定，9 名法官中至少应有 3 人由魁北克省任命。加拿大最高法院是有关刑事及民事案件常设终审上诉法院，其司法管辖包括魁北克省的私法以及其他 9 省的普通法。该法院负责审理各省上诉法院的上诉案，但不是每个上述案都审理，通常只审理涉及重大公众利益并为公众所普遍关心的案件，以及法律应用上有重大问题的案件。法院设在首都渥太华，案件公开审理。法官到庭的法定人数是 5 人，但大多数案件的审理 9 名法官全部到庭。最高法院除了负责审理各省的上诉案件之外，还有权决定联邦政府和省政府通过的法案是否违宪。属于联邦法院系统的法院还有加拿大联邦法院。联邦法院成立于 1971 年，其前身是 1875 年设立的财政法院。联邦法院负责审理联邦政府和省政府之间的讼争，针对联邦政府的诉讼、有关海事、专利、商标、著作权、税务方面的案件以及联邦委员会等机构的上诉案件。联邦法院分设上诉庭和审判庭两个法庭。上诉庭由大法官一人和其他法官 9 人组成，审判庭有陪审法官一人和其他法官 13 人组成。每名法官是该庭的当然成员，但不一定每次审理都到庭。联邦法院的法官必须居住在首都区或者它的附近，但法庭却可以设在加拿大的任何地方。同时，法庭的设置地点和开庭时间必须便于当事人诉讼。

2. 省司法系统

根据修订的《不列颠北美法案》第 92 条的规定，各省立法机关可以在本省内设立相应的刑事及民事法院。据此，各省可由低到高设立治安法院、郡和区法院、省最高法院、省上诉法院等司法机关。魁北克和新斯科舍政府对其所管辖的城市有代理权，因此这两个省还拥有市法院。加拿大各省没有统一的法院构成形式，不过虽然各省法院组织名称有所不同，但同一类型的法院，其司法管辖并没有太大的区别。各省（包括尚未获得省资格的育空地区、西北地区等）的法院组织通常都由刑事法院、民事法院及上诉法院三部分构成，下面就让我们分别作一叙述。

第一，刑事法院。各省的刑事法院大致包括治安法院、郡和区法院、省最高法院和青少年法院等。治安法院也叫做省法院，在魁北克则称为治安法庭。治安法院是加拿大最基层的刑事法院，由省政府任命的治安官和法官负责审理案件。治安法院审理轻微的刑事案件以及违反省、市有关法规的案件，同时它还有权初审比较严重的刑事案。郡法院和区法院是高于治安法院，拥有民事及刑事司法管辖权的法院。它是以郡和区为基础建立起来的，负责审理比治安法院所管辖的性质更严重的刑事案件，但无权审理最严重的刑事案件。郡法院还可以作为上诉法院审理治安法院的轻罪上述案。除魁北克省之外，各省都设有郡法院和区法院。省最高法院各省都有，负责审理诸如叛国、谋杀、强奸等最严重的刑事案，法院的法官定期到省内各地巡回办案。此外，各省还设有青少年法院，审理青少年犯罪案件。根据《青少年罪犯法》，年龄在12岁以上，18岁以下者为青少年。18岁以上者犯罪，与成年人同等对待。青少年法院有简易法院法官和治安法官负责审理，案件的审理通常不许新闻媒体报道，也不许公众旁听。

第二，民事法院。各省的民事法院通常包括小额赔偿法院、郡和区法院、省最高法院和遗嘱认证法院等。小额赔偿法院是各省最基层的民事法院，负责审理诉讼金额不大（通常在1000加元以下）的民事纠纷案。小额赔偿法院一般是非正式的法院，负责审理小额索赔，金额不大的合同纠纷以及损害赔偿（如轻微的机动车肇事引起的索赔）等，对于该法院的判决不服有权上诉。除魁北克省之外，各省都有郡或区法院审理小额赔偿法院无权审理涉及金额较大的民事案件，至于多少才算金额较大，各省没有统一的规定，但通常诉讼标准应在 1000 加元以上。郡法院的民事案件由联邦政府任命的法官负责审理。应诉讼参与人的请求，大多数案件都有法官和陪审团联合审理，不服郡法院的判决，可以上诉到该省的上诉法院。省最高法院负责审理超出郡和区法院司法管辖权之外的民事纠纷案。省最高法院的民事案由联邦政府任命的法官负责审理，在诉讼金额上没有限制。该法院管辖的案件（无论有没有陪审团）均由法院派出巡回法官审理，这些法官到省内各地法庭或者某些特殊城市中没有陪审团的法院巡回办案。对最高法院的判决不服可以上诉到本省的上诉法院。育空和西北地区，设立了同省最高法院相平行的审判法庭，即育空地区法院和西北地区最高法院。这两个法院所使用的诉讼规则很特别，育空地区法院采用不列颠哥伦比亚省的诉讼规则，而西北地区最高法院则采用阿尔伯塔省王座法院的诉讼规则。在加拿大大多数省还有遗嘱认证法院，负责审理同遗嘱或死者遗产管理有争议的案件。纽芬兰、魁北克、不列颠哥伦比亚以及爱德华王子岛四省没有此类法院，有关遗嘱的案件由该省的最高法院管辖。

第三，上诉法院。各省都设有有关刑事及民事案件的上诉法院，不过这些法院没有统一的名称。让我们先来看看刑事上诉法院。除某些省的郡法院有权审理轻微刑事案件的上诉案件外，各省还设有上诉法院复审青少年法院、治安法院、郡法院、省最高法院的刑事上诉案。各省的刑事上诉案法院通常由著名法官组成的法官小组负责案件的审理，大多数法官所做的一致裁决即为该案件的判决。刑事案件的终审上诉法院是加拿大最高法院，它负责审理对省上诉法院裁决不服的上诉案。下面再让我们看一下民事上诉法院。民事案件的上诉同刑事案件相比较要复杂得多。有时基层法院的案件无权直接上诉到省上诉法院。例如在安大略省，对小额赔偿法院裁决不服的上诉，只能上诉到作为安大略省最高法院一部分的独任法官法庭。不过对郡或区法院的判决不服，可以上诉至该省的上诉法院。对省最高法院的裁决不服，可以上诉至省上诉法院或者省最高法院上诉庭。同刑事案件一样，民事案件的终审上诉法院也是加拿大最高法院，它负责审理各省上诉法院的重大民事上诉案。

（六）公民的基本权利

虽然在历史上加拿大的许多宪法性法律和宪法惯例都涉及到公民的基本权利，但专门规定公民的基本权利的宪法性文件主要有两部，即 1960 年的《加拿大权利法案》和 1982 年的《加拿大权利和自由宪章》。

1.《加拿大权利法案》

1960 年，《加拿大权利法案》颁布。法案颁布后立即成为所有其他联邦制定必须接受的成文法典。任何联邦成文法都不得违反《加拿大权利法案》中所保护的公民的基本权利。法案在序言中指出：

加拿大议会确认加拿大国家建立的原则是：对崇高上帝的承认，对人类尊严和价值的承认，对自由的人和自由的国家在社会大家庭中地位的承认。还确认当自由建立在道德和精神价值以及法制的尊重的基础上时，个人和团体才能保持其自由。永远牢记《权利法案》中的这些原则以及由此而产生的人权和基本自由。《权利法案》应反映议会对其宪法权威的尊重和应保证在加拿大保护这些权利和自由。

《加拿大权利法案》中有关公民基本权利的规定主要体现在第一条和第二条中。《法案》第一条指出：特此承认和宣布，在加拿大已经存在并将继续存在下列人权和基本自由，不分种族、民族起源、肤色、宗教和性别：（1）个人的生命权、自由权、安全权和财产享有权，除非通过法律程序，否则不得被剥夺；（2）个人在法律面前平等并受到法律的保护；（3）宗教自由；（4）言论自由；（5）集会和结社自由；（6）出版自由。第二条规定：任何加拿大法律都不能被解释和适用于：（1）授权和实施对任何人的随意拘留、拘禁或者放逐；（2）强制或授权强制实施罕见的虐待和惩罚；（3）剥夺被逮捕和拘押者：（a）立即得到被捕或被拘押理由的通知的权利，（b）立即聘请和通知其律师的权利，（c）使用通过人身保护法令，确定对其拘押的有效性，若拘留不合法应予以释放的补救措施；（4）授权法庭、委员会、部或其他权力机关在否决某人为自己聘请律师辩护或者进行其他符合宪法保证时强迫某人举证；（5）剥夺某人与决定其权利和义务的基本公正原则相一致的公平听审权；（6）剥夺被指控有罪的某人，在通过独立和公平的法院的公开审理而证实其罪行之前，应被视为无罪的权利；（7）剥夺某人在法院、委员会、部或者其他法庭上，成为诉讼当事人一方或者证人时，如果听不懂或不会讲诉讼所使用的语言时，有得到翻译帮助的权利。

2. 《加拿大权利和自由宪章》

1960 年《加拿大权利法案》宣告了加拿大公民自由法律发展的新时代。1982 年颁布的《加拿大权利和自由宪章》在《加拿大权利法案》的基础上又有了新的发展。《加拿大权利与自由宪章》是 1982 年加拿大宪法的重要组成部分，其主要内容是：权利与自由的保障，基本自由，民主权利，迁徙权，法律上的权利，平等权利，加拿大的官方语言，少数民族语言的教育权利，宪章的实施，一般规定，宪章适用等。

《宪章》的第一条是限制性条款，规定：《加拿大权利和自由宪章》只有在自由民主社会中，确实证明其有理的法律所规定的合理限度内，保障该宪章中所规定的权利和自由。第二条规定公民享有以下基本自由：意识和宗教自由；思想、信仰、观点和表达自由，包括新闻和其他大众传播媒体的自由；和平集会自由，结社自由。第3条至第5条规定了议会选举制度。第6条规定了加拿大人的迁徙权。第7条至第14条涉及法律上的权利以及与加拿大刑事司法制度有关的人可享受的各种法律保护。如《宪章》第7条规定，任何人都享有生存权、自由权和人身的安全，如果不是根据基本公正原则，此权不得被剥夺。第8条规定：任何人有权不被非法搜查和拘捕。第9条规定任何人有权不被随意拘留和监禁。第10条规定：在遭到逮捕和拘留时，任何人有权：及时得知被拘捕的理由；得知有权及时聘请或者告知律师；享有《人身保护法令》所规定的如果拘捕不合法应被释放。第11条规定：任何被指控有罪者享有下列权利：得到所犯具体罪状的通知，无故不得拖延。在合理的时间内得到审理。在诉讼中不被强迫自证其罪。在独立以及公正的法庭依法进行公平、公开的审理，证明其有罪之前，应被视为无辜。在没有正当原因时，其合理的保释不得被否决。如果最终宣判某人无罪，则不能再被审判；如果最终确认某人有罪并对其进行了惩罚，则不能再次被审判和惩罚。第12条规定：任何人都有权不受残酷的惩处和虐待。第14条规定，在任何审判中，听不懂或者不会讲法庭所使用的语言的当事人或者证人或者耳聋者，有权得到翻译的帮助。第15条是有关平等权规定：任何人在法律面前一律平等，在种族、民族、肤色、宗教、性别、年龄、心理和生理能力方面不受歧视。第16条至第22条是有关平等使用官方语言英语和法语的规定。第23条是有关少数民族语言教育权利的规定。第24条是有关行政赔偿的规定。第28条是有关男女平等的规定。

《加拿大权利和自由宪章》是加拿大《1982年宪法法案》中十分重要并最具新意的部分，它对加拿大公民的基本权利作了详尽的规定，是加拿大宪法发展的重要里程碑。

四、法学教育制度

（一）加拿大法学教育发展概况

加拿大的法学教育始于殖民时期，历史悠久。在历史上，加拿大曾长期是英国和法国的殖民地，英、法两国在加拿大的殖民统治长达 260 余年（1603～1867），因而，加拿大的法学教育模式深受英、法两国的影响。加拿大第一所无教派大学是 1821 年成立的麦吉尔大学，1848 年该校建立了加拿大第一所正规的法学院，至今已有大约 150 年的历史。加拿大早期的法学教育与英国一样，是一种学徒式的法学教育。学生跟着有经验的律师学习法律和办案。20 世纪 40 年代以后，加拿大开始逐渐形成现代化的法学教育。1949 年，曾留学美国哈佛法学院并获得法学博士学位的恺撒·赖特（Caesar Wright）被任命为多伦多大学的法学院院长。在他的领导之下，加拿大现代化的法学院开始建立起来。赖特在多伦多大学建立的法学教育模式，受美国哈佛大学法学院影响很深。它作为一个办学的样板，在加拿大很快推广开来。随后，加拿大大多数法学院都采用了美国式的案例教学法。目前，加拿大大约有 34 所大学设有法学专业，其中 16 所大学设有法学院。这 16 所大学是：阿尔伯塔大学、不列颠哥伦比亚大学、卡尔加里大学、达豪西大学、马尼托巴大学、麦吉尔大学、蒙克顿大学、新不伦瑞克大学、渥太华大学、女王大学、萨斯喀彻温大学、多伦多大学、维多利亚大学、西安大略大学、温莎大学、约克大学。在这些法学院中，以多伦多大学、约克大学、不列颠哥伦比亚大学、麦吉尔大学的法学院最为著名。这些学院师资力量雄厚，学生人数众多（大多近一千人），藏书丰富（大多数在 20 万册左右，有的达 30 万册）。

（二）入学考试、学制及课程设置

加拿大法学院的入学资格要求很高，大部分法学院要求学生在入学前就已从其他专业本科毕业，具有学士学位。申请者入学前要参加全国性的"法学院入学考试"（Law School Admission Test，简称 LSAT），且成绩优异。LSAT 考试由美国和加拿大法学院入学考试委员会联合举办，该委员会现有成员 194 人。考试每年举行 4 次，除美国和加拿大以外，在世界上许多国家和地区都设有考场，考试成绩 3 年有效。LSAT 考试是一种标准化考试，考试内容分五部分，每部分答题时间为 35 分钟，全部为多项选择题，主要测试学生阅读理解、理性分析和逻辑推理能力。另有一部分为写作，时间为 30 分钟，此部分不计分，但要寄到考生申请的法学院以供参考。LSAT 考试的满分为 180 分。本科学习成绩及 LSAT 考试成绩优异是进入法学院学习的基本条件。除此之外，法学院还要对申请者的其他条件进行考察。比如文化知识水平，逻辑思维能力，语言表达能力，面对逆境和困难的应变能力，人际交往能力，心理承受能力和身体健康状况等。只有各方面都符合要求，才能最终被法学院录取。

除魁北克省以外，大部分法学院的学制为 3 年，学习期满之后，成绩合格者可获得法学学士学位。加拿大有 20 余所法学院设有硕士和博士课程。本科毕业之后，一般再继续学习一年左右，可获得法学硕士学位。硕士毕业后再学习 2～3 年，可获得法学博士学位。

法学院的课程设置虽各有特色，但大同小异。下面以多伦多大学法学院为例，简单谈一下课程设置的情况。该院第一年共开设 7 门课，全部为必修课，即宪法、法学概论、民事诉讼法、合同法、财产法、侵权行为法、刑法及刑事诉讼法。第二、三年主要为选修课，每学年至少要修满 28 个学分，供选修课程有 130 多门。主要有：行政法、海商法、高级宪法、高级公司法和证券法、高级刑法、高级家庭法、高级国际公法、高级侵权行为法、商业组织法、加拿大法制史、债权法、通讯法、比较宪法、比较合同法、冲突法、版权法、犯罪学、法律的经济分析、环保法、证据法、移民法、保险法、国际商业贸易法、国际人权法、法理学导论、劳动法、法律与宗教、法律与社会、法哲学、法医学、心理健康与法律、精神分析法学、种族、文化与法律、房地产法、买卖法、消费者权益保护法、税法、信托法、遗嘱法等。每门课2～5个学分不等，大多数为2或3个学分。除了上面所列的课程外，还有大量的专题讲座和研讨会供学生选听和参加。

（三）法学院的教学方法及科研

加拿大的法学教育注重理论与实践相结合，尤其是注重培养学生分析与解决问题的能力。课堂教学大多采用案例教学法，要求每个学生积极主动地参与，发表意见与见解。所谓"案例教学法"（Case method），又称"苏格拉底式教学法"（Socratic method）。这种教学方法由哈佛法学院前院长克里斯托夫·哥伦布·朗得尔（Christopher Columbus Langdell）于1870年最早使用于哈佛大学法学教育之中。100多年来，案例教学法已被美国各大法学院普遍接受，并为世界上许多普通法系国家所效仿。案例教学法的特点是：学生学习法律和法律原则，不是通过死记硬背具体的法律条文，而是通过学习、研究大量的案例来掌握法律的精神和基本原则。在上课之前，学生必须认真钻研老师发的案例汇编，查阅相关的资料。在课堂教学上，基本的方式是问答式和讨论式。教师在讲课中不断提问，与学生一起就某个虚拟的案例和实例进行讨论，在讨论中引导学生总结出法律的原则、规则以及各种法律之间的关系。实践证明，案例教学法能够启迪学生的积极思维，调动学生的主观能动性，提高学生的逻辑推理能力，对学生毕业后从事法律职业大有好处。

　　加拿大的法学教育广泛采用案例教学法，注重培养学生的分析能力与批判精神。正如阿尔伯塔大学前校长马克斯·怀曼（Max Wyman）在一次对法学院一年级学生的讲话中所说的："作为学法律的学生，你们必须准备好研究一些法律中所包含的深刻思想，在法律文件中确实存在着大量的深刻思想。你们必须做好准备，用批判的眼光去审视当今法律的目的和范围，并且判定该目的和适用范围是否仍然和我们现今的社会道德相一致。确实，作为学习法律的学生，你们必须做好准备，对老师们所说的话提出质疑，对他们所说的话永远力求甚解，还要努力证实。如果你们只是满足于反刍老师所教，那么，你们肯定只会变成个法律操作者，而不会成为法学家。"

　　法学院都设有模拟法庭，不少法学院要求学生在第一年就必须参与模拟法庭的实习，实习要记成绩，不合格者要再次实习，一直到合格为止。模拟法庭每次开庭通常由4名二年级的学生和一名开业律师组成，学生除自己必须参加某一模拟法庭的实习外，还要对自己没有参加的模拟法庭进行评定。一年级的学生则作为"法律写作"课程的部分内容，每两个人组成一对，向模拟法庭提出上诉状和答辩状，陈述各自的观点。法学院的学生还在模拟的法律事务所的环境中从事实际工作。这种法律实践活动通常由兼职律师和专职律师以师傅带徒弟的方式进行，律师除了指导学生办案之外，还非常注重学生在这项活动中的研究能力的培养，使理论与实践得以有机的结合，使学生养成综合运用法律知识的能力。

　　法学院不仅是教学机构，而且还是科研机构。不仅教师需要从事科研，学生也需要进行科研。目前，在加拿大法学院从事科研，主要通过两种途径：一是在图书馆检索所需的信息和图书资料，一是通过电脑和网络查询所需要的信息和资料。在图书馆查找所需图书资料是传统的检索方法，加拿大各法学院都十分重视图书资料的建设，大都有规模较大的图书馆，不少图书馆的藏书达 20 万册以上。加拿大的法学院图书馆不仅对本院、本校师生开放，也对社会公众开放。任何对法学感兴趣的读者都可以在开放时间入馆查阅。加拿大对图书管理员的要求很高，通常要求具备学士学位和图书馆学硕士学位才能在图书馆任职。法学院图书管理员也大多具有法学和图书馆学两种学位。读者如在查阅资料时遇到困难，可以随时向管理员请教，他们会热心和耐心细致地为读者提供服务与帮助。

利用电脑网络查询资料是近 20 年来发展起来的一种新的检索和研究手段，它正向传统的检索手段提出挑战。在过去的 20 年中，电子技术、电子数据库和信息产业都得到了突飞猛进的发展，电脑中储存信息以及通过使用电脑进行研究的方法都得到了极大的进步。国际互联网和法律电子信息检索系统的开发，为人们获得法律信息提供了极为方便、快捷的条件。加拿大将计算机技术应用于法律研究，最初是 1968 年由蒙特利尔大学法学院和计算机中心在一项称之为"数据"的研究项目中首次开创的。1969 年，女王大学和联邦司法部进行了一项类似的联合研究项目，称之为魁克/法律（Quic/Law）项目。经过这些开创性的努力，计算机化的法律检索系统这一构想，已经从仅仅是个概念发展到了一个有真实内容并可操作运行的现实。事实上，计算机检索系统已发展成为重要的商业企业。魁克/法律项目在 1973 年已演变成为魁克/法律系统有限公司，并最终存有大范围的数据。目前，用户可以通过魁/法（Q/L）和加/法（Can/Law）系统来查阅大量的各种各样的法律文件。例如，它可以查找已经报道了的案件，包括加拿大最高法院几天前才宣判的案件、联邦和各省的法规及法学期刊文章，等等。通过法律（Lexis）和西法（Westlaw）检索系统用户还可以获得美国法学院的有关资料。由于计算机技术用于法律研究十分重要，所以，加拿大的不少法学院目前已经在课程计划中列入计算机和法律有关的课程。例如阿尔伯塔大学法学院将学生利用计算机进行法律研究列为必修课，作为一年级课程的一部分。目前，加拿大所有法学院的图书馆都已联网，在任何一所法学院的图书馆都可以非常方便地查阅到其他法学院的图书资料情况。

（四）法学院的管理

加拿大没有全国性的高等教育管理体制和机构，大学教育由各省负责。各省的高校管理机构主要负责全省的高校方针和计划，以及拨款等事务。至于各高校具体的行政管理和教学则由校方自行决定。加拿大大部分大学都有行政和学术两套平行的管理系统，少数学校将两者合而为一，实行单一的管理体制。学校最高的行政管理机构为校董事会，通常由当地政府、企业界、学校行政当局、教职员工和学生代表构成。其职能是为学校筹款、监督财务、充当校方与政府和公众之间的联系人。学校最高学术评议机构为校监事会，主要由各院系学术代表组成。负责一切教学事宜和学术活动，包括决定招生名额，安排课程，授予学位，聘任教授和制定教学、科研计划，等等。

大学通常由若干学院和系构成。法学院和其他学院一样实行院长负责制。院长一般由本院著名教授担任，由校方聘任，任期三年。院长负责选聘和考核教员，安排和主持日常事务和工作。法学院教职员工分为教学与行政两大类。教学人员包括本院教师、外院兼职教师、访问学者等。行政人员包括院长、副院长、秘书、图书管理员等。加拿大法学院的教职员工中以教学人员居多，行政人员少而精。如不列颠哥伦比亚大学法学院有各类教师上百人，但专职行政人员仅4人，图书管理员3人。行政人员人数虽然不多，但都熟悉业务，办事效率高。

法学院的教师由低到高分为四级：最低为讲师，讲师之上为助理教授、副教授和教授。讲师任职必须有硕士学位，而讲师升为助理教授则一般需要有博士学位。助理教授以上的职务相对比较稳定，除非因不称职、渎职、行为不轨等，校方不能随便解聘。法学院的经费来源主要来自联邦及各省政府的资助，也包括学校的收入（如学费）和社会赞助（如各种基金、私人捐款、公司资助、慈善机构捐款等）。

（五）毕业后从事的法律职业

法学院的学生毕业之后，绝大多数担任律师和法律顾问。加拿大是一个法制国家，律师具有较高的社会地位，收入一般也比较高。学生从法学院毕业之后，并不能够马上担任律师，通常要在司法机关实习一年，然后参加各省举办的律师资格考试。成绩合格，参加该省的律师协会，才能办案。加拿大的律师制度起源于英国，但与英国有所不同。英国的律师有出庭辩护律师和事务律师的区别，加拿大则无此区别。加拿大的律师既是出庭辩护律师又是事务律师。加拿大现有律师5万余人，平均每万人中有律师约20人，居世界领先地位。加拿大的律师在从事律师职业若干年之后，还可以担任法官。加拿大的法官，尤其是联邦法院的法官，均从执业多年、有丰富经验的优秀律师中选拔。从法学院本科毕业之后，如果不愿意继续从事实务，而愿意进行理论研究，还可以继续攻读硕士和博士。硕士和博士毕业后，可留法学院任教或在研究机构从事法律研究，或者在政府部门参与立法。不少律师在工作若干年后，成为政治家。加拿大与许多西方国家一样，不少著名政治家和政府首脑都曾是律师。如加拿大前总理马尔罗尼和现任总理克雷蒂安都是律师出身。

加拿大的法学教育在长期的发展过程中，积累了丰富的经验。加拿大法学院采用的案例教学方法、法学教育中对职业性的注重以及在教学和科研中先进的现代化科技手段的运用，都值得我们认真研究和借鉴。

8 《一间教室的学校》 摄于1910年前后的一所乡村学校。学生们在这里阅
  读、书写、做算术和接受效忠英帝国的教育

第 八 章

教　育

　　加拿大教育在过去的一个世纪里，特别是过去 30 年里，发生了巨大的变化，取得了举世瞩目的成就。教育从少数人的特权演变成了千百万人的天然权利，学校从最初的粗圆木简陋房变成了宏伟的现代建筑。加拿大在 1954 年的教育投资是国民生产总值的 3％，到 1977 年达到 8.2％。虽然这个百分比后来有所下降，但在对教育的支持方面加拿大一直保持着世界领先者的形象。1988 年的教育支出占国民生产总值的 7.7％，相比其他国家，比如瑞典（7.4％）、前苏联（7.3％）、美国（6.7％）、英国（5.0％）、法国（5.7％）、澳大利亚（5.8％）和日本（5.0％），仍处于最重视教育国家的地位。教育占国民生产总值的比例减少了，但教育支出总值并没有下降。教育一直是联邦政府最大的开支和最重要的投资之一。在 80 年代对学生的人均支出是 3850 加元，而一百年之前的相应数字只有 10 加元。1986 年国家对大约 600 万大、中、小学生的总投资是 33000000 加元。加拿大理事会早在 1965 年就明确指出：教育不是支出，而是投资。下面我们看一看加拿大各类教育的特点和情况。

一、高等教育的特点和体制

　　加拿大高等教育可以分为两大类：授予学位和不授予学位的学校。前者包括大学和一些有完整学位课程的学院。后者有三种：

社区学院、技术学院、成人培训中心。先前还有过师范学院。近年来师范学院近乎绝迹，由各综合大学所取代。还有一类基本上不授学位的学院是由教会和私人企业开办的。有些教会办学院培训各级牧师和其他教会工作人员。私人企业办的有培训雇员的商学院和各种在职培训学校。这些不是完全意义上的高等学府，学员不一定都完成过中学学业。

对加拿大教育来说，大学（university）和学院（college）容易引起混淆，有重合的成分。大学一律指有学位授予权的高等学府，而学院既指不授予学位的独立的高等院校，也指大学里相对独立的学院。然而，随着社区学院的兴起，"学院"一词越来越专指大学之外的独立学院。

最初的大学大部分是由教会按照欧式大学风格建立的。1635年建立的耶稣学院为魁北克的高等教育奠定了基础，比美国的哈佛大学获得特许还早一年。拉瓦尔大学（Université Laval）在1852年成立，1876年到1921年在蒙特利尔有了分院，就是后来独立出来的蒙特利尔大学。1763年英帝国接管加拿大后，在沿海省份和下加拿大又涌现出一批学院。这些教会学院不是采取牛津、剑桥模式，就是采取苏格兰大学模式。新学院有哈利法克斯的国立学院（1789）、弗雷德里克顿（Fredericton）的国立学院（1829）（后来变成新不伦瑞克大学），以及多伦多的国立学院（1827）（后来的多伦多大学）。不少大学开始是教会学院，后来变成世俗学院，比如马尼托巴省的布莱顿（Brandon）大学（1967）、温莎（Windsor）大学（1963）、渥太华大学（1925）和拉瓦尔大学。有少数大学从来就和教会无关，比如纽芬兰的纪念大学（Memorial University）（1949）是从原先的纪念学院发展而来的，古尔夫大学（University of Guelph）（1965）是合并三个小农学院而成。有些大学是由各省白手起家建立的，没有先前的学院基础，比如萨斯喀彻温大学（1967）、阿尔伯塔大学（1966）、莱斯布里奇

(Lethbridge) 大学 (1967) 和魁北克大学 (1968)。这些最初由省政府建立的大学相当于美国的"州立"大学。另有一部分大学是由与教会或国家无关的公民利益集团建立的。达豪西大学 (1818) 就是达芬九世伯爵担任新斯科舍省督时建立的。麦吉尔 (McGill) 大学 (1821) 是蒙特利尔巨商詹姆斯·麦吉尔遗赠的钱和土地建立的,卡尔顿 (Carleton) 大学 (1957) 早在 1942 年曾是个学院,后来由渥太华知识促进会建立的。地处金斯顿的加拿大皇家高等学院与上述所有大学不同,是由联邦政府建立的。它最初是在 1874 年根据一项议案建立的。目的是传授军事战术和技术,1959 年开始有学位授予权。

与大学和普通学院相比,社区大学的产生完全是近 30 年的事。加拿大的社区大学首先在魁北克和安大略两省出现。皇家委员会就魁北克教育制度的调查报告 (Parent Report,1963) 对该省整个教育制度的改革提出建议,导致 1967 年关于创办普通教育和职业教育学院 (Colléges d'enseignement Général et professionel) 的法案,随后 5 年内魁北克省建立了 376 个普通学院和职业学院。这些学院大都是从旧有的文科学院和师范学院改造而成,提供两年制普通课程和三年制职业教育课。此外还成立了 28 所私人学院,提供类似课程,由省教育部监督指导。

这些学院的直接作用是提高公民的教育水平,使更多的人有上大学的机会,但还有更深远的意义。社区学院建立初期,由于与社会脱节出现一些问题,如课程设置、设备不足,加上从普通学院向技术学院转型时期的学生就业与社会需求接轨等问题,学生曾在 1968 年 10 月 31 日掀起全省的罢课,社区学院也一度暂时关闭。罢课结束后,省教育部对社区学院的教学目标、课程设置和行政管理一系列问题重新作了评价研究。

安大略省在 1965 年根据省立法建立了一系列的应用艺术和理工学院 (Colleges of Applied Arts and Technology)。在 1970 年有 20 所这种学院，有的是在改造旧学院基础上建立的，有的是新成立的。此外，安大略省还有 4 个农学院、3 个医学院、一所花卉栽培学校、一所艺术学院和莱尔森专科理工学院。1970 年时社区学院学生人数为 37000 人，1978 年一下就翻了一番。魁北克省同年社区学院在学人数约 120000 人。其他省份在非学位授予学院的发展方面远不能和魁北克、安大略两省相比。

阿尔伯塔省在 1970 年时已有 10000 在校生。不列颠哥伦比亚省有 13 所学院和 10000 在校生，1978 年达到 17000 人。1963 年前的省法律不允许不附属不列颠哥伦比亚大学（UBC）的学院独立存在。1963 年后强调开门录取政策，即财政和心理上让社会更能接受，课程设置更加灵活。不列颠哥伦比亚大部分学院都有向正规大学输送人才的课程，只有不列颠哥伦比亚理工学院例外，专门从事技术培训。1970 年时，不列颠哥伦比亚省学院学生中旨在升入正规大学的学生多于专攻职业技术旨在直接就业的学生。在这方面仅次于魁北克省。萨斯喀彻温省在 1970 年只有 3 所学院，但 1980 年增到 156 个，外加三所技术学院。同时期马尼托巴省只有 3 所学院。大西洋沿岸四省的学院与其他省不同，特点是为特殊目的服务。比如，纽芬兰的渔业学院、航海学院和海洋工程电子学院；新斯科舍省的航海学校；新不伦瑞克的沿海森林管理学院。1970 年纽芬兰有两个学院，新斯科舍省有四所，新布伦瑞克有两所。

高等教育的发展主要起始于第二次世界大战后，在 60 年代初达到高潮。大学生人数在 60 年代增长了 3 倍，从 10 万人增长到 1970 年的 30 万人（年均增长 12％）。社区学院就是在这 10 年里作为一种教育实验而涌现出来的。主要的出发点是人们看到不管大学发展多快，毕竟只有少数人才能享受。而社会却需要上不了大学的人们也应得到某种教育机会。再说，社会发展也越来越需要技术劳动者。大学和中学都不能培养这种人，社区学院就是这样应运而生的。

加拿大的高等教育随后一直保持了高速、稳定的发展，在 1992 年，加拿大共有 70 所正规大学以及 200 所社区学院和技术学院。在 80 年代后期，由于技术劳动市场对教育要求的大幅提高，由于社会对妇女作用的承认，以及六七十年代大学的增加和多样化，大学生的就学人数又创新高。到了 1990 年至 1991 学年，大学的全日制学生人数达到 85.7 万，相当于 40 年前的 9 倍。

由于加拿大早期历史和法兰西、盎格鲁两大文化的渊源，大学制度不可避免地延续着欧洲传统，是在欧洲教育思想和实践的基础上建立、发展起来的。但又由于和美国在地理上的近邻关系，也同样不可避免地受到美国的深刻影响。美国对加拿大影响最明显的例子是校董事会成员的选择，即任命的成员中要有很大比例的非学术界人员。这个比例一度有所减少，但在 1970 年仍为 72％。在 1970 年的 59 个大学董事会中有 49 个董事会的成员是外行人占大多数。另外，加拿大许多专业性强的学院，比如农、医、牙医、商和教育，以及许多研究生院都是延用美国模式。由于美、加在社会、意识形态、科技等方面的相似之处，以及加拿大大学中的许多人都是在美国大学毕业的，美国对加拿大教育的这种影响是完全可以理解的。尽管来自欧美的强大影响，加拿大大学仍然显示了它的独特性。

加拿大教育最大特点就是法定的省负责制。在制定第一部宪法时，即 1867 年的《不列颠北美法案》，就特别考虑到双语多元文化这个事实，认为把教育统得太死，不符合国情。第 93 款明文规定把教育管理政策制定的权力下放给各省议会和政府。所以加拿大有史以来一直没有统一的国家教育体制，也不打算建立统一的体制，也没有国家教育部。联邦政府在教育方面只保留极有限的权利，绝大部分教育权利下放各省。这样的结果是每一个省有他自己的教育体制；虽然各省也相互学习、借鉴，但是各省的教育结构、学校组织和课程安排主要是各自地区历史发展的结果，是出于考虑当地具体条件和社会需求的结果。所以加拿大教育的一大特点就是高度的分权制（decentralization）。相对而言，各省的正规大学之间的共同性比较明显；而由于地区条件不同，社区学院之间的差别和多样性比任何工业化国家都突出。

官方语言双语制也深刻影响了加拿大教育。虽然大多数法语人口集中在魁北克省，但是法语社区遍布全国各地，同时魁北克省也遍布英语社区。近年来一个新的语言政策就是力求满足官方语言少数民族群体（魁北克的英语群体和魁北克外的法语群体）的需求。联邦政府和各省正在努力合作发展法语教育，尤其是在高等院校里提供和扩大法语授课的课程，力求使学生能选择任何一种官方语言完成大学学业。

外国移民的涌入和多元文化的发展也同样给教育发展增加了催化剂。许多移民不愿放弃自己的传统语言和文化遗产，不愿自己的下一代被完全同化。各省，特别是移民集中的各大城市都在力图开展遗产语言教育以及相关课程。比如目前各主要大学都提供正规华语课程，可以等同于一门现代语言的学分。加拿大土著人教育也是不容忽视的问题。根据早期的不平等条约，土著人的教育由联邦政府负责。但目前的大趋势是土著人争取在自己的社会经济事务方面的自决权和自治权。这对高等教育影响还需进一步观察。

正规大学在各省之间的差别不是太大，主要差别之一在于每省拥有大学的数量。纽芬兰和爱德华王子岛两省各有一所正规大学，而安大略一省就有 15 所。另一个差别是有的省有与正规大学地位等同的专业学院，比如安大略省的莱尔森理工学院（Ryerson Polytechnical Institutes）。大部分大学都是综合大学，提供专业齐全的课程，包括研究生课程和医学、法律、护理等专业性强的院系；都是既教学又从事科研。只有个别少数大学只集中于本科教学。与大学地位等同的特殊学院有不列颠哥伦比亚的开放大学,提供远程教育,承认其他省级学院和非正规学习的学分。萨斯喀彻温省的印第安联合学院是北美惟一一所由土著人自己治理的授予学位的学院。安大略省教育科研所是专门研究教育的独立的研究生院兼教育科研所。魁北克大学是包括电视大学和全省各地分校网在内的一所大学。育空区和西北区各有一所综合的由多所分校组成的社区学院,没有大学。

　　加拿大几乎所有大学都是公立大学。因为都是以省议会法案为基础建立的,资本和办学费用绝大部分由省政府拨款。只有两所小的私立教会学院是例外。一所在安大略省,另一所在不列颠哥伦比亚省。像美国那种常见的私立大学在加拿大很难建立。一般来说省政府对此采取敌视态度,不过安大略省政府目前正在认真考虑这一问题。

　　正规大学的重要问题是建立普遍的、大致统一的入学标准。作为教育政策,大学不分等级,但各校之间在地位身份和名望方面还是有所不同。但由于政府资助政策的结果,加拿大大学之间的差别相比其他国家要小得多。政府资金主要根据各校学生人数拨款,同时也考虑各校的课程组成。

　　政府按学生人数拨款,同时对大学使用资金的侧重状况又没有控制,这种普遍拨款的做法近年来引起争论。在过去十几年经费紧张的情况下,有专家主张在向大学拨款问题上放弃平均主义,采取类似中国重点大学的做法:每个省只挑选一所,大省可以挑几所大学为“旗舰”,比一般大学享受更多的拨款。但由于加拿大平均主义观念严重,这种建议就像荒野里的呼声,至今毫无结果。

　　非学位授予的学院的主要作用是提供职业培训、进修、基础教育和成人及社区教育。有三个省的学院还担当向正规大学输送尖子人才的重要角色。在不列颠哥伦比亚和阿尔伯塔省,这个角色很像美国的专科和社区学院,所开课程的学分得到正规大学的承认。不列颠哥伦比亚省的一些学院和大学达成协议，在大学的指导和监督下开办完全的学士课程。在魁北克省，非学位授予的学院提供两年制的大学预科教育。该省所有中学毕业生必须经过这个阶段才能考正规大学或接受毕业后直接就业的六年制职业技术教育。各省的正规大学和非学位授予学院之间都有正规的衔接渠道。越来越多的学生在通过能转移学分的课程从学院毕业后再进入正规大学学习。目前学院与大学之间的衔接正在不断完善。除了公立学院外，还有许多非授予学位的私立职业学院，以商业、工科、服务专业为多。还有不少的私立教会学院，但绝大多数的学生在公立社区学院和技术学院就读。

在高等教育支出方面，在1988～1989学年是121亿加元，即国内生产总值的2%。虽然教育的权限和职责主要在省一级政府，但联邦政府长期以来也一直在发展教育方面担当重要角色。联邦政府每年要向各省报销高教事业费用的50%。过去30年中，各省一直向中央施压，要求在管理方面下放更多权力，联邦政府一般是妥协的，所以它在高教方面的直接作用减少了。然而它在高教方面仍然发挥着间接影响，提供科研基金，为成人培训购买土地，以及为官方语言教育计划提供款项等。

省对高校的支出包括大学办学费用的80%和学院办学费用的90%；各校支出的不足部分来自学费，小部分来自捐赠、集资。各省对高校的支出在1988～1989年度大学为56亿加元，学院为30亿加元。另外两项高教重要支出是科研和学生资助金。部分科研资金直接来自省一级，但绝大部分通过国家级的三个提供资金的委员会由联邦政府提供。这三个机构是自然科学和工程研究理事会（NSERC），社会人文科学研究理事会（SSHRC）和医学研究理事会（MRC）。各省都有广泛的学生资助和贷款计划，由联邦政府通过《加拿大学生贷款计划》提供费用。

由于高等教育的管理基本上是省级政府的责任，大部分省都有立法规范，限制学位的授予权和学院升级为大学。原则上高校属省教育部管辖，但在实际运行上是独立自主的机构，在学术活动方面享有完全的自由。省政府限制自主权的惟一方面是财政：学位课程的设立必须经政府批准才能有受资助的资格；有的省直接控制学费额；监督专项贷款的使用；规定财政的管理、审计和报告。否则，加拿大大学可能比世界上任何国家的公立大学都拥有更大的独立性。

政府对大学的监督主要是政府中具体学管教育的部门的责任，比如省教育部或高等教育部。六个省的省政府下面还有学管拨款额度、批准新设课程以及大学发展的其他任务的中介部门。东部沿海三省共有一个沿海三省高等教育委员会负责监督高教发展和向省政府提出建议。有的省在政府和院校间是通过非正式方式联系的。不同省份的大学内部管理是十分相似的。大部分大学有个两院制的机构，一个是由上级任命官员（大多数）、教授和学生代表以及其他方面代表所组成的监督委员会（Supervisory Board），另一个是由教授代表（大多数）、学生、行政人员及其他代表组成的学术评议会（Academic Senate）。有的大学中，比如多伦多大学，这两院制是合二为一的。监督委员会是经过任命的全权机构，负责贯彻大学宪章。学术评议会下辖学院委员会（the Councils of Faculties and Schools），再下面是系。行政职能从系主任（departmentheads）开始，上有院长（deans），校长（president）和学督（vice-chancellor）。学术职位有一定任期，要经专门物色委员会提名，由监督委员会任命。

与正规大学不同的是，非学位授予学院要受省政府较多的控制和管辖。在入学资格、教学内容、工作条件和学院规划诸方面省政府所实施的控制各省有所不同。一般来说，每个学院有一个当地管理委员会，委员包括政府任命的社区代表，辅以本校教授、学生代表。委员会在省政府紧密监督下工作，权限比大学的委员会小得多。有些省的学院直接由省教育部领导，同时也听取社区咨询委员会的意见。有的省的学院有校内学术委员会，但其权威和地位远不能和大学的学术评议会相提并论。在教学内容和与学术相关的政策方面，学校的决定最终要省教育部批准。多年来学院自主权的大小因时因地而异，但总的趋势是各省政府控制越来越严。

加拿大地理和文化方面的多样化也充分体现在大学的课程设置方面，大学的规模很不一致，小至不足一千学生，只提供文学学士学位课程；大到二万多学生，提供文、理、医、工、法全方位课程和学士、硕士和博士学位。绝大多数大学采用学分制。教学安排以每周三个小时为准（某些专业要求有额外实验室时间），一般来说，典型的全日制本科生一年要上五门这样的课。大多数学位课程不要求正式的社会实践；教育学、医学、护理等少数专业要求参加有指导的社会实践或临床实习。自80年代以来，半工半读、合作教育迅速发展，广受欢迎。目前有二十多个大学和更多的社区学院有本科和研究生的合作教育项目。

加拿大大学课程反映了欧洲古老传统和美国影响，也反映了具体环境的要求。加拿大的普通学士学位（pass degree）像英国的三年制学业，只是一般要求多些。而与美国不同的是，加拿大仍然坚持优等荣誉学位（honors degree）的传统。荣誉学位要求学业四年，从第二年开始专攻一或两门学科。荣誉学位曾经是通向研究生的必由之路，而普通学位一般不能考研究生，但可以从事医学和法律学习。近年来普通学位越来越向四年制过渡。

有的专业直接招中学毕业生，有的专业（医、牙、法）要求先学二年至四年文理课程，甚至先有一个硕士学位，才能有较大录取可能。跨学科专业也在不断发展，常由大学内的专门研究所或研究中心主办，加拿大研究、妇女研究和环境研究就是跨学科的例子。有越来越多的课程通向学士文凭和证书，特别是商业、管理、信息学、环境科学等。这反映了大学不断适应不断变化的社会经济和劳动市场对成人教育的要求。

　　加拿大研究生课程受美国影响较大。上课是硕士、博士学习的主要形式。硕士课程要求写论文或多上课，此外还有综合考试。医、牙、法领域可以用实习代替论文。博士学位要求硕士后再读至少两年，通常四年以上。所有博士学位都要求博士论文。标准的博士学位是哲学博士(Ph.D)，教育学专业新设的博士学位是教育博士（Ed.D）。

　　非学位授予学院的课程设置比较复杂，有的学院是单一学院；有的由许多学院组成；有的为其他学院和社区社团所提供的服务担任代理角色。有的学院设置多种多样的课程：大学转移学分的课，就业为目的的技术课，学徒培训，补课，成人教育课，工商业培训课；有的学院只局限于职业培训和继续教育。加拿大只有两个学院提供理工教育——安大略省莱尔森理工学院和新斯科舍省技术大学。单独的师范学院早在60年代就废除了，师范课程由正规大学举办。总的来说，社区学院重点是提供面向劳动市场培养技术人员和低级行政管理人员的课程。学院也设置高级工科课程，有的课要修几个月，有的要一年至三年后才能就业。有些学院提供目的在于上正规大学的二年课程。在成人基础教育方面，先前没上过大学的人被给予"第二次机会"。学院的成人课程水平远远低于传统的高等教育水平，为成人进修提供了条件。有的成人基础教育课程扩大后也包括扫盲班。最近的社区学院课程改成为工商业单位提供"按顾客要求设计"的再培训课程，英语或法语为第二语言（ESL、FSL）的课程，建立商业发展中心，以及为外国留学生提供专门课程和服务项目。

　　近年来远程教育成了高等教育的重要方面。一百年前女王大学创立第一门函授课程，80年代后紧接着英国创立第一所开放大学，魁北克创立了加拿大第一所电视大学，相继又涌现出阿尔伯塔省的阿萨巴斯卡大学，不列颠哥伦比亚的开放大学。不列颠哥伦比亚省远程教育提供三类服务：知识网（Knowledge Network）提供普通课程，包括自学课程和儿童与家庭课程；开放学院（Open College）提供就业、职业、技术课程以及成人基础教育；开放大学（Open University）提供文学学士、理科文学学士和行政学学士学位。魁北克电视大学是1976年成立的，作为魁北克大学的一部分，提供全省范围的远程教育，提供文、理、通讯、计算机及其应用等方面的本科课程。安大略教科所在过去十多年里提供了30多门录音会议课程（audio-conference），大部分是英语的，但是法语课也不断增多。一般的常规大学都在利用远程教育触及边远地区。纽芬兰纪念大学和新斯科舍的达豪西大学就是如此。然而，和正规教学相比，远程教育教学还不能享有同等地位。全国的许多社区学院，包括北部地区在内，一直在利用远程教育。"没有院墙的学院"已成了加拿大社区学院文化的一部分。温哥华目前是知识联邦（Commonwealth of Learning）（为英联邦服务的远程教育合作组织）的基地。

高等院校的国内和国际威望很大程度上取决于科研。与其他工业化国家相比，加拿大科研由公款赞助的大学研究比例很大，私人赞助只占45%，联邦政府通过三个研究委员理事会直接支持。三个理事会的拨款也是按照严格标准平等竞争。另外，高等院校有些科研项目是联邦政府通过中介机构支持的，比如加拿大国家研究理事会、加拿大卫生福利部、国防部、能源部、矿产资源部都有支持科研款项。省政府也有支持科研的款项，支持的研究领域与联邦政府有所重合。魁北克省是惟一有自己中央科研基金的省，其操作模式类似联邦的三个理事会，除直接的基金外，省政府还通过正常的办学支出预算间接地抵消部分科研花费和一般费用。工业企业也是支持理工科研究的源泉之一。近年来大学更注重与私人或公立伙伴合作搞应用研究。1988年加拿大文教科研支

出的 40.1％用在理工科方面，31.9％用在卫生方面，27.9％用在
人文社会科学领域。科研成就也涉及培养高素质的劳动者和新一
代研究工作者，1988 年加拿大大学共授予 103775 个学士学位、
16269 个硕士学位和 2415 个博士学位。

　　高等教育的三大功能除了教学、科研外，还有一个与它们密
不可分的使命——社区服务。社区服务既指正式与非正式的研究，
也指高校面向社会需要和需求而参与的教育活动。高校参与社区
服务的方法是随着社会经济的变化而不断发展起来的。正规大学
和社区学院所提供的社区服务有所不同。社区学院长期以来把社
区服务当作优先考虑的问题。面向社区是加拿大社区学院的一个
特点，它们的课程组成、学生组成、专业服务和活动主要是面向
本地区和本省。

　　正规大学的社区服务功能就不那么明确、有规律。作为独立
学术中心，正规大学把社区服务主要看成教学、科研使命的附属
功能。所以，大学的社区服务是附属于学术活动的，重要性要亚
于社区学院的社区服务。但是大学的发展离不开周围的环境，农
业服务活动对加拿大西部大学和农区的大学发展就十分重要。但
高校的社区服务主要是为了社会文化效益，而不是经济效益。高
校把自己看作代表了教育和科学财富的一种社区资源，也是为所
有人开放的文化休闲中心。

　　高校通过鼓励教学人员为各种团体服务把知识传播给周围社
区。大部分这样的活动人们注意不到，因此有些并不是很有组织，
很有规律的，比如有些教授参加公众课题讨论和辩论，在社区组
织中担任义务工作者或参与科研咨询，在这过程中就用自己的专
业知识影响了社区关心的问题。大学开设多样化课程、半日制课
程、成人教育和继续教育课程、远程教育课，让本来上不了大学
的人有机会上大学，实际上也是一种延伸了的社区服务。近 20 年
来一个有争议的问题是高校如何更好地为社区经济发展做贡献。

人们看到人和知识是国家发展的关键因素。不能单单依赖自然资源。知识型经济需要与经济发展紧密联系的教育。高校对社会的价值也在变化，不仅应包括传统的传授和促进知识，也应包括把知识转移和应用到经济发展中去。从这个角度看，社区服务不应继续被看做高校的附属活动，高校应成为地区发展战略的关键因素。

近年来，高校学生总数由于女生人数的显著增加而继续增加。另外，新生中已有学位者和半日制学生人数都有所增加。虽然学生增加了，社会期望值提高了，但对高校的财政支持却浮动不前。所以自 70 年代以来专职教学人员增加并不明显，从 1980 年到 1994 年，只增加了 12%。由于社区学院就是为本地区服务，教师和学生人数以及课程类型都有明显增加。目前学院一级有专职教授 24000 多人和大约 150000 位业余教学人员。学院课程的性质和学生情况决定了学院系统中有很高比例的业余教工。

由于正规大学的聘任是有限的，所以助理教授、副教授和正教授这三个级别情况变化较大。过去 10 年里，低职称教工渐渐减少，高职称教授增加了 53%。副教授人数基本不变。这种情况主要是正常晋升和缺乏新鲜血液的结果。这样的最大问题是教授队伍的老化。正规大学教授招聘条件是有博士学位，很少大学要求教授必须参加过师范培训。大型大学由教学发展处负责培训教授的教学技巧，但由于经费不足而不景气。各大学为本校教授规定的教学、科研和社区服务则不尽相同。一般情况下，一个教授每周有 12 学时到 15 学时的课。

社区学院教师队伍特点是业余教学人员多，主要有几个来源：委托学院培养学生的工业企业、大学、中学、政府、军事，以及卫生和社会服务部门。由于学院教师都没有教学经验，他们的在职培训是常见的事。学院教师一般没有职称之分。

大学生的人数一直在增加，1992 年全国大学生人数达到

878660人，其中正规大学547800人，学院为330860人。学生另一特点是半日制学生猛增。在1991年正规大学和学院各有37%的学生是半日制生，从1970年到1990年间，在大学方面，全日制学生人数增长最多的学科是社会科学，其次是艺术和应用艺术。半日制学生增长最大的学科是卫生、艺术、数学、物理和化学。在学院方面，学生人数增长最多的学科依次是商业、工程和应用科学、社会科学、社会服务。

在学生构成方面，女生、残疾生、成人学生和土著民族学生都有长足的增长，其中最值得一提的是土著大学生。土著教育是由联邦政府通过印第安及北方事物部（Department of Indian and Northern Affairs）负责的。70年代中期以来，高等教育援助计划直接为土著大学生偿付学费和生活费用。1989年新政策出台，加大了土著教育的自治权。90年代初又出台了印第安学生支持工程，为印第安大学生和印第安高校（比如萨斯喀彻温省印第安理工学院）提供专门资金。典型的大学有作为里贾纳大学分院的萨斯喀彻温省印第安联合学院，即北美惟一的由印第安人自己控制的高等院校。大部分土著人居住在人口稀少的北方，北方两区政府努力把高等教育机会带给更多的人。西北区拨款资助到南部大学上学的学生。育空区也和本省大学合作通过育空学院提供大学课程。两个地区都有独立权限较大的社区学院体系帮助提高上学机会。

二、中等和初等教育

19世纪60年代安大略的教育体系是按照埃格顿·莱尔森倡议的改革建立的。魁北克省的学校大部分是按18世纪的德国学校建立的。1850年到1870年间其他各沿海省份相继通过了有关教育的立法，给省长以建立非宗教学校的权利。马尼托巴省1871年前就有了天主教和新教学校的完整体系，后来建立了公立学校体系。阿尔伯塔省、萨斯喀彻温省、纽芬兰省也是先有教会学校，后建立了公立体系。

由于不列颠北美法案第 93 款规定各省负责各自的教育，10个省都相继建立了各自的中、小学校体系。各省都有一名省议会议员担任教育部长，每个部长有一个或几个副部长，下面有教育专家管理各个部门，对教育政策出谋划策。西北区在 1969 年建立了自己的区教育部。由于各省负责各自的教育，加拿大的初、中等教育的情况比较复杂，各省有各自的传统和规定。

所有的省区都规定了一定年限的义务教育，由省教育部管辖的公立中、小学负责。公立学校是教育体系的核心，其目的有三个：为每个人提供学习机会，使每个人都能受到适合他能力和兴趣的教育，以及为社会培养合格的公民。每个省在贯彻这个统一的教育目的方面有不少相同的做法。所有省都把义务教育的年限延长到至少 10 年。现在绝大多数省都要至少学到中学毕业。大部分省都放弃了年级升级制，代之以科目升级制。所有省几乎都采用综合中学形式，提供广泛的选修课、教学指导服务和课外活动，这些措施大大减少了辍学率。

除了由各省主管的学校体系，联邦政府也主管一部分特殊学校，负责土著人教育、育空和西北区的教育、军人教育及劳役人员教育。这些教育事业比省主管的教育规模小，但不断扩大和改进，与普通教育的水平在接近。各省的土著儿童被鼓励进入普通学校上学，家长和土著领袖被鼓励参加这些学校的管理，低年级的课程可以用土著语言讲授。政府支持土著的师资培训，建立专门奖学金鼓励他们继续到大学深造。土著教育预算拨款也增加了好几倍。国防部在海外的军人子弟学校的扩大、进展情况也大致相同。

各省之间教育体系的最大不同在于教会学校。魁北克、安大略、萨斯喀彻温、阿尔伯塔、纽芬兰五省对省内天主教和新教学校都有法律规定。这些学校一般是在省教育部领导下由教会学校董事会根据有关教学内容、教材和教师资格等规定办学。董事会作为法人有权征税，接受政府资助。各省都采纳了非宗教的单轨公立学校系统。

加拿大只有百分之几的中小学生在私立学校入学。多年来，学生人数不断上下浮动，变化不大。各省对私立学校的规定大相径庭。爱德华王子岛省不承认私立学校；有的省的私立学校要遵守某些有关教学内容和师资证书的规定。阿尔伯塔、萨斯喀彻温、魁北克三省为私立学校提供财政支持。许多私立学校是中学，大都采取男女生分校制。残疾儿童的教育也越来越受到重视，有些聋哑学校由省教育部直接管辖，或根据省际协议联合办学。有的公立学校开办残疾儿童班，也有私立的残疾人学校。

中小学的年级划分因省而不同。有些省的小学包括二年幼儿园（K1～2），有的省小学不包括幼儿园。六省一区的小学有6个年级；有的省小学还有7、8年级。各省的中学也不同，3～5个年级不等，有的分初、高中，有的不分。大部分省的中学最高年级是12年级，魁北克中学有11个年级，安大略省有13个年级。除了魁北克、萨斯喀彻温，各省都采用年级制度。萨斯喀彻温省的中、小学分成四段，每段分3个年级，即1～3年级，4～6年级，7～9年级和10～12年级四段。1966年后，魁北克用新体制取代旧的年级制。新制的年龄和科目为升级的基础，取消了严格的年级划分。在新制下，小学有6年，第7年是过渡年，学生可以完成前6年里没上完的科目，中学要上5年。对有的学生来说，新制和旧制一样都是12年，但对一部分学生来说可以提前一年毕业，因为学得快可以不必上满七年。

各省学校除了年级制度不同，课程设置有共同点，也有不同之处。相同的是从小学一年级到中学一年级的课程重点是培养读、说、写、算这些一般的基本技巧。再有个相同点是中学都有以升大学为目的的较深的课程和以早就业为目的的职业技术课程。有的省中学里,可以把升学的学生和早就业学技术的学生划分出来。但有些省这些学生无法分开,每个学生都必须选一定数目的普通科目和一定的职业技术科目,以求全面发展。各省中学有个不同之处在于毕业升学。一般来说,一个中学毕业生够本省大学录取资格,如果报考外省大学的话,也可以够录取资格,但录取的层次不一样;他有可能必须多学一年或可以少学一年获得学士学位。所以跨省转学就会出现一些具体衔接问题。

由于各省分管教育的结果,加拿大没有全国统一的、所有大学都承认的统一中学文凭。每个省教育部负责颁发中学毕业证书。以前毕业要通过省级考试,现在省试在大部分省被取消了,有些学校根据一贯成绩记录发放毕业证。安大略省中学13年级毕业者获荣誉毕业证书。有的省把颁发文凭职责下放到校级。在60年代加拿大曾一度试验美国的大学入学考试,用英、法两种语言出卷,但没有被采用。从学校系统的法律关系来说,联邦、省教育部和校董事会都有一定立法权力,但校董事会主要是执行机关。董事会负责规定选举和任免成员的程序,各省的校董事会的权限和义务也不尽相同。西部四省校董事会成员都是选举产生,董事会有某些财政和行政权力。新不伦瑞克省校董事会成员有2/3由选举产生,其余1/3是上级任命,学区内学校的普通开支由省拨给董事会。校董事会的主要职能是管理办学,比如集资、建校舍、学生伙食和其他办学财政方面的问题。董事会要为学生入学提供方便条件,有许多地方要解决校车问题,也有权根据法定权限开除学生。而对学校内部的具体事务、教学内容不太插手。它总的职能是根据本地区的利益对本学区的学校进行控制。

在教育指导思想方面,加拿大一直存在着两种思想的对立:传统的教育思想和以美国教育为模式的进步主义教育思想。传统的教育思想注重传统的知识分科、以教师为中心的讲授方法以及考试和教学内容统一的重要性。而进步主义教育思想是以美国教育家杜威（John Dewy）的思想为根据，主张尊重学生的个人特点和兴趣，强调"如何学习"，以学生为中心。为了适应不同兴趣的学生，应该多开选修课，给学生以最大可能的选择范围。进步主义反对对教学内容统得太死和传统的知识分科。由于各省的差别，中等教育的情况比较复杂，这里以安大略省为例说明中等教育的情况。

　　60 年代初，在安大略省的两种教育思想的对立中，进步主义渐渐占了上风。安大略省教育部在 1962 年开始了教育改革，叫戴维-罗伯茨改革（David-Robarts Reform），在全省中学中采用学分制。为了既让学生有根据自己的兴趣选择的余地，又要保证知识的广度，这次改革把中学所有必修科目分成四大类：环境类、交际类、科学类和艺术类。比如语言归交际类，地理、历史归环境类，体育归艺术类，等等。学生选课时，必须在各类里都选够规定的最低学分。中学高年级必修课还有法律、经济、环保等新课程。与此同时，学校开办大量的实用技术选修课程，比如汽车修理、烹饪、缝纫、家政、庭院设计、室内装潢、无线电技术、木工、戏剧表演、工艺美术、美容美发、服装裁剪等。学分制采用后对学生管理和咨询服务等都提出了更高的要求。首先，由于能力、兴趣的不同，学生的学习进度就不同；学生选课不同，在不同班上课，就很难保证能有传统意义上的稳定的"班"。没有稳定的班，学生在几年的过程中就较难交上亲密的朋友。这对学生的成长不利。针对这种情况，安大略省的办法是给每二三十个学生一个教室，叫"本教室"（home room），不管这二三十人去哪个教室上课，进度如何，他们都以这个"本教室"为基地，一起吃饭、一起休息、开会，作为一个集体参加体育比赛等课外活动。这样就弥补了没有"班集体"的问题。第二个问题是学分制下选课是一门艺术，需要知识和经验，这给低年级的学生和没有文化的家长造成了困难。针对这个问题的解决办法是学校加强咨询服务。各校都派专人为有困难的学生提供选课指导和咨询服务。选课有困难的学生和家长可以把自己的情况介绍给咨询人员，他们会全心全意地帮助学生解决选课问题。

加拿大中、小学的教学方法比较灵活，注重培养学生的想象力、创造力、创新能力、批判思维能力和实际动手能力。电化教学手段应用得比较普遍，电视、收录音机、投影机几乎每个教室都有；计算机也很普遍。图书馆、阅览室和后勤机关都全心全意为教学服务。

近20年来，加拿大公众对基础教育应如何适应经济和社会发展展开了大讨论。中、小学教育应该优先解决什么问题？加拿大公众怎样看待这个问题？这是近年来全国上下极为关心的两个问题。尽管公众态度逐年有所变化，但盖洛普民意测验表明公众对教育的关心主要是出于对就业和经济发展的考虑。在1978年和1984年间安大略教育科研所进行了五次民意测验，目的是调查公众怎样看待中等教育应优先解决的问题。在所有五次调查之中，工作培训在公众心目中名列前茅。下表是五次调查的结果。

问题："哪个教育目标是中学教育的首选目标？"[①]

公众选择各项教育目标的百分比　　　　　　单位：%

教育目标\年代	1978	1979	1980	1982	1984
读、写、算基本技能	7	14	33	35	40
工作培训和职业准备	52	64	62	63	64
与他人相处的能力	6	14	12	10	8
明辨是非能力	18	10	13	12	11
创造力、想象力和批判思维能力	21	24	27	29	22

---

① 资料来源：戈什和雷编：《加拿大的社会变化和教育》(R. Gposh & D. Ray ed., *Social Change and Education in Canada*, Toronto，1992)，第14页。

续表

教育目标\年代	1978	1979	1980	1982	1984
增强体质	\	6	2	1	2
日常生活技巧，比如钱财管理	29	12	25	26	26
了解加拿大历史和地理	4	7	3	3	3
政治权利和义务的知识	1	12	5	5	4
为未来家长角色作准备	\	22	9	7	10
科学知识	3	5	1	2	3
音乐、艺术技巧和欣赏能力	\	3	1	2	3
了解个人文化背景的知识	\	3	2	1	2

注：每次问卷所列项目不完全相同，有的项目没有，用斜线表示。

从上表可以看出，每次调查中选择工作培训的和职业准备的都超过半数以上。另外，选择读写算技巧的人数不断增加，也说明公众对这些基本能力的关切。安大略省教科所在1988年调查中还问了一个问题："你想让哪些科目成为中学的必修科目？"同时把学生分成三种：准备上大学的、准备上社区学院的和准备毕业后就业的。调查结果如下表所示。

问题："哪些科目应是中学生必修科目？"[1]

公众选择各科目的百分比   单位：%

科目\三种学生类别	准备上大学的	准备上社区学院的	准备就业的
数学	80	68	65
计算机	57	57	54
语文（英语或法语）	54	48	43
科学	46	32	21
商业和职业技术	36	58	69
第二语言（英语或法语）	35	24	27
历史	33	21	15
社会科学	25	22	19
地理	24	17	12
体育、卫生	17	16	11
艺术、音乐	11	9	6

---

[1] 戈什和雷编：《加拿大的社会变化和教育》，第15页。

从上表可以看出，对所有三类学生来说，大多数人一致认为应该必学的是数学和计算机。大多数认为准备上正规大学的学生应必修语文课，认为另外两类学生也应必修语文课的人不到半数，但接近半数。在商业和职业技术课问题上，大多数人认为准备上社区学院和准备就业的学生应该必修；但认为准备上正规大学的学生应必修的人数远远低于半数（36％），而且远低于选科学的人数（46％），与选第二语言的差不多（35％）。从总的调查结果来看，公众在中学必修课问题上有一点是一致的：即有一套基本知识和技巧是所有的公民都必须掌握的。

三、成人教育

过去二十多年里，加拿大明显地转向保守主义，取代了前一段时期的激进主义：国民经济私有化，减少了社会服务，政府开始征收零售税（GST）。这些发展都影响了每个人的经济利益。加拿大社会也开始出现老龄化的趋势。据人口预测，加拿大人口中的 22％至 25％将是 65 岁以上的老人，45 岁以上和 45 岁以下的人将各占总人口的一半。越来越多的成年人口需要教育和再培训。很多人需要重新回到大学和中学。这需要更多的了解成年人特点的师资和培养成年人的学校。越来越多的第三世界移民进入加拿大，他们的孩子可以进入公立学校，他们本人需要接受培训，学习语言。随着技术的发展进步，社会需要更多的训练有素的技术劳动力，文化的多元化和女权运动的发展也都要求教育为提高少数民族人口和妇女的教育水平和就业竞争力发挥作用。加拿大的成人教育是在这种背景下快速发展起来的。

加拿大成人教育是在其具体的政治、经济、社会、文化条件下发展起来的，是通过社会政治运动发展起来的。比如全国农场无线电论坛（Farm Radio Forum）、边疆学院（Frontier College）、女子学院以及蒙特利尔力学学院。这些组织关心普通成人潜力的挖掘和发展，训练他们承担恰当的公民角色。加拿大最早提供成人教育的组织是基督教男、女青年会。1897 年在安大略省成立的第一个女子学院专门以教育农村妇女、改进农村的生活质量为使命。1899 年成立的读书营协会（Reading Camp Association）专门为矿山、铁路、工厂和边远地区服务。1912 年阿尔伯塔大学成立了专管成人教育的附设系（extension department）。后来其他大学也纷纷成立了类似的成人教育系。1929 年新斯科舍省的圣弗朗西斯·爱克斯维尔大学举办各种成人教育活动，这些活动又形成了各种成人教育合作协会。1933 年阿尔伯塔大学又成立了班芙美术学校（Banff School of Fine Arts）。1935 年成立了加拿大成人教育学会（Canadian Association of Adult Education）。1941 年成立的农场无线电论坛负责增强农民对国家、国际大事的认识，强化加拿大文化和改进农作技术。此外，各种各样非政府、非赢利机构大量出现，专门解决各种社会和教育问题。其他机构也开始与成人教育挂钩，比如公共图书馆、国家电影委员会、公司、企业、政府各部门等。1946 年全国成人教育学会的大会宣布成人教育运动的基础是一种信仰，即"普通男人和女人在他们本身或集体内部就存在着解决自己问题的充足的精神和智力资源"。目前加拿大成人有很多机会接受教育。成人教育目的广泛，包括公民教育、扫盲、语言、就业技术、特殊教育、通才教育，等等。成人教育包括大学附设课程、远程教育课程，以及克服学习的传统障碍、发现新领域、市民参与、志愿者奉献等课程。加拿大成人教育受的是自由主义传统的影响；同时，行为主义、进步主义、人道主义和激进主义传统也一直影响成人教育实践。成人教育首要的指导思想是人能够学习，也愿意并有能力为自己的学习负责。第二个原则是学生应最大限度地独立自主。学习的过程不仅仅是掌握内容和题材，而是不断自我发现的过程，学生应是积极的参与者。为推广这些原则，成人教育专家们使这样一些新词普及开来："继续教育 (continuing education)"、"终生教育 (life-long education)"、"学生为中心的教育 (student-centered education)"、"自我指导的学习 (self-directed study)"。

加拿大成人教育机构和组织可以分为四大类：

第一类：指专门为成人的教育需求服务的机构，其主要功能是成人教育。这类机构数量不多，主要目的是为满足成人中特殊群体的特殊教育需求而提供全面教育课程，而不是为满足所有成人的需求。两个例子是私立成人学校和独立的成人教育中心（商校、函授学校和技校等）。

第二类：主要以教育年轻人为目的并兼顾成年人教育需求服务的机构，成人教育是这些机构的次要功能。这类机构包括公立学校（成人班）、专科学院（成人教育处）、高等院校（成人教育部、处、系，夜校）。

第三类：为社区的教育需求和非教育需求的机构。这种机构只在他们总职责范围内行使相关的成人教育功能。比如图书馆、博物馆、卫生福利机构也参与成人教育服务。

第四类：为特殊群体的特殊利益服务的机构。这类机构的成人教育旨在促进本身利益的附属功能。这类例子有工厂、企业、工会、政府、教会、志愿者协会等，但其中也有例外。有的主要目的是为了全社会利益，比如对劳改犯人的教育，有的公司、企业把成人教育扩大，包括休闲教育，以及失业人员的教育。

正规学校的成人教育项目迅速增长。1985 年进行的加拿大成人教育调查显示有成人参加的 3170900 门课程中，53％是正规大、中、小学和私人学校提供的。有 18％由公司、企业提供；14％由志愿者组织提供。中小学提供全部课程的 13％，种类比例如下：与工作相关课占 6％，为个人发展的占 18％，与业余爱好和休闲相关的占 17％，学业进修的占 21％。现在，在某些大城市一些学区内，参加成人教育的成人学生人数已超过了年轻人和儿童。多伦多市北约克学区有 8 万成年人在学习，而正规中、小学生只有 6 万。同样，多伦多学区有 175000 名成人学生，常规中小学生才有 100000 人。值得一提的是正规学校的成人教育项目还不仅局限于校园内，不少学校把课堂办到校外。斯卡郡（Scarborough）学区举办"工厂班"，即与公司、企业合作到单位去办班，课程包括英语第二语言、数学、阅读和实用英语。

成人教育的实践覆盖人类活动的各个方面，从产前教育学习班，到大学课程，从志愿活动到义务的继续教育。像教会义务组织和基督教女青年会这样的社区组织就有与成人合作发展社区的历史传统。土著群体和少数民族组织也有许多人参与成人教育。加拿大每一个印第安人保留地都有某种形式的成人培训。比如马尼托巴省北部保留地都有以社区为基础的部落工作人员、咨询人员和戒酒戒毒人员培训计划。大部分受训人员都是未受过教育的或中学未毕业的人。少数民族组织把成人教育工作者作为文化经济人、语言教师和扫盲工作人员。

商业、政府和高级职业组织越来越广泛地从事成人教育。随着技术发展，公司投入越来越多的资金培训工作人员。广告公司、财政机构、商会举办的学习班、讨论会大量出现。许多省政府都增设了成人教育或继续教育部门。政府创办了几个培训院校，使那些无法通过传统方式到学校上学的人有了上学的机会，著名的有不列颠哥伦比亚省的开放学院，阿尔伯塔省的阿萨巴斯卡大学，魁北克的电大。各省政府还为犯人、大城市内城市居民和成人文盲举办学习班。

高级职业人员也通过继续职业培训成了成人教育的主要参加者。比如在职工程师每五年就要更新知识。这就要求组织和举办许多讨论会和学习班。通常这些职业单位负责自己人员的再培训。医生、牙医、律师界也有了保持知识更新、技术进步的责任。

　　大学的成人教育主要由继续教育部门担当。各单位机构编制不尽相同。有的教学人员由有职称职位的人承担，有的没有正式职称而按一年一签的合同制上班。有的大学的成人教育处的做法介于这两者之间。有的成人教育单位完全是自负盈亏，有的能得到补助。加拿大还没有一个受百分之百财政资助的成人教育单位。

　　大学里的继续教育部门和教学科研的主流部门相比属于附属的边缘部门，属于大学里的服务性公共关系的分支。所以大学的继续教育部门面临几个大问题。第一是学术地位问题，第二是成人教育的任务应是教学与科研，第三是成人教育应在多大程度上追求经济效益，最后一个问题是继续保持灵活性并能快速对社区需求做出反应。

　　加拿大建立了两个全国性的成人教育组织：加拿大成人教育研究会（Canadian Association for the Study of Adult Education）和加拿大大学继续教育学会（Canadian Association for University Continuing Education）。两个组织都是以大学为基地的成人教育组织，都举行年会并出版杂志。二者的差别是：成人教育研究会把自己看成是加入了学术学会（Learned Societies）的学术团体；而大学继续教育学会以从事成人教育实际工作为己任。这两个组织之间的原则分歧继续使从事成人教育的教学人员在大学里处于低下的地位，使在继续教育部门工作的教学人员被看做各专业学院的服务人员。这对成人教育的研究与实践都不利，其实二者对成人教育发展所做的贡献是不可磨灭的。

　　可以看出，成人教育不仅是一种教育实践，同时也是一门研究的学科。加拿大有3所大学提供专门研究成人教育的博士课程：不列颠哥伦比亚大学、安大略省教科所和蒙特利尔大学。目前加拿大10所大学有成人教育硕士课程，这个领域还有不少的研究生证书、文凭课程。学生来自各种职业和专业，比如护理、商业、工业、社会工作、博物馆学、环境学。学生毕业后可能被各种不同的部门雇用。

加拿大最著名的成人教育家是已故的罗比·基德（J. Roby Kidd）。他 1915 年生于萨斯喀彻温省，就读于加拿大和美国，参加过基督教青年会工作。后来加入加拿大成人教育研究会，并于 1951 年担任了该学会的主席。他参加过许多国际组织的工作，包括联合国教科文组织，帮助好几个国家（如印度和特利尼达和多巴哥）发展成人教育计划。他在 1972 年发起成立了国际成人教育理事会（International Council for Adult Education）。基德不仅置身于成人教育的实践和推广，也积极从事成人教育研究活动。1966 年他担任首任安大略省教科所成人教育系主任。

加拿大有好几个从事成人教育的全国性协会。1935 年成立的加拿大成人教育协会是世界上最老的全国性成人教育协会之一。此外还有加拿大法语成人教育协会（1952）、加拿大大学继续教育学会（1954）、加拿大文化运动（1977）、加拿大妇女学习机会全国代表大会（1929）和加拿大成人教育研究会（1981）。每一省、区还有地方性成人教育组织，所有这些组织都提供丰富的信息资料和材料，都出版自己的新闻通讯刊物或杂志。这些组织的许多成员和领导人同时都积极参与各学区的成人教育和继续教育计划。

加拿大成人教育运动与国际组织有广泛、紧密的联系，积极参与国际交流活动。联合国教科文组织成人教育司组织过四次国际成人教育大会，其中有一次是 1960 年在蒙特利尔举行的。该次大会是首次来自世界五大洲包括社会主义国家的成人教育学者和国家领导人的国际大会，它把成人文化教育提到了全球大会的高度上。除了政府参加联合国教科文组织活动外，非政府组织也积极提供非正式成人教育计划。最大的国际性非政府组织、国际成人教育理事会的总部就设在多伦多。

四、官方语言教育和遗产语言教育

加拿大语言政策是深受国际赞誉的。最重要的政策是官方语言的双语制，明确申明英语和法语在加拿大具有同等地位和效力以及家长为儿童选择用哪种语言受教育的权利。宪法保护魁北克境内英语少数民族选择学英语和上英文学校的权利以及魁北克省以外法语少数民族选择学法语和上法语学校的权利。另外，宪法在一定程度上也保护土著人的语言权利。官方的多元文化政策支持各移民群体保存他们的语言和文化，即支持移民的遗产语言教育。这些政策就决定了加拿大教育中语言学习的纷纭复杂局面，各种语言教育形式和课程百花齐放，推陈出新，蓬勃发展，比如 ESL教育、沉浸式法语教育、双语教育、土著语言教育、移民的遗产语言（heritage languages）教育、第二语言教育，等等。所以语言教育是加拿大教育的一大特色。

（一）法语教育

加拿大大力发展双语教育的热潮是和 60 年代初魁北克的民族主义运动及分离倾向分不开的。在此之前，由于英语人口的大量移民，法语的生存处于岌岌可危的境地。尤其魁省以外其他地区的法语人口有很快被完全同化的可能。主要原因是他们的孩子没有学法语的机会，不得不学英语。这样下去法裔的文化传统就不能保留。在西部 4 省他们的境况尤为可怜。据 1977 年统计，西部 4 省总人口中的法裔人口占 5.8%；而以法语为母语的人有3.1%；真正在日常生活中说法语的人仅有 1.6%。他们的命运完全靠魁北克省内的民族运动为筹码来改善。所以法裔民族主义运动的目标之一就是争取用法语受教育的权利和法语学校自治的权利。

　　他们的斗争迫使联邦政府在 1967 年建立了一个两种官方语言和双元文化委员会，负责调查法语和英语教育现状。经过几年的客观调查，该委员会发表报告指出：魁北克省内英语人口虽只有全省总人口的百分之十几，但他们可以用英语接受从小学到博士水平的良好教育；教学条件不亚于其他人。相形之下，魁北克省外法语人口却得不到最起码的法语教育机会。这种状况必须纠正，如政府不尽快采取措施，民族分裂会进一步扩大。自那以后，联邦政府采取了一系列有效措施改进法语教育的状况，同时还拨出专款促进法语教育。

　　其他法语人口较多的几个省份也分别采取相应步骤。安大略省的法语学校得到自治权。1969 年联邦政府颁布了划时代的《官方语言法》(*The Official Languages Act*)，明文规定英语民族和法语民族同为"建国民族"(the founding peoples)，英语和法语同为官方语言，享有同等法律地位。接着，法语人口占 33% 的新不伦瑞克省也宣布为两种官方语言省。最惹人注目的是 1971 年联邦政府颁布的"两种官方语言框架内的多元文化政策"(the policy of multiculturalism within the bilingual framework)。该政策不仅有利于法语教育的发展，也激励所有少数民族保留、继承和传播他们的民族语言和文化遗产。1982 年颁布的《加拿大人权利和自由宪章》规定了保障法语民族的权利的相应条款。宪章明确规定：如果家长提出让孩子用法语受教育的要求的话，"只要人数许可"，就必须在该地区创办法语班或法语学校。

　　1969 年的官方语言法使加拿大成了法定的两种官方语言的国家；加拿大的两种官方语言制也成为与美国社会的主要差别。该法在 1988 年又进行了一次修订，进一步重申了法语和英语的同等地位。在魁北克境内讲法语的人要学英语；而魁北克省外讲英语的人要学法语，目的是加强就业竞争力。

　　加拿大有三种法语教学形式。第一种是普通的法语共同课

(Core French)，即把法语当做一个科目来教。教学方法主要以传统教学方法为主，每周的课时量也很少。第二种叫长时法语课（Extended French），其课时量在共同课和沉浸课之间。正规教学法的使用和法语功能性课堂活动的比例也在两者之间。长时法语课在内容上也两者兼而有之，既把法语当做一门语言来学，也用法语学一两门其他科目。第三种是沉浸式法语课（Immersion French）。它首先具备两个明显特点：绝大多数教学时间（可以多达 100%）用法语上课；学法语不是通过专门的法语课，而是通过学其他科目进行的。换言之，它是"主要通过法语学其他教学内容，通过学其他教学内容来掌握法语"。这种法语教学方式是目前最有效的方式，被教育专家们称为加拿大对世界的贡献。

和长时法语课相比，用法语上多少门课才称得上是"沉浸"呢？根据安大略省教育部的文件，沉浸式法语课用法语学其他科目的教学时间应占总教学时间的 60% 至 100%。根据几年级开始沉浸，又可分为早沉浸和晚沉浸。根据用法语上课的时数和比例，还可分为部分沉浸和完全沉浸。加拿大的普通中小学可能同时提供三种形式的法语教学，即共同课班、长时法语班和沉浸法语班。但根据家长们的要求，也建立了不少沉浸式法语小学和中学。在专门的沉浸式法语学校里，学校环境本身，包括校长办公室和各行政部门，都提供一种沉浸环境，整个学校从环境到人形成了一个小"法语王国"。沉浸式法语班或学校的学生是以法语为第二语言的孩子。他们在学龄前已打下了母语的口语基础，上小学后开始法语沉浸。多年中，他们在校用法语，校外用英语。到中学毕业时，双语流利程度是那些没有受过这种教育的人所无法比拟的。

接受沉浸式法语教学的学生未来的双语能力是毋庸置疑的，然而用第二语言来学习其他科目，其教学质量如何呢？他们的数理化知识和常规学校出来的学生相比又如何呢？这不仅是人们感兴趣的问题，也是选择沉浸式教育的学生家长们最初忧虑的问题。

沉浸式法语教学自开办以来，一直伴随着教学质量的同期调查或跟踪调查及大量的研究。

早在开办沉浸式教学的初期，家长、教师、专家们一直就喜忧兼半，惟恐新方法迁就了法语能力而损害了学生的母语水平、普通教育和全面发展。因此在 70 年代安大略教科所（OISE）现代语言中心（Modern Language Center）就受命主持了一系列科研。这些科研的结果几乎是一致的，可归纳为以下几点：a. 它是有效的学习法语的教学方式，虽然其效果不能说完美，但比共同课或长时课强得多。b. 沉浸式学生对法语和法语民族的文化比其他学生具有更积极、更肯定、更友善的看法，也更喜欢接触说法语的人。这在一个两种官方语言的国家里，有利于民族团结和社会稳定。c. 研究结果特别解除了人们对学法语会影响母语水平的忧虑。它表明早期沉浸的学生会有暂时、轻度的落后，但不会对母语产生长期的负效应。d. 在普通教育质量方面对两者也作了比较，结果是有时前者好些，有时后者好些。一般情况是前者在前两年沉浸时成绩稍差，到小学毕业时就拉平了。研究否定了沉浸式教学对学生的认知能力有损害的看法；恰恰相反，表明沉浸式是对智力的挑战，尤其对低年级的学生有增进认知能力、加强社会化的好处。

目前加拿大各地的沉浸式中、小学法语师资大部分是讲法语的人，其来源有三个。大部分来自魁北克和本国其他讲法语的地区；一部分来自国外说法语的教师；另一部分是教过小学法语口语课或为法语学生讲过某门课程的教师。至于沉浸式法语学校的校长和行政管理人员一般也尽量由讲法语的相关人士担任，但这要取决于不同的省和地区。

沉浸式法语教学发展到今天才有 30 年的时间。据加拿大《语言和社会》杂志在 1991 年的统计，在 1990～1991 学年中全国接受这种教育的学生约有 288000 人，可见其生命力的强大和未来的光辉前景。有的专家甚至已提出了创办"沉浸式大学"和"大学沉浸班"的设想。那么沉浸式法语教学最初是谁想出来的呢？

　　与人们的意料相反，用沉浸式方法学法语这个主意是在1963年魁北克省的圣朗贝尔（St. Lambert）学校一部分讲英语的家长们首先提出来的。这些家长坚信加拿大民族要生存就必须实行两种官方语言制。同时他们也看到在魁北克这样一个法语人口占80％的省份，他们的孩子要想有一个光明的前途，法语就必须达到相当高的水平，而常规教学方式很难令人满意。于是他们就萌生了让他们的孩子用法语完成基础教育全部学业的想法。

　　不久，这种创见就得到了某个校长的附和并受到省教育部的注意和重视。魁北克省教育部认为在民族主义沸腾的年代，讲英语的人自愿提出学法语，这倒是件推广法语和加强民族团结的好事。于是省教育部责成一个公立学校为讲英语的儿童试办沉浸式试验班。很多专家回顾起来一致认为，当时这一被认为不起眼的举措竟使沉浸式法语教学如雨后春笋般地发展起来，十几年就遍布全国，影响了世界，成了加拿大的骄傲和对世界的贡献。圣朗贝尔学校也从此闻名遐迩。最幸运的是著名的麦吉尔大学心理系的朗贝尔（Lambert）教授主持的研究对它的推动和发展起了很大作用。从1969年起，研究报告开始陆续发表，结论几乎一致表明教学效果极为满意。这些报告使沉浸式法语教学开始向魁北克省境外迅速发展。

　　在安大略省和魁北克省交界处便是全国的心脏渥太华。在沸腾的60年代，法语问题成了不得不考虑的政治问题。在人们对安大略省法语教学质量不满的批评声中，渥太华决定效仿圣朗贝尔学校在安大略省试验沉浸式法语教学，并请安大略教科所负责评估研究。安大略教科所于1970年开启了叫做《双语教育计划》的大型科研对沉浸式法语教学进行专门研究，1977年又主办了专门研讨会，1972年发表了肯定性的科研报告。在安大略、魁北克两省经验基础上，全国性的沉浸式法语教学大会于1974年在哈利法克斯召开。会上这种崭新的教学形式得到了充分的肯定，并从此在全国推广开来，表现了无限的生命力。据 1989 年 9 月的盖洛普民意测验，大多数加拿大人坚决支持双语制和维护少数民族的权利。在 1978 年至 1990 年间，尽管中学在校生总人数减少了 40 万人，但法语课程的注册人数却增加了 7 倍，主要表现在沉浸式教学方面。

经过 30 年的发展，双语教学目前的问题是如何进一步向纵深发展，不断改进和更加多样化。在教学内容上，有的人提出进一步研究改进沉浸式法语教材，以求在各方面都能和相应的英语教材相媲美。比如历史教材不应是英语历史教材的译文，而应包括加拿大、法国、瑞士、比利时以及其他法语国家的文化内涵。它也不应只是简单地从法国进口，而应反映出加拿大法语民族的特殊性。另外，沉浸式教材除内容上的要求以外，语言上也应考虑学生用第二语言来学的特点，结合一定法语语言教学的要求，对所用的词汇和句型有所选择。还有人在探讨如何把沉浸式推向大学本科和研究生水平，并推广到成人教育等其他领域等问题。有些对多元文化感兴趣的学者建议把沉浸式教学推广到其他少数民族语言教学中去，在其他少数民族聚居地区开办其他语言的沉浸式教学。

（二）少数民族的遗产语言教育

遗产语言教育的大发展开始于 1969 年的皇家两种官方语言文化委员会报告和 1971 年的多元文化政策。1970 年联邦政府在内阁中增添一个部长职位——国务部长，负责多元文化事务。下设两个顾问机关——加拿大多元文化协商理事会（Canadian Consultative Council on Multiculturalism）和少数民族研究顾问委员会（Ethnic Studies Advisory Committee）。几个省制定了自己的多元文化政策，一个要点是非官方语言教育，也就是移民的遗产语言教育。由于各省之间的差别，下面介绍一下几个主要大省的情况。

安大略省教育部在 1972 年宣布在家长集体要求开设语言课的地方落实遗产语言方案。后来新法律规定只要有 25 位以上家长要求就必须开设新班。小学班是正常课外加每周 2 课时，一般是放学后或周末、节假日。由各学校董事会负责师资、教材和指导。遗产语言教师不一定要求具备教师资格证书，但必须符合董事会和家长的具体要求。小学遗产语言课还不算学分。有的学区编写了连续三年以上的教材，有自己的教师培训和不合格教师进修方案。1987 年有 89706 名学生学习 58 种遗产语言。学生人数最多的遗产语言课有意大利语（31889 人）、葡萄牙语（10989 人）、粤语（8468 人）和希腊语（6961 人）。安大略省中学的遗产语言教师只有四种语言可以取得教师资格证书，即四种属于传统所称的现代语言——德、意、俄、西班牙语。许多学习遗产语言课的小学生希望上中学后可以取得学历，目前中学有 38 种遗产语言课属于学分课。但是除了上述提到的这些大语种外，其他语种都没有统一教学方针、统一课本以及教师资格证书。但安大略省很快就要出台《国际语言纲领》，将承认 64 种遗产语言课（土著语言不在其列，由另外政策管理）。以后大学的教育学院就要提供这些语言的教师资格证书。

魁北克省遗产语言方案（le programme d'enseignement des languuges d'origine）是 70 年代出台的。魁北克政府十分重视各种语言权利的落实，除了在语言学校开办其他课外，还支持在正常教学大纲中包括遗产语言课。省教育部大力支持移民语言和文化的保持维护，独特的做法是对符合省教育部大纲和语言教学要求的少数民族私立学校进行高额经费支持，有的资助办学经费达100％。魁北克省有 5000 少数民族学生学习 14 种遗产语言，经费一律由省政府承担。所有语言的课程都是由省教育部或各董事会同各民族文化群体共同协商制定的。

西部草原各省中，阿尔伯塔省的以非英语非法语为母语的人口占全省人口的 15.3％，马尼托巴省为 21.8％。这些省很早就有些具有特殊宗教信仰的少数民族群体一直坚持开办自己民族的语言课和文化课，比如门诺人（Mennonites）、哈特人（Hutterites）和道克人（Doukhobors）。而且他们的这些教育项目一度得到政府的支持。从 19 世纪到第一次世界大战期间，马尼托巴省和萨斯喀彻温省曾办过英语—乌克兰语的双语学校。甚至在 1916 年废除了对乌克兰语学校的承认之后，这些学校仍然作为私立语言学校生存下来。目前阿尔伯塔省对遗产语言有非常明确的政策，支持乌克兰语、犹太语和德语双语学校。这些学校有一半课时用英语教常规课程，另一半课时讲授他们的传统文化和遗产语言，省教育部也有规定的教学大纲和教材。草原各省很注重遗产语言课的教学质量和教师资格，而且给予学分。换句话说，对批准开哪种遗产语言课一视同仁，决定用哪种语言开课或哪种暂时不开课的惟一标准是看是否具备了所规定的条件。这种政策显然和安大略省不同，安大略省开课语种数量大，但效率不高。草原各省是确保质量，承认学分。遗产语言教育的办学费用来自国家、省学校董事会或教会、家庭等资源。在 1985 年，阿尔伯塔、萨斯喀彻温、马尼托巴三省共有17000学生在 1438 个遗产语言班学习，国家给 70 万加元补助。

五、土著教育

加拿大土著人实际上是内部很复杂的多民族群体，其中包括280000 以上的条约印第安（status-Indians）人，18500 因纽特（Inuit）人，还有 750000 非条约印第安（non-status Indians）人和梅蒂（Métis）人。这些人总称土著人。梅蒂人是早期法兰西殖民者与印第安人通婚产生的后代。土著人的语言系统也十分复杂，有很多小方言，但大致可归纳为 11 种土著语系。在 1971 年加拿大人口中，印第安人和因纽特人占 1.4％，但以土著语为母语的只占全国人口的 0.8％。土著人虽少，但有他们独特的语言和文化。

过去几十年，土著人与联邦关系发展的趋势是获得越来越多的自决权和自治权。对一个民族来说，教育是民族生存与发展的关键。办学就必须考虑土著人的历史、语言、文化、现状和对未来的期望。首先必须总结一下土著教育的发展历史。

早在北美殖民化以前，土著人用口述方式向年轻一代传授自己民族的历史。教育年轻一代是全体土著人的责任。语言、风俗和日常生产劳动中所反映出的信仰和准则保证了民族的生存和发展。如果我们审查殖民初期直到 60 年代末的土著教育，就会发现殖民者的意图是要"驯化"土著民族。教育政策和课程计划就像这一时期的其他政策一样，要用欧洲传统习惯和准则同化土著人。加拿大建国后，各省政府承担了本省内公民的教育责任。但是对土著教育的责任用两种方式执行：联邦政府直接管理方式和通过与各省签署协议由各省负责管理。

印第安人多年来一直争取教育的自治权，并在 1972 年 2 月取得了成果。他们提出了教育自治的提议，通过当时的印第安及北部事物部部长让·克雷蒂安，联邦政府同意采纳一项新政策——"印第安人控制印第安人教育"的政策。从此产生了一个新生事物——部落控制的学校（Band-controlled schools）。这项政策的出台象征联邦在对印第安人问题上意义深远的转变。通过这项政策，全加拿大的印第安人重新得到了教育自己后代的权利。在 1984 年至 1985 年间，全加拿大的印第安儿童中有 48.9％在各省属学校就读，28.3％在联邦学校就读，其余 22.8％在部落控制的学校读书。

梅蒂人和非条约印第安人的教育应由谁负责这个问题还没有

解决。联邦和省政府常常忽视这个问题。这些人的教育权利曾被无视了许多年。这部分土著儿童的教育目前是由省、区政府负责的。

过去教育制度不重视土著人的语言、文化、历史、经历和愿望，其结果令土著人和其他加拿大人甚为担忧。今天，土著人的收入等于或低于全国的平均水平的一半；土著人社区有 35％到 90％的人失业；死于暴力的人比全国平均数多 3 倍；只有 20％的土著儿童从中学毕业；婴儿死亡率比全国平均水平高 60％。与此同时，加拿大人口的大多数对土著人表现出不了解，不容忍，有的甚至是敌意。由于历史原因，在土著人和主流社会间重建信任、互相帮助和共同繁荣需要未来数代人的努力、勇气和责任感。目前加拿大已有旨在促进土著教育发展的各种教育计划、项目、活动等，比如土著师资培训，阿尔伯塔省等耶罗海德土著教育部落委员会年会；萨斯喀彻温省印第安联合学院（Indian Federated Institute），萨斯喀彻温省土著剧院（Native Theatre）和温尼伯的东南部落学校处（Southeast Tribal Division for Schools）等也有类似使命。

全国印第安人兄弟会（National Indian Brotherhood）（1990）认为印第安人教育必须强调自己民族的传统思想和准则，其中包括自豪感、同胞情谊、对大自然敬畏、自力更生、尊重个人自由、慷慨和智慧。这些准则在印第安人的生活方式中具有特殊重要意义。除了印第安人应学习这些文化传统外，所有加拿大人都应该了解北美大陆最早居民的文化，教育部门应把这些内容也包括进全加拿大所有中、小学课本内容中去。

根据《不列颠北美法案》和《印第安人法案》，联邦政府负责条约印第安人的教育。对散居各省的印第安人，联邦政府和各省通过协议作了各种安排。1950 年以前把教育印第安人的任务承包给宗教组织，但合同中没有规定教学内容和教师资格问题。1940

年后政府的印第安人教育政策从家长主义和孤立主义转向强调与主流社会教育的一体化。从此要求师资也要有正式文凭，教学内容要和学校所在省的教学大纲一致。目的是使土著人的学校尽可能地和其他学校一样。但是许多土著人居住在边远地区，不易管理。1969 年联邦政府表明想把土著教育的管理权下放到各省，土著人对这种意向一致表示反对，因为土著教育和主流社会一体化后，就受不到特殊待遇，其特殊问题也不会得到重视。全国印第安人兄弟会在 1972 年提出印第安人控制印第安人教育的口号，联邦政府同意了以他们的建议为基础的新政策。控制印第安人教育的权力逐步移交给了印第安人，印第安人代表也在学校董事会里占有了应有的位置。

现在，在土著教育问题上，联邦政府的责任是提供财政资助，确保土著人的语言和文化权利。省级政府通过协议接管省属土著学校的大部分管理权，尤其是教学大纲和师资证书方面的权力。就教学语言而言，各省情况是：a. 英语为教学语言（魁北克省为法语）；b. 对入学时不懂英语、法语的儿童，没有规定如何帮助他们；c. 对只会法语的土著儿童（魁北克省是只会英语的）必须做出法语授课的安排。从土著人观点来看，土著教育必须达到两个目的：加强土著人的文化认同和培养在现代社会生存的技巧和知识。他们要求大纲中要增加土著文化内容，增加学校的土著教师（目前土著学校师资有 20％是土著人），逐渐向用土著语授课或以土著语为第二语言过渡。

从土著教育的上述两大目的看，一是维持土著文化的生存和延续，二是加强在现代社会中的平等竞争力。要保留自己的文化，首先要保持土著语言；要有竞争能力，就必须学会英语或法语，所以教学语言问题是土著教育中的中心问题。下面谈谈土著教育的语言政策和语言教学方案。第一个政策叫"沉浸政策"，这是针对那些联邦或省属土著学校中只会土著语的学生而言的。这个方案是按照法语沉浸式教育的做法，土著学生在学校用英语（或法语）上课，课程内容也和其他学校的学生一样。在学校以外或家里使用土著语。这个方案的好处是能大大提高学生英语能力和在社会上的就业机会。这个方案是土著教育的主流和基本方案，其他方案都是在此基础上派生出来的。这个方案也能最充分利用现成的师资和教材。但这个方案也存在一些问题。由于历史和社会文化原因，沉浸式教育出来的土著儿童的学习成绩总比不上主流民族的学生，教学效果远比不上法语沉浸式教育。有些土著人认为这种方案有同化土著人之嫌。这个方案虽能较好地达到土著教育的第二目的（学英语，竞争力），但不利于第一目的的取得（保留文化）。

另一个方案是在沉浸式基础上加以修改和变化。英语为授课语言不变，以不同方式将土著母语作为辅助语言。一种做法是一、二年级的教师用英语，但土著学生可以在课堂上使用母语。这样做的问题是教师必须懂双语，而双语师资又很少，课上要额外雇土著人作助教。目前这种土著学校里大约有一千多个土著助教。另一种具体做法是请当地土著人（有的受过训练，有的没有）开土著语课或加强班。一般是每周几节课，学读、写、口语和民间故事。还有一种计划中还未实施的方法，即土著语过渡法。从幼儿园到小学三年级先用土著语进行授课，在这几年期间土著语的使用逐渐减少，同时把英语当第二语言来学，并逐渐增加。从小学四年级开始变为用英语授课，同时土著语变为一门课，占全部教学课时的 10%。

除此之外，许多土著学生在以土著语授课的学校里也广泛地把英语当做第二语言学习。有不少土著学生不上土著学校，而是和其他学生一样上普通学校。这种情况下，他们把土著语当第二语言学习。所以在土著教育中，语言的学习既是中心问题，又是复杂的问题。

六、多元文化教育

在加拿大这样一个民族繁多、肤色齐全、文化缤纷、多宗教并存的国家里，怎样才能使所有人具有平等的教育机会是一个十分值得探讨的问题。所以，讨论加拿大教育，就不得不深入探讨它的最大特色——多元文化教育。首先，我们看看多元文化教育的基本理论问题——怎样在多民族国家中保持文化多元化、民族团结和教育平等。在任何多民族社会里，学校的作用往往成为民族冲突的焦点。主体民族往往坚持学校的作用应该是促进民族团结和国家统一，把自己的准则说成所有人都应接受的准则。而少数民族群体往往要求学校对少数民族的具体要求做出反应，照顾他们的民族特点和保证平等受教育的权利。国家一方面要尊重少数民族文化和选择教育、保持语言的权利，又必须防备学校被作为培养狭隘民族主义的工具。在以民主、平等、自由为理想的国度里，教育必须解决平等机遇、平等入学、平等就业等问题。但是很长一段时期中，西方民主国家一直在平等的口号下推行同化政策。对少数民族的教育不但没有增加他们的生活机会，反而通过对教学内容的控制，维持了主体民族的霸权。传统的以同化为目的的学校不能取得教育平等这一事实在各种教育文献中都有充分记载，这就产生了新的思想——多元文化教育。虽然多元文化主义在许多多民族国家里都广受欢迎，但围绕着民族团结、文化多元，以及教育平等这些问题的辩论还远远没有得出结论。在加拿大，多元文化思想及其在教育领域的贯彻上还存在许多矛盾和实际问题，这反映了多民族社会中教育的复杂性。

虽然加拿大自建国以来一直就是多民族社会（多民族的土著人和后来的英、法定居者），但是作为真正的多民族国家主要是后来移民的结果。非土著非英语非法语人口在 1871 年不到 8％。经过一百多年的发展,今天他们的人口比例已超过了总人口的 1/3。
1962 年加拿大废除了种族主义为基础的歧视性移民法,1967 年又
采用了以教育水平和技术为基础的移民打分制。从此来自第三世
界的移民人数激增。自 70 年代以来,第三世界一直都是加拿大移
民的主要来源,"有色少数民族"人口比例大大增加。这部分人不
愿意完全同化于主流社会,他们要保留自己的语言和文化的呼声
日益高涨。这给加拿大的教育提出了新的挑战。1971 年联邦政府
正式采纳了两种官方语言框架内的多元文化政策。前加拿大总理
特鲁多在解释新政策时提到了四个要点:

(1)在财政能力允许范围内,加拿大政府将尽力为一切愿意
发展自己文化传统并为加拿大做贡献的群体提供资助。无论这些
群体的大小和强弱,政府都将一视同仁。

(2)政府将帮助所有民族的成员克服文化障碍,充分参与加
拿大社会事务。

(3)政府将促进所有民族为民族团结的利益进行创造性的交
流和接触。

(4)政府将继续帮助移民学习至少一门官方语言,以便能充
分融入到加拿大社会中来。

这个新政策把文化多元化作为加拿大的基本国情加以容忍和
鼓励,代表了偏离先前的同化政策的根本转变。政策的目的是给
各个民族一种在加拿大社会里的归属感,以便加强民族团结。加
拿大政府还建立了加拿大多元文化协商理事会(Canadian Consul-
tative Council on Multiculturalism),并在 1988 年通过了多元文
化法案。

第一种多元文化教育是少数民族专办的 (ethnic specific),目
的是抵御同化力量,拓宽对本民族的了解,延续自己的民族遗产。
各种民族学校(公立或私立)和包括民族语言课在内的各种民族
文化课程就是这种多元文化教育的典型例子。通过这种教育,学

生扩大与本民族文化的接触，少数民族社区通过提供和得到这样的教学条件使本社区机构更加完善，从而促进文化的发展和延续。这种形式的民族文化教育实际上产生在多元文化政策之前。少数民族群体早就建立了弘扬自己民族文化的私立学校。业余学校是文化生存的最常见的工具。在公立学校放学后，在周末和节假日用本民族语言教语言、文化课，比如汉语、葡萄牙语、意大利语和德语等。也有少数全日制学校为推广、保留文化服务，除按照省教育规定办学外还提供少数民族文化的部分沉浸课程。最普通的例子有希伯来语学校，此外也有法语、斯堪的纳维亚语、德语、乌克兰语私立学校。土著人在自己保留地上也有自己的日校和寄宿学校。在60年代，政府对土著的教育政策是办混合学校，但由于同化政策的失败，后来又产生了土著教育自治的政策，土著人在政府财政支持下用土著语言办学。在萨斯喀彻温省，40%到60%的学时用土著语授课。

　　少数民族专办的多元文化教育达到了一些重要目的：加强了社区延续感和安全感；增加对个人文化认同；缩短了民族社区和大社会之间的距离；使学生适应家庭、社区以及大社会文化。但这种多元文化教育的问题是只适用于民族聚居的社区，在混居地区不太适用。

　　第二种多元文化教育是针对具体问题的（problem oriented），即开办具体课程以便解决不同文化背景的学生在教育方面和在民族融合方面的具体需求，最普通的例子有英语作为第二语言课（ESL）、英语为第二方言课（ESD）和反歧视课。英语作为第二语言课是第二次世界大战后为应付移民潮发展起来的，当时各学校对移民的需求不太了解，毫无准备，所以移民儿童被当做差生受到轻视或安排到职业技术班。成人的英语作为第二语言教育也存在严重不足，主要问题是用英语取代移民母语，使许多移民感到疏远，教师感到泄气。现在的英语作为第二语言课程已有很大改进，旨在帮助移民及其子女尽快掌握一门官方语言，更有效地在加拿大生存。几乎所有学校都有专门的英语作为第二语言班帮助母语不是英语的学生过渡到能正常听课和交流。另外，许多来自英语国家的移民所说的英语和加拿大英语不同，这就需要开办英语为第二方言课。英语作为第二方言课的作用和目的与英语作为第二语言课类似。针对具体问题的多元文化教育还有一种特殊形式，就是反歧视教育。反歧视课程往往与所发生的某个具体事件相关，比如种族暴力事件、恶语中伤，或对异族的类型成见（stereotyping）等。反歧视教育通过针对具体事件的应急课程或正常大纲中可以加强学生反歧视意识的单元对学生进行反偏见、反歧视教育，提高他们对不同文化的理解和宽容。但这样的课往往是短期的、断续的，有时是肤浅的。

第三种多元文化教育是跨文化教育（intercultural，cross-cultural），重点是培养人们在多元文化社会中生活的能力，即超越个人民族文化的能力（cross-cultural competence）。这种能力是包括对自己民族文化认同所需的知识、技巧、态度和情感，对其他文化的了解，以及应付两种以上文化环境的能力。这种多元文化教育的例子有对所有学生开放的双语双文化课程、公立学校中设立的遗产语言课程以及有些学校大纲包含的加强跨文化理解的内容。加拿大有许多典型的多民族混居区，这种形式的多元文化教育在这样的社区最为简单、实用。

跨文化教育反映了多元文化主义的最基本方面。少数民族通过跨文化教育可以看出他们也在分享学校、图书馆这样一些公共机构的职能，看到公共机构也支持他们的家庭文化和民族文化。这样，学校才能更好地帮助各民族学生培养自信心，这对学生的成长是至关重要的。学生可以从小培养超越自己文化的能力和对不同文化的良好态度，在学校里体验到多元文化，学会尊重不同的生活方式，选择自己的行为准则。在一个多民族、多元文化国家里，学生毕业后随时都有到一个新的文化环境中工作的可能，天天要接触不同民族、不同语言、不同文化背景的人，跨文化的知识和能力是生存所必需的。跨文化教育也是加拿大的基本国情教育和多元文化社会中的公民教育。由于加拿大教育主要由省级政府负责，多元文化教育的执行情况根据各省的具体情况而不同，下面谈谈各省的具体政策和实际执行情况，以重要省份安大略为重点。

安大略省对多元文化教育的重视反映了民族问题在该省的重要性。安大略省一直是外来移民的首要目的地。1986 年全省人口中有 23.2％是外地出生的；44.5％的人口属于少数民族；有17.7％的人口的母语既不是英语也不是法语。这些民族群体，越来越团结成一股力量，以民族和种族为武器进行动员以达到让全社会尊重文化多元化和民族平等的目的。

安大略省政府看到这种新的趋势并于 1977 年采取了多元文化政策。在多元文化教育的落实上，安大略省教育部对教学内容进行控制，制定了教材编写和出版纲要，以保证教科书和教学材料不含文化歧视内容。向各学校发放有关在小学低年级加强跨文化知识的文件，对接受多元文化教育训练和进修过多元文化课程的教师颁发特殊证书，并在中学增加一门历史课，课名叫"加拿大的多元文化遗产"。安大略省还批准了课后或节假日的移民遗产语言课。应法语社区的要求，建立完整的法语教育体系和小学四年级以上的法语授课科目（每日 20～40 分钟）。最成功的算是沉浸式法语教育了。1982 年有 11％的小学生在沉浸式法语学校上学。另外，安大略省对各层次、各年龄的学生都提供英语作为第二语言课程。安大略省教育部还出版发行了关于跨文化教育的内容纲要，其中有"活的多元文化"（Multiculturalism in Action，1977）、"土著传人"（Peoples of Native Ancestry，1981）、黑人学（Black Studies，1983）。多伦多市学校董事会分析了英语学校中移民儿童的情况。为使他们不受文化歧视，号召各学校办学的许多方面适应多元文化国情，其中包括移民新生接待、分班、分级、聘用不同民族的教师和联络人员，学校对文化差别的敏感性，学校和社区关系等方面。移民遗产语言的课时数定为每周 2.5 个小时，财政支出由教育部负责。教学内容、教材和师资问题由学校和少数民族社区共同协商解决。由于有些董事会反对开办少数民族语言课程，省教育部在 1989 年修订了教育法，强迫各董事会在 25 名以上家长联合要求开办遗产语言的地方必须提供遗产语言课。

安大略省政策还包括对现行的课本、教材、教师在职培训、图书资料、教学设备以及总的公民教育等进行经常性的检查和评价制度。在安大略省教育部内还设立了专门的法语教育处和专门负责多元文化教育的官员。在有土著学生的地方，安大略省规定学校董事会必须有土著成员。还编写了有关土著人的教材、辅助材料；教育部里也安排了专门监督土著教育的官员。加拿大各个省在贯彻执行多元文化教育方面是有程度差别的。比较全面贯彻的省有安大略、萨斯喀彻温、新斯科舍和魁北克。其他省份在贯彻多元文化教育上也有不同的侧重面。

阿尔伯塔、萨斯喀彻温、马尼托巴三省的多元文化教育侧重语言和文化保留，而不太强调跨文化教育。这主要是因为这三省的外来移民主要是欧洲移民；有些民族，比如乌克兰人和东欧人，认为他们的祖国被吞并，他们肩负着保存自己语言和文化的历史使命。这三省的法律和政策反映了一种侧重语言教育的多元文化教育观点，规定除英、法两种官方语言外，还可以用其他语言作为教学语言。这种政策特点在阿尔伯塔省更为突出。阿尔伯塔省除了所有学校都用英语、法语外，中学提供 8 种语言的不同层次的课程（土著语、德语、匈牙利语、意大利语、犹太语、波兰语、俄语和乌克兰语）。到 1980 年，该省有 10 个公立双语学校（乌克兰语 5 个，犹太语 3 个，德语 2 个），还有 3 个乌克兰语教会学校。

阿尔伯塔省文化遗产分部还办有名叫"星期六学校"的语言班。1996 年在继埃德蒙顿之后，卡尔加里市教育局在中、小学为华人开办了中英双语教育课程。

新斯科舍省的多元文化教育与西部三省又有所不同，是以跨文化教育为特色，这也反映了该省的特点。新斯科舍省有很多十八九世纪黑奴的后代，而且学校的种族隔离制度在某些地区到 20 世纪 50 年代才结束。由于这种具体的历史条件，跨文化教育就显得格外必要。这种政策强调民族文化意识，教育机会平等，内容改革和加强教学辅助服务。全省教师工会和省教育部的民族服务处联合举办多元文化教育在职培训班，普及多元文化教育知识。

魁北克省的情况既特殊又复杂。魁北克省的英语人口只占全省人口的 9% 左右，加上其他少数民族人口占 19%。该省在 60 年代强调法语化，从 70 年代起开始注重多元文化教育问题。省政府在 1978 年采取了一种特殊的多元文化政策，即强调文化多元化准则，尊重文化差异和法语为共同语言。尽管省政府拒绝联邦政府的多元文化思想，但实际工作中采取了一系列加强民族团结、尊重和支持多元文化、平等和反歧视等措施。教育部在法语学校里创办了法语为第二语言的课程，在普通学校大纲中加入移民遗产语言课程。省教育部还对符合要求的私立民族学校提供高额财政支持，有时高达 100%。在 1977 年通过 101 议案（Bill 101）前，魁北克省少数民族学生中有 80% 不上法语学校。不同民族间的交流是一个大问题。英语民族、法语民族和少数民族这三大群体，互抱成见，互相隔离的历史使跨文化教育和交流成为魁北克社会和学校要解决的首要问题。

综上所述，多元文化教育是一种解决民族冲突的新观念，目的是解决多民族社会中的民族团结、和平共处等问题。同时，它也是一种教育过程。在教育领域，联邦政府的多元文化主义影响了各省的多元文化教育政策。各省的多元文化教育政策由于地区特点有不同的侧重。

不仅如此，多元文化教育还是一场深刻、广泛的改革运动，要求全方位的教学改革，尤其是教材内容的改革。加拿大的多元文化教育改革最重要的一方面是从多元文化教育观点出发对现行的教材进行大规模的审查，删除种族偏见和歧视内容，在正式教学大纲中加进了有关各个主要少数民族的内容和编写新的多元文化教材。

在过去几十年里，由于移民人数的迅速增加，加拿大社会的文化多元化也迅速地发展。在全国全白人的学校迅速减少，特别是在几大城市，各种肤色、各种语言、各个民族的学生共同上课。从多元文化教育观点来看，要使来自不同民族、不同文化背景的学生得到平等的教育机会，就必须在所有学校，包括全白人学校，贯彻反对种族偏见、反对种族歧视的措施，加强师生的文化宽容态度（cultural tolerance）。多元文化教育观点认为，在学生成长过程中从课本中学到的自我民族形象十分重要，尤其是各种英雄人物和杰出人物对他们的民族自尊心和自信心的培养和树立的榜样作用不能低估。而传统的课本中很少包括少数民族的英雄人物，少数民族的杰出贡献也很少得到足够的承认，基本上是英语民族的白人探险家、科学家、文学家，以及英语国家的帝王将相占绝对统治地位，其他民族的杰出人物只是陪衬。这样的教学内容在加拿大这样一个有一百多个民族的移民国家里是不合理的，这对培养少数民族学生、使其健康成长来说是不利的，并且违背了加拿大宣称的民主、自由、平等的理想。可以想象，现在每年有二十多万新移民进入加拿大，如果用这样的教学内容教育一代又一代新移民的儿童，对他们的民族自尊心会是多么大的摧残。所以，随着多元文化教育改革的深入，少数民族内容被不断地包括进正规的教学大纲里。多元文化教育改革在各个学科领域里的进展是不平衡的。由于学科特点，文科领域的改革领先于理科。而在文科领域里，改革的焦点在社会学这一课程。加拿大中、小学的社会学课相当于我国的地理课和历史课的总和，涉及到不同民族的内容也最多，因此改革的力度也最大。现在阿尔伯塔省的小学社会学课就包括专门的中国单元和日本单元。

然而，从多元文化教育观点来看，课本中仅仅包含少数民族内容只是改革的目标之一，更重要的是这些内容要从哪个民族的观点出发来讲述。在这一点上，多元文化教育改革还差得远。多元文化教育学者认为，现在虽然课本中加进了少数民族内容，但是由于教育机构上层掌管教材内容的人大部分来自主流社会讲英语的人，他们不一定通晓少数民族文化，有时有意无意地带有偏见，这些人选择的少数民族内容不一定能取得教育平等的目的，有时由于选材不当、支离破碎，还可能反而加强民族误解和偏见。著名的多元文化教育学者詹姆斯·班克斯（Banks）认为，北美多元文化教育改革的一大问题是理论和实践的脱钩。所以在学者们的倡导下，在一些省份里进行了多元文化教学内容的审查，来自不同民族的教育专家被邀请来重新审查社会学课本中的民族内容，提出修改意见。

詹姆斯·班克斯认为北美不少多元文化教育课程实际上并没有达到帮助学生理解不同文化和有效改变学生对不同文化的态度的预期目的；在教学上，一个值得质疑的问题是教材包括少数民族内容，但对教材的解释却是从英语主流社会的观点出发。社会发展到 90 年代，多元文化教育改革的目标不再局限于"添加法"，即只是添加些内容或一两个单元，甚至一两门课程。改革已经深入到转变所有学生对多元文化的态度上。重点不仅是学什么，而是用什么观点看问题：从主流文化的观点分析问题，还是从多元文化的观点分析问题？这才是当前多元文化教育改革的关键。

詹姆斯·班克斯提出了多元文化的"转变教育"理论和多元文化教学内容改革过程的四个模式（模式 A、B、C、D）：

　　A——　主流民族模式（mainstream）：

　　　　　　用主流民族的观点解释概念、问题、主题
　　和事件。

　　B——　少数民族添加模式（ethnic addition）：

　　　　　　用主流民族的观点解释，辅以少数民族
　　观点。

　　C——　多民族模式（multiethnic）：

　　　　　　用多民族观点解释概念、问题、主题和事
　　件，主流民族的观点只是其中之一。

　　D——　全球模式（global）：

　　　　　　用多民族、多国家观点解释概念、问题、
　　主题和事件。

从这四个模式看，主要的教学观点改变产生在模式 B 和模式 C 之间。在模式 A 和 B 中，都是用主流民族的观点解释问题。这只应用于多元文化教育的初期或适用于小学低年级学生。而在模式 C 和 D 这两个更高的层次上，主流民族的观点只是多个同样有效的观点之一。班克斯特别指出使用这个模式的意义在于"多元文化教学内容改革应从模式 A 直接过渡到模式 C，尽快完成向多民族模式的飞跃"①。这意味着教学中观点的根本改变。比如"哥伦布发现新大陆"这一传统欧洲观点对印第安人来说显然不对，讲美洲历史应该容纳印第安人的观点。如教学停留在模式 A 和 B 的低层次上就等于失败。真正的"转变教育"存在于模式 C 和 D 中。模式 D 是多元文化教育未来发展的目标，即多元文化教育最终要和全球教育结合起来，把一个国家内各个民族相互依存、帮助的观点和全球贫富国家之间相互依存、帮助的观点结合起来。但这个

---

　　① 班克斯：《多元文化教学：理论与实践》(J. A. Banke, *Multicultural Education*: *Theory and Practice*, 3nd Ed., Bocton: Allyn & Bacon, 1994)，第 203 页。

观点暂时还主要停留在理论阶段。

目前,在各省的社会学课中,除了传统的西方白人观点外,都包含了与具体历史事件相关的主要少数民族的观点。比如,讲哥伦布发现新大陆,除了讲传统的欧洲观点外,还通过土著诗歌等形式介绍印第安人怎样看待殖民掠夺的观点。在讲美国和加拿大的"西进运动"时,也从当时土著人观点介绍"来自东面的威胁";或从一种中立的观点来讲"东西方文化的碰撞"。讲中国单元时,既讲西方人怎样看待开放改革,也介绍中国人怎样看。除了社会学课外,有些地方在理科课程中也尽量包括各民族的贡献。总之,在教材改革方面,在培养多元文化教育师资方面,在所有学校中贯彻多元文化教育等方面,多元文化教育还是一个未竟的事业,还要走很长的路。

9 《汽车制造业工人的午休》 由于制造业工人联合会的成立,
工人们经过斗争, 获得了安全和高质量的工作环境

第 九 章

社会保障与福利

社会保障指维护、保护和提高公民基本生活标准的公共立法和计划。尽管每个国家社会保障的项目和标准有所不同，但都是由立法形式加以规定，由公共部门通过货币和社会服务形式予以实施或实现。加拿大社会保障制度的目标是"保证所有加拿大人拥有起码资源以满足他们的基本需要，享有基本的社会服务以保持他们的福祉"。[①]

一、现代社会保障制度的形成与发展

1867 年自治领宪法规定社会福利的责任由各省承担，但联邦政府掌握税收权。加拿大早期社会福利计划大都由地方政府和私人慈善机构所承担。如各省提供工人赔偿金、母亲抚恤金，联邦与省根据协议共同支付退伍军人抚恤金和老年补贴等。加拿大的社会保障制度正式起步于 20 世纪 30 年代。在 30 年代资本主义世界经济大危机期间，加拿大 R.B. 贝内特政府曾提出一系列社会改革计划，史称"贝内特新政"。1935 年资本主义经济大危机发展到顶点，加拿大总理 R.B. 贝内特像美国总统罗斯福一样通过广播电台直播，发表"新政"演说，承诺在税收制度、最高工作周、

---

① 加拿大统计署：《加拿大年鉴（1988）》(*Canada Year Book* 1988)，加拿大供给与服务部，渥太华，1989 年版，第 6～1 页。

最低工资、劳动条件、失业保险、医疗和事故保险、养老金和农业援助计划等方面进行改革。但在当年 10 月的大选中，贝内特失利，其"新政"措施流产。当时联邦政府面临的主要难题是宪法没有赋予其统筹社会福利的权限。麦肯齐·金的自由党新政府任命了一个皇家委员会研究联邦与省政府的关系。该委员会 1940 年的报告提出，联邦政府财政能力与省政府实际职责之间存在矛盾或不平衡；联邦政府掌握税收权和财政资源，却无法介入省政府负责的责任领域。该报告建议对联邦和各省政府之间的宪法权力和财政责任重新进行调整。尽管各省反对联邦权力的扩大，但面临经济危机和社会问题的压力，不得不同意联邦政府对全国性社会福利计划的最高管理权。1944 年，加拿大联邦政府通过第一个全国性社会福利计划——家庭津贴法（the Family Allowance Act），这个法律规定根据扶养 16 岁以下在校子女的数量，按月向父母直接发放儿童补助金。联邦政府还设立了新的保健和社会福利部以及退伍军人事务部，负责全国社会保障事业和退伍军人福利的管理、协调。

第二次世界大战以后加拿大社会福利保障体系建立进程加快，政府成为社会福利的主要承担者。由联邦政府制定全国性的保障和福利标准，各省参与这些福利保障计划并对项目进行管理，个人直接领取或享用各类福利救助金。1951 年，加拿大通过《老年保障法》。1964 年美国总统约翰逊提出"伟大社会"计划，轰轰烈烈展开"反贫穷之战"。加拿大总理特鲁多则提出"公正社会"目标，对解决社会贫困问题进行了对策研究和立法。1964 年通过全国性的养老金计划，即《加拿大养老金计划》和《魁北克养老金计划》，并于 1967 年在各省付诸实施。

20 世纪 60 年代出现的另外两个重要的社会福利项目是 1966 年的《加拿大补助计划》和"确保收入补贴"。《加拿大补助计划》取代盲人津贴（1937、1952）和失业补贴（1955），规定联邦政府为各省提出的社会救助和社会服务计划支付50％的经费；后者被称为"负所得税"，对达不到一定收入标准的领取老年保障金者提供额外补助金。《加拿大补助计划》是改善各省社会补助标准的费用分摊项目，它第一次在公共福利中推行国家标准。作为得到联邦50％的福利费用补贴的前提条件，各省须同意支付另外50％的福利资金，并不附加任何居住资格限制。这个计划结束了以前基于区分"真正的穷人"（如盲人、失去能力者、老人和单身母亲等）和"非真正穷人"的类别与框架，而实行一个统一满足省社会补助财政需要的项目，其中也包括对"非真正穷人"类别（即身体健康的失业者）的求助规定。《加拿大补助计划》对公共补助中的申请程序做出具体制定，提高了社会保障管理的效率和科学性。

在医疗和教育领域，加拿大也扩大了福利计划。1948年的《全国健康医疗金》（*National Health Grants*）计划规定联邦政府为各省的医院建设提供一半资金赞助。1957年根据萨斯喀彻温等省的做法，渥太华通过《医院保险和诊断服务法》，由联邦和各省分别承担50％的医院费用。该法的有关规定后来发展为加拿大医院保障的5项原则：即公共管理、全面综合性、普遍性、可转移性、可接近性。到1961年所有各省都推行了与该联邦立法相吻合的计划。50年代加拿大开始向高等学校提供财政补助。1967年新的财政协调法规定联邦政府负担各省高等教育机构经费的50％。但由于70年代后期联邦财政困难，联邦政府通过新的立法，不再为各省高校经费承担特定份额。

加拿大社会福利事业起步不早，但发展速度不慢，社会福利达到相当高的水平。1971年是加拿大社会保障事业发展的鼎盛时期，主要社会保障项目趋于健全。这一年加拿大国会对失业保险法重新修订，扩大了保险范围。经过五六十年代一系列社会保障立法，加拿大的社会保障项目和政府支出增加，大大提高了普通加拿大人的社会福利水平，标志加拿大进入福利国家① 的行列。

加拿大主要社会保障立法②

时　间	法　律	时　间	法　律
1918	养老金法	1957	医院保险和诊断服务法
	士兵安置法	1961	残疾人休假康复
1927	老年津贴法	1964	青年津贴法
1930～1937	失业救济法	1965	加拿大养老金法
1941	失业保险法	1966	加拿大补助法
1943～1944	退伍军人宪章	1968	医疗保健法
1944	家庭津贴法	1971	修订失业保险法
1951	盲人法	1973	修订家庭津贴法
	老年保障法	1975	配偶补贴
	老年补助法	1977	联邦—省财政协议
1954	残疾人救助法	1978	儿童退税法
1955	修订失业保险法	1979	扩大配偶补贴
1956	失业救助法	1984	加拿大保健法

社会保障制度的建立是工业化和城市化所引起的社会经济压力和政治要求的结果。有人认为资本主义国家社会改革减弱了资本主义生产方式造成的社会对立和分化，主要目的是缓和社会冲突，反映了资产阶级的基本利益。其实政治决策者的行为受到各方面的限制，政府决策取决于经济基础、社会组织结构（工会、教

---

① 英语中"福利国家"一词最早出现在 1941 年英国约克市大主教威廉·坦普尔所写的一本书中。60 年代以来，"福利国家"被用来比喻建立了高标准社会保障事业的发达资本主义国家。加拿大经济学家托马斯·库切恩称之为"保护性社会"，即由国家对市场体制进行调节，根据公正、仁爱和正义原则保护或促进个人或家庭的物质生活状况（参见斯蒂芬·布鲁克斯：《加拿大公共政策：概论》(*Public Policy in Canada*：*an Introduction*，Toronto，1993，2nd Ed.，第 184 页）。

② 资料来源：加拿大统计署：《加拿大年鉴（1988）》，第 6—7 页。

会、合作团体等）和文化价值观等多重因素。首先，社会保障制度不得不局限于投资者和经济决策者所能许可的程度内，否则将带来削减生产和投资的不利后果，危及到国家的财政收入和对政府的支持，政府需要考虑资本利益集团的信心和支持，尽量减少资本利益集团所承受的经济负担。其次，社会主流意识形态仍然肯定和承认市场对生产和资源的基础性配置作用，对国家干预市场的接受力是有限度的。再次，经济和社会组织方式的发展增强了人们的政治动员力，表现为普选权扩大、工会化、大众性政治党派的出现和利益集团的激增，民主化趋势要求政府强化公众责任感，满足普通公众的利益要求。总之，社会保障制度既不单纯产生于民主压力，也不仅仅是缓和阶级冲突，保护资本的利益。它产生于国家的民主特点与资本主义经济制度之间的制约关系；联邦政府在制定社会福利政策时，试图寻求某种力量和利益上的平衡，福利改革的进程和内容取决于社会力量对比和文化传统，它的具体实施和发展有利于社会经济的变化和政治民主化。

　　1971年《失业保险法》的修改，扩大了保险覆盖范围，提高了保险标准，标志着加拿大社会保障"达到相当高度"。[①]从此以后，社会保障制度出现某种停滞或萎缩。经济增长缓慢、通货膨胀率升高、政府收入减少、社会福利和失业保险的超额开支以及养老者队伍的持续扩大导致商业经济部门强烈主张削减公共开支。

　　从80年代开始，加拿大对社会保障制度进行了一系列调整和改革。1981年至1983年，包括加拿大在内的资本主义世界发生了30年代以来最严重的经济萧条，通货膨胀率和失业率均超过两位数，生产下降，税收大大减少，政府财政赤字增加。虽然特鲁多

---

　　① 《1998年加拿大和世界百科全书》 （*The 1998 Canadian & World Encyclopedia*，CD版），麦克莱兰与斯图尔特公司，多伦多，"社会保障"条。

政府开始削减社会福利项目，但它也通过了《加拿大保健法》
(1984)，支持全国健康保险的五项原则，它增加了确保收入补贴。
真正的转变开始于 80 年代后期马尔罗尼执政时代。恶劣的经济境
遇促使政府仔细考察了社会保障计划开支，提出了紧缩政策。有
些人认为家庭津贴和老年保障金等普遍项目超出了现有经济承受
力，要求重新改变和调整社会保障计划的呼声上涨。英国总理玛
格丽特·撒切尔夫人、美国总统里根等新保守主义政治家有关
"削减"政府开支的主张，刺激了加拿大的保守主义势力。他们支
持马尔罗尼进步保守党政府采取措施减少福利开支，以改善加拿
大经济，增强加拿大在产品贸易市场中的竞争力。保守党政府的
观点十分明确，认为大规模的社会福利开支已经导致加拿大政府
的财政危机，已经威胁到与更自由的地区和全球贸易相竞争的经
营能力。保守党政府指出加拿大社会保障制度的 4 个缺陷：支出
水平过高、项目没有充分针对最需要的人、公共补助成为劳动收
入的替代、收入保障项目削弱了劳动动机和自食其力。在 1988 年
议会选举中，进步保守党因为其自由贸易政策而获胜，要求削减
社会支出的呼声很快上升。在医疗保健领域，保守党政府通过改
变财政拨款制度，与美国缔结自由贸易协定为社会福利计划带来
一种"市场精神"，为医疗保健的私人化铺平道路。

从 1984 年至 1993 年，联邦政府逐步将老年保障金降低到一
般中等收入水平，减少并最终取消家庭补贴，缩减失业保险的人
员范围和标准，改变《加拿大补助计划》中 3 个富裕省份的社会
服务开支的分摊比重。1992 年，家庭津贴和儿童退税（the
Refundable Child Tax Credit）被一项新的"儿童返税金"（即根据
儿童数量和上年度家庭纯收入，每月提供给中低收入家庭儿童一
份免税的月收入）所代替。1991 年渥太华限定对不列颠哥伦比亚、
阿尔伯塔和安大略等省《加拿大补助计划》拨款增长额不超过
5%，使《加拿大补助计划》等社会福利项目开始衰变，被称做

"《加拿大补助计划》之紧箍咒"和浸入社会福利制度的"病毒"。[①]
减少《既定计划财政法》（即 *Established Programs Financing Act*）拨款和平等化拨款、更严格的资格审查，加上 90 年代初经济衰退时期更高的失业和福利花费，严重地考验着省的福利计划，在全国上下引起了对这些计划的广泛批评。虽然在 90 年代对医院、医疗保健、高等教育和社会补助的拨款每年减少近 70 亿加元，商业利益集团仍然感到不够，它们关心的是与没有很高社会福利费用的国家进行竞争的能力。这为 1993 年自由党上台后的社会福利改革提供了背景。

　　自由党领袖克雷蒂安执政后，继续调整和压缩了社会福利开支。1994 年 1 月，自由党政府就职讲话中宣布将对社会福利制度进行广泛审察，预示着 90 年代中期加拿大社会福利制度面临着重大挑战和变化。人力资源发展部的常设委员会负责进行了广泛咨询和调查研究，起草了《社会保障考察报告》，提出改革加拿大的社会保障制度，主要是改革失业保险和联邦政府对各省保健、高等教育和福利的补助。报告涉及的改革思路和建议包括失业保障、儿童福利、《加拿大补助计划》、残疾人福利金等；它也建议将所有政府税收开支纳入国会年度审查评估，以加强财政管理，改进国会对公共财政的控制。1995 年 2 月财政部长提出的财政预算阐明了政府对社会保障改革日程的时间表，反映了联邦政府在社会保障制度中承担责任上的"历史性退却"。社会保障事务开始被看做是"一个财政问题而不是社会问题"。[②]

　　1996 年 4 月，联邦政府取消了两项长期的拨款计划，即对各省保健、高等教育的补助和《加拿大补助计划》（该计划规定联邦

---

① 肯尼斯·G.普赖克和沃特·C.索德伦德：《加拿大剖视》（*Profiles of Canada*），第 2 版，多伦多，1998 年，第 207 页。

② 同上书，第 208 页。

按 50%的份额承担各省的社会救助和社会服务费用；早在 1991 年，联邦政府已经削减了对安大略、阿尔伯塔和不列颠哥伦比亚省的补助比例），代之以经费数额大大减少的《加拿大保健和社会拨款》计划，由现金支付和税点（率）构成。1996 年的《加拿大保健和社会拨款》计划规定，在两年内（1996～1998）减少 70 亿加元，废除《加拿大补助计划》（1966）制定的标准，削减对贫困家庭的社会救助金，不列颠哥伦比亚省则不顾联邦政府有关规定，对社会补助新申请者提出 3 个月居住资格限制。

1996 年 6 月，加拿大联邦政府的保健和社会福利部被撤销，有关全国社会保障（失业保险和养老保险）和医疗保健方面的事务由新组建的人力资源开发部和卫生保健部分别负责。加拿大政府削减社会福利计划的举措，曾引起国内一片抗议浪潮，各地都出现了较大规模的群众示威活动。但由于对医疗保健和养老金（包括老人保障金）等保障项目没有作较大的调整，维持了公众的生活安全感和社会信心。

二、主要社会保障项目

"福利国家"所承担的保障和服务项目可大致分为 4 类：收入保障、社会服务、医疗服务和教育。收入保障包括维持那些面临收入减少的个人和家庭的项目（如养老金、失业保险、工伤抚恤金等）和对丧失或缺少劳动能力者提供的收入救助项目。社会服务则包括各种支持性和发展性个人服务。收入保障体系旨在保证和补充个人和家庭的收入，其中有些项目直接交付现金给符合特定条件的人，如老年保障金、确保收入补贴、失业保险金和社会补助等。有些项目通过税收制度支付给受救济者，如注册退休储蓄计划减免、婚姻与成年减免（marital and age exemption）、儿童返税，这些税收优惠政策（减免税收或退税）被称为"隐形福利制度"。除公共性保障计划外，还有商业性的私人保险，是社会保障制度的一个补充。

（一）老年保障

加拿大老年人的经济安全体系包括三个基本部分：（1）退休养老金（公共性质）；（2）老年保障金和确保收入补贴（公共性质）；（3）辅助性和补充性的各种私人性养老金计划。老年人经济保障体系有两个基本目的，一是保证老年人的基本收入（反贫穷目的），二是保持个人退休前和退休期间收入的合理比例（收入调整目的）。

退休养老金。加拿大实行全国统一的退休养老金保险计划。1965年联邦政府通过《加拿大养老金计划》（*Canada Pension Plan*），规定雇主和雇员必须参加这项强制性的养老保险计划，以保证足够的老年退休金收入，在魁北克省执行一项类似的《魁北克养老金计划》（*Quebéc Pension Plan*）。实施加拿大养老金计划的资金来自雇员、雇主缴纳的保险费和国家所投基金（包括其利息和投资收入）。养老保险金缴纳数额为每月工资额的 3.6%，由雇主（公司）和雇员本人（在工资中作为税金扣除）各按 1.8%缴纳；自雇者由本人按 3.6%的份额缴纳。[①] 这项计划涵盖全国约 92%的劳动者（即所有那些工资收入超过缴纳保险金最低征收额的人），他们无论转换职业岗位或移居其他省份都能享受连续和统一的退休养老金保障，并随着生活水平和费用的上升而自动得到更高的养老金额。养老保险税率每年都在增长，1992年为月工资额的 4.2%。[②] 1997年为 5.8%。1997年养老保险税金的最低年免征额为3500加元，最高征收额度为 35800 加元（即全国人均年工资

---

① 加拿大统计署：《加拿大年鉴（1988）》，第6～8页。

② 斯蒂芬·布鲁克斯：《加拿大公共政策：概论》，第194页。

数）；退休养老金的年最高支付金额为 8842 加元，而这一年新领取退休养老金的人平均养老金只有 4885 加元，占最高支付金额的 55％。除退休养老金外，《加拿大养老金计划》还包含伤病、遗属和死亡津贴方面的规定，对因身体和精神伤残而提前退休者和养老金缴纳者的遗属都可根据条件支付应得的津贴（通常少于正常退休养老金数额）。如果养老金缴纳者在退休前去世，政府按规定给予死者一定的津贴作为其遗产或用于安葬费用。

1995 年，加拿大老年退休者的平均收入为 20300 加元，相当于在职人员收入的 84％。而在 1951 年，老年人的平均收入仅为在职人员的一半强。老年人收入的提高意味着低收入老年人的数量减少。在 1997 年，加拿大养老金和魁北克养老金计划所发放对象有 3200 万人。另外还有 35 万残疾人和 130 万遗属享有养老金计划所提供的补助。[①] 1997 年加拿大退休金的最高金额为 8842 加元，即相当于老人平均收入的 25％。还有其他许多项目向老人提供收入，特别是加拿大老年保障金和确保收入补贴。各省政府也有相似的计划补充老人的收入。

老年保障金 (Old Age Security Pension)。老年保障金属于福利性的收入保障项目，主要给予所有低收入和中等收入的老年人。1927 年加拿大通过了颁发老年保障金的第一个法律《老年人养老金法》，该法律规定由联邦和各省共同提供资金，根据收入和财产的不同，向 70 岁以上并在加拿大居住 20 年以上的公民提供每月最高为 20 加元的津贴。但养老金的管理仍是各省的责任。《老年人养老金法》于 1951 年被新的联邦《老年保障法》所取代，老年保障金月标准提高到 40 加元（实际价值相当于 1997 年的 259元），所有 70 岁以上的老人（后来改为 65 岁以上）无论收入和财

---

① 加拿大统计署：《加拿大年鉴（1999）》(*The 1999 Canada Year Book*)，工业部，1998 年版，第 233～234 页。

产多少都可得到这份津贴，但老人保障金须计入个人纳税收入总额。《老年保障法》于 1952 年生效后，经历了多次修订。其中最重要的修订包括：将领取老年保障金的年龄从 70 岁降低为 65 岁（1965），增加"确保收入补贴"（1967），引入全年生活费用指数（1972），引入季度生活消费指数（1973 年，即根据消费价格指数或生活费用的增长而在每年 1 月、4 月、7 月和 10 月对老年保障各类补助金额进行调整），设立配偶津贴（1975），根据在加拿大居住年限支付非全额保障金（1977），将老年保障法纳入各类国际性社会保障协议（进行中），将配偶津贴扩大到所有低收入的 60 岁至 64 岁鳏寡老人（1985），追补老年保障金、确保收入补贴和配偶津贴的年限额（1995），个人可以提出不领取或取消自己的老年保障金、日后也可以申请恢复领取老年保障金（1995），将保障金和义务扩大到"同性配偶"（习惯法伴侣）（2000）等。

老年保障计划的资金来自加拿大政府基本税收。由人类资源发展部收入保障计划局（The Income Security Programs Branch of HRDC）通过在各省和地方的办事机构进行管理。渥太华的国际行动司（The International Operations Division in Ottawa）负责履行加拿大的国际社会保障协定。该保障金并不要求申请者必须有就业经历或必须是退休者。领取老年保障金者必须有在加拿大的居住年限认证，申请者须在 18 岁以后在加拿大居住过 40 年，25 岁以上公民则至少必须在加拿大连续居住 10 年以上。如果加拿大人居住在与本国有养老金社会保障协议的国家，最低居住年限可低于 10 年。领取老年保障金者的资格包括，缴纳联邦和省的收入所得税，年龄在 65 岁以上，加拿大公民或合法居民。如果申请人现在已经不住在加拿大，他（她）年满 18 岁以后必须在加拿大居住 10 年以上，领取老年保障金的数额取决于申请人在加拿大居住的年限长短。年满 18 岁以后在加拿大居住 40 年以上者享有全额老年保障金；年满 18 岁以后而没有在加拿大居住 40 年以上者也可以领取全额老年保障金，但必须在 1977 年 7 月 1 日年满 25 岁并届时在加拿大居住；或在 1977 年 7 月 1 日前在加拿大居住、年满 18 岁；或在 1977 年 7 月 1 日持有有效移民签证。没有达到领取全额老年保障金资格者可以享用非全额老年保障金，其标准为每月全额津贴的 1/40 乘以年满 18 岁以后在加拿大实际居住年数。但一个申请者的非全额津贴的数目被批准后，将不随着日后居住年限的延长而增加。没有及时申请老年保障金、确保收入补贴和配偶津贴者可以要求追补相关补助金。1997 年，老年保障金提高到每月 400.71 加元，并不再给予年收入超过 8.5 万加元的高收入者。

确保收入补贴。除老年保障金外，1967 年开始增加"确保收入补贴"(the Guaranteed Income Supplement)。它的补助对象是除领取老年保障金外没有或只有很少其他收入来源(如退休金、外国养老金、利息、红利、租金、工资或职工赔偿金等) 的低收入老人。不同于老年保障金，确保收入补贴不被纳入所得税征收范围；也不向居住在加拿大之外超过 6 个月以上的人发放，无论其曾经在加拿大居住过多久。1997 年，每月最高补贴金额为 476.20加元。"确保收入补助金"的多少取决于除老年保障金外的其他实际收入，即每有 2 加元老年保障金外的收入，最高补贴金额中将被扣除 1 加元，余额作为低收入老人的实际补助金所得。

配偶补贴 (Spouse's Allowance)。配偶补贴是从 1975 年开始实施的新保障项目，相当于一种"准老年保障金"，对象是领取老年保障金者的低收入或无收入配偶，或配偶或习惯法伴侣已经去世的遗属。他 (她) 们年龄必须在 60 岁至 64 岁之间。这些人主要是妇女，通常陷入生活困境。最大津贴额是全额老年保障金和全额确保收入补贴的总和。配偶或习惯法伴侣已经去世的人得到的津贴稍高。1997 年低收入配偶的月最高补贴为 710.89 加元，孤寡者则为 784.92 加元。他 (她) 们在 65 岁以后便停止领取"配偶补贴"，改变领取"老年保障金"和"确保收入补贴"。申请者必须在 18 岁以后在加拿大居住 10 年以上，在提出申请时已经是加拿大公民或合法移民。但在成年以后没有在加拿大居住 10 年以上又没有经济来源的移民则可按一定比例和条件领取本求助金。津贴享用者必须每年进行申请，该津贴也不纳入所得税范围。享有配偶或遗属津贴必须通过收入审计，受益者每有 4 加元其他收入，便扣除 3 加元配偶或遗属津贴，直到该津贴被扣至为零。每个季度老年保障金、确保收入补贴和配偶补贴都随物价指数而作相应调整。

在加拿大还有私人养老金计划，即雇主（公司）发起的养老金计划（由雇主和雇员分担其基金）和个人退休储蓄计划。私人养老金计划是公共养老金计划的重要补充，1979 年加拿大各类私人性养老金计划有 14000 个。1993 年，加拿大 44.6％的雇用劳动者的所在公司为其提供私人养老金保险项目；由于全国整个劳动力人口中还包括个体劳动者（自雇）和在官方登记的失业者，实际参加私人养老金计划的人仅占全国劳动力人口的 35.4％。在这一年的统计中，有 140 万人称已得到私人养老金计划中的收入。个人退休储蓄计划开始是联邦政府鼓励个体劳动者（自雇者）解决养老金问题而倡导进行的，后来则扩大到所有人——主要是没有参加个人养老金计划的劳动者。个人退休储蓄计划由金融机构管理，存到个人退休储蓄计划账户中的钱可以免税，直到这些钱的投资收入作为退休养老金被支付时才纳入所得税征收范围。现在参加个人退休储蓄计划的大都是中上层富有者，而普通加拿大人的消费观念和收入水平使他们最后才能考虑将剩余收入作为个人退休储蓄。1997 年享受《加拿大养老金计划》所规定的养老金和其他补助项目的人为 360 万，享受《魁北克养老金计划》养老金者为 110 万，总计 470 万。1997 年 1 月，有 350 万加拿大人领取老年保障金，其中 40％（140 万人）又领取确保收入补贴，接受配偶津贴的人为 10.4 万。[①] 从这些数字中，可以看出加拿大已经形成社会化、多样化的老人收入保障体制。

（二）失业保险

失业保险（1996 年改称为"就业保险"）指劳动者在失业期间由政府支付的收入津贴，它是加拿大设立的第一个全国强制性社会保险项目。早在 1919 年，皇家工业关系委员会提出过一项全国性的失业保险计划。30 年代资本主义世界的经济大危机，同样给加拿大带来灾难性的冲击。1933 年，1/5 的工人失业，联邦政府不得不提高对失业贫困者的救济。1935 年 R. B. 贝内特政府拿出《就业与社会保险法》，加拿大高等法院和英国枢密院宣布该法损害了宪法中规定的各省权限。经济萧条使许多加拿大人认识到需要对宪法条文进行修改.过去解决失业问题属于省政府的责任,但在全面性经济萧条时期，只有联邦政府才有能力处理全面性的失业问题。在修改宪法授予联邦政府处理失业问题的权力后，加拿大 1940 年通过《失业保险法》，由联邦开始统一负责国内的失业保险。

现在，加拿大的失业保险计划覆盖了全国劳工大军的 95%。1985 年，将近 330 万人次因失业或收入不稳定而接受了 102 亿加元失业保险金。平均每月 114.5 万人接受失业救济，比 1980 年年增加 44.2 万人，即增长 62.9%。1980 年至 1985 年，每周平均救济额增长 41.4%，从 120.92 加元增长到 170.96 加元。[②]

与各国惯例相同，失业保险基金由劳动者、雇主和国家三方分担的金额构成。雇主和雇员向社会机构缴纳失业保险费，但并不是按全部收入额缴纳。1988 年，最高可保险周收入为 565 加元。

---

① 《1998 年加拿大和世界百科全书》，"养老金"条。
② 加拿大统计署：《加拿大年鉴（1988）》，第 5～15 页。

雇员按 2.35% 的比率缴纳，每周最高可缴纳 13.28 加元保险金。雇主平均支付的保险金额相当于雇员所缴数额的 1.4 倍。到 1998 年，大约 2.7% 的收入被纳入失业保险金。雇员缴纳失业保险费的最高年工资额度为 3.9 万加元。[①] 雇主按雇员缴纳费用的 1～1.5 倍分担保险费额。接受失业保险的人主要是普通失业职工，其他还包括因病不能就业者、由于生育和抚育子女而离职者、就业不充分者和接受培训的人员等。联邦政府还向因季节歇业的自雇渔民发放特别救济。

　　领取失业保险金有必要的资格规定，申请者必须填写表格说明目前没有工作、但愿意再就业并已在人力资源中心登记，并证明自己以前至少有 420～700 个小时的就业经历（根据各地不同的失业率，对工作时限的资格要求不同）。通常在提出申请半个月后，符合条件者便可领取失业保险金。1988 年最高周失业保险救济金为 339 加元，数额相当于受益者平均受保周收入的 60%。1997 年最高失业周保险金达到 413 加元，相当于平均受保周收入的 55%。主要根据以前的工作年限、以前失业保险享用情况、全国及当地的失业率而确定。如果没有工作是因为生育、疾病或照顾婴儿或收养儿童，可以得到额外的特别补助金。失业保险是政府建立的经济安全系统的重要组成部分，得到了一致的社会赞同。

　　联邦政府决定从 1996 年 7 月 1 日开始实行新就业保险制度，"失业保险"一词被"就业保险"所取代。保险申请者被区分为"正常申请者"和"经常申请者"两类。后者的保险救济额减少，并可能被要求接受收入审查，对其保险救济取决于其参与社区工作或培训计划的意愿。在 1996 年，失业保险金的支付从 1992 年

---

　　① 加拿大统计署：《加拿大年鉴（1999）》（*The Canada Year Book* 1999），工业部，1998 年版，第 233 页。

的 193 亿加元减少到 131 亿加元；同期内，接受失业保险的人从月平均 100 万人以上减少到约 60 万人。[①] 失业保险减少的原因之一是经济复苏、失业人数下降，另外，则是联邦政府从 70 年代以后降低保障标准。现在可领取失业保险金的最长连续时间从 70 年代的 51 周减少为 45 周，每周失业金额从 70 年代初最多可占个人就业收入的 75％下降到 55％。相当多的失业者在享用失业救济期限到来时，仍不能找到工作，他们便失去了继续领取失业救济的资格。在 1989 年，平均每年接受失业保险金者占失业人数的74％，而 1995 年这个比例下降为 41％。

（三）医疗保健

长期以来加拿大人感到最为骄傲的社会保障计划为全国性医疗保障项目，被认为是加拿大可与西欧福利国家媲美的最受欢迎的公共计划。根据加拿大宪法，医疗保障主要由省和地区政府管辖。各省和地区负责管理和实施自己的医疗保健计划，包括医院和医生提供的各种医疗及辅助性服务。联邦政府制定全国性医疗保健标准，并为各省区医疗保障和服务计划提供资助。从 40 年代末萨斯喀彻温省的改革开始，加拿大的医疗服务逐步实现了"民主化"。1962 年萨斯喀彻温成为北美第一个实行普遍医疗保险计划的省区，对医疗机构进行公共管理，通过税收支付医疗费用。1957 年，加拿大通过《医院保险和诊断服务法》，规定所有符合资格的居民享有广泛的医院和诊断服务，除精神病院、结核病院和寄养中心等护理性机构外，所有涉及普通疾病、急慢性病和康复医疗的医院服务，都不由患者直接支付（或支付很少的）费用。到1961 年各省和地区都参与了这项全国性计划，但各自保险医疗的程度还存在差异。1966 年通过《医疗保障法》（*the Medical Care*

---

① 加拿大统计署：《加拿大年鉴（1999）》，第 233 页。

Act，于 1968 年 7 月生效)，规定联邦政府将提供资金，协助各省建立医疗保险计划，使该省所有居民不论年龄、背景和支付能力都能在统一的规定和条件下享有全面的医疗保健（从普通门诊到专家服务)。到 1971 年，各省均按照联邦立法规定的标准建立了自己的医疗保障体系。在 1977 年以前，联邦政府根据各省医院和医疗保险计划开支 50% 的比例提供资助。1977 年 4 月生效的财政法，规定联邦政府不再固定分摊各省的医疗开支，而是根据国民生产总值平均增长率和人口变化提供资助。资助形式包括现金拨款、税收退让和"平等化"补偿等。①

1984 年 4 月生效的《加拿大保健法》将上述两个法律的原则合为一体。各省和地区政府负责医院和医疗保险计划的管理，以及其他普通医疗服务。《加拿大保健法》规定了医疗保健的 5 项原则：② (1) 公共管理 (Public administration)。各省医疗保险计划必须由政府部门遵循非赢利准则予以管理。(2) 全面综合性 (Comprehensiveness)。保险项目必须包括医院和医生提供的所有必要的医疗服务。(3) 普遍性 (Universality)。各省所有居民都要被纳入公共医疗保险的范围。(4) 可转移性 (Portability)。当居民在国内外迁居或旅行时仍享有原来的医疗保险（在国外享有的医疗保险被限定在该居民在其省份的标准)。(5) 可接近性 (Accessibility)。居民不受财政或其他障碍的限制而接受必要的医

①　1957 年，联邦政府实行平等化补偿 (Equalization Payment) 政策，向经济相对落后的省份提供资助，以减少地区性生活差别。在《不列颠北美法案》最初草案第 50 条中曾有联邦政府根据各省人口数量向各省提供特别财政支持的规定，这是"平等化"概念最早的出现。根据平等化补偿政策，所有的加拿大人有权享受政府提供的相同的基本服务，无论其省份的经济实力穷富如何，联邦政府有责任保证这种基本的平等。

②　参见《加拿大保健法》，载于"加拿大保健部网页" (Health Canada Online：http://www.hc-sc.gc.ca/)。

院和医生服务；对医院和医生提供合理的补偿。

在一般情况下，加拿大居民可以到自己选择的医疗机构就医，看病时只需出示医疗保险卡。凡属公共保险项目，政府不规定最高限额，就医者也不必直接向医院或医生缴纳诊疗费。公共医疗保险项目主要包括所有住院治疗、必要的专科医生门诊、必要的医疗和诊断检查费用。每位公民所享有的医疗服务不再取决于他的收入，个人交付费用的医疗体制被由国家支付大部分费用的医疗保障制度所取代。

除了联邦公共医疗保险计划所规定的免费项目外，各省和地区政府也为特殊居民群体（老年人、儿童和低收入者）提供其他补充性保险项目，如处方药品、牙科和眼科服务、自理性辅助器械（假肢、轮椅等），以及足疾医生、理疗按摩师等服务。

各省所提供的公共性医疗保险，一般包括各项诊疗费和住院费（包括住院期间医药费用），而不包括非处方药品（一般感冒、退烧药、维生素等）、门诊处方药品、牙科保健、就业和加入保险前体检、电话咨询、整容手术、假肢等。在公共医疗保险制度下，住院治疗通常为 4 人至 6 人的大病房，病人看病预约等候时间较长，疾病得不到及时治疗。公共保险外的补充性诊疗服务则属于自费范围，可自愿交纳保险金、由私营保险公司承担。不少公共机构或民营公司通过私人保险公司向员工提供各类集体保险计划，提供的保险项目分别有全家健康保险、牙科诊疗、半私人病房（两人病房）、处方药费、康复期住院、外地治疗费、私人护士、救护车、救护直升机、助听器及配眼镜、糖尿病药品及设备、酒精及毒品依赖治疗、心理治疗等。按照大多数省和地区法律规定，私人保险公司不得为公共保险计划已经包含的医疗项目提供保险，它们可在自费医疗项目中进行保险业务竞争。由于药品、牙科和眼科诊疗属于个人开支，在这些项目中加入私人保险的比率上升。据一项调查，1998/1999 年度近 3/4 的 12 岁以上加拿大人加入处方药品保险；50％以上加入牙科和眼镜（包括隐形眼镜）保险。[①]

（四）家庭与儿童福利

1944 年加拿大通过《家庭津贴法》（*Family Allowance Act*），从下年度开始向有儿童（16 岁以下）的家庭按月发放津贴。家庭津贴成为"加拿大第一个普遍性福利计划"。[②] 设立家庭津贴项目至少基于三个因素：(1) 家庭贫困主要原因之一是家庭人口规模，而未成年子女的数量是说明家庭规模的主要指标；(2) 工资收入只反映劳动者的工作能力而不是家庭责任，国家通过支付家庭津贴有助于消除家庭贫困，并在承担下一代抚养责任与不承担下一代抚养责任的劳动者之间实现"水平公正原则"；(3) 用专项家庭津贴取代其他收入保障项目（如社会补助、工人抚恤金、失业保险等）中子女抚养的成分，有利于后者体现个人或夫妇的收入需要，而将子女抚养的经济救助功能留给家庭津贴项目，以实现社会保障体系的综合化、具体化及其项目管理的简明化。

家庭津贴属于免税收入，按不同年龄段划分为不同额度。1945 年时每月标准如下：5 岁以下，5 加元；6 岁至 9 岁，6 加元；10 岁至 12 岁，7 加元；13 岁至 15 岁，8 加元。1956 年实施的一项家庭补助计划，为移民子女提供补助金，直到他们在加拿大居住一年后达到领取家庭津贴的资格。1964 年《青年津贴法》将家庭津贴的发放范围扩大到 17 岁至 18 岁在校青少年。1973 年的新《家庭津贴法》将每月福利金提高到 20 加元，并规定根据每年物

---

① 加拿大健康信息研究所：《2000 年加拿大医疗保健：第一次年度报告》（*Health Care in Canada 2000：A First Annual·Report*），载于"加拿大健康信息研究所网页"（The Canadian Institute for Health Information：http：//www.cihi.ca/eindex.htm）。

② 《1998 年加拿大和世界百科全书》，"家庭津贴"条。

价指数相应提高标准。1986 年家庭津贴为每个儿童每月 31.58 加元；公共福利机构、医疗机构和寄养家庭中的儿童每人每月 47.12 加元。1973 年《家庭津贴法》允许各省设立本省的家庭附加津贴。

　　1979 年，联邦政府为有子女家庭建立了儿童返税金（Child Tax Benefit，俗称"牛奶费"），规定家庭纯收入低于 18000 加元的儿童每年可得到 200 加元返税金。当家庭收入超过 18000 加元后，返税金将被递减，家庭收入达到 26000 加元时返税金被扣止为零。由于 1978 年度加拿大家庭中位收入为 19500 加元，因而大多数家庭能够领取到不同数额的返税金。在 1986 年，家庭纯收入在 26330 加元的儿童每人每年得到 384 加元的儿童返税金；家庭纯收入每超出规定基数的 5% 儿童返税金则逐级扣减。这一年，260 万个家庭（计有 530 万儿童）共得到约 15 亿"牛奶费"。①

　　1992 年，家庭津贴被新的儿童返税金（"牛奶费"）所取代。这项儿童返税金将过去的家庭津贴、儿童返税金、儿童免税额合并为一。向儿童（直到 18 岁）按月发放的儿童返税金最高额达到 85 加元，该福利金计入免税收入，并根据家庭总纯收入状况予以提供。家庭收入超出该福利金计划规定的上限（1992 年为 25921 加元，该年度平均家庭收入为 38565 加元）以后，儿童返税金将被递减。当年度通货膨胀率超过 3% 时，将对儿童返税金作相应的提高调整。

　　家庭贫困与家庭规模以及抚养学前子女的经济负担有联系。对成年人的救济，通常要区分"真正的穷人"和"非真正穷人"，以鞭策人们参与经济劳动。然而，普遍家庭津贴或儿童返税金的

---

　　① 《1998 年加拿大和世界百科全书》，"家庭津贴"条；加拿大统计署：《加拿大年鉴（1988）》，第 6—3 页。

指导思想认为所有加拿大儿童都应当得到公共支持。尽管从 1978 年以来加拿大着力提高对中低收人家庭未成年子女的救济，但加拿大的儿童贫困率在西方发达国家中居于第二位（仅次于美国）。西欧国家儿童贫困率明显较低，它们在实行普遍福利制度中也采取了一些有针对性的儿童福利计划，魁北克则采取了"西欧模式"，除了为儿童提供直到 18 岁成人的家庭津贴外，还为有 6 岁以下儿童家庭、严重残疾儿童家庭提供补助；并向新生婴儿和新收养儿童发放津贴。

（五）反贫困

　　加拿大社会中贫穷的分布有一定规律性。在 19 世纪自由资本主义时期，城市中贫穷对象主要是收入微薄的工人、失业者以及他们的家庭。在二战后加拿大，随着经济发展、人口变化和社会保障政策的建立，贫穷对象也发生了一定变化。加拿大穷人主要集中在儿童、妇女（尤其是单身老人和单身母亲）、"有色少数民族"、边远农业地区居民等特定的群体。1967 年贫困的母主家庭由占全国贫困户的 15％，到 1994 年增加到 37％。贫穷家庭的构成变化说明贫穷已经不是更多地伴随老年人而是转向女性。加拿大妇女较多从事低职位、低技术工作，其平均工资只有男性劳动者的 72％。因而，职业女性并不能保证避免贫穷的命运，特别是那些单身母亲。尤其是单亲家庭中母主家庭占绝大多数，女性贫穷率相对高于男性。需要照料幼儿的单身母亲难于寻求工作；即使能够就业的单身母亲通常也是兼职或从事低收入的差事。不同结构家庭的收入额和贫穷率存在很大差异，1990 年母主单亲家庭的平均收入为21960加元，父主单亲家庭为 36800 加元，带有 18 岁以下子女的双亲家庭为 57200 加元；其贫穷率分别为 60.8％、27.1％和 9.6％。也就是说 3/5 的母主家庭是贫困家庭。单身女性老人 53％属于贫穷者。尤其那些失去生活自理能力的老年人，处境更是困难。

根据加拿大统计局 1994 年关于低收入者的年度报告,家庭贫穷率从 1967 年的 18% 下降到 1994 年的 14%,但从 1973 年以来,家庭贫穷率一直徘徊在 12%～14% 之间。1994 年全国有 109.2 万家庭(占全国家庭的 13.5%)和 155.9 万独立生活的个人(占独立生活个人的 40.6%)属于低收入的贫穷者。[①]家庭贫穷率难以降低的主要原因是整个西方国家经济增长的缓慢和不稳定,较高比率的失业使家庭成员难于充分就业;同时也说明尽管有社会福利"安全网",但家庭收入的相对分布即收入不平等现象并没有改变。

由于加拿大社会对"贫困"定义和贫困原因没有一致认识,难以形成一个完整统一的反贫困计划。加拿大政府针对贫困人口所采取的主要措施有:

第一,制定衡量贫困的客观指标。加拿大是世界少数几个对贫穷进行年度调查的国家之一。加拿大统计局的方法是,将平均家庭收入中用于食品、住房和衣物费用数额(这样可使贫穷家庭所得到的补助收入能与本社区的开支标准相称)再加上 20%,形成一种"低收入临界线"(Low-income cutoffs,通常被称为"贫困线")。[②]或者按有的学者解释,如果家庭总收入(包括工资、利息、政府补贴、养老金,以及奖学金、分离赡养费等)的 58.5%(这个比例大约超过全国家庭平均生活必需品开支比重的 20%)或更多比例要用于食品、住房和衣物开支,这种收入水平便是一种"低收入临界线"。[③]一个家庭总收入的 58.5% 或更多比例用于生活必需品消费,便只剩下很少可自由支配的收入。加拿大统计

---

① 《1998 年加拿大和世界百科全书》,"贫困"条。

② 同上。

③ 斯蒂芬·布鲁克斯:《加拿大公共政策:概论》,第 190～191 页。

局避免称这种收入标准为"贫困线",而称其为"低收入临界线"。加拿大统计局根据不同家庭人口规模和城乡地区制定出相应的贫困标准,农业家庭的贫困线大约比城市家庭的贫困线水平低30%。1990年,农业地区4口之家的最低收入临界线为19117加元,50万人以上城市4口之家为28081加元。全国著名的非盈利性社会组织——加拿大社会发展委员会根据加拿大平均家庭收入比率划定"收入不平等线",一个家庭的收入低于平均家庭收入的50%,便被定义为贫困家庭。参议院贫困问题特别委员会对贫困线的划定标准十分近似,主要根据税后可自由支配的收入作衡量依据,所划定的贫困线水平大约相当于加拿大平均家庭收入的56%。这些划定"贫困线"方法或年度调查所确定的贫困标准大致相近,可以提供全国贫困者数量和类别的基本信息。但它们的共同缺陷是只能作为某一年度穷困户简单的即时"写照",不能说明以前或以后一个贫困户的变化情况,没有区分暂时处于低收入的大学生与单身母亲或长期抚养残疾亲属、几乎没有可能摆脱贫困的低收入者之间的差别。

　　第二,通过各类收入保障或保险立法,建立基本收入"安全网"。加拿大通常将所有以现金形式支付的社会保障项目纳入"收入保障"或"收入保险"范畴。退休金、老年保障金、儿童返税金、失业保险等各类收入保障实质上构成特定社会群体或层面的反贫困安全网(加拿大全民性公共医疗保险,本身为贫困者提供了基本医疗保障)。由于联邦政府实行了地区"平等化"拨款,大大缓和了经济落后省份的贫困问题。1967年,大西洋沿岸省份的家庭贫困率是安大略省的3倍;到1994年,安大略省的家庭贫穷率为12%,大西洋沿岸省份的家庭贫困率为14%。加拿大联邦和省各自规定了最低工资标准。联邦最低工资实行于联邦所属企业,其他企业则实行省的最低工资,对农业劳动者则不规定最低工资。1987年联邦最低工资为每小时4加元,低于各省的标准,但目前联邦的政策是将各省最低工资作为联邦驻该省所属企业机构的最低工资标准。1997 年，阿尔伯塔省和纽芬兰省最低工资为每小时 5 加元，安大略省为 6.85 加元，不列颠哥伦比亚省为 7 加元。无论是全日制还是非全日制劳动者（零工）的劳动报酬都不能少于最低工资标准。最低工资有利于保障劳动者的基本权利和生活待遇，但一些经济学家认为最低工资也有负效应，减少了雇主愿意提供的雇用机会，结果扩大了非（低）技术劳工的失业。在 1967 年 65 岁以上老人为户主的穷困家庭占贫困家庭总数的 27%，到 1994 年下降为 8%；老年家庭贫穷率的减少主要是政府实行养老金计划的结果。加拿大退休养老金、老年保障金、确保收入补贴、配偶津贴和各省的收入补贴项目大大改善了老人的经济状况。

　　第三，制定一些针对贫困群体的社会救助项目，改善贫困者的生活处境。联邦和省政府都有自己的社会补助计划。社会补助申请者领取的救济金包括食品、衣服、居住、燃料，以及其他家庭必需品或特殊需要品的费用；政府也提供相应的社会服务如咨询培训、药费、特殊医疗服务等。补助金额根据管理部门的权限和申请者的年龄、健康状况和劳动能力而被划分为不同等级，省政府负责各自社会补助计划的规划和管理，联邦政府通过《加拿大补助计划》规定社会补助的基础和标准，并分摊财政资金。在大多数省，省政府部门负责对长期依赖补助者的管理，而短期、紧急或临时救济的发放由省政府社会补助部驻各地办公室或委托机构负责。在部分省，短期、紧急或临时救济的发放由市政府负责。对贫困者的另一项优惠是减免商品和服务税（GST）。对处于加拿大社会收入最低层的两类群体土著人和新移民（包括难民），政府通常提供专项土著人补助和难民救济。由于 90 年代大规模减少政府福利开支，遭受不利影响最大、最直接的是贫困或低收入群体。许多单身母亲拿不到救济金，即使这些救济金已经由法院审议

（order）应当予以支付。①

　　加拿大穷人（低收入者）可以划分为福利型穷人和劳动型穷人两类。在低收入贫穷家庭中52%的户主就业，这类家庭通常被称为"劳动型穷人"，主要依靠工资收入。其他48%的贫穷家庭属"福利型贫穷"，主要依靠社会救济为生。福利型穷人通常被认为是那些没有工作能力或不具备足够令雇主信任的能力的穷人。单亲母亲由于要照料未成年子女，一般被看做不需要劳动就业的群体，三个以上孩子的母主家庭，可以全靠政府津贴生活，她们是一个很大的福利型穷人群体；许多土著人也属于福利型穷人，因为在长期历史中受到偏见和歧视，他们的生活状况变得复杂。1996年以前，福利型穷人基本依靠《加拿大补助计划》提供救助，现在则依靠新的《加拿大保健和社会拨款》计划，并由各省提供主要的社会补助。各省平均提供的社会福利补助占到联邦贫困线收入的60%。劳动型穷人包括处于劳动市场边际的流动性工人，他们总是最后被雇用而最先被解雇；即使是从业者，他们的劳动工资也很低，很少能有积蓄或享受疾病保险、牙科保健计划、私人养老金和带薪假期。劳动型穷人面临极大的经济不安全。大约50%的劳动型穷人终年工作，但并没有像通常认为的那样可能通过劳动而脱贫。萨斯喀彻温省（1974）、魁北克（1979）和马尼托巴（1980）开始对劳动型穷人提供补充收入（需要通过收入和财产审查）。1975年联邦政府曾提出全国性的劳动型穷人收入补贴计划，并由联邦承担其中的开支份额，但被各省以花费过高而拒绝。尽管劳动型穷人的收入低于贫困线，但社会保障项目对他们的补助很少。劳动型穷人家庭儿童的健康成长受到不利影响，社会对此一直抱有极大的关注。

　　加拿大经济所提供的大多数新就业岗位是低收入的服务行

---

　　①　加拿大统计署：《加拿大年鉴（1999）》，工业部，1998年版，第193页。

业。虽然加拿大的总贫困率一直在下降，但劳动型穷人的数量却一直在增加。1976年，46％生活在贫困线水平以下的家庭有劳动收入。1989年，有劳动收入的贫困家庭占全部贫困家庭的55％，其中一半家庭有人全年就业。如果一个单身母亲进入劳动队伍只拿到本省法定最低工资而不再继续依赖社会福利，这在经济上没有任何意义。因此，所有的省允许福利接受者可以挣到一定数量的收入而不减少其福利待遇。有些省对抚育照看幼儿的劳务型支出予以税收减免。这类措施的目的在于刺激人们的劳动积极性，克服抑制工作主动性的经济障碍，避免加重社会福利负担。有人认为目前失业保险体制也是造成失业的重要因素，如工作年限短的失业者也有资格领取保险金，容易助长待业倾向，尤其在一些失业率高的行业中，比较容易领取失业金，人们并不积极寻求就业。

（六）其他保障与福利

退伍军人福利。加拿大联邦政府退伍军人部从1944年成立至今，通过直属附属机构和设在各地区的办公机构专门负责退伍军人、相关文职人员及其家庭的福利保障。根据《抚恤金法》，无论是战时还是和平时期（20世纪加拿大军队参加的战争或军事活动主要是两次世界大战、朝鲜战争和联合国维持和平军事行动），由于参加军队活动而导致疾病、伤残和死亡者以及家属（子女）都可以享受相应的抚恤金。对战争时期曾遭受敌方囚禁的人员可额外享有"战俘补偿金"。《参战退伍军人津贴》是为由于年龄、体质等原因而使正常工作收入达不到规定标准的那些参加过战争的退伍军人提供的专项津贴；当这些退伍军人去世后，遗属和孤儿亦可享有此补助。退伍军人福利除了普遍的收入保障外，还包括医疗与牙科保健、医疗修复或辅助装置、紧急经济救助、咨询服务、教育资助、殡葬费等。1981年的一项退伍军人自立计划，旨在保持和提高趋于老龄化的退伍军人群体的自立自给能力，向合格的申请者提供护理、个人保姆、家庭服务、庭园整修和交通等费用。对那些没有得到直接资助的人，则提供其他经济资助方面的信息服务。[①] 对退伍军人的社会服务还涉及对退伍军人的合法权益提供司法保护，协助管理退伍军人的财产合同。提高退伍军人——尤其是在战争中牺牲、致残和幸存者及其家庭的福利，重要的意义在于肯定军人、文职人员及家庭对国家荣誉和利益付出的牺牲与艰辛。加拿大联邦政府退伍军人管理机构通过福利保障计划和其他活动纪念军人在战争和维持和平中的贡献，弘扬和维护民族精神。

土著民族福利。土著人是加拿大社会一个特殊的弱势群体。印第安人（有条约身份的印第安人）的生命预期比全国平均寿命大约低 10 岁，土著婴儿死亡率是非土著人口的 2 倍，土著人的死亡率、疾病和事故率是全国平均水平的 3 倍；许多土著居民住房拥挤，大约 1/5 的印第安人住所处于拥挤中，在保留地则 1/3 的住宅处于拥挤。45 岁以下印第安人主要死因是暴力而不是疾病，虽然土著人只占加拿大人口的 3%，但土著人中凶杀犯罪占全国的 20% 以上；土著人自杀率也是全国水平的两倍以上（因纽特人是全国平均水平的 3 倍）。土著人的酗酒率大大高于非土著人，印第安人大约 50%～60% 的死亡和事故与饮酒有关。[②] 印第安人除同其他加拿大人一样享有普遍性福利保障（失业保障、加拿大或魁北克养老计划、老年保障金、确保收入补贴、家庭津贴或儿童返税金）外，还接受联邦、省和地区政府的一些特殊资助与服务。联邦和省区对保留地与非保留地、条约与非条约印第安人提供标准

---

① 加拿大统计署：《加拿大：概况》(Canada: A Portrait)，第 52 版，渥太华，1989 年版，第 115 页。

② 斯蒂芬·布鲁克斯：《加拿大民主：概论》 (Canada Democracy: An Introduction)，麦克莱兰与斯图尔特公司，多伦多，1993 年版，第 90 页。

不同的福利服务。联邦政府印第安事务和北方发展部的 4 个主要福利目标是：保证享有与同省其他加拿大公民相当的服务；增加印第安人对社会服务计划制定与运行的参与；鼓励和强化家庭生活与自立；协助其他政府与私人机构为印第安人提供服务。①

联邦政府印第安人事务部的社会补助计划提供基本的家庭生活需要（食品、衣服、住所和燃料）。具体管理由政府机构在一些保留地（1995 年全加拿大有 2370 个保留地）或其他部落理事会中的工作人员负责。各省都有自己的儿童福利法规，联邦政府的儿童照顾计划旨在保证各省区对被遗弃、忽视和问题儿童的服务能扩大到保留地的印第安儿童。在与联邦有协议的省区，服务费用由联邦政府支付；而在其他省份，联邦政府为寄养所和其他服务设施中的印第安儿童支付管理费和生活费。联邦政府为老年收养中心等机构中的身心残疾者提供生活和看护费。领取老年保障金和确保收入补贴的印第安人还可以得到额外经济救济金。政府还资助一些部落自主管理的日托中心，老年公寓和以社区为基础的服务。政府设立专门的教育和法律项目，减缓印第安人社会问题和身心缺陷造成的不利影响。为了扩大依赖福利的土著居民的劳动机会，政府部门在征求部落理事会或代议组织同意后，将救助资金用于社区的基础和服务设施建设（如日托中心、道路等），而避免过多直接的财政资助，土著居民的医疗保健条件也日益改善，现在北方边远地区的因纽特人可通过政府的"空中救护车系统"——包租飞机接受医疗服务，土著少年儿童享有的受义务教育权益逐步达到了其他加拿大少年儿童的标准。接受高等教育和职业培训的土著青年通常接受来自学校和各级政府更为优厚的财政资助。

移民福利。加拿大是当今主要的移民接收国之一。从 1945 年

---

① 加拿大统计署：《加拿大年鉴（1988）》，第 6～4 页。

到 80 年代，每年接收移民约 12.5 万。90 年代外来移民每年超过 20 万。1993 年外来移民总数为 25.6 万，是历史上接收移民第二多的年度（1913 年外来移民近 40 万）。移民的福利保障也是加拿大政府社会政策的一项重要内容。由于加拿大主要收入保障项目对就业和居住年限都有资格规定，外来移民享有的福利保障总体上达不到加拿大土生公民的水平，但由于 60 年代以来大多数移民来自发展中国家，他们仍可享有高于原籍国家的基本福利保障。移民到加拿大后须立即到政府移民办事机构办理社会保险号，正式纳入政府的就业和收入保障管理，移民在递交医疗保健卡申请的 3 个月后，开始享有公共医疗保健——免费门诊、医疗服务和住院治疗。移民家庭中 18 岁以下子女享有儿童返税金。低收入的劳动家庭可以申请家庭补贴、幼儿入托补贴。对于新移民来说，享受到的较优厚的社会福利是教育培训，包括免费英语课程、中高等职业培训补贴、未成年子女大学费用储蓄补贴等。根据政府签署的难民计划来加拿大的移民（难民），在抵达后由政府提供短期免费住房、免费医疗保险、最优先得到政府移民机构的专项经济救助。[①] 新移民在移民局办理"落地"手续时，移民官员会详细交代如何办理"社会保险卡"、"健康保险卡"、孩子牛奶费、驾驶证和接受移民社区服务等福利事项，并发放有关指南材料。在新移民集中的城镇，设立移民安置机构，用多种语言提供就业、住房和英语培训信息咨询。

残疾人福利。在 1991 年，大约 15.5％的加拿大人（420 万）据称有不同程度的身心残疾。残疾率通常随着年龄而增高。14 岁以下儿童的残疾率为 7％，而 65 岁以上老人的残疾率达到 50％。绝大多数残疾儿童（91％）能够入学。在小学阶段，残疾儿童容

---

① 不列颠哥伦比亚省多元文化部：《新移民指南》（*Newcomer's Guide*），1996 年第 4 版，第 2、23、104 页。

易辍学，而目前接受中学和大学教育的残疾青少年的比率同非残疾人受教育的比率相当。残疾人面临的最大困难是就业困难，残疾人就业率比非残疾人低 20%。政府通过不同的培训计划扩大残疾人就业服务，加拿大三个重要的残疾青年人计划——《青年人就业战略》、《加拿大青年实习计划》、《加拿大青年服务计划》为保证青年残疾人就业提供特别设施或设备资助费。残疾退伍军人和因劳动导致的不同程度病残者的福利待遇相对高于其他残疾者。残疾退休军人可以享受政府专门提供的残废军人费、保姆津贴、衣服津贴（购置特殊需要的衣物）、医疗保健补贴（修补手术、特需设置）、战争俘房补偿金（弥补精神损伤）、特重残疾救助金、参战军人津贴等。加拿大养老金计划中设立残疾救助金，因就业劳动而造成不能工作的伤残者可享受之，直到能力恢复或到达退休年龄（改领养老金）；并可享受职业康复服务。在 70 年代出现的 "残疾权利运动"（Disability Rights Movement）中，大量残疾青年人联合起来，要求应有的社会地位。《加拿大权利与自由宪章》和各省的民权立法对保障残疾人的权利做出专门规定，反对对残疾人的任何歧视。"残疾权利运动"提出的新观点认为残疾人的差异或困难能够通过改变环境而不是改变个人而实现。促使社会重视改善残疾人的客观条件，增加相应设施或规定消除公共建筑、公园和娱乐场所、交通业、教育设施、信息、住房和就业中的客观障碍。加拿大各级政府有各种不同的计划为残疾人提供服务。加拿大选举委员会（Elections Canada）在大选或全民公决期间通过大字印刷品、录像带和盲文读物向残疾人提供信息，根据情况或要求设置 "水平通道"，使乘轮椅的残疾人容易参与选举，为盲人或聋哑人提供盲文选票或翻译，并为不便外出的残疾人或老人提供流动票箱。加拿大在残疾人服务的国际事务中 "发挥主导作用"。加拿大与联合国其他国家一起发起了 1982 年《关心残疾人世界行动计划》，参与起草了《联合国关于残疾人机会平等的标准通则》，并于 1992 年主办了第一届"负责残疾人事务部长国际会议"。当然由于种种原因，加拿大残疾人的收入保障水平满足不了实际需要，对精神残疾者的福利服务也较为滞后。

国际福利。加拿大还积极参与国际保健和福利事务，参加了世界卫生组织、泛美卫生组织、国际劳工组织、国际社会保障协会、经济合作与发展组织、联合国等开展的国际性福利计划，并与一些国家签订双边保障协定，保证居住在这些国家的加拿大人能够有条件享受《加拿大养老金计划》和老年保障金、确保收入补贴等福利项目。

三、社会福利与服务

在加拿大，社会保障和社会福利性服务之间形成不同的系列，各自发挥不同的功能。社会保障由各级政府承担，通过不同的项目（如老年保障金、儿童抚养优惠税和各省市的社会救助金等）直接向个人或家庭提供货币型补助。社会和福利服务则侧重于解决个人具体的生活和感情需要，提供各种物质性和劳动型的服务，如由政府或私人团体开办的安置性公寓、寄养中心、日托中心，以及家政料理、家庭供餐、咨询等服务。这类针对个人需要的社会服务 50 年代以后在加拿大有了很大发展，在历史上，家庭是提供个人支持或服务的中心。当家庭人力和物质资源出现缺乏时，经常由教会、私人慈善组织和工厂协会对困难家庭提供帮助。随着工业化、城市化发展，人口向城市集中，住房和日常生活方面的需要扩大。政府最初通过补助教会和私人慈善团体提供社会福利性服务，后来便直接参与管理，加大各项投入，并逐步承担了社会服务的主要责任。

社会服务内容主要根据其服务对象的不同需要而设立，包括在普通儿童福利制度中有收养儿童的服务。社会福利服务的主要对象通常是儿童和家庭、青年、老年、体智残疾者。这些服务也有特定的内容和方式,向老弱病残居民提供全日照顾,对家庭负担沉重的妇女(尤其是单身母亲)提供物质和精神支持,保护处于危难中的弱势者(如受不到照顾和受虐待的儿童)。建立寄养公寓(中心)或通过领养方式抚育得不到父母关怀的少年儿童。对有心理问题的儿童给予心理咨询服务,通过心理健康中心进行经常性、长期性医治和康复。

侧重照顾学龄前儿童的日托机构主要根据社区居民实际需要而设立。日托机构是由政府发放执照或批准的育儿部门,主要有两种形式:日托中心和家庭托儿所。1945年以前加拿大就有了日托中心,但大部分日托中心成立于70年代以后。职业女性的增长,使学龄前子女需要社会化照护。1971年加拿大只有11440所全日制日托机构,到1991年3月增加到39.43万所,增长27倍。为不同年龄段儿童提供服务的各类日托机构的数量不同。在1994年每周工作20小时以上或正在上大学的父母中,其3岁至6岁子女的44%上日托。而这类父母的18个月以下幼儿能上日托的仅占15%。其中重要原因之一是婴幼儿日托数量少,费用高。现有各种日托中心、家庭托儿所还不能满足需求,尤其缺乏必要的设施和机构照料有特殊需要的学龄儿童和残疾儿童。2/3以上的日托教师有大学证书或文凭,但他们的基本收入处于普通就业者的最低水平。家庭托儿所在私人家庭内兴办,必须受到政府人员的管理。新不伦瑞克省规定日托机构中两岁以下幼儿与保育员的最高比例限额为7∶1;而不列颠哥伦比亚省规定为3∶1。日托机构主要分为私人商业性、私人非盈利性和公共福利性几种。在安大略和阿尔伯塔省,所有日托中心都由政府部门开办。联邦政府根据《加拿大补助计划》向省市政府提供相应比例的经费,帮助低收入者的幼儿接受日托照料。政府"儿童福利"项目中有日托补贴(Day Care Subsidy),根据父母的收入情况,支付部分托儿费用。

家庭年收入低于 16000 加元，父母双方都有全日制工作或全日制学习，无法自己看孩子，便可申请由政府支付全部日托费用。这些补贴由政府部门直接汇入日托中心的账号，而不交给福利接受者本人。

多年来，加拿大推行了一些小型化的家庭服务项目，包括家政服务、父母教育、家庭替工助勤（让承担全日制儿童抚养的母亲每天有固定的休息时间）。全国性的家庭规划活动为家庭提供信息和咨询，地方妇女组织自发地发起代替性服务，如建立地方性妇女中心，为受助者提供信息、咨询和建议，为受到伤害的妇女和儿童提供临时住所，补充政府项目的不足。

许多老年人需要特殊照顾，一些地方设立大型老年中心，对老人提供长期住所和护理，并建立以社区为基础的小型护理网络，包括护理室、老人之家、上门供餐和家务方面的服务。在魁北克，通过地区性社区服务中心和邻里性社区服务中心为居民提供服务。1972 年设立的《新地平线计划》旨在帮助老年人缓解社会隔绝感或孤独感。为老年公民组织提供资金，由他们开展活动改善自己、他人或社区中的问题。在 1984 年至 1985 年度，这个计划资助了 2000 多个项目，总经费开支超过 1300 万加元。[①]

1961 年通过的《残疾人休假康复计划》规定联邦政府负担各省对身心残疾者休假康复服务费用的 50%。1984 年至 1985 年度，联邦政府为这项计划提供的资助超过 9900 万加元。[②] 在联邦、省和市政府的支持和资助下，对有身心缺陷或残疾居民的服务网络也逐步发展起来，建立了大型服务机构和以社区为基础的小型居住性服务设施（养育院、寄养公寓）。部分地区建立培训中心，提高残疾人的技能，使他们能够适应社区环境和日常生活。有些地

---

① 加拿大统计署：《加拿大年鉴（1988）》，第 6～9 页。
② 同上。

方团体专门针对弱智者的需要，制定服务内容。加拿大除一般医疗保障外还建立了对心理疾病的服务计划，有些地区建立了社区性心理康复机构。

　　加拿大每年接受世界各国的移民 20 万左右，由地方政府有关部门对他们提供学费进行语言和职业培训，参加培训考试合格者还可获得一定报酬。在移民相对集中的城市，政府专款支持社区组织为移民提供服务项目，包括心理、法律、住房、就业、子女教育和照顾等方面的指导和咨询。以难民身份移居加拿大的人受到更大的福利待遇。

　　现代信息社会体现在社会生活的所有领域，社会服务必不可少的环节是服务信息的传播。加拿大政府机构通过各种方式提供信息服务，使需要帮助的人能够找到解决困难的出路。联邦和各省政府开设各类专门的信息咨询电话，如政府事务专线、社会福利政策专线、受伤害者专线、酗酒与吸毒问题专线、残疾人专线等，无论是当地电话还是长途电话均为免费。城市电话簿中有"社区服务"专栏，在社区图书馆中可以找到政府服务部门和社区志愿组织的宣传资料。公众在互联网上可以发现联邦和本地政府提供的社会服务信息。社会服务的效率很大程度上依赖于服务信息的质量和丰富的程度。政府和社会致力于信息服务本身就是实现效率和公平的一个重要途径。大众传播媒介对一般服务性广告收费低廉，刊登频率高。街头公共报箱免费分发"就业指南"等，地方政府和公共团体定期编辑各种指导性印刷品。人力资源中心、职位银行（Job Bank）每天用计算机列出各个劳动市场上接受的职位需求清单；公共就业机构（中心）的计算机系统使职位空缺与工作申请人保持联接。各种服务信息的高密集和公开化，从视觉环境上可以缓解生活困苦者的心理压力。他们容易针对现实存在的机会，调整方向，选择训练，改善生活处境，适应社会需要。

　　加拿大为居民提供精神文化方面服务的主要设施是图书馆和

社区中心。图书馆是普通加拿大人"没有围墙的大学",尽管加拿大 1953 年才建立国家图书馆,但在各级学校和城市社区建立图书馆却是由来已久的传统。诸多社区图书馆为附近居民和中小学学生服务,学校图书馆也向社会免费开放。60 年代对教育的重视使加拿大各地兴建或重建了许多公共图书馆。1986 年,加拿大各地有公共图书馆 1014 个,服务点 3136 个,总藏书量 5180 万册,流通量为 1.55 亿件(本)。如温哥华市图书馆下属 23 个由计算机联网的社区图书馆,居民免费借阅各馆中的书刊和音像制品。不列颠哥伦比亚大学图书馆是加拿大第二大学术性图书馆和全省最大的图书馆,下设 16 个图书分馆,1996 年全部藏书计 340 万册,丛书 2.5 万套,期刊 1.95 万种,非图书性资料 650 万件(如光盘、计算机文件、地图、录音带、微缩胶片、档案等)。所有校内外读者进出图书馆不需要办理任何手续,图书全部开架。全校平均每天借出图书 12650 本,回答咨询 1113 次,大约 1/4 的咨询者是非本校的读者。在周末市民和其他高校读者增加,咨询人员解答的问题 40% 来自社会读者。加拿大主要城镇社区都建造了自己的社区中心。社区中心是一个社区中用于文化教育、体育娱乐、公共聚会的会堂;由社区委员会和地方政府部门(如城市公园与文体局、教育局等)联合经营。社区中心的主要设施通常包括运动场、体育健身馆、青少年室、网球场、跳舞厅、制陶工艺室、老年人活动室、桑拿浴等。社区中心大多数项目属低偿或无偿的服务性项目,宗旨是丰富居民的精神文化生活。一些社区中心还为老人、妇女团体或志愿者组织提供办公场地。

根据加拿大宪法,社会性福利服务由省和地区政府负责。在很长时期里,加拿大联邦政府通过《加拿大补助计划》分摊各省大量社会服务项目的费用。部分省份将社会福利性服务部分委托给地方或市、镇政府承担。一些城市政府也提供财政支持,设立专门的服务项目。省市政府一般通过签订合同、提供经费的方式,将大量服务项目交由志愿性社区组织来做。联邦政府通过与省和地区政府签订分担服务的协定,鼓励开展社会福利性服务。1966年联邦政府的《加拿大补助计划》规定在许多服务项目上与省按50：50的比例分担经费开支。《加拿大补助计划》包含的资助项目有食品、燃料、住所、水电、家庭用品,以及医疗服务和就业培训等。《加拿大补助计划》还提供特别护理中心的费用,如老年公寓、寄养中心、儿童看护设施、受虐待妇女和儿童寄宿所。从1977年以后,联邦政府通过《联邦—省财政协议》和《联邦高等教育和保健捐助法》承担了为长期成年人住所支付的联邦经费份额。有关儿童寄养或其他保护和预防性设施费用仍由《加拿大补助计划》分摊。

到1990年,联邦政府要求3个经济最富有的省——安大略、不列颠哥伦比亚和阿尔伯塔,将所承担的份额扩大到70%。许多批评者说,如按这种情况发展,《加拿大补助计划》到21世纪初将被取消。有些省对联邦政府开始解脱财政负担的做法不满,不愿与联邦政府在社会福利服务事业上保持合作,由于各级政府都削减了服务性开支,引起了社会各方面的激烈争议。但相当多的人认为私人性社会服务将比公共性社会服务更有效率和实用,足以满足人们的需求。

除了许多永久性服务设施外,加拿大各种非机构性社会福利服务 (noninstitutional social and welfare services)也有了很大发展。在加拿大,社会服务中那些非商业性和非政府性的志愿者服务组织与协会,被称为“第三部门”(The Third Sector)。在80年代初,加拿大注册的慈善机构为46500个。据1980年2月加拿大统计局的一项调查,有15%的成年人参加志愿工作,他们在保健与福利、交通、家务方面对本地居民提供直接性义务服务。

有名的民间性社会组织有“福利组织联合会”(the United Way)、“食品银行”(Food Bank)等。“福利组织联合会”是加拿大著名的公众性社会募捐团体，大多数城市中都有"福利组织联合会"协会，常年举行募捐活动。这些活动是建立在社区基础上的，"其"成员动员企业、街道、社会公众捐款，所募资金分配给社会服务团体、志愿组织，用于本城市、本社区的社会服务项目。"食品银行"是加拿大民间一种志愿性救济互助组织。在加拿大城市的许多食品商店、教会，都可看到标有"食品银行"字样的食品捐献处，许多人将自己所购食品的一部分放到"食品银行"收集箱中，这些食品大都为罐装品或其他能够长期存放的食物，通过社会服务机构或教会慈善团体免费发放给社区中失业者、无家可归者和低收入家庭。"食品银行"最初出现于美国，后来在加拿大也广为流行。"食品银行"是政府食物供应服务项目之外的重要补充；同时可以及早收集生产、批发、零售企业中的"过剩"食品。1992年，加拿大约有372个已经形成特定运行机制的"食品银行"，每个食品银行通常有几十个食品收集和分发处。它们的服务对象达到200万人，其中45％是16岁以下的少年儿童，仅多伦多的"每日面包食品银行"每个月所救济的人达15万。[①] 一些主要的"食品银行"也接受政府的支持，但大部分"食品银行"不肯接受政府资金，注重保持非政府性社会服务性质。"食品银行"基本上以志愿工作为基础，有些"食品银行"从地方"福利组织联合会"募捐协会获取支持。

　　以盈利为目的的商业企业的基本使命是为企业股东赚钱。而非盈利性组织或慈善机构的使命是提供自身创立时所许诺的服务。政府对非盈利组织和慈善机构的宗旨、公共效益要进行考核，然后予以批准登记。政府对用于社会服务的募捐资金，给予税收上的减免，以支持政府以外的社会福利服务。经政府注册的非盈

---

① 　约翰·罗伯特·科洛波：《加拿大国际年鉴（1993）》（*The Canadian Global Almanac* 1993：*A Book of Facts*），麦克莱兰图书公司，多伦多，1992年版，第88页。

利组织和慈善机构可以免交所得税（年度退税），并可以收回在服务过程中已经付出的服务和商品税（GST）的50％；这些慈善机构或社会服务团体，可以向捐助者出具正式收款凭据，能使个人和企业捐助者降低需缴的收入所得税。①

虽然政府提供了重要的服务项目，但许多人仍愿意把家庭和教会作为最理想、舒适的服务资源。私人和宗教团体承担了政府机构之外一些服务项目，补充政府服务的不足。这些私人和宗教团体经常得到政府机构的补助，同时通过社会募捐筹集款项。有些地区私人和宗教性社会服务机构基本利用政府部门经费从事服务活动。他们的工作常常体现出特有的价值和优势。比如，一般加拿大公众强调对罪犯采取强硬的法律措施，尽量加长服刑期。而一些社会服务团体和志愿者组织注重对罪犯和越轨者的改造，致力于减少犯罪的活动。他们到监狱开展工作，教给犯人法律知识和工作技能；并帮助被释放人员重新回到社区生活。有些团体提供法律保护服务，使一些被控告犯罪的人能够在法庭上得到公正审理；不少社区工作者研究防止犯罪的方法，针对有潜在犯罪行为的青少年进行"居民监护"。许多加拿大教会组织投入社区活动，如为社区性公益活动提供办公场地，开办托儿班等。加拿大妇女在社区慈善服务中发挥着越来越重要的作用。教会和中产阶级妇女群体希望解决本社区穷困居民面临的问题，许多妇女将照料其他穷苦病人、老人和儿童作为自己家务工作的一种延伸，作为基督教徒应有的奉献。

随着社会保障和福利性服务事业的发展，社会服务研究和社会工作教育已经成为专门化领域。1962年执行的一项《全国福利基金项目》用于发展社会服务以及社会福利研究，并为从事社会

---

① 唐纳尔德·詹斯顿：《加拿大社区发展的公共政策》，载李亚平、吴铎主编《参与·分享》，华东师范大学出版社，1997年版，第65～66页。

福利高等研究者提供奖学金和研究金。1984 年至 1985 年，该计划的开支超过 600 万加元。[①] 1941 年加拿大的社会服务和社会工作者为 1767 人，到 1991 年超过 60530 人。1939 年加拿大只有 4 所大学设立社会工作专业；80 年代有 28 所大学设有社会工作学院或系，培养社会工作人员。社会工作专业的学生需要接受基础人文社会科学、社会工作专业知识、工作实用技巧和职业伦理道德方面的教育和训练。社会工作者经常与离婚、问题双亲、儿童虐待、酗酒、艾滋病、吸毒等案例打交道，需要丰富的法律、心理、护理知识和人际沟通技巧，掌握优化工作场所、实现任务目标的技能。在公共以及私人社会服务机构中出现了专业化的社会工作者，致力于老弱病残和有精神障碍者的护理和康复。学校聘请社会工作者协调、化解学生的心理疾病和社会问题。安置机构、社区中心、老年人公寓和活动中心请社会工作者调查和解决被服务群体的需要。有的公司企业也雇用社会工作者帮助职工克服个人生活疑难。在司法领域，社会工作者对越轨者、监狱犯人进行咨询和教育，帮助他们提高对社会道德和自身责任的认识。社会规划部门、社区组织和工会也雇用社会工作者。

　　从 70 年代中期以来，加拿大社会服务受到最大影响的因素是联邦和省政府相关经费的普遍缩减。80 年代初的经济萧条和 90 年代的经济不景气大大制约了社会福利和服务的进一步改善。为了适应经费不充足等条件的变化，社会服务工作的方式也有很大改变：第一，实行"非机构化"。减少社会福利机构的人员数量，避免增加机构设置，并在全国关闭了部分为残疾人、老年人、有精神障碍者和儿童提供服务的设施。第二，推行社区照护。尽量在社区和家庭住所内进行照管，尤其由妇女参与对儿童、老人和残疾人的照顾，避免对福利事业机构的过分依赖。第三，一些省

---

①　加拿大统计署：《加拿大年鉴（1988）》，第 6～9 页。

份（阿尔伯塔等）除了经费支持外，政府部门尽量将社会福利服务的具体工作交给私人组织。[①]

　　社会各界对福利性服务究竟应保持在何种规模和程度有很大的争议。随着社会的发展和进步，一些社会工作专业工作者认为，享有广泛的社会服务是每个公民的基本权利，社会保障和福利的宗旨在于保证个人尊严。但也有人认为政府对个人生活的干预太多。90 年代，政府通过削减社会计划开支以减少债务赤字。如何建立普遍的公共服务或私人服务网络，与政府的支持和投入相协调，进一步提高社会服务的规模和质量，仍是加拿大社会中面临的难题。

　　1994 年，加拿大接受社会福利性服务的人约占全国人口的11％（310 万），说明人们对社会福利服务有很强的需求。无论加拿大政府采取或鼓励什么样的政策和具体做法，它在提供和促进社会福利服务中的作用和责任都是不可回避的。

四、保障制度的评价与改革趋势

　　单纯的公共开支数字并不能说明实现政府所提出社会目标的效率，但必须承认福利开支水平仍在很大程度上反映了社会公平。目前除了偿还公共债务外，社会保障支出仍是政府预算中最大的项目，大约占联邦政府全部开支的 40％。造成政府福利开支加大的社会因素有多种。首先，出生率和死亡率下降造成老年人比重上升。西欧国家高社会开支的原因之一是其人口较早进入老龄化阶段。而随着加拿大老龄化时期的到来，社会开支也不断增长。1986 年，加拿大 65 岁以上老人占总人口的 10.6％，是 45 年前的3 倍。1997 年，加拿大 65 岁老人增长到总人口的 12.3％。老年人

　　[①]《1998 年加拿大和世界百科全书》，"社会福利与服务"条。

的增多扩大了对老年人保障金、养老金等支出的需求，同时老年人作为主要的医疗服务消费者也加重了政府的医疗开支。其次，家庭构成发生变化。从 1968 年《加拿大离婚法》修改以后，单亲家庭的数量持续增长，4/5 以上的单亲家庭是母主家庭，贫困率极高。单身母亲家庭仅占全部住户的 3％，但占贫困线以下加拿大穷人的 17％。许多人认为母主家庭的高贫困率标志着现存收入保障体制的主要失败，没有任何迹象表明单亲家庭的比重会有所减少。第三，就业岗位的变化。经济发展自然产生许多就业机会，然而大量新工作岗位是低收入的服务行业，如快餐馆、商店等，人们常称其为"麦克工"（McJob）。这类行业常常只是部分时间工作，拿不到全日工资。越来越多的人加入这种低收入贫困者的行列，还需要政府提供社会福利保障。

随着人民生活水平的提高和医疗保障条件的改善，加拿大人的平均寿命稳步提高。加拿大社会福利保障比美国要优厚得多，主要区别在于建立了普遍的公共医疗保险。在现代社会，医疗服务事业非常重要，其运作机制也非常复杂，加拿大通过各级政府补助与私人医疗保险相结合的方法，使全体居民都能享受到比较充分的医疗服务，使加拿大人的平均预期寿命居于发达国家前例。1920 年至 1922 年，加拿大人平均预期寿命为 60 岁（男性 59 岁，女性 61 岁，性别差为 2 年）；1990 年至 1992 年，加拿大的平均预期寿命为 78 岁（男性 75 岁，女性 81 岁，性别差为 6 年）。

教育投入是加拿大政府仅次于社会保障事业的第二大预算开支，大部分教育经费来自政府（主要是省、市政府）。由于义务制教育以及联邦政府社会计划的实行，教育事业本身在很大程度上也具有社会福利性质。80 年代末，加拿大整个教育投入占国内生产总值（GDP）的 7％，平均每人 1340 加元，平均每个在业人员 2700 加元。15 岁以上的加拿大人口中有 56.9％上过中学，31.7％上过中等专业学校或其他类型的高等院校，11.4％有大学学位。加拿大小学生入学率居世界第一。100％的 10 岁儿童在公立学校就学。1992 年加拿大的教育经费占国民生产总值的 7.4％，所占比例超过美国 50％，仅次于挪威的 7.6％。

加拿大教育经费的直接来源（1992～1997）[①]　　　　　百万元

	1992～1993	1993～1994	1994～1995	1995～1996	1996～1997
经费总额	55760.3	57119.0	58621.8	59135.0	58694.4
联邦政府	6220.0	6288.0	6630.3	6722.6	6451.3
省政府	32104.1	32566.3	32771.5	32693.3	32274.3
市政府	11639.5	11966.2	12381.5	12660.9	12929.7
学费	3101.5	3346.7	3581.2	3693.5	3838.7
其他来源	2670.8	2951.7	3257.4	3365.8	3200.1

通过国际比较可以认识加拿大社会保障制度的水平。从历史上看，加拿大社会保障制度的建立要晚于其他主要资本主义国家。加拿大各级政府的社会保障支出在发达工业化国家处于中等水平，低于其他大部分发达资本主义国家。如加拿大最早设立的社会福利项目是老年津贴计划（1927），设立工伤事故保险的时间为 1930 年、失业保险 1940 年、家庭津贴 1944 年、疾病保险 1971 年、健康保险 1972 年。而德国工伤事故保险、疾病保险、养老金保险、失业保险、家庭津贴、健康保险等项目设立的时间分别为：1884 年、1883 年、1889 年、1927 年、1954 年和 1880 年；瑞典分别为 1901 年、1910 年、1913 年、1934 年、1947 年和 1962 年。[②] 加拿大主要社会政策起步慢的主要原因是政治因素，即加拿大有组织劳工的势力相对薄弱，在国家政治舞台上缺乏强大的左翼政党，明显的地区和民族差异容易冲淡、掩盖阶级矛盾，以及联邦宪法对各种权力、责任的分割。

---

① 加拿大统计署主页（1998 年，http：//www.statcan.ca/），"教育"栏。
② 斯蒂芬·布鲁克斯：《加拿大公共政策：概论》，第 189 页。

　　西北欧国家的社会保障制度属于一种"综合再分配"模式，根据公民基本需要而提供各种类别的普遍服务。这种模式旨在使个人和家庭摆脱贫困和社会排斥，具有实现社会平等的目的。加拿大的社会保障和福利支出在发达工业化国家中属于中等水平。加拿大对低收入的母主家庭、只有一个就业者家庭和长期失业者家庭的公共救济金低于 8 个其他经济合作和发展组织（OECD）国家。① 加拿大的社会保障与福利标准达不到西欧一些国家的水平。"社会排斥"（soclal exclusion）现象到处可见，如无家可归者、贫穷儿童、受食品银行救济者、失业大军等。但加拿大各种社会保障项目普遍比美国实行得早，项目涵盖范围、资格条件、救助标准通常都优于美国，社会福利保障事业呈现更稳定的发展。联邦政府制定一系列计划对所有加拿大人提供基本的福利保障。近些年来两国居民的收入差距呈缩小趋势，不少加拿大人认为他们的公共福利足以弥补与美国的生活差距。加、美两国的医疗保险体系都允许病人自由选择医生和医院。加拿大政府为所有公民支付基本的医疗费用，使全体居民能享受到比较充分的医疗服务，政府还规定了医生和医院的收费标准。美国政府则没有全民性的医疗保障计划，政府只为老年人、穷人和残疾人支付基本医疗费用，而其他大部分人的医疗保险或由雇主支付，或由本人到保险公司购买，还有一些人没有任何医疗保险。加拿大由公共税收支持的全民医疗制度得到了普遍赞同。1988 年一项民意调查表明，95%以上的加拿大人认为本国医疗制度优于美国；而大部分美国人（65%）也认为加拿大的医疗制度比美国完善，愿意接受类似加拿大的医疗保险制度。美国人对本国医疗服务的满意度大大低于加拿大人，只有 35% 的美国答卷人对"上一年你与你的家庭所接受的医疗服务"表示"非常满意"，而加拿大则有 67% 的人表示"非

---

　　① 《1998 年加拿大和世界百科全书》，"社会保障"条。

常满意"。当然，在美国也有超过 1/3 的人（37％）支持本国多样化的医疗制度，而在加拿大只有 3％的人认为多样化的医疗体制更好。[①]

在 20 世纪 80 年代，加拿大失业救济的期限为 51 周，美国则为 26 周。在加拿大，老年保障金属于一项公民权利，几乎所有老年人都有基本的收入保障；贫困、伤残、怀孕生病等受救济照顾的资格和待遇，通常也比美国宽松优厚。美国虽然是世界上最富有的国家，但它的贫穷人口比重在发达国家中也是最高的，政府在穷人福利、住房和医疗方面的救助标准或水平也较低。1986 年，美国儿童的贫困率（19.8％）是加拿大（8.6％）的两倍多，即使是白人儿童的贫困率也达到 15.8％。在加拿大和美国，长期的巨额公共财政赤字都成为 80 年代的重要政治问题。加拿大政府部门的主要对策之一是增加税收，包括制定不得人心的商品和服务税（GST），扩大收税商品和服务的范围。尽管加拿大各省和地方的税率甚高，却没有类似反对扩大税收的举措。

从社会保障事业发展初期，人们普遍将其作为抵消社会经济不平等的一种手段，以保证公众对社会的信任和认同。但随着社会经济状况的变化，加拿大的社会保障制度也面临重重矛盾，暴露出严重问题：

第一，开支水平过高，超出了经济增长水平，造成巨额预算赤字和公共债务。1985 年加拿大最重要的退休养老计划《加拿大养老金计划》所支付的资金第一次超过基金收入。根据这一年联邦政府财政部的报告，如果投保资金比率（由雇员和雇主分担）保持不变，《加拿大养老金计划》将在 2004 年破产。据估计，如果

---

① 西摩·马丁·利普森：《大陆的分界：美国与加拿大的价值与制度》（Continental Divide: the Values and Institutions of the United States and Canada），纽约，1990 年版，第 138～139 页。

90 年代初的大学毕业生现在进入劳动队伍，并按现在标准领取加拿大退休养老金，投保率将必须比现在提高 150%，即从 1992 年工资收入的 4.8% 增加到 2035 年的 11%。1997 年，加拿大联邦债务达到 6512.4 亿加元，每人平均 2.2 万加元。[①] 由于各省独立负责自己的医疗和教育事务，实际开支占省政府开支的将近一半；另外，用于福利性社会服务的费用又占省和市政府开支的 18%；虽然联邦政府给予省政府相当的财政补助，但也不能减轻各省的公共债务。1995 年，各省和地方政府仅用于支付债务的利息便占到政府开支的 14%。80 年代日益加剧的赤字或债务导致了财政的不稳定性。1984 年就任的马尔罗尼保守党政府没有实现养活赤字的目标，反而在 1993 年下台时使财政状况进一步恶化。1994 年加拿大的公共债务在西方七国中居于第二位（仅次于意大利），已经达到国内生产总值的 100%；其中外债占西方七国第一位。国内外投资者尤其是社会服务领域纷纷主张缩减开支。美国一家进行投资和证券评估的公司——穆迪斯（Moody's）公司，认为负债累累的加拿大的信用等级已经沦入"第三世界"。马尔罗尼保守党政府和继任的克雷蒂安自由党政府都赞成削减社会福利支出，尽管加拿大统计署的研究显示，1975 年至 1991 年联邦债务中只有 6% 属于社会福利开支。[②]

第二，管理存在偏差，最需要的群体得不到足够的救助，出现诸多受益不平等现象。首先是贫富者受益不平衡，高收入集团从目前的一些收入保障计划中获益最多，如私人保险计划和个人退休储蓄计划（EESPS）主要由高收入者参加，他们得到政府很大的税收减免和优惠。而高收入老人曾在很长时期（1997 年前）也

---

① 加拿大统计署主页（1998 年，http：//www.statcan.ca/），"联邦政府债务"栏。

② 肯尼斯·G. 普赖克和沃特·C. 索德伦德：《加拿大剖视》，第 205 页。

可享受老年津贴，这部分收入计入所得税征收范围，实际上减少了低收入者应当在这项福利计划中获得更大份额的津贴。其次是代际受益不公平，未来一代的劳动者须比现在养老金受益者缴纳占工资比重大得多的保险金，才能享受退休养老金。由于目前养老基金支大于入，这意味着上一代劳动者实际上要花费掉现在和未来劳动者缴纳的保险金，影响到加拿大养老金计划今后的自我运转和继续保持目前的支出水平。再次，地区和行业受益的不公平。有些经济部门如渔业、林业、旅游、建筑等行业具有季节性（周期性）失业，这些行业相对集中的省份如不列颠哥伦比亚、纽芬兰和新不伦瑞克等省失业率也较高。由于各经济部门的失业保险税率相同，这意味着某些部门和地区的劳动者将使用较多的失业保险金。一些经济学家认为这种情况也容易妨碍部分劳动者寻找工作、向新经济领域或其他地区流动的积极性。

　　第三，公共救助在某种程度上成为劳动收入的替代，削弱了人们的工作动机和自食其力意识。在加拿大，大量"有劳动能力的失业者"依赖政府福利为生，引起公众对社会福利计划性质和作用的疑问。在多大程度上社会承担保障个人生活的义务，在多大程度上个人对自己物质生活状况负责，成了模糊不清的问题。一个明显的事例是：1973 年至 1983 年魁北克省没有劳动能力的接受福利救助者增加 28％，而有劳动能力的接受福利救助者却增长28.2％，占 1983 年所有接受政府福利救助者的大约 2/3。[①] 人们认识到福利制度的负作用之一是缺乏激励和制约作用，容易使人们选择依赖福利救济，而不是寻求就业。一个依靠福利救济为生的人接受了一个低收入的工作，便失去了接受社会救助的资格，而劳动收入中超出社会福利所得的部分要缴纳的所得税很高。这意味着离开福利救济而从事生产劳动，实际上并没有改善其生活标

---

　　① 斯蒂芬·布鲁克斯：《加拿大公共政策：概论》，第 285 页。

准。这种情况有时被称为"贫穷陷阱"，即对于那些就业范围仅局限于低收入岗位的人来说，依赖社会福利在经济上更为"合算"，而仅仅依赖社会福利，又达不到大多数加拿大人认为体面的生活标准。

到 80 年代以后，加拿大社会福利制度遇到了多重挑战，包括新保守主义意识形态和经济"全球化"趋势。新保守主义也被认为属于"新自由主义"。80 年代和 90 年代西方社会以美国里根政府和英国撒切尔政府为代表的新保守主义思潮上升。这些主张顺应市场经济和自由竞争的思潮不可避免地影响到加拿大的福利政策。在 70 年代末，特鲁多政府已经开始根据收入审计情况发放福利救助金，缩减失业保险范围和对各省高等教育与医疗保健的拨款增加比率。在马尔罗尼和克雷蒂安政府时期，进一步加大对福利计划的缩减。商品、服务、技术和资本的迅速"全球化"在很大程度上削弱了民族国家自身的权力。虽然社会福利政策被看做是不同于外交和国际关系的国内事务，但它无法摆脱世界经济的影响和主张改善国内政策的国际压力。尤其对严重依赖进口和国外借款、实行自由贸易、在社会福利目标和支出上超过许多国际竞争对手的加拿大来说，全球化的影响更为明显。加拿大的社会福利制度比其主要的贸易伙伴美国要优厚和广泛得多，因而也在维持或削减社会福利计划方面更陷于进退两难的地步。联合国专家批评说，加拿大的失业率高达 11.2％，而其他发达国家的平均失业率为 7.4％，加拿大政府开支的 8.1％用于失业，是发达国家平均水平的 4 倍。而且，加拿大的收入分配太不平等，分配差距小于美国和法国，但超过日本、瑞典和挪威。加拿大 20％的最高收入者是最贫困者收入的 7 倍，而在日本最高收入者平均只是最贫困者收入的 4 倍。加拿大弗雷泽研究所经济学家迈克尔·沃克（Michael Walker）认为对加拿大失业政策的批评是有道理的，"我们对失业者支出得太多"。而收入不平等只不过是经济自由不得不付出的代价。弗雷泽研究所与其他国际机构合作，出版了《世界的经济自由（1975～1995）》研究报告。这项研究显示，无论是发达国家还是发展中国家，经济自由与经济发展之间存在一种积极的关系。加拿大的自由程度占第6～9位之间，充分支持外国投资和私人资本输出的自由、贸易自由。经济自由政策具有关键性的重要作用，它实际上反映和考验了政府促进经济和人民生活的能力。①

现代加拿大社会保障制度改革的目标或主旨表现在：第一，减少财政赤字。联邦政府继续向省政府转卸财政负担，减少了联邦政府自身的财政问题，而迫使各省政府面对社会政策削减。90年代各省政府都着力于减少社会福利项目开支，以解决自己的赤字——债务怪圈。有些省比其他省更为积极地削减福利计划，然而所有各省都批评联邦政府减少自己社会福利和服务责任，联邦政府不得不承受削减福利保障引起的政治后果。第二，增加人们的工作能力和机会，推动和帮助失业者重新回到劳动队伍。从70年代中期尤其是从八九十年代以来，加拿大按照借鉴于美国的一种"侍女模式"②改革社会保障制度，即将社会福利计划主要作为经济事业的推动力和补充，为经济发展服务。劳动力市场的灵活性是全球经济发展的关键之一，任何阻碍这种灵活性的社会计划，如过多的失业保障和社会福利补助，都必须适当加以调整。根据这种"侍女模式"，福利津贴将根据"品德、工作表现和生产成果"支付，而不是基于人们的基本需要。加拿大政府于1996年7月实行新的"就业保险"制度，在名称上摈弃"失业保险"一词，而用"就业保险"取而代之，"侍女模式"使人们开始接受"工作费用"的概念，将社会保险金转化成为一种"工作费用"形式。

---

① 《西部报告》（*Western Report*）第11卷第29期，1996年8月5日。
② 《1998年加拿大和世界百科全书》，"社会保障"条。

"工作费用"是来自美国的观念，认为社会补助接受者应当为福利金而付出劳动或接受某些职业训练。但也有人批评在"工作费用"下参加的职业训练项目都是低标准的，很难有希望适应那些较高薪金的受雇岗位。第三，通过新的分散化管理，维护联邦的统一。联邦政府分散社会政策决策、消除财政赤字的决心具有深刻含义。不带多少附加条件的联邦拨款被看做是渥太华安抚魁北克民族主义者的一种措施，魁北克民族主义者反对对各省权限的任何干预。1995年魁北克全民公决统一派的微弱胜利，使联邦政府意识到如果要在下一次公决中获胜，必须促成实质性分散化。因为分散化原则反对对各省强加的联邦标准，社会保障的全国性标准将不再存在。虽然《加拿大保健和社会拨款》项目对125亿加元拨款的保证使联邦政府继续在维持联邦标准上发挥作用，这些拨款的性质——执行中并没有特定目标或条件（除五项医疗标准和福利的非居住资格）。"分散化是一种结束而不是保持全国标准的手段。"[①]

　　无论加拿大社会保障和福利制度面临如何重大的困境或挑战，联邦政府都会继续将社会福利作为一项重要的社会责任和目标。福利国家将在新的原则基础上不断完善。

---

　　① 肯尼斯·G. 普赖克和沃特·C. 索德伦德：《加拿大剖视》，第208页。

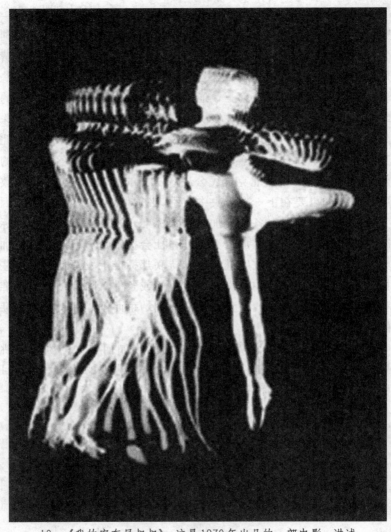

10　《我的安东尼叔叔》 这是1970年出品的一部电影，讲述
现代化进程中的魁北克省。这部电影被国际电影界评为
加拿大最优秀的电影

第 十 章

文 学 艺 术

一、文学

（一）早期文学

加拿大早期的作品出自旅游者和探险家之手。他们的文章风格质朴，没有任何渲染，介绍了当地风土人情，激发了人们到新世界旅游探险的兴趣。加拿大东部地区沿海省份是外来移民较早定居的地区，真正的文学作品首先在这些地方出现是顺理成章的事。美国独立战争之后，效忠英国政府的人麕集于纽约市，约有4万人迁居到魁北克和新斯科舍，其中不少人受过良好的教育，成了当地知识界的核心。19 世纪初期，加拿大文学开始萌生。

雅克·卡蒂埃（1491~1557）曾三次到北美洲，后来出版的《雅克·卡蒂埃游记》中的作品主要是由他撰写的，文章内容涉及面广，评论有自己的见解，风格简练。他的作品是游记作品的典型，标志着加拿大法语文学的开端。

约瑟夫·豪（1804~1873）是当时沿海地区最有名气的文学人物，创办了报纸和文学刊物，自己经常写诗，后来收入《诗与散文》（1874）集里，还出版了《约瑟夫·豪演讲和公开书信集》（1858），有一定的历史价值。他利用报纸为他人发表文学作品，推动了当地文学事业的发展。

汤姆斯·钱德勒·哈利伯顿（1796~1865）是第一个运用当地语言创作的作家，第一个从美国和英国两个视角来创造加拿大沿海地区人物形象的作家，也是举世公认的美国幽默传统开拓人之一，对后人有很大的影响。他擅长写讽刺散文，代表作是《钟表商》(1836)。作者借助外来人物，即用美国人山姆·斯利克和一位来访的英国绅士来评价新斯科舍人和这里的社会状况，讽刺了当地人的惰性和消极等弱点。山姆是一个性格复杂的人物，在当地受到青睐，趾高气扬，不时露出商人诡谲的恶习，对当地人和社会百般挑剔，但也嘲讽美国人和英国人。山姆成了早期美国人影响加拿大文学的象征，在作者晚年的作品《随员》中再次出现，这个喜剧人物形象是哈利伯顿对加拿大文学最重要的贡献。

在加拿大，塞缪尔·斯特里柯兰跟他的两姊妹苏姗娜·穆迪 (1803～1885) 和凯萨琳·帕尔·特雷尔 (1802～1890) 是开拓型人物。他们来加拿大后继续创作，写当地题材。凯萨琳的《加拿大的丛林地区》(1836) 用书信体形式，以优美的文笔记述了她在拉奇曼奴湖畔定居生活的艰苦历程，自诩是"丛林女士"。她还有《女移民指南》(1854) 等书出版。苏姗娜的两卷本《丛林中的艰苦生活》(1852) 影响最大，其中多是自传性随笔，有见闻、人物速写、短篇故事，还有诗。她的作品反映出了作者的性格是比较复杂的，作为加拿大开发时期的一份历史文献，其价值是很高的。

斯蒂芬·里柯克 (1869～1944) 是早期加拿大文学史上赢得国际声誉的寥若晨星的作家之一。他的幽默作品中包藏着严肃的动机，寓有深邃的哲理。他是一位多产作家，有 30 余部作品。《小镇艳阳录》(1912) 是代表作，全书有前后连贯的 12 个章节，但各自独立成篇。它以安大略省一个典型的小镇玛丽帕沙为背景，以轻松而带有讽刺的笔触，生动地描写了小镇上的风情，展示了那里五颜六色的生活情景，也有官场的腐败、政客的争权夺利和徇私舞弊，在引人解颐之余，又发人深省。此书迄今为世人所喜爱，进一步证实了他有永恒的艺术魅力。

加拿大小说跟其他文学形式相比，崛起较晚。在 19 世纪，长篇小说和短篇小说数量已相当可观，但质量不能令人满意。1867年加拿大获准独立。政治独立晚，民族思想和民族意识形成较慢，再加受各种条件限制，大部头小说创作较难问世，短篇探险故事流行，颇受欢迎。

弗朗西丝·布鲁克（1723～1789）写诗、小说、剧本和翻译外国作品。她的《埃米莉·蒙塔古的往事》（1769）被认为是加拿大的第一部小说，也是北美洲第一部小说，是18世纪最有影响的加拿大小说。此书是书信体小说，共有4卷，由228封信组成，主要是以17世纪60年代的加拿大为背景，细腻地描述了新法兰西被征服之后一个军营的生活情形，不仅展现了英国的道德观念和风俗习惯，而且也展示了加拿大所特有的地方风韵，即细致地描述了魁北克人和印第安人的风俗习惯以及蒙哥马利瀑布等地旖旎的风光。

约翰·理查森（1796～1852）是加拿大第一位本地出生的小说家，写了许多作品，有诗、小说、回忆录、报告文学和抗议信等。代表作《瓦科斯塔》（1832）主要是写庞蒂亚克于1763年率领起义人员进攻大湖附近英国据点事件，故事情节比较复杂。这部长篇小说在加拿大文学史上占有重要地位。首先是因为它写了军营主题和荒凉主题，这是加拿大早期文学中探讨的最重要的主题，其中牵扯到殖民者跟当地人的关系问题；其次，作者烘托出了一个暴力、恐怖和情杀的世界，令人毛骨悚然的事件一个接一个地发生，压得人喘不过气来。

萨拉·珍妮特·邓肯（1861～1922）是19世纪和20世纪之交写世态小说闻名遐迩的作家，早期多是写新闻报道，有《社会的航程》（1890）等多部作品出版。1902年以后才真正开始以北美洲作为她小说的背景。《帝国主义》（1904）是最杰出的一部作品，运用世态喜剧模式，探讨了加拿大政治主题，加拿大跟美国和英国之间的关系问题。作品以安大略省县城小地方为背景，展示的却是一场帝国梦，即写局部地区跟整个世界之间的关系问题。这部小说结构平衡，情趣横溢，特别是对社会看法透辟，这在以前的加拿大文学作品中是罕见的。

加拿大最早的诗是 17 世纪来纽芬兰的访问者写的。在 18 世纪，越来越多的当地人创作诗歌，写当地题材，如麦凯的《魁北克山》(1797)、亚当·艾伦的《圣约翰河大瀑布》(1798) 等诗作不仅描写了秀丽的风光，而且富有道德寓意。19 世纪上半期的加拿大诗歌创作领域不断被拓宽。当地诗人不仅写早期拓荒主题，而且也对传奇题材、风俗习惯和历史背景等方面的题材感兴趣。

在魁北克省，米舍尔·比博 (1782～1837) 于 1830 年出版的诗集是加拿大出版的第一部法语文学作品。欧克塔夫·克雷玛齐 (1827～1879) 被称为加拿大法裔社会的第一位民族诗人，是浪漫主义的代表人物之一，他诗歌中包含着强烈的爱国热情和对法语的忠诚，主要诗作有《加拿大老兵之歌》(1855)、《卡里翁堡的旗帜》(1858) 和《亡者》(1862) 等，全部诗作在他逝世后才被成集出版。

奥利弗·戈德史密斯 (1794～1861) 是出版过诗集的第一位当地出生的加拿大诗人。他的《勃兴的村庄》(1825) 是第一部真正有分量的加拿大诗作，不只是因袭了英国诗歌传统，而且将其改造，以适应自己作品主题的需要，诗中描写的是新斯科舍一派欣欣向荣的气象，是它的"黄金时代"，充分反映了当地的社会、政治和经济状况。它是人们在崭新世界里努力开拓奋斗的真实记录，他们竭力要战胜恶劣的自然环境，在荒野中创造人类文明。

"联邦诗人"查尔斯·罗伯茨 (1860～1943) 被称为是加拿大文学之父，首先是因为他早期的诗作赢得了国际声誉，推动了同代人。例如，他 20 岁时就出版了诗集《奥利安》，声誉鹊起。他擅长写野外题材，即大自然题材，几乎无人能跟他匹敌，因为他酷爱大自然，有丰富的想象力，诗作抒发了他对大自然的激情。诗集《〈奥利安〉和其他诗》（1880）对其他诗人产生了巨大影响，其中有《重访坦特拉马》等多首名诗。他还有《玫瑰诗集》（1903）、《新诗集》（1919）、《时间的流逝》（1927）等多部诗集问世。

布利斯·卡曼（1861～1929）是第二位"联邦诗人"，出版了50余部诗集，对诗的音乐节奏和抒情诗、戏剧性独白和其他多种诗体形式有浓厚的探索兴趣。他受浪漫主义文学思潮影响，把大自然视为自己创作和寻求精神慰藉的"源泉"，探索人跟有生灵的东西之间的"亲属关系"。《大普雷的退潮》（1893）是早期的代表作，也是他一生中最优秀的诗作之一，以凄婉酸楚的笔触描写了主人公对失去了的昔日甜蜜爱情的回忆，感情真切，语言清新洗炼。《偷听者》也是他的色彩鲜明的精湛诗篇之一。

阿奇博尔德·兰普曼（1861～1899）是一位才华横溢的诗人，被称为"加拿大的济慈"，他的早逝令人扼腕。《兰普曼诗集》（1900）、《〈在朗索尔特〉和其他新诗》（1943）和《兰普曼诗选》（1947）集中了他诗作的精华，使他死后在文坛上的声誉有增无减。他还有诗稿迄今尚未出版，目前无法对他"盖棺论定"。诗人的自然诗作不仅有音乐色彩，对大自然景色也描写得异常逼真、形象、生动。这主要是因为他平时对自然景色观察细腻，像是有一对"摄影机镜头般"的眼睛。《在十一月里》、《孤寂》、《在果园里》等都是这类诗作。他还有叙事诗《情人的故事》等作品。

邓肯·坎贝尔·斯科特（1862～1947）是横跨两个世纪的诗人，早期诗作深受浪漫主义作家和维多利亚女王时代作家的影响，主要有《〈奇异的房子〉和其他诗》（1893）和《劳动与天使》（1898）等诗集。《新大陆抒情诗和民谣》（1905）中的作品做到了形式跟内容的有机统一，诗歌创作水平大大提高了。他熟谙印第安人生活，因写印第安人题材而颇负盛名。《被遗弃的人》是他最精湛的诗篇，写印第安人凄楚的人生历程。《混血姑娘》（1906）写欧洲文化跟印第安人文化的冲突。还有《美与生活》（1921）、《斯科特诗集》（1926）、《绿色的修道院：近期诗集》（1935）等多部诗集。

（二）20世纪上半叶的文学

20世纪初期是加拿大文学进入全面发展的时期。加拿大小说真正崛起是20世纪上半叶的事，地方小说的全面发展为小说的真正独立和成熟奠定了基础，一批开拓型小说家崛起文坛，创作了一批优秀的现实主义小说，逐渐为20世纪下半叶小说沿多元化方向发展和走向世界铺平了道路。

地方文学的发展是民族文学形成的基础，地方作家崛起，创作了一批地方馨香浓郁的作品。露西·莫德·蒙哥马利（1874～1942）出生于爱德华王子岛，第一部长篇小说《绿山墙里的安妮》（1908）被认为是加拿大作家写的最畅销的一本书，塑造了一位活泼可爱的少女艺术家人物形象，真实地展现了当地生活情形。诺曼·邓肯（1871～1961）的《海路》（1903）等10部小说以纽芬兰地区为背景，地方色彩馥郁。威廉·弗雷泽（1857～1933）的《静寂的土地》（1907）以安大略省为背景。玛左·德拉洛奇（1879～1961）在小说《财产》（1923）一书中，把安大略农村写成了一个理想的地方，烘托出了田园牧歌式的氛围，描写得绘声绘色，因为作者非常熟谙这里的生活。他的《贾尔纳》（1927）等15部"贾尔纳"系列小说，以安大略省克拉森附近的一座叫"贾尔纳"的房子为背景，写英国移民家庭怀特奥克家族几代人的生活故事，时间跨度大，书中"英国味"甚浓，引起了激烈的争论，使其更加畅销。

加拿大西部地区是一片广阔无垠的土地，充满神秘和魅力，是作家笔耕的重点对象。特别是在20世纪20年代至40年代中间，一望无际的大草原成了文学创作中占主导地位的背景，地方小说更是如此。阿瑟·斯特林格（1874～1950）的草原三部曲《草原妻子》（1915）、《草原母亲》（1920）和《草原孩子》（1921）运用日记题材形式，怀着亲切的情感，通过写一位新英格兰上流社会女士在加拿大草原走上独立生活的道路，描写了当地的风土人情和开拓生活的艰辛。马丁·格兰杰（1874～1941）的《西部的林中人》（1908）生动逼真地描写了不列颠哥伦比亚林区生活的情形，对那里的工作方式、气候和高原都写得很细腻。罗伯特·斯特德（1880～1959）的《分地移民》（1916）写一对有理想的开拓者夫妇在马尼托巴的生活情景；《粮食》（1926）以讽刺的笔调写农村青年甘德的人生历程，小说反映了对草原人精神上发生的异化现象的看法。伯特伦·布鲁克（1888～1955）的长篇小说《眷恋土地》（1936）获首次颁发的总督文学奖，书中故事以马尼托巴一个农场为背景，写流动雇工的奋斗历程。劳拉·萨尔弗森（1890～1970）的《蒙昧的拓荒者》（1937）写北欧移民在加拿大西部地区定居题材，再次突出了和平主义主题，获总督文学奖。艾琳·贝尔德（1901～1981）的《约翰》（1937）是出色的社会问题小说，以经济大萧条为背景，写罢工斗争题材，展示了温哥华失业工人的困境和他们的愤怒情绪。他们要求经济改革和社会改革，但又迷信资本主义民主的神话，他们最后失败的结局是不可避免的。

弗雷德里克·菲力浦·格罗夫（1879～1948）是写西部草原题材最有成就的小说家，是加拿大第一位著名的现实主义作家。在作品中塑造了栩栩如生的草原拓荒者人物形象，是他对加拿大文学最重要的贡献。他不仅在作品中绘出了真实可信的草原生活画卷，而且十分重视对主要人物心理的解剖，重视展示那些在处女地进行辛勤开拓而又一时不能享受自己劳动成果的人们所面临的令人同情，甚至是悲剧的氛围。他对人物的探索虽是从解剖草原拓荒者入手的，但其文学价值已经超过了"地方人物"的局限。《沼泽地的开拓者》（1925）被认为是加拿大第一部现实主义小说，可跟德莱塞和哈代的作品相提并论。《美洲梦寻》（1927）有自传成分，以准小说形式，用第一人称口吻，运用象征手法，引用了许多文学典故和哲学论点，展示了一个欧洲移民来北美洲探寻"新世界"的美好理想、经受的苦难和最后的失望。《生计》（1928）描写了"草原上的李尔"老约翰·艾略特大家庭每况愈下的生活情形。《生活的压力》（1930）写主人公斯特纳探寻美好理想失败后自杀的悲剧。《大地的果实》（1933）探讨生活最终的意义是什么这一有普遍意义的主题。《磨坊的主人》（1944）创作风格有了变化，艺术手法也多样化了。

莫利·卡拉汉（1903～1990）是写城市生活题材为主的现实主义小说家，在加拿大小说崛起的过程中占有举足轻重的地位，有人称他是加拿大小说真正的先驱者。1982年获加拿大勋章。第一部长篇小说《奇怪的逃亡者》（1928）拥有同代的美国作品和电影风格，但罪犯歹徒题材对加拿大小说来说却是一个崭新的写作领域，作者用了单刀直入的白描手法，忠实于生活，语言简洁明快。《绝没有了结》（1930）写对即将被绞死的杀人犯的看法，作品中出现了共产党人人物形象。《这就是我所爱的人》（1934）写一位神父救助两位妓女的故事，他像是一个耶稣似的人物，社会虚伪的压力最后使他成了一个受害者，被送进了精神病院。《天堂里有更多的欢乐》（1937）以多伦多为背景，塑造了一个"无知罪犯"人物形象。《珍爱的和失去的》（1951）是他最成功的小说之一，荣膺总督文学奖，写佩吉姑娘单枪匹马，为打破蒙特利尔的肤色差别和阶级差别而进行奋斗的故事，成了又一个无辜"受害者"人物。作者在该书中引用了想象、象征和神话等多种手段来增加小说的文学艺术色彩。它成了一部很畅销的小说。他的作品还有《多色的外衣》（1960）、《罗马激情》（1961）、《一个迷人的独居处》（1975）、《重新接近太阳》（1977）、《鬼迷心窍的拉皮条者》（1978）等。

　　格罗夫和卡拉汉都是 20 年代初试锋芒的小说家，在 30 年代里没有出现一个举足轻重的小说家，但也在探索新形式和新观点，为 40 年代和以后的"新"小说的发展奠定了基础。西部草原小说在这个年代里发展到了顶峰时期。另外，还有一些作家写历史小说、心理探索小说和讽刺小说，取得了一定的成就。

　　在 19 世纪和 20 世纪之交，英国浪漫主义诗歌对加拿大诗歌影响依然很大。在 20 世纪二三十年代，加拿大诗人摈弃了上一个世纪束缚人的传统韵律和语言风格，摈弃了浪漫主义世界观，即冲破了浪漫主义诗歌的窠臼，开始沿着新的方向，写新的生活题材，创作新诗。他们从意象派诗人、自由体诗作家和英美诗人那里受到了启迪，拓宽了诗歌题材的概念和写作领域。

　　埃德温·普拉特（1883～1964）是 20 世纪前半叶左右加拿大诗坛的一位闻名遐迩的诗人，是加拿大浪漫主义诗歌向现代派诗歌过渡的一个关键人物，即是"联邦诗人"跟后来的现代派诗人之间的一个链节，"抹平"了二者之间的鸿沟，代表着加拿大诗歌发展的新阶段。他的诗多是写加拿大题材，即多是写人与人、动物与动物、人与自然界力量的冲突等主题，也写爱国主义主题，有时代气息。第一部诗集《纽芬兰诗歌》（1923）中的诗多是传统型的，以幽默而同情的笔调描写了不同类型的纽芬兰人物形象，写大海造成的悲剧和世界大战造成的损失和留下的后遗症。《女巫酿酒》（1925）的结构和主题均有神话色彩，写海中三个女巫实验酒对鱼的影响。《冰海沉船》（1935）以讽刺的笔触写人跟大自然力量的冲突。《〈山羊的故事〉和其他诗》（1937）获总督文学奖，集中的诗作通过写动物来影射人的好斗性格。《布雷比夫和他的兄弟们》（1940）是一部史诗剧，以 1649 年的耶稣会神父罹难事件为题材写成的，塑造了布雷比夫这个巨人形象，表达了作者的"所有的人都是兄弟"的思想，为作者第二次赢得总督文学奖。为作者第三次赢得总督文学奖的《奔向最后一颗道钉》（1952）是一部

喜剧性史诗，写 19 世纪 70 年代修筑横贯北美洲大陆的铁路过程
中，劳动者跟泥泞、跟恶劣的大自然环境斗争的情形，也描写了
上层社会的政治斗争。他的不少叙事诗写加拿大题材，为加拿大
塑造了神话形象。

埃米尔·内利根（1879～1941）也是加拿大浪漫主义诗歌向
现代派诗过渡时期出现的一位法语诗人，他受法国象征派诗人博
德莱尔等人影响，非常重视诗的自然节奏、修辞和语言的音乐感，
坚持"音乐高于一切"的观点。他自己长年缠绵病榻，他的诗中
烘托出了深沉抑郁的氛围，但很富有感染力。他早期只发表了 23
首诗，直到 1904 年在朋友和母亲的大力支持下，才出版了诗集，
其中《金舟》、《葡萄酒抒情诗》等都是脍炙人口的著名诗篇。他
的《诗全集：1896～1899》直到 1952 年才出版。

阿瑟·马歇尔·史密斯（1902～1980）是加拿大现代派诗歌
的拓荒者，是"蒙特利尔运动"的发起人，是 20 世纪加拿大诗坛
上最有影响的人物之一，在二三十年代有大量新诗发表，直到 41
岁才出版了第一部诗集《〈长生鸟的信息〉和其他诗》(1943)，荣
膺总督文学奖。后来还有《诗集》(1962)、《新诗集》(1967)、
《古典色彩：诗选》(1978) 等诗集出版。他的一些现代派诗作强
调客观描写，淡化时间概念。他的抒情诗优美、淡雅，十分口语
化。他还被称做是"玄学派"诗人，试图通过诗"探索诗人藏在
心灵深处的思想"。有些诗写贵族的冷漠，有时表达了生活中的欢
乐，有时候流露出对死亡的不安和恐惧。诗中讽刺的锋芒十分犀
利，揶揄了人世间的荒唐行为和侵略行为。

弗朗西斯·雷·斯科特（1899～1985）是"蒙特利尔派"诗
人之一，是推动了加拿大现代派诗歌发展的重要诗人之一，一方
面是由于他诗歌创作的成就，一方面是因为他的人格和文学活动
的影响。他敢于独辟蹊径，大力提倡新诗，在他的现代派诗作中
有时又带有浪漫主义色彩。他用自然作象征物，同时又坚信诗歌

能帮助改变社会。他在 20 年代末叶写意象派诗较多；在 30 年代里，受"温和社会主义"思想影响，不少诗写当代亟待解决的社会问题。诗集有《序曲》（1945）、《事件和信号》（1954）、《针眼》（1957）、《签名》（1964）、《诗选》（1966）等，《宪法论文集》（1977）和《斯科特诗集》（1981）获得了总督文学奖。

在"蒙特利尔派"诗人中，还有利奥·肯尼迪、亚伯拉罕·摩西·克莱因、利昂·埃德尔等人。克莱因（1909～1972）是犹太诗人，诗中有明显的犹太性，宣扬了犹太文化，但他反对别人称他为犹太诗人。《没有一个犹太人》（1940）的诗多是赞颂犹太人五彩缤纷的文化传统。《〈摇椅〉和其他诗》是他最优秀的诗集，获总督文学奖，诗作重点写法语加拿大题材，写那里的人民和他们的生活轨迹。他还写过《第二幅画卷》（1951）等长篇小说。

多萝西·利夫赛（1909～　）受社会主义和女权思想影响，读过恩格斯的著作，30 年代参加共产党，经常将政治思想跟诗的艺术融合在一起。第一部诗作《绿叶》（1928）中运用了意象派技巧；第二部诗集《路标》（1932）中的诗俭朴，格调清新，特别成功地描写了女性的风韵。她 40 年代继续发表政治色彩浓郁的诗作。《日与夜》（1944）诗集，诗讴歌了工人对战时工业的贡献，获总督文学奖。《为人民写的诗》（1947）再次为他赢得了总督文学奖。

加拿大诗坛上有成就的诗人举不胜举。厄尔·伯尼（1904～1995）大器晚成，是因《戴维》一诗而声誉鹊起的，两部诗集《〈戴维〉和其他诗》（1942）和《现在是时候了》（1945）都获得了总督文学奖。詹姆斯·里恩尼（1926～　）是诗人兼剧作家，诗集《红色的心》（1949）、《粘着荨麻子的衣服》（1958）和《写给小镇的 12 封信》（1962）都获得了总督文学奖，1975 年获得加拿大勋章。

（三）当代文学

20世纪中叶在加拿大文学史上是走向成熟的过渡时期。第二次世界大战的爆发，是加拿大思想体系发生变化的契机，旧思想观念泯灭，新价值观念尚未产生，人们感到困惑，出现了"迷惘的一代"。各个小说家对旧小说模式产生质疑，独自寻觅和探索适合自己的创作形式，创作了一批优秀作品，出现了一批重要小说家。

休·麦克伦南（1907～1990）被称做是"第一个运用小说形式开创加拿大传统"的小说家，将自己的作品植根于加拿大生活土壤之中，即从自己熟谙的加拿大生活中汲取创作素材，探讨加拿大问题。第一部小说《气压上升》（1941）以哈利法克斯为背景，巧妙地把人物的命运跟国家的命运连接起来。《两种孤寂》（1945）和《悬崖》（1948）均获总督文学奖，前者以魁北克乡村和蒙特利尔市为背景，写加拿大统一问题，后者写美、加关系问题。《长夜漫漫》（1959）为作者创纪录地赢得了第五次总督文学奖。这部作品和《届时的声音》（1980）都是作者小说创作高峰的代表作。

欧内斯特·巴克勒（1908～1984）是一位现实主义小说家。代表作《高山与峡谷》（1952）奠定了他在文坛上的地位，此书"讴歌了青年人的睿智和天真"，成功地塑造了一个有潜力的艺术家人物形象。他在自己度过孩提时代的峡谷里获得了创作灵感，但创作却失败了。该小说中有明显的自传性成分，也有浓郁的民族特色和地方色彩的馨香。还有《最残酷的月份》（1963）等作品。

犹太作家莫迪凯·里奇勒（1931～ ）是一位写道德观念主题的幽默讽刺作家，重视艺术技巧的探索，语言幽默横生，对话有特别吸引人的魅力。力作《达迪·克拉维茨学徒》（1959）成功地塑造了一个性格复杂的犹太青年人物达迪，他初谙人世便有出人头地的野心，发了疯一样去追求自己所觊觎的那片"希望的乐土"。《圣厄班街的骑士》(1971)以伦敦为背景，探讨了当代世界"神话"，塑造了超人形象，为作者赢得总督文学奖。

罗伯逊·戴维斯(1913～1995)于1972年获得加拿大勋章，1980年成为美国文学艺术院和协会荣誉院士，是获此殊荣的第一位加拿大人。他的小说创作奠定了自己在加拿大文坛的举足轻重的地位，为他赢得了国际声誉。50年代最主要的作品是世态喜剧小说"索尔顿"三部曲：《暴风雨引起的》(1951)、《恶作剧》(1954)和《意志薄弱的产物》(1958)。三部作品以金斯顿为背景，剖析了小镇上人们的怪僻和风俗习惯。作品结构优美，情节清晰。迪普福德三部曲《第五类角色》(1970)、《曼蒂科尔》(1972)和《奇异世界》(1975)是作者脱出传统小说轨迹的一种尝试。《叛逆天使》(1981)等后期小说对人物心理剖析越来越深刻了。

辛克莱·罗斯(1908～1996)的主要文学成就是4部长篇小说和18篇短篇小说。《我和我的房子》(1941)已是加拿大文学中的一部经典著作，用日记体形式写成，故事以萨斯喀彻温省一个小镇为背景，写一位神父和艺术家的人生历程。小说以心理剖析和现实 主义细节描写见长，还匠心地运用了象征主义手法。《井》(1958)和《黄金哗啦啦》(1970)写城市犯罪题材。《外科医生纪念医院》(1974)中主人公是一个敢于冲破传统观念，敢于按照自己的观念探索人生真谛和新的生活轨迹的人物形象，这在加拿大小说人物类型的发展过程中是一个里程碑。

加拿大小说在20世纪初叶是打基础的阶段，在20世纪中叶是民族特点逐渐形成的阶段，从60年代起是其走向成熟和开始全面发展的阶段，沿着多元化方向发展，取得辉煌成就，跻身世界文学之林。小说创作呈现出五彩缤纷的局面，突破传统，实验小说流行，后现代主义被接受，魔幻现实主义影响也波及到北美洲，女权主义运动推动了女作家的小说创作。

玛格丽特·劳伦斯(1926～1987)是六七十年代加拿大文学

复兴时期举足轻重的作家。她从 60 年代初期开始以加拿大为背景，进行小说创作，从此进入了创作生涯的黄金时期，以自己出身的小镇为基础虚构了玛纳瓦卡镇，作为小说人物活动的背景，创作了 4 部长篇小说和 1 部短篇小说集。小说有浓郁的地方色彩，比较全面地展示了妇女的观点和看法，深刻地探讨了加拿大移民的求生主题，写作技巧已达到炉火纯青地步。《石头天使》（1964）是为作者赢得了国际声誉的一部力作，揭示了老年人的悲惨遭遇，塑造了一个性格倔强的老人形象，她一生命运坎坷，但却桀骜不驯，不停地跟命运抗争，直到生命终结。《上帝的玩笑》（1966）和《占卜者》（1974）都获总督文学奖，另外还有《住在火里的人》（1969）和短篇小说集《屋中的鸟》（1970）等。

玛格丽特·阿特伍德（1939～　）是小说家、诗人和评论家，是一位有国际声誉的作家。她从 60 年代中期开始转向小说创作，因为小说对她的社会神话探索来说是一个更广阔的天地。她关心妇女生活命运，每部小说的主要人物都是职业女性，不少人物有受女权主义观点影响的痕迹。《可以吃的女人》（1969）是一部传统型的情趣横溢的喜剧性作品，但巧妙地表达了当代人的观点，主题是异常严肃的，评论家异口同声地称它是一部女权主义抗议文学作品。《浮升》（1972）运用第一人称和第三人称叙事角度，探讨了个性丧失这个当代热门主题。《女预言家》（1976）有黑色幽默色彩，撒谎主题更为突出。还有《人生》（1979）、《肉体的伤害》（1981）等作品。

加布里埃尔·鲁瓦（1901～1983）是法语女作家，1967 年获加拿大勋章。她熟谙草原生活，作品中多写普通劳动者的人生历程，表达了下层社会里人们的愿望。她擅长塑造"母亲"之类的女性人物形象，作品中的语言朴实，富有诗意，很重视写作技巧。处女作《转手的幸福》（1945）是第一部赢得法国文学大奖的加拿大作品。该作品又被翻译成英语，叫《铁笛》（1947），获总督文学奖。该小说以蒙特利尔为背景，描写工人区里人们的困苦生活情形，经济萧条、失业给他们带来的灾难。还有《亚历山大·谢纳韦尔》（1954）、《秘密的山岗》（1961）和自传《苦恼与欣悦》（1984）等作品。

玛丽—克莱·勃莱（1939～　）出生于魁北克一个工人家庭，是著名法语女作家，1975年获加拿大勋章。处女作《美丽的野兽》（1959）一鸣惊人，使她涉足文坛。随后发表了《白首》（1960）和《黑暗的白昼》（1962）两部小说，以及《朦胧的国土》（1963）和《生存》（1964）两部诗集，奠定了她在文坛上的地位。勃莱的三部半自传性的小说《波琳娜·阿尔尚日的手稿》（1968）、《生活！生活!》（1969）和《表象》（1970）是她小说创作生涯进入第二个高峰期的标志，其中的第一部小说获总督文学奖（1968）。《城里的聋子》（1979）再次为作者赢得总督文学奖，作者以蒙特利尔市一家不景气的旅馆为背景，写人生的艰辛。

20世纪50年代是加拿大诗歌发展史上的一个过渡时期，也是诗歌迅速发展的时期，老一代诗人继续发表更臻成熟的作品，一批才华横溢的年轻人崛起诗坛，成为重要诗人，诗作数目锐增。"神话派诗人"的出现特别举世瞩目，它以多伦多为中心，改变了过去英语诗歌以蒙特利尔为中心的不相称现象。探讨神话已成为当代文坛的一种时髦，在诗坛上更是如此。在60年代锋芒毕露的诗人更多。

加拿大写神话的诗人不胜枚举。杰伊·麦克弗森（1931～　）的《船夫》（1957）获总督文学奖，作者以口语化诗体形式探索了神话主题，显示了她对西方文学传统的崇尚。她的《人类的四个时代》（1962）是专为年轻读者写的希腊神话故事。伦纳德·科恩的诗集《让我们比较神话》（1956）将作者的犹太文化传统置于基督教和古希腊这个大背景之下，他的不少诗写神话又写人。安妮·威尔金森（1910～1961）在其代表作《催眠曲》（1951）等诗集中，表明她对大自然变化和神话都非常敏感，即她以神话诗结构来抒发自己对大自然的感受。道格拉斯·戈登·琼斯（1929~　）的第一部诗集《太阳上的霜》(1957)中的诗对神话进行了比较。作者在罗亚尔山上看到了希腊神赫耳墨斯，把"拥抱黄河水中月亮"的李白比作是希腊神那喀索斯，后者是因爱怜自己水中的影子憔悴致死的美少年，死后变成了水仙花。他还塑造了加拿大神话。

玛格丽特·阿特伍德受诺斯罗普·弗莱文学理论影响，以敏锐的观察力从现实日常生活中发现了"现代文化中的神话基础"。她的《双重的普西芬尼》(1961)诗集中的不少诗篇涉及到神话人物和传说。如获总督文学奖的《圈圈游戏》(1966)中基本的神话结构出自《圣经》和古典神话传说。《苏姗娜·穆迪的日志》(1970)是创造荒凉时期加拿大神话的重要文学著作之一，即通过英国移民穆迪这个真实人物成功地塑造了殖民地文学时期的"英雄人物"形象，她坚持不懈地奋斗，最后成了土地的"灵魂"，成了"神话人物"。《地下世界》诗中通过写西海岸印第安人神话题材，也探索了类似主题。

加斯东·米隆（1928~　）是魁北克当代诗歌的奠基人之一，在魁北克新诗运动中起了重要作用，世界诗坛对他的重视超过了任何魁北克诗人。他受法国象征派诗人马拉美的影响，他的诗中经常出现女士形象，经常抒发他对魁北克土地的眷恋之情，使他的诗作富有浓郁的魁北克地方色彩。主要诗作有《爱情的步伐》(1962)、《无偏的生活》(1963)和《笨女人》(1963)、《战士与爱情》(1963)、《迟到的情书》(1967)等。米隆积极参加魁北克争取独立活动，这对他的诗歌创作也颇有影响。

阿尔·帕迪（1918~　）是60年代最不知疲倦的徒步游吟诗人之一，颇像美国"垮掉了的一代"诗人。他的诗流利上口，适合朗读表演，有"悦耳"的魅力。《卡里布马》(1965)是他诗歌创作的一个高峰，开拓了长诗口语化自由诗体风格，为作者赢得总督文学奖。作品还有《夏天的北方》（1967）、《野葡萄酒》（1968）、《黄昏时的拜太阳舞》（1976）、《活着》（1978）、《石鸟》（1981）、《1958～1986年诗选》（1986）等，1990年还有长篇小说问世。

在60年代里，以温哥华蒂什杂志为中心的不列颠哥伦比亚新诗运动对加拿大诗歌的发展产生了重要影响。蒂什派诗人的作品受美国黑山派诗人的理论影响，强调诗歌口语化，要有生气，强调的是声音和开放的句型，要竭力冲破加拿大东部诗人学院式诗歌形式主义的窠臼。新诗运动确实发现、哺育和造就了一批年轻诗人，其中有乔治·鲍尔林、弗兰克·戴维、罗伯特·克罗茨、达芙妮·马拉特、苏姗·马斯格雷夫、莱昂内尔·卡恩斯和弗雷德·瓦赫等人，他们迄今活跃在加拿大诗坛上，为当代加拿大诗歌的发展做出了杰出的贡献。

二、戏剧

（一）早期的戏剧

在欧洲人发现北美洲并将它变成自己的殖民地前，戏剧在当地印第安人、因纽特人等少数民族部落中间就非常活跃，演出内容丰富多彩，形式多种多样，有浓郁的地方色彩。他们当中一些人很有表演天赋，匠心地运用面具、道具、声音设计（包括口技）等来演出神戏和神舞，庆祝入世、净化、死亡和复活，观众也参加对话、唱赞美诗等，以协助演出。这是在美洲出现的最早的戏剧演出，其目的是为了有益于群体，例如，去祈祷神灵改变恶劣气候，或者是为了祛除病魔等。

欧洲戏剧首次传入加拿大的准确时间迄今尚不清楚。根据记载，探险家汉弗莱·吉尔伯特爵士于1583年来纽芬兰探险时，船上曾有一个小剧团，在圣约翰斯停泊时曾进行过演出，以取悦那

些"未开化的人"。法国人也不甘落后，同样一心要取悦于当地
"未开化的人"。在北美洲大陆创作并上演的第一个剧本《海神
记》是马克·莱斯卡波（1570~1642）写的一部诗剧，是一部当
时流行的假面具，于1609年在巴黎出版，主要写的是欢迎一位法
国远征者领袖胜利归来的故事，以北美洲大陆为背景，让当地印
第安人登上舞台，显得特别有意义，实际上是赞颂了法国人和当
地印第安人同台演出的做法。它表明，文化交流从一开始就是双
向的，相互影响的，即欧洲来的戏剧从17世纪初期就开始受到当
地文化的影响了。

　　在十七八世纪里，军营戏剧是当地的主要戏剧活动形式。当
地天主教堂向来是压制戏剧活动的，在法语区更为严厉。例如，
1694年有人建议上演莫里哀的《达尔杜弗》（1664），引起了轩然
大波，大主教禁止上演此剧。直到1763年，新法兰西并入英国人
管辖之后，戏剧娱乐在法语加拿大地区才逐渐得到认可和赏识。在
英国军队控制的地区里，罗马天主教对戏剧活动的控制力量较弱，
因此戏剧演出较为活跃，一直延续到19世纪70年代，哪里驻扎
着部队，哪里就有爱好戏剧的人，哪里就有戏剧演出，不仅活跃
了部队生活，而且也有利于跟当地人联络感情。长期存在的军营
戏剧活动是加拿大戏剧萌芽的基础。

　　军营戏剧演出的剧目多是从欧洲或英国来的，对英国和美国
戏剧的模仿十分明显，模仿外国戏剧模式是当时本地戏剧的主调，
军官创作的剧作更是如此。

　　罗伯特·罗杰斯（1731~1795）是英国军队中的一位少校，曾
在加拿大住过一段时间，跟当地印第安人有非法贸易来往。他在
伦敦出版了剧本《庞蒂亚克》（1766），是一部五幕无韵体诗剧，写
英雄主题，塑造了一个被"文明"毁掉的土著领袖人物庞蒂亚克
"高尚的野人"悲剧人物形象。庞蒂亚克手下的印第安人受到英、
法商人、神父和士兵的虐待。他领导印第安人联合起来反对侵略

者，虽被英国人打败了，但依然是一位英勇的人物，一位高尚的人，一位桀骜不驯的人。他逃到了安全地带，要集结更多的军队，准备再战。剧本充分地揭露了白人的暴戾，残酷迫害、甚至肆意杀戮印第安人的罪行，他们把杀人当做一种游戏或运动。剧中揭露的白人主要是指英国人，剧本刚在伦敦出版时，批评家的评价不高。剧本的缺点是，语言过于夸张，更换布景太多，令人眼花缭乱。

在其他剧作家中，亚当·艾伦中尉的《性格温和的新牧羊人》（1789）写加拿大草原生活。它的题名、形式和内容都是从苏格兰诗人艾伦·拉姆齐的剧作《性格温和的牧羊人》（1725）借用过来的。诗人乔治·科金斯的《征服加拿大》一剧又名《围攻魁北克》（1783），在加拿大多次上演，这是一部爱国主义悲剧，是仿效英国剧作家约翰·德莱登的《征服格拉纳达》一剧写成的，但可惜没有保存下来。三幕剧《阿卡迪厄斯》于 1774 年在哈利法克斯由军队上演，作者不详，剧本没有保存下来，只在当年的《新斯科舍周刊》上刊登了其中两幕的内容摘要，可看出它是一部适合上演的爱情喜剧，还有反对蓄奴制的内容，有复杂的情节，因为没有第三幕，无法判定故事的结局如何。有的评论家认为，作者可能是新斯科舍当地人，因为它是在哈利法克斯演出的，当地报纸又登了部分内容。

诗剧在 19 世纪加拿大戏剧发展史上占有重要的地位。加拿大剧作家的兴趣是多种多样的，但都有一个共同的目标，以严肃认真的态度，通过写加拿大题材，探讨永恒的主题，戏剧民族化的趋势出现了，文学色彩浓郁了。因为当时不少剧作家受英国文学传统的影响，特别是莎士比亚、弥尔顿、拜伦等人的影响日增，使其文学价值增高了。不少剧作家把戏剧看做是自己诗歌创作的副产品，多数剧作只是适合阅读，而不适合上演。有的剧作家受情节剧影响，创造了定型舞台人物，为剧作赢得了上演的机会。

查尔斯·希维西兹（1816～1876）是受莎士比亚等人影响进行创作的剧作家之一。在加拿大出版的第一部诗剧《索尔》（1857）是他最优秀的剧作，分六幕，有一万行诗，得到美国作家霍桑等人的赞扬，认为它富有十分惊人的"诗的魅力"和"心理知识的深度"。他的《菲力普伯爵》（1860）是一出悲喜剧，一出写婚姻题材的道德剧，剧名又叫《不平等的婚姻》。还有《杰夫萨的女儿》（1865）等诗剧问世。他是1870年以前加拿大文学界里一位举足轻重的人物。

查尔斯·梅尔（1838～1927）是诗人兼剧作家，他的诗剧《特库姆塞》（1886）写1812年爆发的英、美边界战争题材，充满了浓烈的民族主义思想倾向，受到广泛的赞扬，认为"它是今天加拿大胜利的凯歌"，作者也被评论家称做是"我们最伟大的加拿大诗人"。伊丽萨·莱恩斯福德·库欣在自己的《埃丝特》（1840）等诗剧中探讨妇女问题，特别是社会中有创新精神的妇女问题。威廉·威尔弗雷德·坎贝尔、汤姆斯·布什、约翰·加尼尔、约翰·杜瓦等人都写诗剧。

加拿大诗剧作家自鸣得意地认为，自己从事的是文学事业。他们的诗剧创作使自己感到惬意，使文学界的少数同行感到满意，但都脱离了剧院能否上演的现实，很难赢得广大观众和读者的认可和赏识。

19世纪的政治讽刺剧、社会问题讽刺剧、滑稽剧和假面具等比诗剧活跃得多，其中有些剧不仅更值得上演，而且也容易上演得多。这些剧作有吸引观众的魅力和真实感，因为它们直接触及加拿大各类问题，从个人、社会和政治角度进行了讽刺和揶揄。正是因为他们对时代的问题进行了猛烈的批评，剧作家多是以笔名或不署名方式发表。《布罗克维尔女子教会法庭》一剧作者的真实姓名不详，剧中故事是根据布罗克维尔当地发生的事件写成的，鞭辟入里地抨击了教会和法律的腐败，讽刺了那些虚伪的长老会女教徒。该剧本风格跟 19 世纪诗剧风格不同，虽然偶尔也用诗句，但以散文为主，不过仍有韵律，有丰富的意象，修辞颇有特色。

以笔名山姆·斯克里布尔发表的三个情趣横溢的讽刺剧进入了蒙特利尔的皇家剧院舞台。其中之一《河狸王》（1865）是一出有创造性的政治讽刺剧。另一部作品《万应灵药》（1865）是一部主张联邦制的作品，加拿大各个城市和地方作为"剧中人物"聚集在"加拿大爷爷"家里，激烈地争论着当代加拿大面临的一些问题，如交通问题（"铁路进展太慢"），联邦制的效能问题（"渥太华想建立，但砖总是塌倒下来"），以及英、法语言差异的问题，东加拿大和西加拿大的竞争、蒙特利尔和多伦多的竞争以及北方跟南方的竞争都成了热门话题，主要揭示了法、英文化的差异和冲突，解决的办法是建立联邦制。剧中娴熟地运用了活板门、灯光效果、舞台造型等艺术手段。

19 世纪后半叶，越来越多的剧作家用真名发表自己的剧作，其影响也与日剧增。尼古拉斯·弗雷德·达文（1840～1901）是剧作家和诗人。他的剧本《地道的自由党人》（1876），又名《联合的好处》，是一出政治讽刺剧，作者以犀利的笔锋，通过写一个保守党分子的儿子乔治跟一个自由党人的女儿安杰利娜之间的感情纠葛，深刻地揭露和抨击了政界党派的分裂、投机行为以及受贿等腐败现象。威廉·亨利·富勒写的《议会号船》（1880）演出非常成功，是 19 世纪最优秀的加拿大剧作，其讽刺的矛头直接指向了加拿大联邦第一任总理约翰·亚历山大·麦克唐纳爵士（1815～1891），指向了他手下的部长们和他们的政客，特别是对其限制自由贸易造成的物价飞涨的"国策"进行了猛烈地鞭挞；剧中还涉及到了加拿大跟美国、跟英国之间的十分微妙的关系问题，这是当时加拿大政界非常敏感的一个问题。富勒的《不特殊的丑闻》（1874）也是一出政治讽刺剧，抨击麦克唐纳卷入了太平洋铁路丑闻事件。类似的例子可谓是不胜枚举。

（二）民族戏剧崛起

20 世纪初期，特别是第一次世界大战之后，加拿大戏剧迅速崛起，开始探索民族化发展道路，出现了一批颇有成就的剧作家，为 20 世纪后期加拿大戏剧的成熟奠定了基础。

小剧场运动的兴起是加拿大戏剧走向民族化道路的一个重要起点，其宗旨是反对戏剧商业化道路，主张创造艺术戏剧，鼓励创作加拿大题材的剧作。这主要是因为当时加拿大戏剧界要求摆脱外国戏剧的垄断，发展民族戏剧的呼声日益高涨，外国戏剧，特别是美国戏剧的垄断性影响成了加拿大发展自己民族戏剧的桎梏，如火如荼的小剧场运动应运而生。

多伦多市是加拿大英语文化中心，戏剧演出十分活跃。1919年在这里开张的哈特剧院在加拿大各小剧院中名列榜首，对加拿大戏剧的发展起着较大的推动作用。第一任导演罗伊·米切尔（1884～1947）决心将它办成培养和锻炼加拿大艺术家、剧作家和观众的艺术中心，坚决反对商业化戏剧，主张上演艺术戏剧，经常上演加拿大剧作，发现和抚育了一批加拿大剧作家，编辑出版了两卷《哈特剧院加拿大戏剧集》（1926、1927）。在第一卷中，除丹尼森的三个剧本外，还有杜肯·坎贝尔·斯科的《皮埃尔》、玛丽安·奥斯本的《看法》、伊萨贝尔·艾柯勒斯通·麦凯的《第二次谎话》、亨利·博苏克的《约翰·斯奈斯转生》等。第二卷中只有三个剧本：亚历山大·麦凯的《琼·吉彻特的自由》、莱斯利·里德的《侵犯者》和卡罗尔·艾金斯的《上帝的上帝》。

梅里尔·丹尼森（1893～1975）是哈特剧院作家群中的一位佼佼者，是一位多才多艺的艺术家和多产剧作家，他戏剧作品的成就超过了以往任何加拿大英语剧作。最重要的戏剧集《非英雄的北方：四部加拿大剧作》于 1923 年出版，包括《患难兄弟》、《来自他们老家》、《暴风雨即将来临》和《湿地干草》。这些剧作以安大略省北部荒凉地区为背景，绘声绘色地描写了那个地区的风土人情，婉转地奚落了边陲地区人们的怪僻和道德观念，以及他们对加拿大生活的看法。例如，《湿地干草》深刻地揭示了边远地区人们命运多舛的生活状况、事态的炎凉、贫穷对他们的致命影响以及对人世关系的不妥协看法，堪与辛格的《圣泉》媲美。

萨尼亚小剧院是另一个为创建加拿大戏剧做出了突出贡献的剧院，这跟赫尔曼·沃登（1903～1984）的贡献是分不开的。沃登是小剧场运动中另一位举足轻重的人物，当过演员、导演和剧作家。他深受德国表现主义和尤金·奥尼尔剧作的影响，突破了现实主义模式，创建了新的戏剧理论，提出了自己的主张，即"交响乐表现主义"，把灯光、音乐、舞蹈、有节奏演说等多种不同艺术手段汇聚成一种戏剧形式来探讨人生真谛，他在戏剧创作中实践了自己的戏剧理论。他把加拿大北方写成是一种神话式的北方，一个英雄的北方，因为寒冷的北方能考验人的勇气，能获得再生。他在《交响乐》（1930）、《凶杀案》（1936）等剧作中充分地、创造性地运用了自己的"表现主义"手法，显得五彩缤纷，令观众目不暇接。沃登胸襟开阔，还把自己的舞台艺术技巧用于上演其他剧作家的作品。

小剧场运动取得了丰硕的成果，为加拿大戏剧民主化进程做出了卓尔不群的贡献。但到了30年代末期，小剧场运动开始走下坡路，众多小剧院演出不景气，其主要原因是一些小剧院放弃了原来的宗旨，迷失了方向，开始寻觅社会认可并希望获得商业成功，随着哈特剧院等小剧院的关闭，小剧场运动便"寿终正寝"了。

加拿大自治领戏剧节是官方有组织地支持和鼓励戏剧发展的一种全国性的活动。1932年10月29日，以总督贝斯巴勒伯爵为首的一帮戏剧艺术的热心人在首都渥太华聚会，发起组织了自治领戏剧节，组织了各种委员会，制定了各种规定，先进行分区赛，再进行决赛。戏剧节刺激了加拿大戏剧的发展，激励着戏剧艺术家奋发向上的精神，为一大批演员、导演提供了崭露头角、施展才华的好机会，发现了一批才华横溢的戏剧新秀，后来成为加拿大剧坛上的重要剧作家。

约翰·库尔特（1888～1980）是受戏剧节哺育并为加拿大戏剧走向成熟做出了贡献的剧作家之一。他的独幕喜剧《幽谷里的房子》在1937年戏剧节上演出，荣膺最佳剧作奖等几项奖，此剧主要写一位爱尔兰姑娘在婚姻上面临的进退维谷的处境。《鼓声停了》于1950年获戏剧节最佳加拿大剧作奖，此剧主题更为严肃，以20年代动乱中的贝尔法斯特为背景，写父女冲突，剧中创造了强烈的悲剧氛围，演出很成功。他的《里埃尔》、《路易·里埃尔的罪过》和《审判路易·里埃尔》写加拿大历史题材，在加拿大戏剧发展史上有更为重要的意义。

小说家兼剧作家罗伯逊·戴维斯也是自治领戏剧节的积极支持者和参加者，从40年代末期开始戏剧创作，重视写作技巧，妙语连珠，接连获重要戏剧奖，《窒息》（1947）和《早餐时的愿望》（1948）久演不衰，都在戏剧创作比赛中获奖，后者在自治领戏剧节上被选为最佳加拿大剧本。《希望受挫》（1949）写艺术跟宗教的冲突。《财产，我的敌人》（1949）写美、加文化的冲突。戴维斯后来受心理学家荣格的影响，开始转向探索人的内心世界，主要剧作有《吉普赛人舞曲》（1954）、《寻找斯图亚特》（1955）、《彻底坦白》（1950）、《询问时间》（1975）、《爱情与诽谤》（1981）等。他的剧作是高质量的，洋溢着幽默和讽刺的情趣，创作艺术已达到了炉火纯青的地步，人物塑造既有共性，又有鲜明的个性。他的高质量的作品使得加拿大戏剧更加富有文学色彩和艺术价值。

魁北克剧作家马塞尔·杜贝（1930～　）也是自治领戏剧节哺育和培养的作家。多幕剧《贫民区》上演时非常成功，在1953年自治领戏剧节上同时获最佳演出奖和最佳加拿大剧本奖，使他声誉鹊起，激发了他的创作热情，剧本接踵问世，已发表了40余部舞台剧、广播剧和电视剧，使他跟另一位魁北克剧作家格拉西安·热利纳（1909～　　）一起成为魁北克现代戏剧的奠基人。热利纳的代表作《小公鸡》（1948）是现代魁北克戏剧史上的一个里程碑。

工人戏剧的崛起进一步推动了加拿大戏剧的民族化。从20年代末期就遍及加拿大各大城市的进步运动俱乐部成了这场工人戏剧运动的推动者和组织者，工人实验剧院、行动剧院等类似剧院相继建立。他们的目的是发展富有战斗性的工人阶级戏剧艺术和戏剧文学，教育和鼓励工人阶级进行战斗。他们常雇用失业工人作演员，在教堂地下室、车间里、街头上，同时也在哈特剧院等处，上演有政治思想内容的剧作，上演能起鼓动作用的剧目，即模仿美国左翼戏剧运动的先锋同仁剧团，上演鼓动宣传剧，号召性很强，影响很大。

加拿大剧作家写工人斗争题材的例子不胜枚举。奥斯卡·瑞安的《团结一致》（1933）是一出政治鼓励剧，写工人与资本家的矛盾与冲突。斯坦利·赖尔森的《东方的战争》（1933）写日本工人反对当局进攻中国东北的故事。多萝西·利夫赛的《乔·德里》（1933）鼓励人们坚持青年共产主义联盟的原则。恩·鲍尔斯的《科学社会主义》是一出典型的政治鼓动剧，鼓励人们丢掉幻想，投入战斗。奥斯卡·瑞安、富兰克·洛夫、爱德华·塞西尔-史密斯和米·歌德堡合写的五幕剧《八人讲话》是工人剧院戏剧中最著名的作品，是当时最优秀的写政治题材的剧作。该剧于1933年12月3日在多伦多首演，但第二天便遭到了红警队的镇压，可见其社会影响之大。剧本是以8名加拿大共产党领导人在金斯顿锒铛入狱和狱中看守试图谋杀共产党领导人蒂姆·巴克事件为素材写成，探讨社会主题，也有不同寻常的艺术魅力，剧中运用的虚幻技巧跟布莱希特的"陌生化效果"艺术手法相似。作者还实验运用了定位灯光，即聚光灯等舞台艺术手法，舞台道具也有多种用途，戏剧结构别具一格。

在魁北克，由于宗教势力的禁锢，共产党力量纤弱，30 年代里政治戏剧不活跃。直到 60 年代"寂静革命"之后，魁北克地区政治色彩浓厚的剧团逐步增多，表明人们希望通过戏剧舞台来表达自己渴望独立的声音。在 70 年代里，魁北克地区有政治思想倾向的剧团往往成了宣传"革命的讲坛"。有一个剧团受马列主义思想影响，曾于 1975 年率领政治剧团走上街头。在舞台表演艺术风格方面，布莱希特对他们有较大的影响。魁北克地区的政治局面比较注重浮华的戏剧表演形式，理性分析比较多。在这一方面，他们跟美国的政治戏剧遵循的原则更为接近。加拿大法语区和英语区的政治剧院之间长期匮乏直接交流，对于对方的戏剧情况不甚了解。直到 80 年代，两个地区的政治剧院才开始有所接触，交流情况，相互从中受到启迪，促进了两个地区戏剧的发展。

30 年代流行的广播剧是推动加拿大戏剧发展民族特色的另一重要因素，同时也促进了独幕剧的迅速发展。1935 年至 1965 年期间，电台广播剧实际上变成了"加拿大空中剧院"，取得了相当可观的成就。据粗略统计，雇佣了 1300 位剧作家，从 1939 年至加拿大广播电台黄金时代结束为止，创作了近 8000 部广播剧，其中 3500 出是有创造性的加拿大剧作。其特点之一是短剧，多是独幕剧，适合于广播；其二，广播电台提倡实验戏剧。

令人遗憾的是，绝大多数广播剧都没有得到出版。梅里尔·丹尼森的《亨利·哈得森与其他剧作》(1931) 戏剧集只收入了 6 个广播剧。在已出版的广播剧中，莱恩·彼得森(1917～　)和利斯特·辛克莱 (1921～　) 的剧作名列前茅。彼得森的 1940 年广播的《麻包袋》是一部重要剧作，反映了人们对人生价值观念的悲观主义看法。他的作品还有《饥肠辘辘》、《强大的声音》等。他的一些剧作探索自我主题，娴熟地交叉运用了表现主义和现实主义戏剧手法。利斯特·辛克莱是一位多产广播剧作家，戏剧集《双关语与其他广播剧》（1948）中的剧作更加成熟，反映出作者的乐观情绪，剧中涉及的题材比较广泛，戏剧模式也不拘一格。他的广播剧还有《胜利日》、《西班牙没有丑闻》、《望族》等。

广播剧新形式的出现，影响了一批舞台剧作家，以写短剧，写独幕剧为时尚，创作了一批优秀剧目。马乔里·普赖斯的独幕剧《凯撒大帝》（1935）、埃里克·哈里斯的《25分钱》（1939）等剧作都在加拿大戏剧节上获最佳加拿大剧本奖。格温·林伍德（1910～1984）是30年代加拿大独幕剧作家中的佼佼者，也是加拿大现代戏剧的缔造者之一，一生写过60多部剧作，包括广播剧、舞台剧、音乐剧和儿童剧，但多数剧本没有出版，《林伍德戏剧集》只是收入了其中的25部作品。她的剧作主题广泛，以加拿大西部主题为重点，同时也十分重视对戏曲艺术的探索。她的独幕剧《白头翁》等颇有影响，特别是《家院依旧》已被公认是一部经典剧作，展示了加拿大草原地区生活的艰辛。林伍德晚年的剧作多写移民的孤寂和恐惧主题，她的印第安人三部曲《哀悼莫尼卡》、《陌生人》和《复仇女神》颇具希腊悲剧风格，表达了作者对印第安人的深切同情。

（三） 多元化发展的戏剧

第二次世界大战后，加拿大职业剧院逐渐增多，电视剧迅速崛起，大学戏剧演出十分活跃，特别是从1957年3月起，加拿大文化艺术人文社会科学促进委员会成立之后，政府大力支持戏剧事业，加速了加拿大戏剧的发展和成熟，逐渐形成了一个独立的有自己民族特色的加拿大戏剧。在80年代里，加拿大戏剧又出现了多元化发展趋势，即沿着不同的方向健康地向前发展，不断地进行新的开拓，取得新的成绩。

1967 年是加拿大自治领成立 100 周年纪念，全国进行的戏剧演出活动中涌现的优秀作家和作品，成了加拿大戏剧走向成熟的标志。约翰·赫伯特（1926～ ）的力作《幸福与遭人白眼》（1967）反映了 60 年代西方青少年所走的沉沦生活道路，对西方社会中的腐朽和堕落现实有一定的揭露。剧本题目出自莎士比亚十四行诗第 29 首的第一行："我一旦失去了幸福，又遭人白眼"，这无疑给剧作增添了文学色彩。

詹姆斯·里恩尼的《黑暗中的五光十色》于 1967 年 7 月 25 日在斯特拉特福剧院戏剧节上首演，是加拿大儿童戏剧中的一部经典剧作，对成年人也颇有吸引力。作者在该剧中几乎是完全摒弃了情节、人物塑造、动机和传统结构等手段，而代之以"结构性主题"手法，即通过写安大略一个农村少年成长题材，展示了堕落和赎罪这种原型主题，剧中关键性的"结构成分"有一种中心"存在"诗把它们串联在一起，即是说，作者运用了他 20 年诗歌创作的精髓创作了这出引人注目的剧作。后来的《唐纳利一家》三部曲（《棍棒与石头》、《圣尼古拉斯旅馆》和《手铐》）是他戏剧创作道路上的一个里程碑，增强了他作为加拿大重要剧作家之一的声誉和地位。作者匠心独具地在剧中将历史、诗歌、音乐、舞蹈、木偶、魔幻、神话和其他戏剧手段糅合在一起，创作出了这出规模宏大的剧作。作者还有《被解雇》、《瓦科斯塔!》等多部剧作。

乔治·里加（1932～1987）受马克思主义影响，有强烈的社会意识，戏剧作品表达了对劳动者、对印第安人的深切同情。他的力作《丽达·乔空喜一场》于 1967 年 11 月 23 日在温哥华剧院上演，被评论家称之为"现代加拿大戏剧诞生的标志"。剧本写一位印第安姑娘在大城市走上犯罪道路被杀害的悲剧故事，鞭挞了那个导致她毁灭的社会制度。该剧在艺术手法上也有独创，作者运用了意识流技巧，冲淡了因果关系和正常的时间顺序，具有布莱希特的间离效果作用。《日照萨拉》（1973）写一位中产阶级女子寻觅人生真谛主题。后来的《男孩子》（1978）、《给我儿子的一封信》（1982）等剧作中塑造了工人阶级人物形象。

在 60 年代里，由于不同的政治、文化和美学流派影响，加拿大出现了实验戏剧流派，反对传统的价值观念和戏剧艺术手法，大胆创新，独辟蹊径，不少剧院上演具有明显的社会意义的剧作。乔治·卢斯科姆的多伦多作坊演出团演出的作品颇有政治意义，同时试用了当时流行的集体即兴演出手法。实验剧院的崛起和发展，哺育和造就了一批写实验剧的剧作家。

戴维·弗里曼（1947～　）是靠实验剧院涉足剧坛的。他的成名作《残疾人》（1972）在多伦多工厂实验剧院上演引起了轰动，并引起戏剧界的重视，赢得了第一次（1972）颁发的查尔默斯优秀加拿大剧作奖，又赢得了纽约戏剧评论家协会戏剧新秀奖。该剧以一个工厂车间男盥洗室为背景，写 5 个大脑麻痹症患者的生活经历，他们只好躲在这里发泄对社会的愤懑和反抗情绪，因为社会歧视他们。剧本深刻地揭示了西方资本主义社会里残疾人的悲惨处境，替他们发出了抗议的呼声。

乔治·沃克（1947～　）是多伦多工厂实验剧院哺育出来的才华横溢的剧作家之一。他长期（1971～1976）为该剧院写剧本，还兼艺术导演。他生长在多伦多市，视野比较开阔，剧作的主题和艺术风格多受荒诞剧和超现实主义戏剧影响，有的受动画片影响，是一位热衷于对戏剧手法进行实验的剧作家。《莫桑比克那边》（1974）是他早期的代表作，像是一部"丛林电影"，写 3 个西方文明世界的逃亡者在非洲林莽中求生的经历，这本身就是一种"返祖现象"，象征西方文明的没落和退化。他的《恋爱中的囚犯》（1984）和《没有神圣的事业》（1987）相继获总督文学奖戏剧奖、加拿大作家协会戏剧奖等。他是一位多产剧作家，还有《智穷中埋伏》、《流言蜚语》、《战争艺术》、《美丽的城市》

（1986）、《更好地生活》等多部剧作。

戴维·弗伦奇（1939～　）是多伦多塔拉根实验小剧院培养和造就出来的剧作家。他早期的所有剧作都在这里由格拉斯执导首演。力作《默瑟家庭系列剧》以纽芬兰省为背景，地方色彩馥郁芬芳，在现代加拿大戏剧史占有举足轻重的地位，使他成为当代最优秀的加拿大英语剧作家之一。第一部作品《离家》（1972）写默瑟家中的父子冲突，即新旧价值观念的冲突；《近日的田野上》（1974）写死亡和分离主题，写人际关系的艰难和痛苦；《泪水月》（1984）写默瑟家庭中早年的生活经历；第四部作品《1949年》（1988）写雅克布一家人的生活变化。4部作品充满了作者对故乡的眷恋之情，有苦也有甜，在这一点上又像他顶礼膜拜的契诃夫。

蒙特利尔和多伦多早已成为加拿大戏剧活动的中心，这已是毫无疑问的了。与此同时，全国各地的地方剧作家认真写地方题材，创作了一批有鲜明地方色彩和强烈乡土生活气息的剧作，为加拿大戏剧增添了异彩。

迈克尔·库克（1933～1994）是纽芬兰剧作家。他的纽芬兰三部曲从不同的角度反映了当地的时代精神和生活方式，地方色彩浓重，人物感情真实，颇有吸引人的艺术魅力。第一部剧《肌肉的颜色，灰尘的颜色》（1972）是布莱希特式的“史诗”剧，写1762年英、法为控制圣约翰斯而进行的争夺战。《鱼头、内脏和脊骨舞》（1973）是他的最佳剧作，以纽芬兰为背景，写当代人生活题材，巧妙地将旧时代的纽芬兰人的过时观点跟当代人们的生活风尚进行了有趣的对比。《雅各布还活着》（1975）写一个纽芬兰家庭的解体，象征着一种文化的解体。

米舍尔·特朗布莱（1942～　）是出生于蒙特利尔的法语剧作家，代表作《姑嫂们》于1968年上演后获得极大成功，已成为魁北克戏剧的经典作品。剧本以蒙特利尔工人居住区为背景，写一位工人家庭主妇突然获得 100 万加元有奖赠券后，15 位左邻右舍的妇女来祝贺所引起的一场闹剧，反映了理想与现实之间的鸿沟，以喜剧的笔触讽刺她们的"金钱梦"。他后来发表了 20 余部剧作，在国内外赢得了多项戏剧奖，使他成为加拿大重要的法语剧作家之一。

戴维·芬纳里奥（1947～　）是在蒙特利尔的工人阶级居住区凡尔登的圣查尔斯角长大的，迄今仍住在那里。他的剧作多以这个地区为背景，写穷苦人的真实生活状况，常以阶级斗争观点来分析蒙特利尔穷苦人（包括法裔加拿大穷人和英裔加拿大穷人）所受的政治压迫和经济剥削。他用马克思主义观点来剖析当代社会问题，在加拿大剧坛上堪称独步。《论工作》（1975）和《无所失》（1976）都是写工人罢工，跟老板们斗争的故事，朴实无华，幽默横生。《阳台城》（1979）是加拿大最优秀的一部双语剧，其中 1/3 的对话是法语，在各地久演不衰，1979 年获查尔默最佳加拿大剧作奖。该剧写蒙特利尔贫民区里穷苦劳动人民的生活题材。

莎伦·波洛克（1936～　）是一位跟西部城市卡尔加里有密切联系的剧作家，是实施艾伯塔戏剧项目计划的剧作家之一。她的剧作多写过去和当代生活中的政治社会问题，她对地方题材的浓厚兴趣超出了加拿大西部地区，后来又受女权主义思想影响。《沃尔什》（1973）是一部史诗剧，抨击了加拿大政府对印第安人的错误政策，《血缘》（1980）探讨 1892 年发生的老处女丽兹弑父弑母案件，1981 年获总督文学奖戏剧奖。《医生》（1984）是一部有自传成分的写家庭冲突主题的剧作，获 1986 年总督文学奖戏剧奖。她还有《一山一虎》、《几代人》、《运酒汽车》、《理出个头绪来》（1990）等多部剧作。

加拿大西部地区剧作家相当活跃。约翰·默雷尔（1945～　）也是实施艾伯塔戏剧计划项目的剧作家之一，主要剧作《回忆

录》（1977）和《等待游行》（1977）都很有影响。肯·米切尔
（1940～　）也是一位有影响的典型西部剧作家，主要剧作有《英
雄》（1971）、《魔力线》（1976）、《伤心泪》（1976）、以及《灼阳
夕下》等，后者写在中国家喻户晓的伟大共产主义战士白求恩的
人生经历。

　　女权主义运动思潮的影响也波及到了加拿大戏剧界，一些加
拿大女作家也开始为争取自己的平等地位而斗争。1980年，在多
伦多举行了全国妇女戏剧创作比赛和戏剧节。受女权主义影响的
剧院也日益增多，非常重视上演女作家的作品，加拿大已经出现
一批女剧作家，她们剧作的影响也日益增大。

　　贝佛莉·西蒙斯（1938～　）的重要剧作《蟹舞》（1969）被
称为加拿大的《等待戈多》，剧中人物少，背景的"象征性超过了
写实性"，探讨"无意义的存在和无法沟通"主题，主人公通过扮
演各种角色来寻觅自己的身份，探索人生存在的意义，但以失败
告终，以死来结束一生。《绿草坪养老院》（1973）继续探讨自我
身份问题，写养老院里3位老人心灵的空虚以及对死亡的恐
惧。

　　玛格丽特·霍林沃斯（1940～　）早期的剧作《不知所措》
（1972）和《操作员》（1974）写小镇生活的艰辛。《永远爱下去》
（1980）写40年代战争时期3位来自欧洲的新娘难于适应加拿大
环境和丈夫的生活的故事。两幕剧《母国》（1980）以喜剧的格调
写3个成年的女儿试图跟母亲、跟英国断绝联系的故事，颇有象
征意义。她还有《战争婴孩》（1984）、《阿尔玛·维多利亚》
（1990）等多部剧作。她受女权主义影响，从女性的角度进行创作，
塑造了一些有特色的女性人物形象。

　　卡洛尔·波尔特（1941～　）是加拿大成绩斐然的多产剧作
家之一，是一位女权主义剧作家，写严肃的政治社会题材。《野牛
跳崖》（1971）是一出文献讽刺剧，以30年代经济萧条为背景，写

工人斗争题材，但遭到政府镇压后失败了。《雷德·埃玛》(1974)塑造了较早的一位女权主义者人物形象，倡导妇女解放运动。《栖身处》(1975)以讽刺的笔锋写萨斯喀彻温省5位妇女介入当代政治生活的故事。《亡命徒》(1977)是一出"愤怒"的剧作，主人公试图运用电影艺术来制止越南战争。她一贯重视作品的思想性，自诩是"一位政治家"。

朱迪思·汤普森（1954～　）是80年代锋芒毕露的年轻剧作家。处女作《沿地板缝走的人》(1980)以严峻的现实主义笔触写安大略省金斯顿生活的阴暗面。《咬人的白狗》(1984)写悲楚的爱情故事，获总督文学奖戏剧奖，奠定了她在戏剧界的地位。她的戏剧集《黑暗的另一边》赢得1989年总督文学奖戏剧奖。其他剧作还有《大街上的狮子》(1990)等，《雪橇》获1998年加拿大作家协会戏剧奖。

当代加拿大戏剧发展过程中还有一些特点。例如，从70年代末叶起，实验小剧院跟正统大剧院的融合或者说互相渗透就是一大特点，这是"后补"剧院逐渐汇入主流戏剧的标志。近年来，加拿大为青少年上演的剧目日益增多，不少作家写儿童剧。商业戏剧发展迅速，为了赚大钱，上演美国音乐剧《猫》等流行剧作，还举办午餐饭盒剧院、晚餐剧院以招揽观众。在70～80年代里，独角戏颇为盛行，因为上演花费少。不少剧作家写出了优秀的独角戏。约翰·格雷的《比利·毕晓普上战场》(1981)写加拿大飞行员参战的故事，翌年获总督文学奖戏剧奖。他的《摇滚乐》获1988年加拿大作家协会戏剧奖。另外，多民族文化的影响丰富和推动加拿大戏剧艺术的发展，即少数族裔戏剧为加拿大民族戏剧增添了异彩。加拿大民族戏剧正在茁壮地成长、成熟和壮大起来，引起全世界剧坛的重视。

三、电影

如果仅就故事片生产而言，加拿大虽然也出现过一些具有世界影响的影片，却还称不上是一个世界性的电影国家。但是，加拿大电影在长期的发展中，扬长避短，探索了一条具有鲜明民族特点的道路，其纪录片和动画片创作及其成就早已蜚声世界，并在世界影坛上形成了一种独特的优势。

（一）电影发展概况

加拿大的第一批影片摄于 1898 年，农庄主詹姆斯·弗里尔拍摄了表现加拿大中部草原地带的风光和资源的影片。加拿大太平洋铁路公司为了吸引移民去加拿大，把弗里尔拍摄的影片送到伦敦上映，获得很大成功。于是太平洋铁路公司专门出资委托英国人创办制片公司，于 1902 年至 1910 年间摄制了一套标题为《生动的加拿大》的系列片，全面地介绍了自大西洋沿岸到太平洋沿岸的加拿大各地的风土人情，用作鼓励移民和宣传商品的广告。1913 年，加拿大的第一部长故事片《伊凡吉琳》问世。影片根据美国诗人亨利·朗费罗的同名长诗改编，内容描写加拿大历史上受到镇压的阿卡迪亚的村民被放逐到北部荒原的悲惨经历。这部影片展现了加拿大的历史故事、奇特风光和史诗人物的悲剧命运，不仅在加拿大，而且在美国，都获得了巨大的商业利润。

1906 年，蒙特利尔开设第一家拥有 400 个座位的舒适的电影院。第二年，又开设了当时北美最豪华的拥有 1300 个座位的影院。随着影院的大批出现，加拿大东部的安大略省和西部海滨城市温哥华等地相继建立了一批影片公司，并摄制了一批手法新颖的纪录片和故事片。1918 年，加拿大联邦政府在工商部的建制下设立广告展览局，负责摄制反映加拿大经济成就的风光影片。当时，加拿大电影业呈现出一片繁荣的景象。这一时期的加拿大影片倾向于以纪实的风格表现加拿大的自然景观，着重表现人的命运，表现人与自然的关系，人对自然现象所作的答复等主题。

但是，随着 20 世纪 20 年代中后叶美国电影的迅猛发展并称霸国际影坛，加拿大电影业开始受制于这个强大的邻邦。加拿大虽然经济发达，但其经济发展在相当程度上依赖于美国，因而，其文化也必定受制于美国。最典型、最严重的领域就是电影。

1920 年，美国派拉蒙公司在加拿大建立影片发行的子公司。9年之后，这家子公司就已经掌握加拿大境内 1/3 的影院，而且都是大城市内的头轮影院。直到今天，加拿大的电影院（尤其是大城市的头轮影院）大多数仍掌握在几家美国影片发行公司的手中。加拿大成为世界上除美国本土之外的美国电影的最大消费地区之一。而美国好莱坞统计影片年收入的报表上，也从来都是把加拿大的收入同美国本土的收入记进同一笔账。这一时期，加拿大分散的小规模电影企业无力与美国电影业竞争，纷纷倒闭或沦为美国电影的附庸。美国电影的垄断状况造成了加拿大电影业的长期萎缩，统计数字表明，加拿大从电影有史以来，直到 1964 年，总共只生产了 100 部左右的长故事片。也就是说，它在 66 年当中所生产的长故事片，还抵不上某些发展中国家一年的产量。真正的加拿大电影实际上只有新闻纪录片在发展。

新闻纪录片从加拿大电影诞生之日起就受到加拿大政府和人民的关注。因为加拿大地广人稀，又是多民族的国家。为了维护国家的统一，就极有必要沟通各民族和各地区之间的情况，而电影是理想的沟通工具。另外，加拿大是个移民国家，为了培养国民意识，极有必要对居民进行本国历史、文化以及地理方面的教育，而电影是最形象的教育工具。在新闻纪录片的制作方面，最先由一批电影工作者自发创办了"联合新闻制片厂"，几十年来坚持拍摄新闻片和纪录片，其中总标题为《加拿大风物志》的系列片,共包括80部短片,表现了加拿大各方面丰富多彩的生活内容,在第二次世界大战前就为加拿大赢得了纪录片的国际声誉。1923年,加拿大政府把隶属工商部的广告展览局改组为政府电影司,该司摄制了大量的旅游风光片和产品宣传片,但在艺术上比起"联合新闻制片厂"等私营制片业的产品还是要略逊一筹。特别是后来由于经济危机造成的资金短缺,使电影司一度陷入停顿状态。1938年,加拿大政府邀请英国著名的纪录电影学派创始人约翰·格里尔逊来加拿大考察电影制片情况。考察结果,是由格里尔逊参予提议,经加拿大议会立法批准,于1939年5月成立了"国家电影局"。格里尔逊被任命为首任局长。国家电影局成立之初,格里尔逊制订的制片方针是"指导和发行这样一些影片,就是要帮助各地的加拿大人了解居住在别的地区的加拿大人的生活方式以及他们所面临的问题"。也就是说,影片内容应该反映加拿大各地人民的生活,这对于加拿大电影生产和艺术格局的形成起到了重要的作用。国家电影局成立后,一直是加拿大最重要的电影生产基地。该局从一开始就以投资少、周期短和具有直接的宣传功效的纪录片(也包托其他类型的短片,如科教片、教育片等)作为基本的生产方向,以后又发展了动画片制作。这为加拿大电影传统的确立奠定了最初的基础。同时,国家电影局实际上也成为加拿大电影人才的摇篮,许多加拿大电影导演是在国家电影局工作期间拍出自己的处女作的。

国家电影局成立不久,第二次世界大战爆发。电影局于是成为加拿大政府战时的新闻和宣传鼓动机构。在格里尔逊的主持下,国家电影局邀请了一大批(包括荷兰的尤里斯·伊文思等在内的)世界第一流的纪录片大师来加拿大拍摄影片,形成了加拿大纪录片生产的黄金时代。这一时期,电影局在格里尔逊领导下摄制了著名的两套专题系列片:《加拿大坚持战斗》和《全世界在行动》。《加拿大坚持战斗》共13集,表现加拿大参加第二次世界大战的全过程。影片不仅纪录战争，也描写了战争中的人以及人们对和平的渴望。《全世界在行动》以世界各国反法西斯力量的崛起和成长为主题，包括《各就各位，行动!》、《丘吉尔岛》和《罪人们》等片。《丘吉尔岛》还为加拿大首次赢得了奥斯卡最佳纪录片金像奖。

在拍摄以上两套系列片的同时，国家电影局还拍摄了关于加拿大文化、教育和民俗等方面的专题系列片。例如有一套系列片名叫《加拿大人文地理》，包括《钻探能手》、《诺梅塔尔》、《捕鱼为业》、《白头》等片。影片表现了不同地区、不同职业的人与所在地的自然环境之间相互依赖的关系。系列片《吐克图历险记》通过一位因纽特民族的儿童参加狩猎、打鱼、驯养动物、收藏心爱的东西等活动，生动地介绍了这一少数民族的生活方式、居住条件以及穿戴爱好等民俗风貌。这类影片不仅具有丰富的科学文献价值，而且具有很高的艺术价值。在影片发行方面，国家电影局在全国建立了发行网并组织了巡回放映队，把影片送到矿山、工厂、农村甚至边远的人口稀少的居民点，使这些影片真正起到了在加拿大各民族各地区的人民之间沟通感情，促进了解，有利国家统一的作用。后来，国家电影局又在巴黎、伦敦、纽约、东京等地设立驻外机构，把反映加拿大各方面风貌的影片输出国外，让世界人民了解加拿大。

格里尔逊任职期间还为加拿大开创了动画片的摄制工作。加拿大的动画片电影始于 30 年代。1941 年，格里尔逊聘请英国青年艺术家诺曼·麦克拉伦主持动画部的工作。由于麦克拉伦的刻苦努力，不仅本人成了动画片制作大师，创作了《邻居》、《椅子的传说》、《双人舞》等优秀影片，而且带动了整个加拿大的动画片创作。加拿大动画片以其卓而不凡的艺术风格和实验性、探索性为世界所瞩目，不仅有广博的内容和多样的类型，而且运用造型手段和媒介材料极广，采用了包括如木偶、泥塑、剪贴画、木刻、蚀板画、手工刻制以及真人与动画的混用等多种手法，而绘画一类就包括素描、水粉、水彩、蜡笔画、水墨画、线条画以及用醋酸浸泡过的蜡笔作画等多种门类。进入 80 年代后，利用计算机绘制动画成为加拿大动画片创作的一个重要手段。标新立异的实验和探索精神，使加拿大的动画电影不断产生出新的美学风格和技术手段。而且，加拿大动画电影工作者革新了传统动画片观念，创立了"成人动画"类型，产生了《欧律诺姆》、《转世》、《一块土地的梦想》、《漫步》、《我们是谁》、《假日》、《E》、《主席——椅子的资历》等力作。这些影片以丰富奇异的想象力表达艺术家们对人生的感受和对社会的探索，其内容从历史、文化、艺术、现实、心理、政治寓言直到人物传记、科教，等等，几乎无所不包。"成人动画"的出现大大扩大了动画片的视野，改变了人们通常将动画片视为"小儿科"的偏见，对世界美术电影做出了杰出的贡献。

　　第二次世界大战结束后，世界格局进入了"冷战"状态。1945年底，格里尔逊因受到政治迫害，离开了加拿大。战后，加拿大的纪录片风格发生了变化，战争年代的纪录影片有过于直露的宣教特征，缺少对美学风格的追求，战后则逐步走上了一条注重美学风格和追求个人风格的道路，出现了《加拿大面面观》、《黄金城》、《宇宙》、《直率的眼睛》、《穿踏雪板的人们》、《白求恩》、《备忘录》等影片。其中《加拿大面面观》是一部由几位导演联合摄制的系列短片，每个导演各自寻找一个富于个性，同时又能表现出加拿大生活某一方面的人为主人公，试图藉此而寻找加拿大的民族特性。《黄金城》完全由 1898 年淘金热时涌向克隆达克小城的人们拍摄的黑白照片剪辑而成，静止的黑白照片与富于感情的解说使影片具有着一种浓郁的怀旧色彩。《穿踏雪板的人们》记录了魁北克地区某乡村举行的一次穿雪鞋竞走的业余比赛，影片一反传统纪录片的明确、严谨以及透明的古典风格，而追求一种自然、松散的"直接"的现实，同时又注重表现出导演独特的个人视角。六七十年代的加拿大纪录片在结构、风格乃至主题等方面日益走向复杂化和深化，其中尤其突出了导演对对象的理解和介入，以及一种个人感受的表达。如拍摄于 1964 年的《白求恩》，主题并不在于历史或传记，而是集中于一个个人战胜自我和困难的非凡勇气以及一种复杂的性格。《备忘录》也是从个人化的角度对纳粹的暴政进行的一次反思。进入 80 年代后的加拿大纪录电影在 60 年代注重个人的风格和探索的基础上形成了更加多样化的发展，并不断丰富着其艺术观念和类型。

第二次世界大战前，加拿大法语地区的影院几乎每年要从法国输入相当于法国影片年产量 80％的法语影片。第二次世界大战截断了这方面的片源，而美国影片连法语字幕都没有，所以法语区居民产生了自己拍片的想法。于是，法语居民集中的魁北克省便逐渐成为制作法语影片的基地。从 1944 年到 1953 年，魁北克出现了拍法语片的第一次高潮，拍摄了《肖邦神甫》、《乡村本堂神甫》、《受难儿童小朝霞》等影片。这些影片受天主教影响严重，道德观念非常保守，以宣扬教义、劝人忍辱负重为主题。1956 年，国家电影局由渥太华迁到蒙特利尔，客观上促进了法语加拿大电影的兴起。在此以前，英语加拿大影片的生产占统治地位，从那以后，法语纪录片乃至法语故事片便后来居上了。国家电影局迁到蒙特利尔不久，成立了各自相对独立的英语部和法语部。在此以前，电影局很少摄制法语片；如今，一批关心国际电影运动和热衷于电影理论探讨的法语电影工作者，如米歇尔·布洛、克洛德·于特拉、吉尔·格鲁等人，回到故乡，开始尝试摆脱传统手法，着手创造一种新的电影语言。到了 60 年代，魁北克兴起的独树一帜的"魁北克电影"，把纪实风格与虚构的故事结合起来，成为加拿大电影复兴的标志。从那时开始，萎缩了几十年的加拿大长故事片生产逐年上升，从每年五六部上升到每年四五十部甚至六十部（大约 2/3 是在魁北克拍摄的），并且出现了一批引人注目的故事片，如《独来独往或者成群结伙》、《雷雅娜·帕多伐尼》、《照录无遗》、《袋中猫》、《来往于海水和淡水之间》等。法语导演们在艺术上锐意创新，在 60 年代终于在加拿大电影中成为主流力量，为加拿大新电影的复兴开辟了道路，从那时起加拿大电影的面貌便焕然一新。1968 年，加拿大政府成立了电影发展公司，对国产片生产实行资助，这对促使制片业出现兴旺景象产生了重要影响。

　　加拿大新电影的标志，就是将纪实手法与虚构的故事牢固地结合起来。这一方面是受到 60 年代初全世界掀起的一股纪实与虚构相结合的电影美学的影响，更主要的原因是由于加拿大电影具有悠久深厚的纪录片传统。一般认为，1962 年由三位蒙特利尔大学的学生——德尼·埃鲁、德尼·阿冈和斯蒂芬·威纳所导演，并得到专业电影工作者米歇尔·布洛、吉尔·格鲁等人协助摄制的影片《独来独往或者成群结伙》是这一新创作倾向的第一部作品。影片描绘了 60 年代初大学生的生活，表现他们的爱情、不幸和幻灭。片中人物全都由大学生自己担任，他们被一一叫到摄影机前诉说自己目前的处境和日后（或者日后可能遇到）的处境。影片通过剪接对两种生活进行了对比，初步显示了新的艺术手法的特点。1963 年，克洛德·于特拉拍摄了影片《照录无遗》，影片内容是导演和他的妻子各自从自己的角度叙说当年恋爱的经历，这部影片将即兴创作和传统叙事、悲剧气氛和喜剧情调融会在一起，具有很强的自传成分。1964 年，由吉尔·格鲁执导的《袋中猫》被认为是 60 年代初魁北克青年处境和心态的最确切的写照。影片描写一对已濒临决裂边缘的青年男女之间长久的对话，其实更多的对话是在他们与自己内心之间展开的。他们想弄清自己的处境，同时又担心无力改变现状。最终完成纪实与虚构结合并成为加拿大新电影第一部经典杰作的影片，是米歇尔·布洛在 1967 年拍摄的《来往于海水和淡水之间》。影片的情节发展是单纯的、直线的：北部沿海有一位青年到蒙特利尔来找工作，很不顺利，幸而结识一家小饭馆的女招待，心灵上才得到些许慰藉。由于工作无着，他百无聊赖地去参加一场歌咏比赛，竟然一举成名。平步青云的歌手开始同一位已婚妇女往来，受冷落的女招待于是同他绝交。他在苦闷中曾多次回乡探亲。他每次重返蒙特利尔，他的艺名都益发走红。但他一心系念着当年的心上人——女招待，不幸的是他发觉女招待已与别人结婚。在这部影片中，米歇尔·布洛手法细腻地把纪录片所应用的各种技巧，综合进故事片的叙事框架中。有些场面已经分不清排演和即兴表演、场面调度和真实生活的界线。米歇尔·布洛是摄影师出身，对摄影机捕捉气氛的性能敏感至极，影片中从乡村到城市的过渡，以及蒙特利尔街市的气氛，他都表现得十分真切，充满浓郁的生活气息。

　　加拿大电影自《来往于海水和淡水之间》起，几乎在每一部影片中都留下纪实风格的印记，甚至美学追求完全不同的导演，在作品中也毫不例外地加进这种成分。这种被称为"直接电影"的纪实性很强的影片，其内容干预社会，发表评论，积极参与社会变革的过程，在拍摄时不用严格编写的剧本，强调即兴创作，采用轻便摄影机和同步录音，多用长镜头拍摄松散的场景以及使用非职业演员等。可以说这种风格构成了加拿大当代电影的一个鲜明的特征，成为加拿大电影的最大特色。

　　电影史家一致认为，加拿大电影在 60 年代最重要的是魁北克电影，即法语电影。英语电影相比之下逊色得多。但这并不是说英语电影中就没有重要导演和重要作品了。在纪录片导演中，阿伦·金、朗·凯利、吉尼·劳伦斯等人取得了较高的成绩。阿伦·金的纪录片《下等酒馆》和《瓦伦达尔》把镜头瞄向了社会生活中不被人们注意的方面。在西部沿海的温哥华，也形成了一个在电影探索和实验方面走得更远的学派，如里梅尔和阿尔·拉祖蒂斯。里梅尔的处女作《一平方英寸的地盘》，受快速拼贴美学的深刻影响；而他的《候鸟飞迁》则反映了他的泛神论思想。他们的电影实验具有探究文化根源的深意，发掘古老的印第安文化的蓬勃生命力。英语故事片导演中，唐纳德·谢皮勃于 1970 年摄制的《顺路而下》以及于 1973 年摄制的《朋友之间》，虽然有明显的美式模式的痕迹，但在纪实手法上同法语导演们相当接近，而且具备一定的艺术个性。西尔维奥·纳里扎诺导演的《老师难当》(1977)、菲利浦·博尔索斯导演的《灰狐》(1980) 和安娜·惠勒导演的《忠诚》(1986) 等都在摆脱好莱坞模式的影响，在探索民族题材和民族表现手法上取得了令人瞩目的成绩。

　　法语影片自 70 年代以来情况也发生了很大的变化，电影风格由纪实与虚构相结合转向了明显的"文学性"，从关注社会现实转入探索更深刻的人的内心，从纪录外在的现实进而反映内在的世界。成就最显著的导演是德尼·阿冈，拍摄了《棉絮沾身》(1970)、《雷雅娜·帕多伐尼》(1973)、《美洲帝国的衰亡》(1986) 和《蒙特利尔的耶稣》(1988) 等著名影片。60 年代新电影的开创者们如米歇尔·布洛、克洛德·于特拉、勒费弗尔、拉勃莱克、拉莫特和富里埃等人，在七八十年代都有新作问世，重要影片有《卡穆拉斯卡》(1973)、《命令》(1974)、《铁皮笛》(1983)、《梦幻的岁月》(1983)、《春分》(1985) 等。青年导演也不断涌现，弗朗索瓦·拉蓬兑、伊夫·西蒙诺等人拍摄了《亨利》(1985) 和《巴桑的疯子们》(1986) 等影片。这一时期的加拿大电影风格、题材更加多样，在注重实验性和探索性的同时，一些影片也顾及了影片的观赏性和娱乐性。

　　1979 年，加拿大电影艺术科学院成立，每年评选本国影片，并设有奖励。在加拿大举办的国际电影节有约克敦国际电影节、温哥华国际电影节、蒙特利尔世界电影节、温哥华国际动画片电影节；自 1976 年起，还在多伦多举办国际电影节获奖影片电影节。其中最著名的是蒙特利尔世界电影节，1977 年由魁北克省文化事务部在蒙特利尔市创办。该电影节每年举行，为期 10 天左右，主要目的是鼓励各国影坛人士间的往来，促进各国电影事业的发展，并使蒙特利尔成为国际文化交流的场地。主要活动有：故事片和短片比赛、故事片和短片会外映出，每届举办一个国家影片的专场映出、本国影片专场映出、美洲影片专场映出等。主要评奖有：故事片的美洲大奖、男女演员奖、评委会特别奖，短片的蒙特利尔大奖、评委会特别奖等。

（二）著名导演及其作品

在加拿大电影艺术家中，诺曼·麦克拉伦占有突出的位置。麦克拉伦 1914 年生于苏格兰，毕业于英国格拉斯哥艺术学校。1934 年参加了格拉斯哥电影公司。1933 年，拍摄处女作《无题》。这部影片既无故事，也无人物形象，而是全部用手工在正片片基上染印各种色彩制成。1935 年，麦克拉伦受到格里尔逊的赏识，被引荐到伦敦邮政总局的电影部工作。1933 年至 1937 年间从事实验短片和动画片的创作，曾参加在胶片上直接着画和在光学声带片上刻画声音的发明创造，作品有《从七到五》、《彩色鸡尾酒》、《无边的地狱》等。1939 年至 1941 年在美国试验彩色胶片上的绘画。1941 年应格里尔逊之邀去加拿大，依然以他的直接在胶片上绘制形象的拍摄方法，先后拍摄了 4 部短片，观众看惯了一般的宣传片，看到这类影片时感到耳目一新。不久，加拿大国家电影局任命麦克拉伦为动画电影的负责人，要他筹建动画电影部，招募并培训专业人员。1943 年后完成一系列动画片，有《美元舞》（1943）、《小提琴》（1947）、《正是时候》（1951）、《邻居》（1952 年，获奥斯卡奖）、《空洞无物》（1954）、《椅子的传说》（1957）、《教条》（1964）；运用抽象画表现音乐旋律的《垂直线》（1960）、《水平线》（1961）和《马赛克》（1965）。60 年代末至 70 年代，用传统技法完成《双人舞》（1965）和《阿达日奥》（1972）。1975 年，制作了如何拍动画片的影片。四五十年代，麦克拉伦曾受"联合国教科文组织"的委托前往中国和印度等地培训电影从业人员。麦克拉伦在四十余年的电影生涯中，共拍摄了七十多部短片，这些影片一般都不超过 20 分钟，最短的才半分钟。

按照基本原理，动画电影是用线条画出人物或其他被拍摄主体的分解动作，再逐个拍摄，组成一个完整的动作（成一段活动）。但是，麦克拉伦除了拍摄常规动画片外，大部分影片是用小刀或尖锐的器具（包括大头针）在胶片上直接刻画出图形，再拍摄或直接用印片机曝光。有时，他甚至在声带上直接刻画出声迹，使这种有声动画电影完全不同于一般动画。这种直接画或刻画的短片在麦克拉伦的影片中占有很大比重，例如 1960 年的《垂直线》，就是用铁笔与尺在 35 毫米的黑白原底片上刻画而成；而1959 年摄制的《宁静》和《早寄圣诞卡》则是用小电锯（牙科医生用）在 16 毫米和 35 毫米的黑白底片上刻下线条或图形，有的彩色是用手工直接染印的。另外，麦克拉伦也常常利用摄影机的不同拍摄速度和其他技巧，使各种静态的物品（例如一页纸，一块手绢等）动起来，以此来表现动作本身所包含的幽默感与诗意。在一些影片中，麦克拉伦则使用人体的动作，如《邻居》、《双人舞》、《慢板的芭蕾》（1972）和《那喀索斯》（1983）都是借助于摄影机的速度变化和光学镜头的巧妙运用来表现人体动作在时间和空间内舒展过程中的微妙的美。

麦克拉伦创作的另一个特点还在于他从不拘泥于任何既定的电影观念与分类，而总是使人们对电影获得一种新的理解。作为加拿大动画电影的带头人，他对于加拿大动画片的影响不仅在于某一种风格技巧的建立，而且更在于他的创作所激发起的广泛的实验性和一种"成人动画"的观念。他的影片总是直接或者曲折婉转地表达了他在生活中的某些感受，以及他对现实所做出的某些思考，蕴含着一种或深或浅的哲理。拍摄于 1952 年的《邻居》，在"冷战"空气阴森逼人的情况下，表现出了麦克拉伦作为一位有良心的艺术家反对黑暗势力的勇气。该片结尾部分，银幕上出现了使用多种民族语言的字幕"爱邻居"，在当时表现这样的和平主义主题是需要一定的勇气和胆识的。麦克拉伦的影片既是以孩子为对象的，也同样是为成年人而制作，或者更准确的说是为整个人类拍摄的。其中许多影片，主题之重大，内涵之深邃，在传统观念看来，几乎是动画片这一轻简的形式所难以承载的，即使是具有较高文化修养的成年人也并非能够轻易地完全理解其中的寓意。

麦克拉伦对加拿大电影所做的贡献，使加拿大电影跻身西方现代艺术的先锋行列。欧洲影评界认为，麦克拉伦是"一位杰出的现代派动画电影艺术家"。他的动画艺术同美国迪斯尼的《米老鼠》、《唐老鸭》等通俗性动画片风格迥然不同，大大扩展了动画片的表现领域和美学风格，为世界电影艺术的发展作出了特殊的贡献。麦克拉伦不仅自己创作影片，还为加拿大的动画片制作培养出一批艺术上有独到之处的新人，使加拿大动画片在国际影坛享有独树一帜的殊荣。

1987年1月27日，诺曼·麦克拉伦逝世于加拿大魁北克，他虽然不是出生于加拿大本土，但始终以加拿大"民众的公仆和艺术家"自居，并引以为傲。

1941年出生于加拿大本土魁北克的德尼·阿冈被公认为是加拿大电影有史以来最优秀的编导之一。他成长于一个十分刻板的天主教家庭，曾在耶稣会学校就读9年的时间，后入蒙特利尔大学，攻读历史学专业。他在学生时代，就与另外两位同学一起拍摄了一部反映60年代蒙特利尔大学生生活的故事片《独来独往或成群结伙》。那正是魁北克"直接电影"兴起的年代，这部影片也就成为青年一代参与"直接电影"的一个标志。大学毕业后，德尼·阿冈从事电影工作。他先在加拿大电影局拍摄了几部纪录片，后又到独立制片机构拍摄故事片。

　　德尼·阿冈的影片几乎全都显示出他的历史学修养和"直接电影"的影响。作为深受"直接电影"影响的导演，德尼·阿冈善于运用纪实手法，再现当代社会政治经济的气氛；深厚的历史学修养，则使他总是把现实置于历史和未来的坐标上加以观察。所以，他的影片中的具体的历史背景往往超出简单的背景作用，而成为影片叙事中的实体。1973年拍摄的影片《雷雅娜·帕多伐尼》，讲的是一位承包商一面同政府官员周旋，争取承包一项能获巨利的工程，一面又不动声色地派人杀死自己的不忠实的妻子，并让人把尸体装进预制构件的模子里，灌注水泥，消尸灭迹。当时蒙特利尔正在兴建一条高速公路，承包商也确实竞相投标，并向政治官员施加种种影响（拉拢、行贿等等）。影片中承包商讨好交通部长和蒙特利尔市市长的情节，成为那个时期社会政治经济气氛的忠实的再现，那具被埋入水泥构件中的尸体，也就成为大工程幕后阴谋的象征。社会纪实以及隐含的社会批评是这一时期德尼·阿冈影片的突出特点，类似的影片还有1975年拍摄的《吉娜》，而1970年拍摄的《棉絮沾身》由于具有强烈的社会批判色彩，而被国家电影局扣留，长期未予发行。

　　1986年，影片《美洲帝国的衰落》的成功使德尼·阿冈成为加拿大最享国际声誉的电影导演。该片获得包括"戛纳国际电影节国际影评奖"在内的20多项国际、国内奖。片名有意与历史学名著《罗马帝国的兴衰》相类同，体现出具有历史意识的德尼·阿冈拍摄本片的寓意。他借助影片中人物的谈话，映射出他本人对当代西方社会的看法：罗马帝国覆亡时罗马人的幸福观，同当代西方社会的幸福观有近似之处，共同点就是都把个人幸福的追求作为生活的惟一目的，而这种幸福的追求几乎只局限于食和色的感官享受，也就是人的动物本能的无节制的放纵。他认为，从历史上看，只有一个民族或一个文明面临衰亡或崩溃之时才能出现这种幸福观的极度膨胀。《美洲帝国的衰落》就是通过一次聚餐会上，身份为知识分子的四男四女的自我表白，展示了身陷文化"死胡同"中的现代西方知识界的痛苦迷惘心态。影片的悲剧感在于这些不顾廉耻的知识分子虽然为了感官享受而放纵，他们却同时清醒地认识到他们其实不可能得到幸福。不过影片并没有对其中的人物作任何道德意义上的褒贬，德尼·阿冈甚至对他的人物充满了同情。他在一次接受访问中承认，在片中人物的身上，有他朋友们的影子，还有他本人的影子。所以，影片只是对当代西方社会生活的状况，对那个社会中的知识分子的精神面貌，作一次深刻的展示。

摄制于1989年的《蒙特利尔的耶稣》是德尼·阿冈的又一部杰作。这部影片探讨了作为美洲帝国文明，同时也是西方文明的基础的基督教信仰在相当大的范围内已经摇摇欲坠，从而进一步证实了美洲帝国衰落的征兆。德尼·阿冈出生于虔诚的天主教家庭，由他来拍摄这部涉及宗教信仰的影片，这件事本身就有不同寻常的意义。他在一次答记者问中说："《圣经》是一本古老而又神秘的书，其中矛盾百出，你只要需要，可以任意引用……你可以干尽丧心病狂的坏事而自称是基督忠实追随者。有些文明整个被消灭，也是打着基督的旗号干出来的……"《蒙特利尔的耶稣》是一部带有辛辣嘲讽意味的影片，德尼·阿冈在同一个故事里将最残酷的悲剧和最滑稽的喜剧融会在一起。影片的主要情节是一些青年男女演员应聘在教堂剧院的耶稣受难戏里扮演耶稣和其他角色，德尼·阿冈把片中的耶稣受难戏当做当代社会讽刺文学的一种表现形式，并特别抨击了新闻媒介，表明新闻媒介完全是当代社会生活的金钱交易所。《蒙特利尔的耶稣》是当代社会的一幅宏伟的画卷，其风格既残酷又滑稽。

进入90年代后，德尼·阿冈执导了第一部英语片——黑色喜剧片《爱情和尸体》。影片主人公是两位共租一套城市公寓的青年男女：大卫是玩世不恭的男同性恋者，坎迪是位书评作家，她渴望找到理想男友，却始终未能如愿。大卫建议她"不要与正人君子约会"。于是，坎迪频频参加各类稀奇古怪的约会，各式各样的男友匆匆走进她的生活，又被她匆匆推开。这些人不是行为变态，就是患有厌女症。她甚至还遭到女同性恋者的跟踪骚扰。一个杀人犯也时常在公寓楼下的阴暗角落游荡。影片从性的角度揭示人性和社会的深层意蕴，具有强烈的存在主义色彩。德尼·阿冈以冷峻的电影语言揭示了现代都市文明对人性的异化及其潜藏着的种种危机。

后　记

　　虽然我们接触和研究加拿大的时间并不算长，可是对加拿大却可以说结下了很深的感情。这不仅因为加拿大是一个质朴和令人难以忘怀的美丽国家，而且因为我们结识了许多情深谊长的加拿大朋友。他们中有不少是在加拿大很有地位和名望的学者，可他们却像普通人一样平易近人，和他们交往真正能体会到人间友情的可贵。我们在完成这部著作的过程中，常常得到他们各种各样、直接间接的帮助。这使我们深深体会到，完成这部有关加拿大文明的著作，既是我们加深了解加拿大的过程，也是我们不断重温与加拿大友人的友情的过程。

　　要真正了解一个国家是不容易的。只从有关的书本上、文字上了解，虽然非常必要，却是不够的。只在这个国家住上一段时间、或者访问过几次，虽然也完全必要，然而也是不够的。重要的是，必需与这个国家的人们有较深入的交往，与他们有思想和心灵上的碰撞。

　　在这方面，我们自然做得还很不够，但我们完成的每一样有关的工作，都得到了加拿大朋友的关心、祝福和帮助。今天当我们完成这部著作时，我们首先要感谢所有这些朋友，感谢他们的友谊和帮助。特别要提到的是博洛克大学的查尔斯·伯顿（Charles Burton）博士、多伦多大学教授克雷格·布朗（Craig Brown）先生和加拿大驻华使馆前任文化参赞乐静宜（Gilliane Lapointe）女士。

　　对参加这部著作写作的各位学者，我们也要表示衷心的感谢。正是他们的努力才使这部著作能够顺利完成。

　　"加拿大文明"是一个复杂的课题，我们的探索只能说是开始。我们还将继续努力做下去。本书的不足之处，敬请读者不吝赐教，以帮助我们今后做得更好。

姜　芃

2001 年 1 月

主要参考书目

一、中文

《寻找加拿大丛书》编辑组编：《加拿大：成功的启迪》，吉林教育出版社，1991年。

《寻找加拿大丛书》编辑组编：《加拿大：文化的碰撞》，吉林教育出版社，1992年。

姜芃编：《加拿大：民主与政制》，社会科学文献出版社，1993年。

姜芃主编：《加拿大：社会与进步》，中国社会科学出版社，1996年。

阮西湖、王丽芝编：《加拿大民族志》，中国社会科学出版社，1986年。

阮西湖、王丽芝编：《加拿大与加拿大人》，中国社会科学出版社，1990年。

阮西湖、王丽芝编：《加拿大与加拿大人（二）》，中国工人出版社，1991年。

阮西湖主编：《加拿大与加拿大人（三）》，中国工人出版社，1994年。

陈启能主编：《"生存"的生存》，中国社会科学出版社，1996年。

陈启能主编：《爵士乐·文学与民主》，中国社会科学出版社，1997年。

陈启能主编：《生活在双语社会》，社会科学文献出版社，1999年。

吴持哲编：《诺思洛普·弗莱：文论选集》，中国社会科学出版社，1998年。

宋家衍编写：《枫叶国度：加拿大的过去与现在》，山东大学出版社，1989年。

张友伦主编：《加拿大通史简编》，南开大学出版社，1994年。

秦明利、傅利编：《加拿大与加拿大人》，哈尔滨工业大学出版社，1998年。

张冠尧、杨立文主编：《加拿大掠影》，民族出版社，1998年。

郭继德著：《加拿大文学简史》，

河南人民出版社，1992 年。

郭继德著：《加拿大英语戏剧史》，河南人民出版社，1999 年。

宋家衍、李巍、徐乃力主编：《加拿大与亚太地区关系》，济南出版社，2000 年。

韩经纶主编：《枫叶国度的强国之路——加拿大的对外贸易与投资战略》，贵州人民出版社，2000 年。

储建国著：《当代各国政治体制：加拿大》，兰州大学出版社，1998 年。

吴纪先著：《加拿大经济》，人民出版社，1980 年。

滕藤编：《枫叶之国的复兴》，黑龙江人民出版社，1998 年。

张崇鼎等著：《加拿大经济史》，四川大学出版社，1993 年。

金计初著：《美洲文明》，当代世界出版社，1999 年。

高鉴国著：《加拿大文化与现代化》，辽海出版社，1999 年。

〔加〕杰拉尔德·高尔著，刘艺工、杨士虎译：《加拿大法律制度》，兰州大学出版社，1997 年。

上海社科院法学所编译：《各国宪政制度和民商法要览》，法律出版社，1986 年。

二、外文

Charles Burton & Jiang Peng (ed.), Political Systems in Canada and Other Western Democracies-Canadian and Chinese Perspectives, Beijing: Foreign Languages Press, 1995.

J. L. Granatstein & Others, Twentieth Century Canada, Mc-Graw-Hill Ryerson, 1983.

Craig Brown (ed.), The Illustrated History of Canada, Lester, 1991.

R. Cole Harris (ed.) Historical Atlas of Canada, From the Beginning to 1800, University of Toronto Press.

Edgar McInnis, Canada: A Political and Social History, Toronto, 1982.

John L. Finlay, The Structure of Canadian History, Prince-Hall, 1984.

C. Campbell & W. Christian, Parties leaders and Idealogies in Canada, McGraw-Hill Ryerson, 1996.

Bryan D. Palmer, Working Class Experiences, McClelland &

Stewart，1992.

Michael Hawlett &. M. Ramesh，The Political Economy of Canada，McClelland &. Stewart，1992.

Minister of Supply and Services Canada，Canada Handbook，1986.

B. W. Muirhead，The Development of Postwar Canadian Trade Policy，McGill-Queen，1992.

H. D. Forbes （ed. ），Canadian Political Thought，Oxford，1985.

Rand Dyck，Canadian Politics，International Thomson，1996.

J. M. Bumsted，A History of Canadian Peoples，Oxford University Press，1998.

Paul Andre Linteau &. Others，Quebec Since 1930，James Lorimer，1991.

Paul Andre Linteau &. Others，Quebec：A History，1867～1929，James Lorimer，1983.

Desmond Morton，A Short History of Canada，Hurtig Publisher Ltd. 1983.

Hugh G. Thorburn（ed. ），Party Politics in Canada，7th Ed. ，Prentice Hall，1996.

James John Guy，People，Politics，and Government，Political Science：A Canadian Perspective，2nd ed. ，Maxwell Macmillian Canada，1990.

Keith Archer &. Others，Parameters of Power，Canada's Political Institutions，Nelson Canada，1995.

The 1998 Canadian &. World Encyclopedia，CD，Toronto.

The Canada Year Book 1999，Ottawa，1998.

The Canada Year Book 1988，Ottawa，1987.

Canada：A Portrait，Ottawa，1989.

The Canadian Encyclopedia，Hurting Publishers，1988.

S. M. Waddams，Introduction to the Study of Law，Carwell，1922.

R. A. Yates &. R. W. Yates，Canada's Legal Environment，Prentice Hall Canada Inc. ，1993.

D. A. Dukelow &. B. Nuse，The Dictionary of Canadian Law，Carwell，1995.

A. Andrews，The Scottish Canadians，Toronto：Van Nostrand Renhold Ltd. ，1981.

D. H. Avery &. J. K. Fedorowicz，The Poles in Canada，Ottawa：

Canadian History Association, 1982.

J. M. Bumsted, The Scottish in Canada, Ottawa: Canadian History Association, 1991.

H. A. Doughty, British Roots (Canada: Origins and Opinions), Toronto: Wiley Publishers of Canada Limited, 1978.

J. L. Elliott, Immigrants Groups, Ottawa: Prentice-Hall of Canada Ltd. , 1971.

Y. Frenette, The Anglo-Normans in Eastern Canada, Ottawa: Canadian History Association, 1991.

V. Satzewich (ed.), Deconstructing a Nation: Immigration, Multiculturalism and Racism in 90' Canada, Halifax: Fernwood Publishing, 1992.

O. W. Greus & J. E. Rea, The Ukrainians in Canada, Ottawa: Canadian History Association, 1991.

H. Johnson, The East Indians in Canada, Ottawa: Canadian History Association, 1991.

K. M. McLaughlin, The Germans in Canada, Ottawa: Canadian History Association, 1991.

H. Palmer, Ethnicity and Politics in Canada since Confederation, Ottawa: Canadian History Association, 1991.

B. Ramirez, The Italians in Canada, Ottawa: Canadian History Association, 1989.

Royal Commission of Bilingualism and Biculturalism, Bilingualism and Biculturalism: Report (Book Four): Cultural Contribution of the Ethnic Groups, Ottawa: Author, 1967.

J. Tan & P. E. Roy, The Chinese in Canada, Ottawa: Canadian History Association, 1991.

B. L. Vigod, The Jews in Canada, Ottawa: Canadian History Association, 1991.

J. W. Wallker, The West Indians in Canada, Ottawa: Canadian History Association, 1991.

W. P. Ward, The Japanese in Canada, Ottawa: Canadian History Association, 1991.

D. A. Wilson, The Irish in Canada, Ottawa: Canadian History Association, 1991.

Modgil et al. (ed.),

Multicultural Education: An Interminable Debate, Philadelphia: Fernwood Press, 1986.

J. A. Banks, Multicultural Education: Theory and Practice, 3rd Ed., Boston: Allyn &. Bacon, 1994.

J. A. Banks &. C. A. Banks (ed.), Handbook of Research on Multicultural Education, New York: Simon &. Schuster Macmillan, 1995.

C. Bennett, Comprehensive Multicultural Education: Theory and Practice, 3rd Ed., Boston: Allen &. Unwin, 1995.

B. M. Bullivant, The Pluralist Dilemma in Education: Six Case Studies, London: George Allen &. Unwin, 1981.

K. Dorotich (ed.), (8th Yearbook), Education and Canadian Multiculturalism: Some Problems and Some Solutions, Saskatoon: Canadian Society for the Study of Education, 1981.

R. Ghosh &. D. Ray (ed.), Social Change and Education in Canada, 2nd Ed., Toronto: Harcourt Brace Jovanovich, Canada, 1992.

A. D. Gregor &. G. Jasmin (ed.), Higher Education in Canada, Ottawa: Minister of Supply and Services, Canada, 1992.

J. R. Mallea &. J. C. Young, Cultural Diversity and Canadian Education, Ottawa: Carleton University Press, 1992.

S. Nieto, Affirming Diversity: The Socio-Political Context of Multicultural Education, New York: Longman, 1992.

Organization for Economic Co-Operation and Development (OECD), Reviews of National Policies for Education, Paris: OECD, 1976.

B. Samuel &. C. Craig, Multiculturalism in Canada: Images and Issues, Calgary: Weigl, 1997.

C. E. Sleeter, Empowerment Through Multicultural Education, State University of New York Press, 1991.

英汉人名对照表

A

Allaire，Felicite　阿莱尔，菲利西泰

Alexander，William　亚历山大，威廉

Amberst，Jeffery　阿墨斯特，杰弗里

B

Baldwin，Robert　鲍德温，罗伯特

Barbini，Ernesto　巴比尼，欧内斯托

Barrett，Dave　巴雷特，戴夫

Bennett，Richard B.　贝内特，理查德

Bessborough，the Earl of　贝斯巴勒伯爵

Borden，Robert Laird　博登，罗伯特·莱尔德

Bourgeoys，Marguetite　布尔热瓦，玛格瑞特

Bowell，Mackenzic　鲍威尔，麦肯齐

Braddock，Edward　布雷多克，爱德华

Brant，Joseph　布兰特，约瑟夫

Bredeuf，Jean de　布雷伯，让

Brott，Alexander　布罗特，亚历山大

Brown，George　布朗，乔治

Brown，Rosemary　布朗，露丝玛丽

Brule，Etieme　布律莱，艾蒂安

Bumsted，J. M.　巴姆斯特，J. M.

Bushell，John　布谢尔，约翰

C

Cabot，John　卡布，约翰

Cardwell，Edward　卡德韦尔，爱

德华

Cohen，Leonard　科恩，伦纳德

Columbus　哥伦布

Cornwallis，Edward　康沃利斯，爱
德华

D

Decore，John　德卡尔，约翰

Dewy，John　杜威，约翰

Dickens，Charles　狄更斯，查尔斯

Diefenbaker，John　迪芬贝克，约翰

Dieskan，Jean-Armand　迪斯考，

让·阿尔芒

Douglas，Thomas　道格拉斯，托马
斯

Dudek，Louis　杜迪克，路易斯

Durham　德拉姆

E

Eleniak，Wasyl　伊利尼亚克，瓦西
尔

Elgin　埃尔金

F

Factor，Sam　法克特，山姆

Fedyk，Theodore　菲狄克，西奥多

Fleming，Sandford　弗莱明，桑德福
德

Franclin，Michael　弗兰克林，迈

克尔

Frontenac，Louis de Buade de　弗
隆特纳克，路易·比阿

Frye，Northrop　弗莱，诺斯罗普

G

Gall，Gerald　高尔，杰拉尔德

Galt，Alexander　高尔特，亚历山大

Garland，E. J.　加兰，E. J.

Geiger-Torel，Herman　盖格·托
瑞，赫尔曼

Ghis，Joe　季兹，乔

Givens，Philip　吉文斯，菲力普

Glinske，Matensz　格林斯克，马坦
兹

Gowan，Ogle　高文，欧格尔

Grant，G.　格兰特，G.

Grosailliers，Medard Chouart Des
格罗塞耶尔，梅达尔·舒阿·德

Grossman，Allan　格罗斯曼，艾伦

Gubbins，Joseph　戈宾斯，约瑟夫

H

J

K

L

Laval，François de　拉瓦尔，弗朗索瓦

Lawrence，Charles　劳伦斯，查尔斯

Layton，Irving　雷顿，欧文

Le Moyne，Charles　勒穆瓦纳，查理

Leveille，Mathieu　莱维雷，马蒂厄

Levine，Norman　莱温，诺曼

Levis，François Gaston de　莱维，弗朗索瓦-加斯东

Leuis，David　路易斯，戴维

Luckhovich，Michael　鲁克霍维奇，迈克尔

Ludwig，Jack　路德维希，杰克

M

　梅松纳夫，保罗·肖梅代

Macdonald，John A.　麦克唐纳，约翰·A.

Macdonald，Tache　麦克唐纳，泰凯

MaGill，James　麦吉尔，詹姆斯

Mackenzie，Alexander　麦肯齐，亚历山大

Mackenzie，William Lyon　麦肯齐，威廉·莱昂

McNutt，Alexander　麦克纽特，亚历山大

McTavish，Simon　麦克塔维什，西蒙

Maisonneuve，Paul de Chomedey de

Mance，Jeanne　芒斯，让娜

Mandryka，M. I.　曼德鲁卡，M. I.

Menard，Amable　梅娜尔，阿玛波尔

Mitchell，John　米切尔，约翰

Molson，John　莫尔森，约翰

Montcalm，Louis-Joseph de　蒙卡尔，路易斯-约瑟夫

Montmagny，Charles Huault de　蒙莫涅，查理·于奥尔·德

Mulroney，Martin Brian　马尔罗尼，马丁·布赖恩

N

Nathan，Henry　那森，亨利

Neatby，H. Blair　尼特比，布莱尔

Noel，Jacques　诺埃尔，雅克

O

Oleskiw　奥列斯吉夫

Vinci，Ernesto　文奇，欧内斯托

W

Wade，Robert　威德，罗伯特

Walke，Michael　沃克，迈克尔

Watkin，Edward　瓦特金，爱德华

Weinzweig，John　维恩维格，约翰

Weseman，Adele　韦斯曼，阿代尔

Wolfe，James　沃尔夫，詹姆斯

Woodsworth，J.S.　伍兹沃思，J.S.

Wright，Caesar　赖特，恺撒

Wyman，Max　怀曼，马克斯

Z

Zalm，Bill Vander　沙姆，比尔·旺达